WOLFGER PÖHLMANN

Es geht um die Wurst

Eine deutsche Kulturgeschichte

KNAUS

»Wurstmemo« von Thomas Kälberloh

Inhalt

Mein Leben mittels Wurst

BEKENNTNIS EINER LEIDENSCHAFT

die schinke und das wurst, in kühlschrank drin
der schöne deutsche wort, in kühlschrank drin
das schönsten deutschen wort, die wört der deutschen schön
das wurst die schinke plus kühl vodka von die russ
(Ernst Jandl, »kaltes gedicht«)

Der große Poet Ernst Jandl hielt das bescheidene Wort »Wurst« für eines der schönsten der deutschen Sprache. Seit 1200 Jahren hat sich die Wurst phonetisch nicht verändert, der Begriff ist damit dauerhafter als Salami und fast untrennbar mit dem verbunden, was gemeinhin als deutsch gilt. Wurst muss man nicht übersetzen, deutsche Würste sind im Ausland bekannter als Goethe, man setzt uns gewissermaßen mit Würsten gleich, was nicht heißt, dass wir arme Würstchen wären, ganz im Gegenteil. Deutschland verfügt über eine Wurstkultur, die einmalig ist auf der Welt. Es gibt über 1500 verschiedene Sorten, wobei sich Vorlieben und Geschmack von Region zu Region unterscheiden. Während die Süddeutschen Brühwürste bevorzugen, isst man im Norden gerne Rohwürste wie Salami oder Mett, im Westen Schinken und im Osten am liebsten Bratwurst. Nirgendwo im Land lässt man sich die Wurst gerne vom Brot nehmen, und überall in Deutschland zählen Wurstsemmeln und -brote zum Standard einer kalten Mahlzeit. Gut 2,5 Millionen Tonnen Wurst verzehren die Bundesbürger im Schnitt davon jährlich. Doch nicht nur kalt sind Würste für viele Deutsche ein Genuss, sie werden gebrüht, gekocht und gegrillt, sie kommen an Wurstbuden auf den

Pappteller und veredelt in der Sternegastronomie auf den Tisch. So ist die Wurst Teil unserer Lebenserfahrung und Teil unserer Kultur.

Jeder hat in irgendeiner Form eine persönliche Beziehung zu Wurst, ob als kritischer Konsument, Wurstverweigerer oder -liebhaber. Ich selbst gehöre definitiv zur letzten Kategorie. Ich bin der Wurst als Nahrungsmittel hoffnungslos verfallen, aber sie war für mich immer schon viel mehr als etwas, das scheibchenweise aufs Brot oder im Ganzen auf den Teller kommt. Es ist das Phänomen Wurst, das mich mein Leben lang nicht losgelassen hat und dem ich mich auf verschiedene Weise zu nähern versuchte. Nicht nur unter dem Aspekt des fleischlichen Genusses, sondern auch unter dem der Wurst als identitätsstiftendem Kulturfaktor. Als langjähriger Kurator im Kunst- und Kulturbereich war es eine meiner zentralen Aufgaben, ein Werk, das in eine Ausstellung aufgenommen werden sollte, an bestimmten Kriterien zu messen. Bei einem Künstler untersuchte ich vor allem die Authentizität und Originalität, seine subjektive Handschrift, seine technischen Fertigkeiten, das inhaltliche Anliegen, die Übereinstimmung von Werk, Ort und Zeit. All diese Kriterien lassen sich ebenso gut auf das Phänomen Wurst übertragen. Der Fleischer ist in diesem Fall der Künstler, die Würste sind sein Werk. Die Erkenntnisse, die man bei dieser Herangehensweise gewinnen kann, gehen weit über die Wurst als solche hinaus: Die einmalige Vielfalt an unterschiedlichen Wurstsorten ergibt ein Abbild von Deutschland, seiner Geschichte, seiner Kultur und Regionalität.

Nicht nur Metzger verwursten die Wurst, auch Künstler aller Gattungen haben sich mit ihr beschäftigt. Im Phänomen Wurst spiegeln sich ökonomische, politische, gesellschaftliche wie soziale Umstände, aber auch psychologische, religiöse, moralische und ethische Fragen: das Handwerk, das sich nur noch schwer gegen die Industrie behaupten kann, die Regionalität, die durch die Globalisierung infrage gestellt wird, die sozialen Bewegungen gegen Massentierhaltung hin zu alternativen Lebens- und Essgewohnheiten und nicht zu vergessen all die rechtlichen Aspekte der immer neuen Lebensmittelverordnungen und EU-Gesetze. Der Titel »Es geht um die Wurst« ist daher wörtlich wie auch im übertragenen Sinne zu verstehen. Denn auf meiner Deutschlandreise auf den Spuren der Wurst wurde ich Zeuge des dramatischen Überlebenskampfes traditionell arbeitender Metzgereien. Gut zwei Drittel der Wurstwaren holen sich die Deutschen heute im Supermarkt, doppelt so viel wie noch 1995. Mit den örtlichen Metzgern geht mehr verloren als Qualität, regionale Rezepturen und die Vielfalt an der Wursttheke. Die Metzger mit ihren Produkten waren, um mit Goethe zu sprechen, ein Stück weit das, was die deutsche Welt im Innersten zusammenhält. Nicht zuletzt gelten wir Deutschen im Ausland als Wurstnation, zu der sich die Vielfalt der Bier- und Brotkultur als passendes kulinarisches Attribut dazugesellt.

Bei meinen Reisen wollte ich genau diesem besonderen Stellenwert der Wurst nachspüren. Ich hatte die naive Vorstellung, durch Deutschland und alle seine 294 Landkreise zu fahren, überall nach den besten Wurstanbietern zu suchen, und all die vielen regional typischen Würste zu probieren – mich also quasi durch ganz Deutschland durchzufressen. Doch schon bei den ersten Versuchen geriet ich an meine Grenzen. Ich besuchte einen Gasthof mit Metzgerei und erhielt eine sehr ansehnliche Wurstplatte, die ich mit zunehmender Mühe verzehrte, während mir der Metzger stolz die verschiedenen Besonderheiten der Würste erklärte. Ich schluckte brav, auch als Ausdruck von Höflichkeit und Wertschätzung, alles herunter. Die Platte war leer und ich platzte fast. Da brachte der Wirt voller Stolz eine zweite Platte mit den gleichen, aber diesmal warm gemachten Würsten, die ich auch probieren müsse, weil sie, wie er erklärte, warm ganz anders und noch besser schmecken würden. Die Nacht war fürchterlich, ich fühlte mich schwer wie ein Stein, konnte weder schlafen noch schreiben. Der Plan, mich auf diese Weise systematisch durch jeden Winkel Deutschlands durchzubeißen, bekam plötzlich etwas Beängstigendes, sogar Lebensbedrohliches. Auch erschien mir Deutschland durch seine extreme Kleinteilig-

So ein »Wurstbaum« wie dieser hier von Alix Stadtbäumer wäre früher der Traum meiner schlaflosen Nächte gewesen.

keit als Ganzes immer unerreichbarer. Also beschloss ich, eher dem Prinzip des Zufalls folgend, etwas chaotisch hin und her zu fahren, denn auch eine systematische Ost-West- oder Nord-Süd-Reise entspricht nicht unbedingt dem Verlauf der deutschen Wursttopografie, die nicht geradlinig, sondern krumm ist. Das kleinteilige Gemenge im Innern der Deutschland-Wurst entspringt einer Mixtur von Geschichte und Gegenwart, ehemaligen Fürstentümern und freien Reichsstädten, mal protestantisch, mal katholisch dominierten Gegenden und vor allem den unterschiedlichen Landschaften von Mittel- und Hochgebirgen, Ebenen, Küstengebieten und Seenplatten mit ihren verschiedenen landwirtschaftlichen Traditionen und regionalen Zucht- und Wildtierrassen. All das wirkt sich auf die lokale Wurst- und Esskultur aus. Die Wurst hält sich nicht an Grenzen, es gibt regional typische Produkte, die orts- und länderübergreifend sind, aber auch den Fall, dass eigentlich identische Produkte je nach Bundesland ganz unterschiedliche Namen tragen. Selbst die Bezeichnungen für Wursthandwerker unterscheiden sich in der deutschen Hochsprache und viel mehr noch, wenn man die mundartlichen Begriffe dazunimmt. Südlich von Dänemark und im Grenzgebiet zu den Niederlanden spricht man vom »Slachter«, in überwiegenden Teilen von Norddeutschland vom »Schlachter«, östlich davon vom »Flescher«, in den meisten Regionen Ostdeutschlands vom »Fleischer« oder »Fleischhacker«, und im mittel- und süddeutschen Raum dominiert schließlich der »Metzger« mit Varianten, die vom »Matzger«, »Metzler«, »Mexter« und »Mexer« bis hin zum »Metzeler« reichen. In der Bodenseeregion findet auch der »Wurster« Verwendung.

Für einen Wurstbuchautor ergibt sich schon alleine daraus ein Problem, dass es in der deutschen Sprache für die Bezeichnung von Erzeugern wie auch für die unterschiedlichen Wurstprodukte keine einheitlichen Begrifflichkeiten gibt. Wenn so viele unterschiedliche Dinge zusammenkommen, wird die so häufig angegebene Zahl von 1500 verschiedenen Wurstsorten schnell erklärbar, aber niemals wirklich verifizierbar. Ich habe das Gefühl, dass ich allein schon viel mehr unterschiedliche Würste gegessen habe und sogar als sichtbarer Beweis dafür gelten könnte. Bei den Wurstnamen ist die Vielfalt schier grenzenlos. Das Tier, das Gewürz, der Ort, die Form, die Haut, die Konsistenz, die Farbe, das Herstellungsverfahren, die Zubereitungsart, die Organe – all das und noch viel mehr sind gängige Faktoren der jeweiligen Namensfindung. Wenn man bedenkt, dass ein deutscher Gewürzhersteller, noch nicht einmal der größte, allein 1500 verschiedene Wurstgewürze im Angebot hat, und dass mir ein einziger mittelgroßer Betrieb eine Übersicht seines Wurstangebots mit 800 verschiedenen Sorten übermittelte, und jeder Metzger für seine durchschnittlich achtzig bis hundert verschiedenen Würste eigene Rezepturen und Gewürze verwendet, dann kann man erahnen, dass die Zahl an Wurstsorten schier unermesslich hoch sein muss.

Formen- und Farbenspektakel auf der IFFA in Frankfurt

Um nicht ganz aus der Form zu geraten, habe ich mich letztlich darauf beschränken müssen, nur wenigstens jedes Bundesland bei meinen Wurstreisen anzusteuern. Ich fuhr über Landstraßen, und wenn mir ein Ort besonders gefiel, suchte ich ihn nach guten Würsten ab. Meine Erfahrung, dass die Würste dort besonders gut sind, wo Orte und Landschaft noch intakt sind, hat sich weitgehend bestätigt. Ich entdeckte oft gerade auf dem Land bei kleinen Familienbetrieben die köstlichsten Würste, deren Erzeuger der mittelalterlichen Tradition fast näher stehen als der Gegenwart. Andere wiederum sind hochtechnisiert, haben sich angepasst an die Anforderungen des modernen Marketings, betreiben Internetplattformen und experimentieren mit neuen Produkten.

Dem Leser möchte ich nun aber nicht in der chronologischen Form meine Irrfahrten durch Deutschlands Wurstwelt zumuten, sondern ihn langsam von München und den Höhen des Alpenvorlandes herabführen bis hin in die Niederungen des Nordens. Wobei angemerkt sei, dass Bayern aufgrund der enormen Vielfalt an Würsten nicht im Ganzen, sondern nach Regierungsbezirken vorgestellt wird. Es würde mich freuen, wenn der Leser nach der Lektüre dieses Buches, ganz ähnlich wie es mir im Zuge meiner Wurstrecherche ergangen ist, entdeckt, wie facettenreich und eng die Wurst mit der deutschen Kultur und Geschichte verbunden ist. Es gibt keine einzige wurstarme Region in Deutschland, überall finden sich besondere und wunderbare Wurstspezialitäten. Wo es die besten gibt, dafür gibt es keine objektiven Messkriterien. Das kann und soll jeder für sich entscheiden. ❡

Von Wurstmangel und Wurstbegehren

Meine ganz persönliche Lebenswurstreise beginnt in der Nachkriegszeit im niederbayerischen Pfarrkirchen. Die Erinnerung an meine frühe Kindheit ist vor allem mit Entbehrungen verbunden, weil wir uns oft nicht richtig satt essen konnten, schon gar nicht mit dem, was mir besonders schmeckte. Etwas neidisch war ich auf meinen Vater, der als Einziger etwas von der 100-Gramm-Wochenration an Wurst abbekam, während meine Mutter und wir uns mit selbst gekochter Marmelade und dem, was der Garten hergab, begnügen mussten. Ab und zu gab es Linsen mit einer Wiener Wurst pro Kopf, manchmal auch Wurstsalat, selten – und wenn, dann nur ganz dünn aufgeschnitten – warmen Leberkäse mit Ei und die in Niederbayern so beliebten hautlosen Wollwürste mit Sauerkraut und Kartoffelbrei. Das waren die kulinarischen Höhepunkte meiner Kindheit und Basis für meine immerwährenden geschmacklichen Vorlieben. Noch heute kann ich der Verlockung eines warmen Leberkäses oder einer niederbayerischen Bierkugel kaum widerstehen. Sehr gerne habe ich meine Mutter beim Einkaufen begleitet, denn beim Metzger bekam ich immer ein Stück Gelbwurst – der Gipfel allen Glücks. Es gab damals noch viele Metzgereien in Pfarrkirchen, die man schon von Weitem an der roten Farbe ihrer Fassaden erkennen konnte. Rot ist die Zunftfarbe der Metzger, doch diese Tradition der Inntalarchitektur ist inzwischen leider verloren gegangen. Wenn Markttag war, bekam ich schon mal eine Pferdeknackwurst für zehn Pfennige. Die Freude wurde getrübt, sobald ich in die Wurst hineinbiss, denn eigentlich mochte ich sie wegen ihres säuerlichen Geschmacks und süßlichen Geruchs nie so richtig. An Geburtstagen sehnte ich stets den Moment des »Wurstschnappens« herbei; nur hier konnte ich ein ganzes Wienerle, sogar ohne Brot, verspeisen. Und ich erinnere mich, dass wir am 1. Mai immer auf den benachbarten Reichenberg wanderten, wo ich dabei zusehen musste, wie die schon etwas älteren Jungs mit Teer an Händen und Hosen als Kletterhilfe den Maibaum emporkletterten, um sich in schwindelerregender Höhe ein Würstchen aus dem Kranz zu rupfen. Meine Eltern haben mir das leider nie erlaubt, obwohl mir die Wurst als Belohnung überaus begehrenswert erschien. Immerhin durfte ich meiner Mutter manchmal bei den Vorbereitungen zu einer Einladung helfen und die berühmten Fünfzigerjahre-Schnittchen mit Wurstscheiben belegen. Damals hatte ich natürlich noch keine Ahnung von Daniel Spoerri und seinen revolutionären Vorstößen, Essen als Teil der bildenden Kunst zu betrachten, doch aus heutiger Sicht würde ich sagen, die Canapés meiner Mutter waren meine erste Berührung mit Eat-Art.

Wem es gelang, den hohen Maibaum zu erklimmen, der wurde mit einer dicken Wurst belohnt.

Untrennbar mit meiner Kindheit verbunden sind auch Grimms Märchen und Wilhelm Busch. Hier spielt die Wurst mitunter eine recht bedrohliche Rolle, etwa in der Grimm'schen Geschichte von »Daumerlings

Wanderschaft«, der von einer Kuh verschluckt, beim Schlachten und anschließenden Verwursten nur knapp den Messern entkommt, dann in einer Blutwurst landet, im Kamin geräuchert wird und gerade noch, kurz bevor man ihn verspeist hätte, aus der Wurst entfliehen kann. Ich liebte es, in der großen Wilhelm-Busch-Gesamtausgabe herumzublättern, zumal in seinen Geschichten Würste immer wieder Ausgangspunkt sündhaft begehrlicher Verlockungen sind, die niemals ungestraft bleiben. So auch beim »Wurstdieb«, wo der Täter wie bei »Max und Moritz« in grotesker Überzeichnung mit seinem Leben büßen muss.

Sehr wurstarm waren dann die ersten Jahre des Heranwachsens, die ich fern von zu Hause in einem protestantischen Internat in der schwäbischen Kleinstadt Oettingen im Ries verbrachte. Wurst bekamen wir nie, und das Taschengeld war so knapp, dass ich mir im Gegensatz zu anderen Klassenkameraden nur selten eine Wurstsemmel leisten konnte. Diese Zeit des Darbens war vorbei, als ich mit 13 Jahren nach Nürnberg kam, wohin meine Mutter nach dem Tod meines Vaters gezogen war. Kulinarisch der Eintritt ins Paradies! Etwas Besseres als Nürnberger Bratwürste und überhaupt die fränkischen Wurstwaren hatte ich noch nie erlebt. Das Äquivalent zu den niederbayerischen Wollwürsten sind in Franken die »Nackerten«, manchmal auch die »Geschwollenen« genannt. In Zwiebeln und Essig eingelegte Bratwürste heißen gar »Saure Zipfel« – für einen pubertierenden Knaben recht anregende Assoziationen.

In Nürnberg, im Herzen der fränkischen Wurstkultur, wünschte ich mir zu meiner Konfirmation ein Pfund Leberkäse. Unter einem Pfund stellte ich mir ein riesengroßes Trumm vor, mindestens mit den Ausmaßen eines Pflastersteins. »In der allergrößten Not isst man die Wurst auch ohne Brot«, war eines der gebräuchlichsten Sprichworte, es galt als große Sünde, mehr als ein Wurstrad auf eine Scheibe Brot zu legen oder sie gar über die Brotrinde lappen zu lassen. Das war alles teuflische Völlerei, die ganz im Widerspruch zur protestantischen Ethik stand, die man mir im Konfirmandenunterricht eingebläut hatte. Aber ich war bereit, mich der Völlerei hinzugeben und das Leberkäsegeschenk ganz und gar ohne Brot zu verspeisen. Nur mit Mühe konnte ich die Enttäuschung verbergen, als ich tatsächlich von meiner Mutter das ersehnte Pfund überreicht bekam. Trotz einiger zuvor verdrückter Tortenstücke kam ich noch nicht mal an die Grenze meines Schlingvermögens. Und vom ersten Bissen an begleitete mich die Angst vor dem Finale. ❡

Die Wurst erobert die Kunst

Dass Wurst etwas mit Kunst zu tun hat, erfuhr ich ebenfalls in Nürnberg, das gegen Ende der 1960er-Jahre zu den führenden Stätten der Kunstavantgarde in Deutschland zählte. Die Epoche war bestimmt durch die Expansion der Künste, die alle Aspekte des Lebens und des neuen kritischen Zeitgeistes einschloss. Plötzlich gerieten die Wurst als Form und Alltagsgegenstand sowie das Fett nicht nur als Geschmacksträger, sondern als skulpturales Material in den Fokus der ästhetischen Reflexion.

Zu meinen ersten großen künstlerischen Wursterlebnissen gehörte die Jahresausstellung des Deutschen Künstlerbundes 1968. Ich hatte die Aufgabe, zusammen mit zwei anderen Akademiestudenten, Joseph Beuys bei der Umsetzung seines Ausstellungsbeitrags zu betreuen. Wir sollten sämtliche vom Künstler georderten Materialien besorgen, darunter natürlich auch Fett. Es waren etwa zwei Zentner allerbilligste Industriemargarine, dazu Luftpumpen, mit denen sich Beuys einschloss, um sich zwei Tage lang ungestört mit seinem neuen Werk auseinanderzusetzen. Das Ergebnis waren Luftpumpen, die der Künstler mit einem Fettkloß an der Spitze handgranatenähnlich umgeformt hatte. Einige davon steckten im Rippenheizkörper unter dem Fenster, die meisten lagen in wirren Haufen darunter und über den Parkettboden verstreut. Zu sehen waren außerdem noch die für Beuys so typische große »Fettecke« sowie einige Stempelabdrücke auf der Wand, unter anderem mit der Aufschrift »Deutsche Studentenpartei«. Die ganze Arbeit trug den lapidaren Titel »Raum 563 x 491 x 563«.

Für die *Bild*-Zeitung und ihre Leser war dies eine große Provokation, die Headline lautete nach meiner Erinnerung: »Künstler schmiert 2 Zentner Fett auf den Boden und in Biafra verhungern die Kinder«. Tags darauf gab es eine Protestaktion, hauptsächlich von Rentnern, die durch die Lorenzer

Straße zum Künstlerhaus zogen. Sie hatten Fotos von verhungernden Biafra-Kindern aus Zeitungen herausgeschnitten, auf Pappkartons geklebt und diese dann an dünnen Stecken befestigt. Solchermaßen gerüstet, drangen sie in den Ausstellungsraum ein, wo sie ihre Plakate in die Beuys'sche Fettecke hineinsteckten. Der Ausstellungsleiter war verreist, ich hatte Dienst und versuchte zu deeskalieren. Ich erklärte den Demonstranten, dass man mit dem Material einer Bronzeplastik viel mehr Kinder in Biafra retten könne als mit dem vergleichsweise billigen Industriefett, das Beuys verwendet hatte. Die Demonstranten zogen schließlich ab, wenn auch nicht ganz überzeugt. Die Beuys-Fotografin Ute Klophaus beseitigte rasch alle Spuren der Attacke. »Beuys darf das nie erfahren«, flehte sie mich an.

Für mich war das ein intensives Erlebnis, das mir die Bedeutung des Materials als Ausgangspunkt für Kunst vor Augen führte. Im konkreten Fall kamen noch das Osmische und etwas Metaphysisches hinzu, denn der ganze Raum sollte noch jahrelang nach ranzigem Fett riechen, obwohl die Wände x-mal überstrichen wurden. Für Wurst ist Fett entscheidender Geschmacksträger und Konservierungsmittel zugleich. Für Beuys war es eine lebenswichtige Kraft- und Energiequelle und Ausgangspunkt für seine Idee der »sozialen Plastik« und »sozialen Kreativität«, wie sie sich ganz unmittelbar auch in der Protestaktion gegen seinen Ausstellungsbeitrag ausgedrückt hatte.

Die Entdeckung der Wurstzipfel

1972 erhielt ich eine erste Festanstellung am neu gegründeten Museumspädagogischen Zentrum und zog nach München. Im Rahmen dieser Tätigkeit betreute ich gleich in meinem ersten Jahr wieder eine Beuys-Ausstellung. In dieser frühen und großen Werkschau zeigte der Künstler unter anderem »Filz TV«, eine Arbeit, die heute zu den Pionierleistungen der Videokunst zählt: Man sieht Beuys auf einem Hocker vor einem mit Filz abgedeckten Fernsehmöbel sitzen. Er nimmt eine Blutwurst zur Hand, schneidet sie durch und hält eines der Teile an den Filz-Bildschirm. Dann schnitzt er mit einem kleinen Messer aus dem abgeschnittenen Ende eine Art rechteckigen

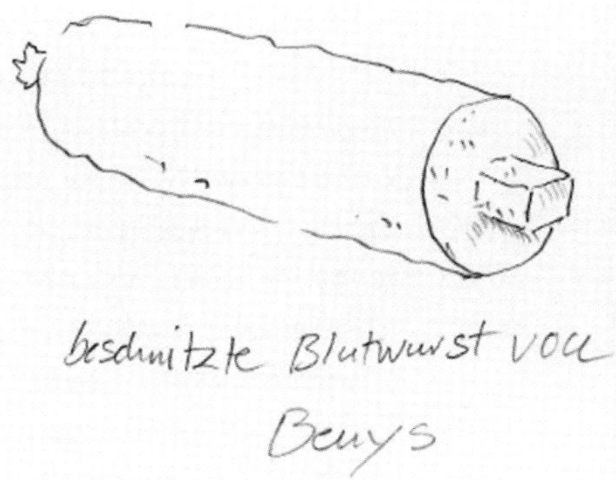

Skizze von Frank Herzog, die zeigt, wie Beuys die Wurst damals zugeschnitten hat.

Zapfen und drückt die abgeschnittene Wurst wie einen Stempel immer wieder gegen die Wand. Für mich brachte diese rätselhafte Aktion einen entscheidenden Erkenntnisgewinn: dass Kunst nämlich vor allem dazu dient, die Wahrnehmung zu sensibilisieren. Auch die einfachsten Gegenstände der unmittelbaren Lebenswirklichkeit können von gleichwertiger Symbolkraft wie Kunst sein. Die italienische Arte-Povera-Bewegung (»arme Kunst«) hatte dies 1967 zu ihrem Credo erhoben, Beuys stellte sich bewusst in diese Tradition und entwickelte diesen erweiterten Kunstbegriff fort. Dies war letzlich der entscheidende Schlüssel dafür, Wurst als Kunst begreifen zu können und nicht nur als Fett- oder Energielieferanten.

Ich lebte damals in der Nähe der Uni in der Schwabinger Adalbertstraße in einem typischen Münchner Altbau mit einem kleinen Hof und Vorgarten. Sechs Stockwerke ohne Lift, die von Studenten in Wohngemeinschaften bevölkert wurden, bis auf zwei Originale, die aus früheren bürgerlichen Zeiten übrig geblieben waren: die uralte Kathi und der neunzigjährige Herr Bichelmaier, ein Altkommunist. Das ganze Haus war eine große Gemeinschaft, und im Sommer zelebrierten wir an schönen Wochenenden in unserem Vorgarten immer ein gemeinsames Frühstück. Ich war dabei für die Wurst zuständig. Dazu hatte es nur kommen können, weil ich von dem Bildhauer Alf Lechner gelernt hatte, wie man in einer Metzgerei einkauft.

Lechner hatte das Haus immer voller interessanter Gäste, stets gab es wunderbares Essen und kulinarische Überraschungen. Aber manchmal tischte er einfach nur eine große Platte voller Wurstzipfel auf. Jede Wurst hat ja zwei Enden, und gute Metzger schneiden sie großzügig ab, weshalb sich im Laufe des Tages, meist unter dem Ladentisch in einer Schüssel verborgen, eine große Menge dieser Abschnitte ansammelt. Durch Lechners Wurstzipfelplatten entdeckte ich viele neue, köstliche Wurstsorten. Lechner kannte die besten Münchner Quellen, und wenn er einen Laden betrat, war das ein

Spektakel. Die Metzgermeister bedienten ihn stets persönlich, und am Ende des Einkaufs erstand Lechner ohne jede Peinlichkeit die preislich stark herabgesetzten Wurstzipfel. Das wollte ich auch können und hatte zu diesem Zweck in der Nähe meiner Schwabinger Wohnung auf dem Elisabethmarkt die Metzgerei Sageder als meine persönliche Wurstquelle auserkoren. Heute erst weiß ich, warum das so war: Die Wurstwaren von Sageder kamen allesamt aus Niederbayern, wo mein Wurstgeschmack fürs Leben geprägt wurde. So wie ich es von Lechner kannte, orderte ich also erst großzügig Würste, Schinken und Roastbeef, bevor ich mir ein Herz fasste und fragte, ob ich für meinen Hund nicht noch ein paar Wurstzipfel kaufen könne. Sageder ging in einen Nebenraum und kam mit einer großen Tüte zurück, die er abwog und mir für nur zwei Mark zusätzlich über die Theke reichte. Natürlich durchschaute er, dass *ich* in Wirklichkeit der Hund war. Aber er hatte ein Herz für Studenten und schon bald schaute ich jeden Samstag nach Ladenschluss vorbei, um für den immer gleichen Betrag von 2 Mark tütenweise Wurstzipfel zu erstehen. ❡

Wurst ist Leben und Leben ist Wurst

Als Wurstmann in der Schwabinger WG ging ich inzwischen nicht mehr nur einkaufen, ich sammelte auch Wurstkunst, -literatur und -nachrichten. Für meine Kinder war ich später Vater und Wurstliebhaber zugleich, die selbst gebastelten Kalender, die sie mir als Weihnachtsgeschenk überreichten, enthielten jedes Jahr neue Wurstbilder. Und ich musste für die Kinder immer neue Wurstgeschichten erfinden. Echte Erlebnisse empfanden sie dabei als genauso kurios und seltsam wie fantastische Flunkereien. Die wurstarme Nachkriegszeit und meine Enttäuschung über das zu kleine Leberkäsestück bei meiner Konfirmation waren in ihrer Lebenswirklichkeit allerdings kaum noch nachvollziehbar. So empfand ich es denn auch als sehr einfühlsam, als mir mein Sohn Moritz, kaum dass er schreiben konnte, einen handgemalten Gutschein für einen Wurstteller schenkte. Meine obsessive Beschäftigung mit Wurst ist längst zum Gegenstand gegenseitiger Frotzeleien geworden.

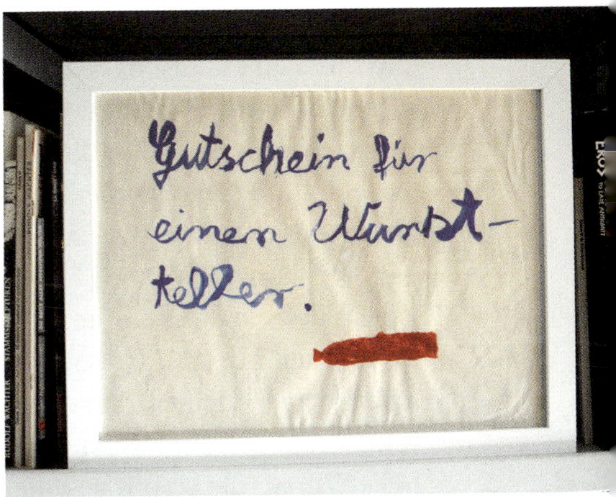

Bis heute habe ich diesen Gutschein nicht eingelöst, und inzwischen würde mir Moritz als Vegetarier wohl kein solches Geschenk mehr machen.

Immer schon habe ich besondere Wurstgeschichten aus Zeitungen ausgeschnitten und Wurststellen in Büchern mit Einmerkern versehen. Überall tauchen direkte oder indirekte Assoziationen zur Wurst auf. Mein ganzes Leben wird zum Teil einer großen Wurstmaschine. Alles ist Wurst. So erblickte ich im Ultraschallbild meines jüngsten Enkelkindes nichts anderes als eine Wurst, und zur Geburt bekam der kleine Anton eine graue Leberwurst aus Plüsch geschenkt. Natürlich bin ich bei meinen Enkeln auch zuständig für allerlei Wurstspiele und Wurstbücher. Inzwischen habe ich ein anschauliches Repertoire, das von Hot-Dog-Legosteinen über das Pixi-Heft »Ich hab einen Freund, der ist Fleischermeister« und Wurstanhänger bis hin zu Kaufladenwürsten und Wurstlieder-CDs reicht. Es versteht sich von selbst, dass auch reale Würste oder essbare Wurstgebilde wie Wurstbrezen oder -ketten zu meinen Mitbringseln gehören. Erwachsenen schenke ich gerne Wurstzigarren, -pralinen oder regionale Spezialitäten, eingeschweißt oder in Dosen. ¶

Über Goethes Wurstliebe

Für das Goethe-Institut war ich Ende der 1990er-Jahre mit der Realisierung einer Reihe von Ausstellungen zum 250. Geburtstag des Dichters betraut und stellte fest, dass Goethe zu Würsten als Herzstück unserer Kultur eine ganz besondere Beziehung hatte. In einer Rückschau auf sein Leben beschrieb er in einem Brief an Frédéric Soret vom 17. Februar 1832 das Prinzip seiner Arbeit ähnlich wie die Methode des Verwurstens: »Ich sammelte alles (…) was Natur und was Menschen schufen. Alles habe ich verarbeitet; alles was ich schrieb wurde mir durch unzählige Wesen und Dinge vermittelt; (...) mein Lebenswerk ist das einer Vielheit von Wesen aus der ganzen Natur; es trägt den Namen Goethe.« Aber auch ganz konkret war er den Würsten sehr zugeneigt. Auffallend ist die besondere Verbindung zwischen seiner Wurstliebe und den Frauen, die ihn zeitlebens mit Würsten verwöhnten. Am 8. Januar 1776 dankte er Charlotte von Stein in einem Brief für ihre Wurstsendung, am 13. März 1777 bat er sie »durch Überbringen oder so etwas, eine Wurst zu schicken«, am 11. Februar 1778 verlangte er erneut nach Nachschub, und nur 14 Tage später schrieb er wieder: »Schicken Sie mir durch überbringen meinen Schwartenmagen und eine Bratwurst.« Später war Christiane Vulpius für Goethes Wurstwohl zuständig. 1798 schrieb er ihr: »Die Würste, die du mir geschickt hast, haben mir recht wohl geschmeckt.« Und 1811, bereits längst mit ihr verheiratet: »Die schönen Würste haben ein gar gutes Ansehen und so ist alles in der besten Ordnung.«

Am 17. Mai 1814 bedankte er sich bei Caroline Sartorius, der Mutter seines Patenkindes Wolfgang und Ehefrau des mit ihm eng befreundeten, in Göttingen lehrenden Historikers Georg Friedrich Sartorius in einem Brief: »Zu gleicher Zeit mit Ihrem werten Briefe kamen auch die kostbaren Würste, und bilden gegenwärtig den wichtigsten Vorath unser ländischen Speisekammer. Wer sie genießt, kann nicht in Abrede seyn, das jenes messmerische Fräulein vollkommen recht hatte, sich der gleichen als Universal-Mittel zu dictieren, wenn nicht Schlackwurst etwas anderes ist, welches ich denn dahingestellt seyn lasse.« Die guten Würste müssen also wohl aus Göttingen gestammt haben, und vielleicht waren sie neben der damaligen großen Bedeutung von Göttingen als Wissenschaftsstadt auch ein wenig der Grund, warum der junge Goethe so gerne dort studiert hätte. Interessant ist zudem die Erwähnung jenes »messmerischen Fräuleins«, handelt es sich hierbei doch um eine metaphorische Anspielung auf die heilende Kraft der Göttinger Schlackwurst als Universalmittel im Sinne der damals sehr geschätzten kurativen kosmischen Urkraft des »Animalischen Magnetismus«. Der war von dem deutschen Arzt Franz Anton Mesmer (1734–1815) entdeckt worden und nebenbei auch ein wichtiges Moment der romantischen Literatur, etwa bei E.T.A. Hoffmann, Jean Paul oder Edgar Allan Poe.

Wie existenziell Goethe mit Würsten verbunden war, erfuhr ich in einem Gespräch mit Manfred Heuser, einem Medizinprofessor auf dem Feld der Neurologie und Psychiatrie. Der Goethe-Kenner erzählte mir eine unglaubliche Geschichte und schickte mir später auch Kopien von zwei Artikeln, die er in medizinischen Fachzeitschriften veröffentlicht hatte. Einer trug den Titel »Goethe in der Fleischarde«. Ausgangspunkt für Heusers wissenschaftliche Untersuchung war ein Brief Bettina von Arnims, in dem diese wiederum ein Gespräch mit Goethes Mutter über die Schilderung von dessen dramatischer Geburt zitiert: »Drei Tage bedachtest Du Dich, eh' Du ans Weltlicht kamst, und machtest der Mutter schwere Stunden. Aus Zorn, dass Dich die Not aus dem eingebornen Wohnort trieb, und durch die Misshandlung der Amme kamst Du ganz schwarz und ohne Lebenszeichen. Sie legten Dich in einen sogenannten Fleischarden und bäheten Dir die Herzgrube mit Wein, ganz an Deinem Leben verzweifelnd. Deine Großmutter stand hinter dem Bett, als Du zuerst die Augen aufschlugst, rief sie hervor: ›Rätin, er lebt!‹«

Die Reanimation erfolgte in einer »Fleischarde«, einem muldenförmigen Holzgefäß, das als eine Art Mörser für Wurstbrät, aber auch beim Transport und der Lagerung von Fleisch- und Wurstwaren Verwendung fand. Die Fleischarde, so Heuser, sei nur vorhanden gewesen, weil Goethes Großmutter Anna Margareta Textor als eine geborene Lindheimer einer weitverzweigten Frankfurter Metzger- und Juristenfamilie angehörte. Für den Goethe-Kenner ist die Fleischarde nicht nur lebensrettendes Element, sie liefert zugleich eine Begründung für dessen Vorlieben: »Fleisch, Wurst und Wein behielten auch im späteren Leben des prominenten Säuglings ihren besonderen Stellenwert.« ❡

Ist die deutsche Kultur ein Würstchen?

Mein Arbeitgeber, das Goethe-Institut, schickte mich von 1999 bis 2010 ins Ausland, zuerst nach Madrid und dann nach Athen. Hier habe ich oft die Erfahrung machen müssen, dass Deutschland viel stärker mit der Wurst identifiziert wird als mit Goethe. In Madrid gab es mehrere deutsche Metzger und ganz in der Nähe des Goethe-Instituts zwischen dem Plaza Colón und dem Plaza Alonso Martínez ein riesiges, stets überfülltes Restaurant namens »La Fábrica«. Es repräsentiert Deutschland und die deutsche Kultur, wie es sich die Spanier vorstellen, fast auf ähnliche Weise wie der Ballermann auf Mallorca. Kulinarische Hauptattraktion ist eine große Wurstplatte mit einer Bockwurst, einer Bratwurst, einer Berner und vier Nürnberger Bratwürsten, dazu gibt es Sauerkraut und Kartoffelbrei. Zur Vervollständigung der Glückseligkeit wird die für spanische Verhältnisse fast unvorstellbare Menge von einem Liter Bier im Maßkrug serviert. Es ist noch lauter als im Hofbräuhaus, und die Spanier fühlen sich dort wie Münchner im Himmel.

Nahe dem Parlament gibt es noch ein sehr beliebtes deutsches Restaurant, das »Edelweiß«, das ebenfalls vor allem wegen seiner Würste geschätzt wird. So ziemlich alle Parlamentarier, Minister und Staatsgäste kann man hier antreffen, und deutsche Würste waren wohl eine wirkungsvolle, würzige Zugabe bei so manchen politischen Verhandlungen, in denen es um die Wurst ging. Nicht nur in der berühmten »Cervecería alemana«, wo Hemingway am Fenster einen Stammplatz hatte, sondern auch in vielen spanischen Restaurants kann man auf den normalen Speisekarten »Bockwurst« und »Bratwurst« finden. Wie nur bei wenigen anderen deutschen Worten, wie »Blitzkrieg«, »Bunker« oder »Kindergarten«, bedarf es keiner Übersetzung.

Auch nach dem Umzug von Madrid nach Athen musste ich nicht auf deutsche Würste verzichten. Im Athener Goethe-Institut hatten wir eine beliebte Cafeteria, wo man auch etwas typisch Deutsches zum Mittagessen bekam. Die Pächterinnen kamen aus der Schweiz und verstiegen sich einmal dazu, gegrillte Weißwürste anzubieten. Für mich als Münchner natürlich eine Todsünde, aber den Griechen und auch einigen deutschen Kollegen aus dem Norden schmeckte dieses kulinarische Verbrechen richtig gut. Mich erinnerte es an den Sketch von Gerhard Polt, bei dem sein Nachbar, der Dr. Brezner, der sogar Akademiker ist, ihn zu einem Grillabend einlädt. Die Geschichte endet, und Polt macht vor dem Höhepunkt des Gags eine lange Pause, bevor er zum großen Gelächter aller verrät, dass er ansehen musste, wie sein Nachbar eine Weißwurst brät. Etwas ähnlich Kurioses erzählte Rosanna, eine italienische Freundin, die immer sehr verächtlich über die unverdaulich fette deutsche Küche lästerte, um die Überlegenheit der eigenen, italienischen Kochkunst zu betonen. Sie habe mal eine Reise nach München und die ganz schreckliche Erfahrung gemacht, dass ihr da eine Suppe vorgesetzt wurde, die nur nach purem, heißem Wasser schmeckte und in der eine dicke, fette weiße Wurst schwamm.

Das Auswärtige Amt veranstaltet Jahr für Jahr in einigen Ländern der Welt »Deutsche Kulturwochen«, und in meiner Zeit in Athen ereilte mich das Schicksal, diese organisieren zu müssen. Zusammen mit der Designagentur »pi6« kamen wir bei der Logo-Entwicklung auf die Idee, dass ein Frankfurter Würstchen gut Deutschland repräsentieren könnte. Pi6 entwarf daraufhin ein Würstchen, das wie ein Smiley auf einem eckigen weißen Pappteller drapiert war. Bei der Eröffnung überraschte uns der Botschafter und distanzierte sich explizit von unserem Logo: »Wie kann man nur auf eine solche Schnapsidee kommen, die hohe deutsche Kultur zu einem Würstchen zusammenschrumpfen zu lassen?« Mir gefiel seine Reaktion, bin ich doch bis heute vom Gegenteil überzeugt. Für mich persönlich bietet die Beschäftigung mit der Wurst, mit den Erfahrungen aus der Kunst im Hinterkopf, eine Möglichkeit, endlich mal wieder etwas Neues entdecken zu können und mich dabei gleichzeitig auf das Elementare zu besinnen. Aber der von Beuys geprägte erweiterte Kunstbegriff bewirkt natürlich, dass ich das Gebiet der Kunst gar nicht verlassen kann. Alles ist Kunst und alles ist Wurst.

Zur Verstärkung des patriotischen Charakters war das Würstchen fast schwarz, das eine Auge des Smileys ketchuprot und das andere senfgold.

Orte der Wurstkultur

OBERBAYERN — 26

München, *Metzgerzeile am Viktualienmarkt, Vinzenzmurr, Metzgerei Vogl, Oktoberfest, »Der verrückte Eismacher«, Münchner Kammerspiele, Metzgerei Gaßner, Dallmayr, Manufactum, Wurstspezialitäten Clasen* – Tegernsee, *Metzgerei Trettenhann* – Schliersee, *Metzgerei Stadler* – Bayrischzell, *Metzgerei Linderer* – Glonn, *Herrmannsdorfer Landwerkstätten* – Pfaffenwinkel, *Bauernhof Zahn* – Kinding, *Metzgerei Bauer* – Beilngries, *Metzgerei Walthierer, »Der Millipp«* – Meckenhausen, *Metzgerei Wölfl*

NIEDERBAYERN — 68

Dingolfing – Landshut, *Fleischerschule, Metzgerei Hofmair* – Pfarrkirchen – Bad Birnbach, *Metzgerei Wasner, Metzgerei Lang* – Anzenkirchen, *Landmetzgerei Schmid* – Marktl am Inn, *Metzgerei Alber* – Passau, *Metzgerei Kroiss*

OBERPFALZ — 82

Parsberg, *Romantikhotel »Hirschen«* – Regensburg, *»Wurstkuchl«* – Neumarkt, *Hotelgasthof Wittmann*

FRANKEN — 94

Nürnberg, *Gasthaus »Zum gulden Stern«, »Bratwursthäusle«, Spielzeugmuseum, Metzgerei Gehring* – Nürnberg-Katzwang, *Metzgerei Freyberger* – Fürth, *»Rollende Metzgerei«* – Cadolzburg, *Landmetzgerei List* – Leonrod, *Metzgerei Weinländer* – Ansbach – Gefäll - Möhrendorf, *»Der Dorfmetzger«* – Rittersbach, *Metzgerei Böbel* – Thalmässing, *Metzgerei Lederer* – Würzburg, *Bratwurststand Silvia Kling* – Riedenheim, *Metzgerei Weid* – Geiselwind, *»Murrmann«-Denkmal* – Ochsenfurt, *Kurt Pregnitzer* – Bamberg, *Metzgerei Alt, Wurstfabrik Fischer* – Himmelkron, *Metzgerei Pöhlmann* – Coburg – Kronach, *Metzgerei Kraus* – Bad Berneck, *Metzgerei Leipold* – Zell im Fichtelgebirge, *Dorfmetzgerei Hoffmann* – Trebgast, *Metzgerei Friedrich*

SCHWABEN — 144

Augsburg, *Fleischerschule* – Steindorf, *Landmetzgerei Glas* – Memmingen, *Metzgerei Dauner, Metzgerei Kleiber* – Bad Irsee, *Biomarkt* – Reisch/Landsberg, *Metzgerei Lechle*

BADEN-WÜRTTEMBERG — 156

Weinheim, *Naturin Viscofan GmbH* – Crailsheim, *CDS Hackner GmbH* – Stuttgart, *Metzgerei Bless* – Schopfloch, *Fleischerei Dietz* – Furtwangen, *Metzgerei Braun* – Schwäbisch Hall – Friedrichshafen, *Fleischerei Nagel* – Balzheim – Ulm, *Metzgerei Hörmann* – Böblingen, *Deutsches Fleischermuseum* – Haigerloch, *»Schwanen-Hotel«* – Hailfingen, *Metzgerei »Zum Hirsch«* – Waibstadt, *Metzgerei Baumeister*

Der Süden Deutschlands

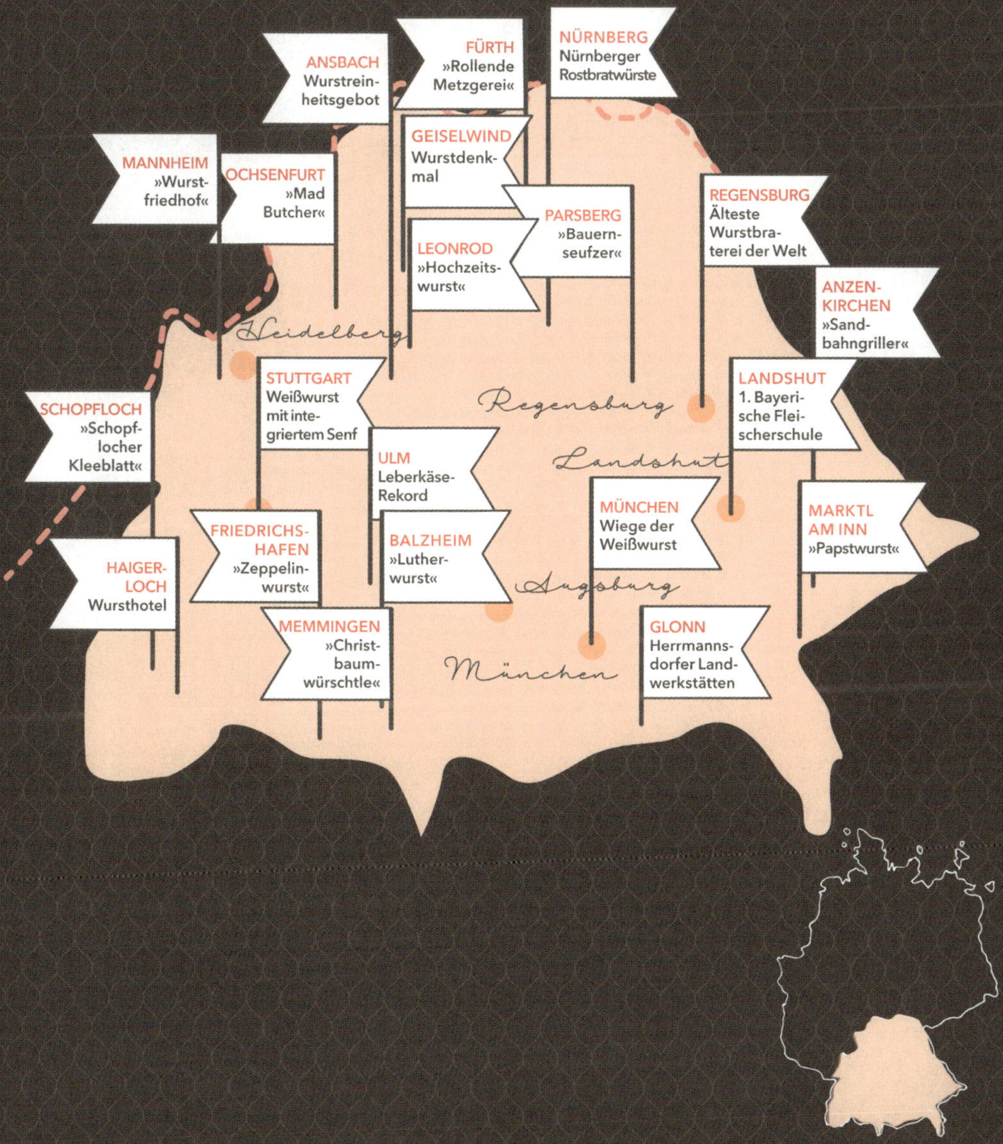

Bio
Bratw

Oberbayern

HEILE WELT & GUTE WÜRSTE

»Wenn's bayrisch Bier regnet
und Bratwürstel schneibt,
dann bitten wir 'n Herrgott,
dass 's Wetter so bleibt.«

Meine Wurstreise durch Oberbayern beginnt in der Landeshauptstadt München, die wie kaum eine andere Stadt in Deutschland mit einer bestimmten Wurst verbunden ist. Der Legende nach hat die Weißwurst im Herzen von München am 22. Februar 1857 das Licht der Welt erblickt. Ihr Erfinder war ein Münchner Gastwirt und gelernter Metzger, Sepp Moser. Er hatte am Marienplatz die Gaststätte »Zum ewigen Licht« gepachtet, damals ein beliebter Brotzeitort der Droschkenkutscher. Da die Wirtschaft unter Arkaden ziemlich im Dunkeln lag, musste dort immer ein Licht brennen, welches für den doppeldeutigen Namen sorgte. Mögen ihr spezieller Geburtsort und das ewige Licht der Weißwurst zur Unsterblichkeit verhelfen!

Heute ist der Ort gegenüber dem Münchner Rathaus leider recht trostlos. Vor der schmucklosen Allerweltsfassade des heutigen Geschäftshauses gibt es zwar eine Kochfigur, die vom Typus eher einem französischen Koch ähnelt, und eine Inschrift »The Birthplace of Weißwurst Anno 1857«, die auch nicht gerade bayerisch klingt. Eine würdigere Stätte der Erinnerung hätte diese für München identitätsstiftende Wurst schon verdient. Am Faschingssonntag 1857 sollen im »Ewigen Licht« eine besonders große Menge von Kalbsbratwürsten hergestellt worden sein, um die vielen Gäste zu verköstigen, die zum Frühschoppen erwartet wurden. Als dennoch die Schafsdärme ausgingen, behalf sich der Wirt in seiner Not mit großkalibrigeren

Schweinedärmen. Weil er befürchtete, dass die Haut beim Braten aufplatzen könnte, soll er die Würste nur in heißem Wasser gebrüht haben – die Weißwurst war geboren. Sie kam angeblich so gut an, dass Sepp Moser sein Experiment wiederholt und das Brät, mit Kräutern verfeinert, zur Münchner Spezialität weiterentwickelt haben soll. Ausgerechnet der ehemalige Leiter des Münchner Stadtarchivs, Richard Bauer, stellt diese Geschichte infrage. Die Münchner Weißwurst könne nicht als Neuschöpfung oder aus der Not geborene vergrößerte Bratwurst angesehen werden, sie sei lediglich die Variante einer viel älteren und dereinst längst bayernweit hochgepriesenen Wurstspezies. Nämlich der der Altmünchner »Maibock-Wurst«, die laut Bauer »in der Bocksaison zu Tausenden und Abertausenden verschlungen wurde. Ihre Hauptingredienzien waren Kalbs- und Schweinsbrät und möglichst viel Grünzeug. Sie war schon immer in weite Schweinsdärme abgefüllt, wurde vor dem Verzehr in heißes Wasser geworfen und im Lokal in großen irdenen Töpfen warmgehalten.«

Bis heute gilt die traditionelle Regel, dass die Weißwurst spätestens beim Zwölf-Uhr-Läuten verzehrt sein muss. Ursache hierfür ist, dass die Weißwurst zumindest früher aus drei Teilen noch schlachtwarmem zarten Kalbfleisch und einem Teil zähem Speck bereitet wurde. Dazu kamen, nachdem alles geschlegelt und sehr fein gewolft wurde, nur etwas Salz, Pfeffer und früher Wasser, heute Eisschnee, bevor alles gekuttert und mithilfe einer Wurstspritze in Schweinedärme abgefüllt wurde. Die Würste bleiben im Gegensatz zu Wiener Würstchen oder Bockwürstchen weiß, weil bei ihnen kein Nitrit-Pökelsalz, sondern nur einfaches Kochsalz verwendet wird. Beim Brühen neutralisiert sich der Fleischfarbstoff Myoglobin, weshalb das Fleisch seine spezifische helle und nur leicht grauweiße Farbe annimmt. Mit Pökelsalz dagegen stabilisiert sich das

Eine frische Weißwurst ist ein Genuss, auch nach zwölf, wenngleich das früher nicht gestattet war.

Myoglobin und die Wurst erhält ihre spezifische rötliche Fleischfarbe. Pökelsalz hat gegenüber Kochsalz den Vorteil, die Haltbarkeit zu verlängern. Die frischen Weißwürste waren daher früher ohne Kühlung schon wenige Stunden nach der Produktion nicht mehr so schmackhaft, heute dagegen kann man sie sorglos auch noch viel später verzehren. Nur noch aus Tradition wird diese Zwölf-Uhr-Vorschrift weiter beachtet. Doch es gibt noch eine zweite ökonomische Erklärung für den Frühverzehr der Weißwürste. Sie waren bei Handwerkern eine beliebte Brotzeit für das zweite Frühstück. Bevor die einen höheren Umsatz bringenden Mittagsgäste die Gastwirtschaften füllten, sollten die Handwerker ihre Plätze wieder freigeben, und auch die Vermischung der einfachen Leute mit den »gehobenen Kreisen« sollte tunlichst vermieden werden. Die kurze Haltbarkeit der Weißwürste war also zugleich ein sehr willkommener Vorwand, um höheren Profit zu erzielen.

Zuzeln oder schneiden? An dieser Frage scheiden sich die Weißwurstgeister, die an der jeweiligen Verzehrart gleich noch den Bayern vom Nichtbayern zu unterscheiden vermögen.

Nicht nur die Frage nach dem Wann, auch die nach dem Wie spielt bei der Weißwurst eine große Rolle: Am richtigen Zuzeln einer Weißwurst kann man angeblich einen Bayern vom Nichtbayern unterscheiden, heißt es. Beim Zuzeln wird die Wurst von Hand gegessen, indem man die Haut nur an einer Kopfseite einschneidet und unter Zuhilfenahme der Zähne lustvoll das Brät in den Mund einsaugt. »Zuzel« wird in Bayern auch der Schnuller genannt; wenn ein Kind an der Milchflasche oder am Busen zuzelt, ist das immer auch ein sehr lustvoller Vorgang. Insofern ist das Zuzeln und Mit-den-Händen-Essen auch eine besondere bayerische Reminiszenz an die ödipale Phase. Aber auch die feinere Art mit Messer und Gabel will gelernt sein. Am gebräuchlichsten ist der sogenannte Kreuzschnitt, bei dem die Weißwurst längs und quer aufgeschnitten wird und die entstehenden vier Viertel sauber mit der Gabel von der Wursthaut getrennt werden. Angeblich gibt es Bayern, die den Kreuzschnitt so geschickt diagonal anwenden, dass auf dem Teller vier exakt gleiche Rauten in Form des bayerischen Wappenmusters übrig bleiben.

Immer noch wird die Weißwurst als regionales Erzeugnis betrachtet: entweder als rein Münchner Produkt, mindestens aber als bayerisch-süddeutsches, obwohl die Weißwurstproduktion und auch der -konsum diese Grenzen längst überschritten haben. Michael Spitzauer, der oberste Lehrer der 1. Bayerischen Fleischerschule in Landshut und als solcher ausgewiesener Weißwurstexperte, erzählte mir von seiner Jurorentätigkeit bei einem Wurstwettbewerb mit weltweiter Beteiligung im Rahmen der Internationalen Fleischermesse in Frankfurt. Es war eine Blindverkostung mit fünfzig Wurstsorten, hauptsächlich Wiener Würstchen, Frankfurter in allerlei Variationen, dazu Münchner Weißwürste, Nürnberger und Thüringer Bratwürste. Sogar eine Fischwurst war dabei, mit einem Anteil Fisch und einem Anteil Schweinefleisch. Wer die Würste jeweils eingesandt hatte, war den Juroren unbekannt, sie bekamen nur die Wurstbezeichnung mitgeteilt und mussten dann ihre Wertung abgeben. Für den Münchner wenig überraschend, war der Favorit eine Weißwurst. Allerdings stammte die nicht aus München, ja noch nicht einmal aus Bayern, sondern aus Japan.

Man sieht, die Weißwurst ist weder geografisch noch historisch leicht zu fassen. Dem großen Gourmet Carl Friedrich von Rumohr (1785–1843), Kunsthistoriker und Goethe freundschaftlich verbunden, wird immer wieder zugeschrieben, er habe in Hamburg eine sehr feine Weißwurst gegessen. Rumohr starb 1843, also etliche Jahre vor jenem legendären Faschingssonntag in der Münchner Wirtschaft »Zum ewigen Licht«. Und weil ich gerade über den Münchner 8:0-Heimspiel-Erfolg gegen den HSV gelesen habe, wozu die *Süddeutsche Zeitung* am 27. Februar 2017 lobend titelte: »Der Vorwurschdler. Thomas Müllers kuriosestes und bestes Saisonspiel«, denke ich, die Hamburger Weißwurst könnte eigentlich die »Vorwurschdlerschaft« vor Bayern München für sich in Anspruch nehmen. Zuletzt rühmte sich etwa der Hamburger Spitzenkoch Michael Weißenbruch, eine Weißwurst nach der Vorgabe von Rumohr kreiert zu haben. Laut einem Artikel vom 28. Februar 2017 in der *Welt* wurde der historischen Hamburger Weißwurst im 19. Jahrhundert der feinsalzige Laich von Elb-Lachsen zugemischt, sogenannter Keta-Kaviar. Im Allgemeinen, so wurde Rumohr in dem Artikel zitiert, halte er es zwar für einen Fehler, das Fleisch von Land- und Meeresgetier zu vermengen. Doch die »scheinbar geckenhafte Veredelung des Wurstbräts stellt einen Gaumenschmaus besonderer Güte dar«. Mit großem

Eifer habe ich immer wieder den »Geist der Kochkunst« von Rumohr gelesen, aber nie einen Nachweis für diese Stelle finden können. Doch es gibt noch andere Quellen, die nahelegen, dass Weißwürste schon vor der Münchner Geburtsstunde existiert haben müssen. In der Sagensammlung von Ludwig Bechstein aus dem Jahr 1853 berichtet dieser von einer Gespenstergeschichte, die sich 1654 in Schleiz zugetragen haben soll. Ein Gespenst namens Rungele trieb dabei allerlei Schabernack: »Als der Schuster ein Speckschwein schlachten ließ und die Würste in die Stube auf Stroh gebracht wurden, nahm Rungele eine Weißwurst und legte diese dem Fleischhauer gleich einer Krause um den Hals.« ❡

Der Verlauf des Weißwurstäquators

Ebenso umstritten wie die Geburtsstunde der Weißwurst ist der Grenzverlauf des Weißwurstäquators. Wer sich näher über diese Kontroverse informieren möchte, dem sei der Sammelband »Letzte Fragen« der langjährigen *taz*-Redakteurin Barbara Häusler empfohlen. Sie hat dort höchst unterhaltsame Leserzuschriften zusammengestellt, die auch die Problematik anreißen, ob Franken nun zu Bayern gehört und ob sich Deutschland nicht ohnehin nur in Preußen und Bayern unterteilen ließe. Gemeinhin wird der Weißwurstäquator mit der Donau gleichgesetzt, aber das Weißwurstmuseum befindet sich in Neumarkt in der Oberpfalz, und es regierten auch schon mal drei Fränkinnen in Folge als Weißwurstköniginnen. Bayern hat also in Sachen Weißwurst-Integration gute Referenzen, hin und wieder aber gibt es doch Zoff. So war gerade zu lesen, dass die niederbayerische Fleischerinnung »Arber Land« zum 160. Geburtstag der Weißwurst ins Münchner Traditionslokal »Donisl« einladen wollte. Sie hatte die Initiative für diese Jubiläumsfeier ergriffen, da in Niederbayern gerade die neue Bayerische Weißwurstkönigin Luisa I. gekrönt worden war. Diese sollte eigentlich im Zentrum der Feier im »Donisl« stehen, doch daraus wurde nichts, weil angeblich von Münchner Seite eine Durchmischung der Regionen beim Thema Weißwurst nicht erwünscht sei. Bevor die Sache eskalierte, wurde zur

Klärung ein runder Tisch beschlossen. Wahrscheinlich kommt ein ähnlich salomonisches Urteil zustande wie 2009 nach dem verlorenen Rechtsstreit um den geografischen Schutz der Weißwurstgrenze. Das Bundespatentgericht hatte als letzte Instanz, ganz im Gegensatz zu dem erfolgreichen Alleinstellungsmerkmal der »Nürnberger Bratwurst«, die geschützte geografische Angabe für die »Münchner Weißwurst« abgelehnt. Jeder Metzger auf der Welt darf nun »original Münchner Weißwürste« produzieren und unter diesem Namen verkaufen. Das Gericht begründete sein Urteil damit, dass es nach Vorgabe des Europäischen Gerichtshofes beim Markenschutz auf die aktuellen Marktverhältnisse ankomme, und es sei eben so, dass der Großteil der Weißwürste außerhalb Münchens produziert werde. Dieses Urteil und die Freigabe der Münchner Weißwürste für Produzenten in aller Welt scheinen mir zwar in Japan angekommen, aber noch längst nicht in allen deutschen Provinzen. Aus Angst vor einem Rechtsverstoß las ich sehr häufig bei den Weißwurstangeboten von außerbayerischen Erzeugern die Aufschrift »Weißwurst nach Münchner Art« und hörte immer wieder, dass man bei einer anderen Bezeichnung mit schweren Strafen zu rechnen habe. ¶

Die Metzgerzeile am Münchner Viktualienmarkt

2015 feierte die berühmte Münchner Metzgerzeile ihren 700. Geburtstag. Sie liegt im Herzen der Altstadt unterhalb des »Petersbergls«, einer kleinen Erhebung, die von der Peterskirche mit ihrem bekannten Turm, dem »Alten Peter«, bekrönt wird. Kaiser »Ludwig IV. der Bayer« verbannte 1315 die Fleischhauerstände vom nur wenige Schritte entfernten Marienplatz, wo durch das Nebeneinander der Schlachter, Fleischhauer und des allgemeinen Marktbetriebs schreckliche Hygieneverhältnisse geherrscht haben müssen. Doch die Stadt wuchs schnell, und die Choleraepidemie von 1866 führte dazu, dass 1878 ein kommunaler Schlacht- und Viehhof in der Nähe der Isar-auen eingerichtet wurde. Die ehemaligen Fleischbänke wurden zur heutigen Metzgerzeile umgebaut und auch das übrige Marktgeschehen verlagerte sich an die Stelle des heutigen Viktualienmarkts: Fleisch und Wurst

Die Metzgerzeile am Viktualienmarkt

waren gewissermaßen die Keimzelle für das jetzige Feinschmecker-Eldorado. Schon damals herrschte das Prinzip »Konkurrenz belebt das Geschäft« und bis heute tut das enge Nebeneinander der acht fast demokratisch gleichdimensionierten Traditionsbetriebe dem Geschäft keinen Abbruch. Den Anfang der Zeile macht seit vierzig Jahren die Metzgerei Rudolf Maier, die vor allem durch ihre besondere Münchner Kalbsbriesmilzwurst bekannt ist. Dann kommt die Metzgerei Klobeck, zu deren Besonderheiten auch Pfälzer Saumagen und allerlei niederbayerisches Schwarzgeräuchertes zählen.

Der dritte Laden ist die Metzgerei Wöhrmüller, in dritter Generation geführt und im Besitz eines noch größeren Ladengeschäfts in der Schwabinger Hohenzollernstraße. Hier gibt es Stockwürste, eine Wurstsorte, die früher sogar verbreiteter war als die bayerische Weißwurst. Es gibt nur noch wenige Metzger, die sie überhaupt herstellen. Stockwurst ist nur minimal kleiner, aber etwas dicker als die Weißwurst. Bei ihr fehlt die Petersilie, dafür bekommt sie durch die Zutat von Muskat ein nicht weniger interessantes Aroma. Sie enthält weniger Fett und mehr Rindfleisch, weshalb man sie auch nicht zuzeln kann. Vor der Massentierhaltung war Rindfleisch wesentlich preiswerter als Schweinefleisch. Längst hat sich dieses Verhältnis aufgrund des Überangebots an Schweinefleisch umgekehrt, was den Niedergang der Stockwurst erklärt. Bei Wöhrmüller gibt es noch jede Menge weitere weiße Wurstwaren, man findet hier die »Weiße im Ring« von ähnlicher Größe wie Lyoner, dazu weiße Bratwürste, hautlose grauweiße Wollwürste, weißen Leberkäse, Kalbskäse und -bratwürste, die weiße fränkische Stadtwurst, weißen Presssack und Gelbwürste. Außerdem eine scharfe Merguez nach marokkanischen und französischen Rezepturen fehlt nicht.

Der vierte Laden ist seit 2000 in der Nachfolge des Traditionsbetriebs der Familie Schweyer in der Hand von Johannes Leistl und Werner Müller. Der Geheimtipp: wunderbarer Bison-Leberkäse. Nebenan bei der Metzgerei Schäbitz (seit über 200 Jahren bestehend) wird ein »Bison Stangerl« neben anderen luftgetrockneten Würsten als Spezialität angeboten. Eine weitere Besonderheit stellen die ungebrühten Weißwürste dar, die wirklich frisch verzehrt werden müssen. Der sechste Laden führt die Bezeichnung »Markt Metzger«, dahinter verbirgt sich ein Weilheimer Landmetzger, der vor allem wegen der hochwertigen Fleischqualität (von Murnau-Werdenfelser Rindern und Simmentaler Fleckvieh aus dem bayerischen Voralpenland) gerühmt wird. Der vorletzte Laden ist seit über dreißig Jahren in der Hand von der aus dem fränkischen Schwabach stammenden Marianne Rühl. Der Sohn betreibt heute das Münchner Geschäft. Täglich kommen die fränkischen frischen Würste aus Schwabach; die Bratwürste, die ja ganz frisch zubereitet werden müssen, produziert Rühl in dem winzigen Hinterzimmer mit einer kleinen Wurstmaschine nach einem Originalrezept der Urgroßmutter. Dabei verwendet er keine fertigen Wurstmischungen, sondern würzt nur mit frischen Kräutern aus dem fränkischen Knoblauchland.

Georg Schlagbauer ist Inhaber des achten Geschäfts der Metzgerzeile. Seine »Weiße im Ring« finde ich besonders schmackhaft. Das Fleisch seiner Produkte stammt aus mit dem Neuland-Gütesiegel versehenen Zuchtbetrieben. Neuland, zu dessen Mitbegründern der ehemalige Präsident des deutschen Tierschutzbundes, Wolfgang Apel, zählte, ist eine Arbeitsgemeinschaft vom Deutschen Tierschutzbund, der Arbeitsgemeinschaft bäuerliche Landwirtschaft und dem Bund für Umwelt und Naturschutz, der inzwischen über 200 Betriebe angehören, die sich vor allem der artgerechten Tier-

In den Läden der Metzgerzeile findet man auch noch traditionelle Münchner Sorten wie die Stockwurst, aber auch viele fränkische Spezialitäten.

haltung verpflichtet fühlen. Georg Schlagbauer war Präsident der Handwerkskammer für München und Oberbayern, Landesinnungsmeister und stellvertretender Bundesinnungsmeister des Fleischerverbandes. Als Mitglied des Münchner Stadtrats brachte er es zum Wiesn-Stadtrat, einem der begehrtesten und angesehensten Ämter, die München zu vergeben hat. Man prophezeite Schlagbauer in der CSU eine große politische Zukunft, in Bayern sind schließlich Viehhändler und Metzger von alters her prädestiniert für höchste politische Ämter. Man denke nur an den Metzgersohn Franz-Josef Strauß oder den CSU-Mitbegründer und kernigen Bundestagsabgeordneten Franz Xaver Unertl, dessen Name heute nur noch als schmackhafte Weißbiersorte bekannt ist. Im Juni 2016 trat Schlagbauer allerdings wegen einer Drogen- und Rotlichtaffäre von allen Ämtern zurück. Jetzt kann man ihn wieder selbst hinter der Theke antreffen. Bei meinem letzten Besuch betrat ein junger afghanischer Flüchtling den Laden und kaufte zwei Leberkässemmeln, die er genüsslich mit Senf verzehrte. Der nächste Kunde, ein waschechter Bayer in Tracht, bestellte sich eine Kalbskäsesemmel auf die Hand. Welch verkehrte und tolerante Welt in Schlagbauers Metzgerei: Der Bayer isst Kälbernes und der Moslem Schweinernes.

In unmittelbarer Nachbarschaft zu den kleinen Parzellen der Metzgerzeile findet sich auch eine Filiale von Vinzenzmurr in dreifacher Größe. Vinzenzmurr beherrscht heute den Wurst- und Fleischmarkt im Großraum München. Gab es in München in der Nachkriegszeit noch über 3000 Metzgerbetriebe, sind es heute noch knapp hundert, davon etwa ein Drittel Vinzenzmurr-Filialen. In Relation zu anderen Schlachthöfen, wo bis zu 100 000 Schweine pro Tag geschlachtet werden, gilt der Münchner Schlachthof als ein relativ kleiner Betrieb. »Nur« circa 6500 Schweine werden hier in der

Woche verarbeitet, auch Vinzenzmurr betreibt hier die Tötung und Zerlegung der Tiere, die zumindest zum Teil von ausgewählten Zuchtbetrieben aus dem näheren Umland stammen. Vinzenzmurr ist ein Paradebeispiel dafür, wie aus einem ursprünglich kleinen handwerklichen Betrieb, gegründet 1902, durch unternehmerischen Geist und Modernisierung über vier Generationen ein kleines Imperium mit über 270 Einzelfilialen entstanden ist. Vinzenzmurr pflegt dennoch das Image eines handwerklichen Betriebs, ist Innungsmitglied und zählt zu den höchstdekorierten Wursterzeugern Deutschlands. 2012 stellte das Kreisverwaltungsreferat bei Kontrollen Hygienemängel fest, die mit Bußgeldern belegt wurden. Als vorbildlich gilt das Unternehmen in der Ausbildung. Vinzenzmurr zahlt seine Lehrlinge übertariflich und hat ein zusätzliches betriebsinternes Weiterbildungsprogramm, unter anderem mit Kochkursen. Eines der größten Probleme der gesamten Branche besteht darin, qualifizierten Nachwuchs zu finden, was auch zur bedrohlichen Rate von fast fünf Prozent an jährlichen Betriebsschließungen in Deutschland beiträgt. Vielleicht bleibt bei dem anhaltenden Metzgersterben am Ende nur Vinzenzmurr übrig, und der Reim in einem Lied der »Biermösl Blosn« wird vollends Realität: »In Minga is a gsunde Struktur, unser Metzger is der Vinzenz Murr.«

Die singenden und springenden Metzger von München

In der Nähe meiner Wohnung liegt die Altperlacher Gaststätte »Gasthof zur Post«. Dort vernahm ich einmal einen lauten Disput über die qualitative Überlegenheit der Wurst im sächsischen Vogtland gegenüber der bayerischen. Ich mischte mich in das Gespräch ein und es stellte sich heraus, dass allesamt Mitglieder des Münchner Metzgerchors waren. Als Franz Mittermüller, der sich mir als Vorsitzender des Vereins der Sängerrunde München vorstellte, erfuhr, warum ich mich für Würste interessierte, versuchte er sofort, mich als neues Chormitglied anzuwerben. Nach kurzem Zögern sagte ich zu und man stimmte mir zu Ehren den Refrain aus dem »Loblied auf die Metzgerzunft« an: »Was nutzt schon das schönste Schwein, Hammel, Stier und Öchselein, wenn sie noch am Leben sind, gibt's kein Fleisch, das weiß ein Kind. Nur der Metzger helfen kann. Flink fängt er die Arbeit an. In der Wurstküch' hebt sodann ein gar eifrig Werkeln an. Morgens, wenn der Tag anbricht, wird das Fleisch schon hergericht'; wird gesotten und gemengt, bis die Wurscht am Schnür'l dranhängt.«

Dann wurde mir erzählt, welch große Ehre es früher bedeutet habe, Mitglied dieses Chors zu sein. Nach einem strengen Auswahlsystem wurden nur Meister aufgenommen, erst später konnten ausnahmsweise auch Gesellen beitreten, vorausgesetzt, sie hatten herausragendes Gesangstalent. Der Metzgerchor war zu seiner Blütezeit mit über 65 Mitgliedern einer der angesehensten und größten Handwerkerchöre Münchens. Heute sind es nur noch um die zwanzig, im Alter zwischen siebzig und achtzig. Man befürchte, so erfuhr ich, dass bald schon der Zeitpunkt komme, wo man mit dem Chor der Metzgerinnen eine Fusion eingehen müsse. Für Leute, die seit über fünfzig Jahren in einem Männerchor singen, eine schwer zu verkraftende Vorstellung. Aber unterschwellig scheint mir das Problem auch in Statusfragen zu bestehen, denn die »Meistersinger« würden dann mit den Wurstfachverkäuferinnen auf eine Ebene gestellt.

Der Metzgersprung ist ein Höhepunkt des Brauchtums in der bayerischen Landeshauptstadt. Alle drei Jahre findet er am Fischbrunnen vor dem Rathaus statt.

Eine Tradition, die indes nicht gefährdet scheint, ist der Brauch des Metzgersprungs, den es in München seit dem 16. Jahrhundert gibt. Der Sage nach sollen nach Beendigung der großen Pestepidemie von 1517 die Metzger zusammen mit den Schäfflern singend durch Münchens Straßen gelaufen sein, um den Menschen wieder Mut zu machen und die Rückkehr aus der Isolation in den öffentlichen Raum und Alltag einzuleiten. Nach Ende des Umzugs sprangen alle in ausgelassener Stimmung zu einem gemeinsamen Bad in den Fischbrunnen vor dem Münchner Rathaus. Daraus entwickelte sich angeblich der Brauch, der schon bald mit dem Freisprechungsritual der Lehrlinge und Gesellen verbunden wurde.

Der Metzgersprung wurde zum Initiationsritus der Lehrlinge, die nach Abschluss ihrer Ausbildung sich von ihren Jugendsünden als eine Art Taufritual frei waschen konnten. Heute organisiert die Innung diesen Brauch nur noch alle drei Jahre mit einem großen Aufzug, der mit einer Messe in der Handwerkskirche, dem »Alten Peter«, mit Gesangseinlagen des Metzgerchors beginnt, dem ein Umzug durch die Stadt folgt. Im Beisein des Oberbürgermeisters und des Innungsmeisters erfolgt die Freisprechung. Die mit Kalbs- und Lammschwänzen behangenen Lehrlinge springen im Anschluss daran in den Fischbrunnen, um sich ausgelassen noch gegenseitig mit Kübeln voller Wasser zu überschütten. ¶

Die »Gordischen« aus Haidhausen: *Metzgerei Vogl*

Kein anderer Metzger in München scheint so viele Verehrer zu haben wie Ignaz Vogl in der Steinstraße in Haidhausen. Als ich ihn zum ersten Mal aufsuchte, wurden mir die Gründe seiner Beliebtheit sofort klar. Vom ersten Moment an war er einem mit seinem warmherzigen und so wachen Blick, seiner offenen Ausstrahlung und dem immer leichten Lächeln in den Mundwinkeln sympathisch. Und die Würste, die ich probierte, waren exzellent, mit einem intensiven natürlichen Aroma, angenehm ausgewogen gewürzt und richtig lecker. Bei einer Tasse Kaffee hinter dem Ladenbereich erzählte er mir, er und sein Bruder Josef hätten die Metzgerei vom Vater übernom-

Ignaz Vogl (links, im Bild mit Johann Ludwig Gildein) hat sich seine »Gordischen« patentieren lassen. Um die beiden Würste miteinander zu verschlingen, muss er eine bestimmte Wurftechnik anwenden. Die Metzgerei in der Steinstraße hat Kultcharakter in München.

men und seien gleichberechtigte Inhaber. Mir schien, dass Ignaz Vogl mehr die Rolle des Kommunikators und Lebenskünstlers innehatte und sein jüngerer Bruder Josef, den alle »Beppe« nennen, der stille Handwerker ist, der im Hintergrund an der Qualität der Vogl-Würste feilt.

Zu den originellsten Geschichten, die Ignaz Vogl mir erzählte, gehörte die Erfindung eines »Gordischen Würstchens«. Die Vorgeschichte ist selbst schon recht verknotet: Der Haidhausener Künstler und Bildhauer Johann Ludwig Gildein wollte nach einer Beziehungskrise keine beleidigte Leberwurst spielen, sondern die Trennung von seiner Freundin mit einer symbolträchtigen Aktion begehen. Seine Herzdame war Vegetarierin und aktive Feministin gewesen, und es kam einfach so viel zusammen, dass am Ende eine Wurst in Form eines Gordischen Knotens erdacht, von Vogl gefertigt und anschließend vom Künstler durchtrennt wurde.

Am 15. Juni 2003 beschlossen die beiden bei einem sehr feuchtfröhlichen Zusammensein, die Gordischen Würste weiterzuentwickeln und marktfähig zu machen. Vogl und Gildein haben dafür unter dem Aktenzeichen 302012053928.9/29 die Gordische beim Deutschen Patentamt angemeldet.

Im Antrag wurde dazu folgendes Alleinstellungsmerkmal festgehalten: »Das herausstechende Merkmal der Gordischen ist der in sich symmetrisch verschlungene Wurststrang, für den eine ähnliche Wurftechnik angewandt wird wie bei der Herstellung der Münchner Brezn.« ❡

Das Fest der Würste

Alle zwei Jahre betreibt Vogl einen Wurststand auf der »Oidn Wiesn«, dem Traditionsbereich des Münchner Oktoberfests. Es ist der jährliche Höhepunkt dieser besonderen Form von »Liberalitas Bavariae«, bei der nicht nur alle Münchner Gesellschaftsschichten an einem Tisch in Wurst, Musik und Bier versinken, sondern die ganze Welt sich feuchtfröhlich vereint. Zuckerwatte, Würste, gebrannte Mandeln buhlen um die Gunst der Massen. Würs-

Wer beim Oktoberfest eine gute Grundlage braucht, greift gerne zu einer der vielen herzhaften Würste – mit Semmel und Senf oder mit scharfer Sauce.

te werden zum Augen- und Ohrenschmaus. So manche Wurstlieder, wie »Alles hat ein Ende« oder Grönemeyers »Currywurst-Song«, dröhnen aus den Lautsprechern. Nicht nur vom Geruch, sondern vor allem optisch locken Würste schon auf große Distanz, und das Anbeißen von einer großen gemeinsamen Wurst kann durchaus zu einem Sinnbild von Liebe und Lust verschmelzen.

Das Oktoberfest ist nichts als eine große Wurst, in ihr vermengt sich alles, was die Welt zu bieten hat. Ein ganz ungewöhnliches Ende wird von einer Kuh erzählt, die am Schlachthof noch vor ihrer Verwurstung ausbüxen konnte, durch die halbe Stadt lief, einen Polizeiwagen demolierte, mehrere Jogger angriff, dann mehrfach die Theresienwiese umrundete, um schließlich hinter dem Schützen-Festzelt von vielen Polizeikugeln tödlich getroffen zu verenden. Es gibt aber auch viele komische Geschichten, die hier passiert sind. Immer wieder steht dabei die Weißwurst im Mittelpunkt. Sie ist geradezu eine Falle für alle Nichtbayern. Chinesen trinken ja bekanntlich gerne zu allem immer heißes Wasser. Mir wurde erzählt, dass an einem Biertisch ein Chinese seine in einer Terrine mit heißem Wasser servierten Weißwürste in Stücke schnitt, den Senf hineinrührte und das Ganze dann genüsslich auslöffelte. Die Wiesn ist auch jährlicher Austragungsort für Weißwurst-Wettbewerbe und allerlei Wettessen. Weißwürste erscheinen aber auch in Form von allerlei Devotionalien, Hüten, Anstecknadeln und Souvenirs. ❡

Weißwursteis aus der Maxvorstadt: *»Der verrückte Eismacher«*

In jeder echten Weißwurst steckt Wasser, zunächst gefroren und später in der Konsistenz des Wurstbräts aufgegangen. Vom Altbürgermeister Thomas Wimmer ist in diesem Zusammenhang der legendäre Ausspruch überliefert: »I hob dafür gsorgt, dass immer mehr Wasser in de Isar und weniger in de Weißwürst neigflossn is.« Eigentlich ist es ja ein ganz naheliegender Gedanke: Wenn in der Wurst Eis drin ist, müsste man doch aus der Wurst selbst auch wieder ein Eis zum Schlecken machen können. Matthias Münz, Erfinder dieser Kreation, startete mit einer Eisdiele in der Münchner Ama-

Der »verrückte Eismacher« empfängt seine Kunden mit Zylinder. Dass Weißwürste und Eis geschmacklich ganz gut zusammengehen, davon konnte er auch mich überzeugen.

lienstraße. Hier tritt er auf wie ein Magier: Er trägt Zylinder, greift mal zur Gitarre und singt seinen Kunden etwas Komisches vor, mal fährt er mit dem Hochrad vorbei oder er erschafft groteske Eisskulpturen. Bei »Conchita Wurst« zum Beispiel illustriert ein in Schokolade gestecktes Wienerle nebst zwei zweideutigen Eiskugeln das Genderspiel. Ständig probiert er Neues, ständig erlebt man Überraschendes. Das ist vielleicht auch das Geheimnis der endlos langen Warteschlangen, in die ich mich beim ersten Kontaktversuch einreihen musste. Er war schon nicht mehr da und zu meinem Unglück das Weißwursteis gerade ausverkauft. Ich bestellte daher eine Kugel Grünkohleis. Meine Geschmacksknospen leisteten zunächst etwas Widerstand, doch dann entfaltete sich auf meiner gekühlten Zunge tatsächlich das intensive Kohlaroma. Später traf ich den verrückten Eismacher an seinem neuen Stand am Viktualienmarkt und erzählte ihm von meinem Wurstprojekt und den zusätzlichen Kilos, für die es auch ohne das Weißwursteis schon gesorgt habe. Er empfahl mir eine Eisdiät, durchaus eine ernsthafte Alternative, um wirkungsvoll abzuspecken, wie er meinte. Eine Kugel Eis habe durchschnittlich 100 Kalorien, anstelle einer Pizza könne man leicht 15 Kugeln Eis essen. Zucker sei aber immer dabei, selbst beim Weißwursteis. »Beim Weißwursteis hab ich erst mal viel rumprobiert. Bei den ersten Versuchen hat ein Löffel so intensiv geschmeckt, als hätte ich sieben Würste auf einmal im Mund«, erzählt er. Weißwurst und Eis gehen aus seiner Sicht gut zusammen: »Erstens enthält die Weißwurst Zucker und zweitens wird sie mit süßem Senf gegessen!« Meine Frage, ob er auch schon mal vegetarisches Wursteis probiert habe, verneint er. Aber Pferdewurst habe er schon mal verarbeitet, die gibt‘s ja auch auf dem Viktualienmarkt, wo es nichts gibt, was es nicht gibt. »Das Eis mit PS haben wir für eine Oldtimermesse in Fürstenfeldbruck gemacht, das passte irgendwie zum Thema und war sehr lecker.«

Wie seine Verkäuferinnen trägt Matthias Münz ein T-Shirt mit der Aufschrift »Leck mich«. Darauf hab ich aber gerne verzichtet und mir stattdessen nach dem Weißwursteis auch noch ein normales Pistazien- und Schokoladeneis gegönnt. Nun verstehe ich erst recht, warum die Leute bei ihm Schlange stehen. Die Münchner Universität sollte ernsthaft prüfen, ob sie nicht ähnlich wie die Universität im mittelitalienischen Gubbio auch eine Fakultät für die Eiswissenschaften gründen könnte.

Das »Conchita-Wurst-Eis« ist eindeutig zweideutig. Und neben dem Eis am Stiel ohne Kalorien, das den Namen »Fastenzeiteis« trägt, lauern natürlich die Kalorienbomben.

Großes Münchner Wursttheater

Immer wenn ich in München das stattliche Künstlerhaus am Lenbachplatz passiere, muss ich an Wilhelm Busch denken. Es wurde auf Initiative der Münchner Künstlergesellschaft Allotria gegründet, der unter anderem die großen Münchner Malerfürsten Lenbach, Kaulbach, Stuck sowie der Karikaturist Wilhelm Busch angehörten. Kaum einer weiß es, aber Wilhelm Busch verbrachte wichtige Jahre seines Lebens in München. Hier studierte er, war Mitbegründer der Künstlergruppe »Jung München«, die unter dem Motto »Pfui Teufel ist das Leben schön« einen Stammtisch samt »Kneipzeitung« unterhielt. Eine Wurstgeschichte aus dieser »Kneipzeitung« sollte Buschs Verhältnis zu München ganz entscheidend beeinflussen. In »Kurzes Referat über die kurzen Würste des Herrn Lang« nimmt er unverhohlen seinen Studienfreund, den Schlachten- und Pferdemaler Heinrich Lang, aufs Korn. Unter anderem heißt es hier: »Das Leben ist kurz, die Wurst ist lang; aber noch kürzer als das Leben ist eine Wurst im Vergleich mit der menschlichen Gefräßigkeit, obschon diese letztere eigentlich keine Kunst ist.«

Heinrich Lang rächte sich mit einem Streich. Wilhelm Busch wohnte damals zur Untermiete in der fußläufig zur Kunstakademie gelegenen Karolinenstraße. Er hatte ein Hinterhofzimmer und sah im gegenüberliegenden Fenster immer ein junges Mädchen, das ihn zunehmend in den Bann zog. Sie hieß Mathilde und war die große schwärmerische Liebe Buschs. In seiner Autobiografie beschreibt Busch die Retourkutsche von Lang so: »Großer Gott, dass ich so etwas erleben musste! – Vor dem Fenster aufgenagelt, bei den Beinen aufgenagelt, hängt meine alte, zerrissene Unterhose!« Diese Aktion war ihm so peinlich, dass er zunächst daran dachte, sich aus dem Fenster zu stürzen, aber stattdessen am nächsten Morgen seine Sachen packte und aus München wegzog. Ganz großes Münchner Wursttheater! Hier fällt mir ein, dass die Münchner Kammerspiele vor dem Ersten Weltkrieg zunächst noch »Münchner Lustspielhaus« hießen, aber 1911 von ihrem damaligen Direktor und Besitzer Dr. Eugen Robert umgetauft wurden und zu meinem Bedauern leider nur für kurze Zeit unter dem Namen »Zum großen Wurstel« firmierten. Die Bezeichnung rührt von der gleichnamigen Burleske des Wiener Dramatikers Arthur Schnitzler her. Es ist schon bemerkenswert, dass Heinrich Mann, eigentlich ein Freund Schnitzlers, nicht wollte, dass die geplante Aufführung seines Stückes »Varieté« in einem Theater mit dem Namen »Zum großen Wurstel« stattfinden sollte. Um der angedrohten Absage vorzubeugen, beschloss man die Umbenennung in »Lustspielhaus – Zum großen Wurstel«. Doch schon ein Jahr später wurde die weniger zweideutige und bis heute gültige Bezeichnung »Münchner Kammerspiele« geschaffen.

Von Karl Valentin, dem großen Münchner Komiker, Volkssänger, Autor und Filmproduzenten, den man heute auch als einen visionären Künstler bezeichnen könnte, gibt es übrigens in dem Sketch »Der Theaterbesuch« eine wunderbare Schlüsselszene, in der – ohne dass sie Erwähnung finden – zwei Würstchen auftreten: Wegen eines geschenkten Theaterbillets geraten Valentin und Karlstadt aus der Routine ihres Abendrituals. Das vorbereitete Essen mit Sauerkraut und Würsten muss unbedingt noch verspeist werden. Valentin nimmt die beiden Würste in die Hand, hält sie kurz nebeneinander, um die längere auf seinen und die kürzere auf den Teller seiner Frau zu legen. Es ist nur eine kurze Szene, aber doch paradigmatisch für das Verhältnis von Mann und Frau. Karl Valentin wird übrigens auch der berühmte Satz »Die Wurst ist die Freundin vom Bier« zugeschrieben, und nochmals von dem anderen, dem noch älteren großen deutschen Vordenker der Moderne, Wilhelm Busch, findet sich eine hervorragend dazu passende Liedstrophe:

Der Wurstvergleich: Natürlich steht ihm die größere Wurst zu.

»Warum ist doch der Fritz so rund?
Er schiebt die Wurscht in seinen Mund,
Und Rindfleisch ißt er gleich für vier
Und leert dazu vom guten Bier
Manch volles Glas bis auf den Grund ...«

Kleiner Wurstspaziergang

Wo Metzger in ihrer Freizeit gerne Würste verspeisen, kann man ziemlich sicher sein, dass man hier richtigliegt. Seit meiner Aufnahme in den Metzgerchor habe ich viele neue Tipps bekommen. Einer ist die Metzgerei Gaßner, eine ehemalige Schwabinger Traditionsmetzgerei, die vor etwa zwanzig Jahren ihren Sitz in den Schlachthof verlegte. Frischere Würste kann man anderswo kaum produzieren. Gaßner stellt edelste Fleisch- und Wurstwaren her, auch für Restaurants und Hotels, wie Mini-Weißwürste fürs Frühstücksbüfett. Das Besondere ist aber die Idee, dass man die Ware, die man dort kaufen möchte, auch testen kann. Zunächst gab es dafür nur ein kleines Stüberl, heute gehört zum »Marktstüberl« auch ein Biergarten. München ist eigentlich eine Stadt der Nachtschwärmer, aber das »Marktstüberl« öffnet schon frühmorgens um sechs Uhr und schließt um 14 Uhr, wenn diese gerade aus den Federn kommen. Den Einkauf kann man aber schon vorher erledigen, die Metzgerei öffnet um fünf Uhr. Andreas Gaßner fehlt als Innungsmeister bei keiner der vielen Münchner Weißwurstprüfungen: »Eine gute Weißwurst erkennt man daran, dass man nach der ersten sofort eine zweite möchte«, so lautet sein Qualitätskriterium. Die 2000 Weißwürste, die Gaßner täglich produziert, entsprechen dem in jeder Hinsicht.

Magnus Bauch ist die andere große Metzgerei im Schlachthofviertel. 1953 wurde mit der Gründung einer kleinen Metzgerei im Süden Münchens der Grundstock für die heutige Großmetzgerei gelegt. Heute ist Magnus Bauch mit über achtzig Mitarbeitern eine der größten handwerklichen Metzgereien, aus der vor allem Großkunden ihre Würste beziehen. Täglich werden rund 14 Tonnen feinste Spezialitäten über die riesige Ladentheke gereicht. Auch hier kann man schon ab fünf Uhr morgens schlachtfrische Würste und bayerische Hausmannskost aller Art erstehen; ab 17 Uhr findet hier immer ein regelrechtes Wettessen um die Reste der Imbisstheke statt, auf die es dann 50 Prozent Rabatt gibt.

München ist nicht nur die Stadt der Weißwürste, sondern auch die des Leberkäses. Ein Ort, der für diese beiden Grundnahrungsmittel als einer der besten gilt, ist die Franziskaner Gaststätte in der Residenzstraße. In der hauseigenen Metzgerei werden jeden Morgen etwa 1200 Weißwürste hergestellt, um den Stammgästen beim Frühschoppen ab neun Uhr das rechte

Feeling für den Tag zu vermitteln. Und auch der ofenfrische Leberkäse genießt einen legendären Ruf. Die Preise sind entsprechend, für einen Teller mit einer Scheibe Leberkäse und hausgemachtem Kartoffelsalat bekommt man anderswo fast schon ein Drei-Gänge-Menü. Doch Eingeweihte wissen, dass der Franziskaner am Nebeneingang in der Perusastraße einen Straßenverkauf unterhält, wo man diese Wurstdelikatessen zu normalen Preisen erstehen kann.

Ein paar Schritte weiter gelangt man zum einstigen Hoflieferanten Dallmayr, dem angeblich größten Delikatessenhaus Europas. In diesem mehrstöckigen Gourmettempel ist alles vom Feinsten, die Wursttheke ist eine Musterschau des Besten, was die Welt, vor allem aber Deutschland zu bieten hat. Ein hauseigener Metzger und Sternekoch sind für den Einkauf zuständig, wobei die Produzenten stets im Verborgenen bleiben. Wenn ich Lust auf deftige Blut- und Leberwürste habe, hole ich sie mir immer bei Dallmayr, sie zergehen fast auf der Zunge, eine einzigartige runde und würzige Sensation für den Gaumen. Ein Metzger erzählte mir einmal, an der Blutwurst erkenne man die Qualität eines Metzgers – wie wahr. Kompliment an den unbekannten großen Meister. Wem die Warteschlange bei Dallmayr zu lang ist, der kann nebenan bei Manufactum aus einem kleinen Sortiment von handwerklich produzierten Würsten von altbewährten Nutztierrassen auswählen oder ein paar Schritte weiter beim Wurstspezialitätengeschäft Clasen. Hier gibt es vor allem fränkische und westfälische Spezialitäten, aber auch norddeutsche Mett- und Pinkelwürste und besonders an Weihnachten die berühmten schlesischen Bratwürste. Es ist eine der beliebten Quellen zur Linderung des Heimwehs der »Zugroasten«. ❡

Im Gourmettempel Dallmayr gibt es alles, was das Wurstherz begehrt; bei der Metzgerei Clasen (unten) stehen Würste im Zentrum.

Das Münchner Umland

Mitte der 1980er-Jahre bezog ich meine Würste ausschließlich aus der so idyllischen, in den südlichen Isarauen gelegenen Ortschaft Ascholding von der »Landmetzgerei Lacherdinger«. Mir gefiel damals schon die Einheit des fast geschlossenen Kreislaufs von eigener Gaststätte, Landwirtschaft und Metzgerei. Dafür allein lohnte sich ein Ausflug von München ins Umland. Man schmeckte in den Würsten die Schönheit der Landschaft. Die Tiere, die das Fleisch lieferten, aber auch die Gewürze und Kräuter kamen alle aus der unmittelbaren Umgebung. Ich empfand es als großen Verlust, als ich erfuhr, dass die Metzgerei mangels Nachwuchs geschlossen wurde. Gerade auf dem Land ist das leider nichts Ungewöhnliches. Später entdeckte ich die Metzgerei Trettenhann in Tegernsee, quasi als Ersatz für das verloren gegangene Ascholdinger Wurstparadies. Es gibt kaum eine schönere Kulisse als den Tegernsee mit seinem Alpenpanorama, und wenn man bei solch einem Anblick in eine leckere Wurstsemmel beißt, dann ist das Glücksgefühl kaum zu toppen. ¶

Ein Franke am Schliersee: *Metzgerei Stadler*

Nicht weit vom Tegernsee liegt der Schliersee. Hier wohnt auch der von mir so verehrte Gerhard Polt, in dessen Sketchen es immer wieder um Bayern, die Preußen und natürlich auch um die Wurst geht. Getreu meinem persönlichen Motto, dass da die Würste besonders schmackhaft sein müssen, wo Mensch, Natur und Umwelt noch eine Einheit bilden, suche ich hier den lokalen Wurstmatador auf, die Metzgerei Stadler. Schon beim Betreten des Ladens beschleicht mich das Gefühl, dass hier irgendetwas recht unstimmig ist. Und tatsächlich sehe ich zu meiner Überraschung in der Auslage allerlei Spezialitäten, die in Oberbayern nicht heimisch sind: fränkische Bratwürste, fränkische Stadtwurst und fränkische Kümmelmettwurst. Wie sich herausstellt, ist der Inhaber Oliver Stadler ein waschechter Franke, er stammt aus der Coburger Gegend. Seine Frau hatte eine Metzgerei in München, die

Liebe hat sie zusammengeführt und an den Schliersee verschlagen. Stadler, obwohl das Fränkische immer noch unverkennbar ist, begrüßt mich gleich mit einem »Servus, was magst haben?«, wie es eigentlich nur unter Einheimischen gebräuchlich ist.

Ich finde es bemerkenswert, dass die Oberbayern seine fränkischen Würste nicht nur in ihrem Terrain dulden, sondern sogar als besondere Delikatesse zu schätzen scheinen. Stadler erzählt mir, dass viele Sorten Eigenkreationen seien, die es nur bei ihm gebe. Nur so könne man überleben. Der fränkische Metzger aus Schliersee war fast schon in der ganzen Welt unterwegs, jedes Jahr unternimmt er eine große Reise. Und jedes Mal würde er dabei feststellen, dass Wurst über alle Grenzen etwas Verbindendes sei. Wurst bringe die Leute zusammen, das erlebe er tagtäglich in seinem Geschäft. Wie verbindend Stadlers Würste sind, bekomme ich selbst mit. Während wir uns noch unterhalten, geht die Tür auf, und herein kommt Gerhard Polt – mit einem hochdeutsch oder »preußisch« sprechenden Mann. Die beiden debattieren lautstark, welche Würste sie nun nehmen sollen, und kaufen schließlich reichlich ein, offenbar für eine gemeinsame Grillparty. Ich frage mich, ob es sich bei Polts Begleiter um einen Besucher aus der Ferne handelt, oder gar um den preußischen Nachbarn, der in einem berühmten Sketch des Komikers die Weißwurst grillte? Ich wage nicht zu fragen, komme aber mit Polt ins Gespräch, der mir erzählt, dass auch er eine sehr prägende Beziehung zu Würsten habe: Im Haus in Altötting, in dem er seine Kindheit verbrachte, habe sich im Parterre eine Metzgerei befunden. Dort habe er miterlebt, wie geschlachtet wurde, manchmal sogar dabei mithelfen können. Mir gefiel sein unverkrampftes und natürliches Auftreten in der Metzgerei, das so gar nichts mit dem bay-

Oliver Stadler stellt die meisten Wurstsorten noch selbst her, vor allem fränkische Spezialitäten.

erischen Hardliner zu tun hatte, den er auf der Bühne gibt. Hier dagegen erlebe ich gleich einen dreifachen Klischeebruch: Polt kauft Würste bei einem fränkischen Metzger, kommt in Begleitung eines Preußen und bleibt dabei immer sachlich, ernsthaft und ohne Pointe.

Gamswurzen aus Bayrischzell: *Metzgerei Linderer*

Polt empfahl mir noch eine gute Metzgerei in Bayrischzell, die seit drei Generationen ganz traditionsverbundene, lokale Wurstsorten produziert. Es ist nicht allzu weit und ich mache mich gleich auf den Weg. Die Metzgerei trägt immer noch den Traditionsnamen »Linderer« aus ihrer Gründerzeit um 1950, obwohl die beiden letzten Generationen schon den Familiennamen Albert führen. Voller Stolz erzählt mir Ludwig Albert, dass er zu den wenigen Metzgern zähle, die noch selbst schlachten. Früher habe er etwa dreißig Schweine pro Woche geschlachtet, heute seien es nur noch etwa zehn, dafür aber mehr Kälber, Rinder, Schafe und Wild. Das sei auch Ausdruck für das veränderte und anspruchsvollere Konsumverhalten. Alle Rezepte von den etwa fünfzig Wurstsorten, die er produziere, stammen unverändert noch aus der Familientradition von seinem Großvater aus den 1950er-Jahren. Die Qualität seiner Würste basiere auf der noch schlachtfrischen Warmfleischverarbeitung, und seine Weißwürste seien etwas ganz Besonderes, hätten festeres Fleisch, viel mehr Biss und seien auch nicht zum Zuzeln geeignet. Als regionale Spezialitäten gelten aber seine Hirschsalami und die Gamswurzen. Dafür würden viele Kunden sogar von weit her anreisen. Jäger bringen ihm das Wild aus dem benachbarten Mangfallgebirge oder dem

Die Wildsalamis vom Hirsch und die Gamswurzen vom Linderer sind ein Gedicht.

Wendelstein. Die Gamswurzen, die ich mitnehme, halten nicht lange – die Heimfahrt war ein steter Genuss, ich konnte mich nicht mehr bremsen. Vor München schon fanden die Würste ihr vorbestimmtes Ende. Die Hirschsalami, dünn aufgeschnitten und in Kombination mit dem wunderbaren Bauernbrot vom Schliersee, verspeiste ich zu Hause, trank dazu ein Bier und fühlte einen paradiesischen Zustand wie in dem alten Hofbräuhaus-Sauflied »Ich möcht' gern an Biersee, so groß wie der Schliersee«, das mit der Strophe endet: »Dös wär' mir wurscht! Hätt ich bloß net so einen Durscht.«¶

Die Kehrseite der guten Würste

Auf der anderen Isarseite, gegenüber dem so idyllischen Ascholding, liegt Geretsried, eine der seltsamsten Städte Bayerns. Im Dritten Reich waren hier, von Bäumen versteckt, weitverzweigte Munitionsfabriken. Dann kamen die Flüchtlinge und schnell auch neue Gewerbebetriebe. Bis heute ist unter dem Etikett »Gartenstadt« diese Grundstruktur noch immer sichtbar. Für Oberbayern ganz untypische Wohnblocks und Kleinindustrie bestimmen das Bild. Hier war auch der Standort der Großmetzgerei Sieber, die sich aus einem 1825 gegründeten Traditionsbetrieb entwickelt hatte, ab 1833 sogar Hoflieferant des bayerischen Königshauses war und lange als vorbildlicher Musterbetrieb galt. Nie gab es Beanstandungen, und die Würste hatten ein gutes Image, bis zwischen 2012 und 2016 mysteriöse Fälle von Listerienerkrankungen auftraten. Achtzig Menschen waren infiziert und nachweislich vier Menschen sind daran verstorben. Untersuchungen ergaben, dass dafür ein vegetarischer Aufschnitt der Firma Sieber Ursache war, bei dem genau der gleiche Bakterienstamm nachgewiesen wurde. Die Firma wurde von Behörden geschlossen, der Versuch, durch eine Klage gegen den Freistaat Bayern einen Neustart der Produktion zu ermöglichen, scheiterte, die Insolvenz war nicht zu verhindern, der Betrieb musste eingestellt werden, und über 250 Mitarbeiter verloren ihren Job. Es ist bezeichnend, dass eher in Großbetrieben als in handwerklich kleinen Metzgereien solche Vorkommnisse passieren. Noch so gute Hygienemaßnahmen und Vorkehrungen können nicht für 100 Prozent Sicherheit sorgen. Das Schlimmste ist aber immer der Versuch, solche Vorkommnisse verschleiern oder herunterspielen zu wollen. Das jüngste Beispiel eines Listerienbefundes bei der Biometzgerei Landfrau, die in Emmering bei Fürstenfeldbruck ihren Sitz hat und ein Tochterunternehmen des inzwischen deutschlandweit bekannten Münchner Großbäckers Hofpfisterei ist, zeigt, wie es auch anders gehen kann: Die Firma hat bei einer internen, aber immer durch ein unabhängiges Labor durchgeführten Kontrolle eine Verunreinigung durch Listerienbakterien entdeckt und darauf sofort die Behörden und die Öffentlichkeit informiert. Alle Waren wurden zurückgerufen und die Produktion so lange ausgesetzt, bis alle potenziellen Gefahren ausgeschlossen werden konnten. Das wurde gleichermaßen von der Presse wie auch von den Kunden positiv kommentiert, und es konnte kein einziger Fall von Erkrankungen festgestellt werden.

Wurstidyll in Glonn: *Herrmannsdorfer Landwerkstätten*

Meine erste Begegnung mit den Würsten von Karl Ludwig Schweisfurth liegt schon etliche Jahre zurück. Zur Abschlussfeier einer von mir für das Goethe-Institut in Südosteuropa organisierten großen Kunstaktion spendierte er ein großes Büfett mit Bier, wunderbaren Würsten und Landbrot. Eine Auswahl vom Besten, was seine Herrmannsdorfer Landwerkstätten zu bieten haben. Mein Wurstprojekt gab den Anlass, ihn nun auch von einer anderen Seite als der des engagierten Kunstmäzens kennenzulernen. Doch schon bei der Ankunft auf dem von alten Apfelbäumen umgebenen Großparkplatz vis-à-vis des weitverzweigten Areals seiner Wohn- und Produktionsstätten stößt man allgegenwärtig auf Kunstwerke. Man begegnet einer Mischung von internationalen Größen, wie Sandro Chia, bedeutenden deutschen, aber auch lokalen Künstlern aus dem bayerischen Voralpenland. Die Architektur, die Natur, die Tierwelt und der Mensch verschmelzen zu einer Einheit. Die ganze Anlage ist für die einen wie ein großes Freilichtmuseum, für die anderen ein zoologischer Garten mit fast schon vergessenen ursprünglichen Haustieren unserer Heimat, ein Treffpunkt für Familien und

In den Reifekellern von Herrmannsdorf hängen unzählige Würste, aber auch Schinken gehören zu den besonderen Spezialitäten der Landwerkstätten.

Kinder, ein einmaliger Ausflugsort, wo man rustikal im Biergarten oder feiner im »Wirtshaus zum Schweinsbräu« vorzüglich essen und trinken oder sich einfach nur im Hofladen mit Brot, Wurst, Fleisch oder jahreszeitlich frisch geerntetem Obst und Gemüse versorgen kann. Außerdem kann man an Führungen teilnehmen oder Seminare besuchen. Für die Wurstschule muss man sich lange im Voraus anmelden und kann wählen zwischen Kursen zur Bratwurst, Weißwurst oder dem zu »Presssack, Blunz'n, Leberwürstel«. Überall gibt es Informationen zu der ursprünglichen, wiedergefundenen Einheit von Mensch, Natur und den im wörtlichen Sinn dazugehörigen Lebensmitteln. Ausgehend von der Wurst und rund um die Wurst entstand hier eine Insel der Glückseligkeit. Man hat das Gefühl, dass sich dies auch auf alle Mitarbeiter und die vielen Besucher überträgt.

Das Privathaus von Karl Ludwig Schweisfurth liegt ein wenig durch einen Vorgarten von dem Trubel des öffentlichen Schlaraffenlandes abgeschirmt. Karl Ludwig Schweisfurth bat mich in die große Wohnküche, wo er gerade dabei war, Fallobst zu schälen, um seiner Frau beim Einkochen von Marmelade zu helfen. Wir setzten uns an einen der Küchentische, tranken grünen

Tee, und er begann zu erzählen, wie alles anfing. Er sei in einer Metzgerei aufgewachsen und habe nach dem Abitur eine Metzgerlehre gemacht. Bevor er aktiv in den väterlichen Betrieb im westfälischen Herten einstieg, absolvierte er aber noch eine intensive Lehr- und Wanderzeit, die ihn auch in die großen industriellen Fleischfabriken in den USA führte. Dies sei ein gutes Rüstzeug gewesen für seine Mitarbeit an der langsamen Umwandlung des handwerklichen Betriebs zu einer immer größer werdenden industriellen Fleisch- und Wurstfabrik mit dem vom Stammsitz Herten abgeleiteten Namen »Herta«. Nach dem Tod seines Vaters musste er mit gerade 34 Jahren die Leitung übernehmen und baute Herta zum größten Fleischwarenunternehmen Europas aus. Insgesamt waren in den über Deutschland, Frankreich, Österreich, sogar Brasilien und Äthiopien verteilten Produktionsstätten über 5500 Mitarbeiter beschäftigt. »Die Meister«, so erzählt er, »bestimmten bei mir die Abläufe, nicht die Ingenieure. Alle Gewürzmischungen wurden selber hergestellt. Meine Mitarbeiter sollten sich auch wohlfühlen. Bei mir stand immer der Mensch im Mittelpunkt des Betriebs. Der bekannte Architekt Werner Ruhnau entwickelte für mich Neubauten, in denen auch viel Platz für Soziales und Kunst eingeplant war. Wolf Vostell schuf zum Beispiel in einer der Fabrikationshallen ein 17 Meter langes Fresko, in dem, angelehnt an die Höhlenmalereien von Altamira, der Jagdzauber, aber auch die Ehrfurcht und die Verehrung der Tierwelt symbolisiert werden.« Mir wurde durch die Erzählung sein enges Verhältnis zu Wolf Vostell, von dem er später auch noch das Herrmannsdorfer Schlachthaus ausmalen ließ, klar, und warum das Spätwerk von Vostell so stark von Szenen aus dem Schlachtmilieu geprägt war. Am Ende seines Lebenswerks schuf Vostell nämlich eine große Serie von gestischer Monumentalmalerei, die Stierhälften zeigte, bei denen selbst das tote Fleisch noch Kraft, Energie und Vitalität ausstrahlte.

Ausführlich beschrieb er mir seine Wandlung und Rückkehr vom Großindustriellen zum Handwerker: »1984 bin ich ausgestiegen bei Herta. Damals ging das los mit der intensiven Tierhaltung, und ich habe gemerkt, wie das Fleisch immer wässriger wurde. Von diesen Schweinen und Rindern konnte man keine gescheiten Würste mehr machen. Ich hatte das Gefühl, es geht alles den Berg hinunter. Das war die Geburtsstunde von Herrmannsdorf. Ich habe beschlossen, noch einmal ganz von vorne anzufangen, weil ich mein Handwerk liebe und wir uns bei Herta weit davon entfernt hatten. Hier in Herrmannsdorf läuft alles konsequent handwerklich, ökologisch und regional ab.«

Zu seinem Bedauern gebe es immer weniger Wurstkultur, das Handwerk sei kein Handwerk mehr, es gebe nur noch wenige Ausnahmen. Die Metzger hätten verlernt, dass die Geschmacksqualität der Wurst direkt davon abhänge, wie das Tier gelebt, was es gefressen habe und wie es geschlachtet werde. Die wenigsten würden heute noch selbst schlachten, stattdessen das Fleisch vom Großhändler beziehen und es teils noch nicht einmal mehr selbst zerlegen. Außerdem würde kaum noch ein Metzger die alte Tradition der Warmfleischverarbeitung kennen, selbst die Gewürze kämen inzwischen meist fertig gemischt aus der Tüte. »Hier in Herrmannsdorf habe ich die alte Warmfleischtechnologie, die ich vor sechzig oder siebzig Jahren gelernt habe, wieder konsequent eingeführt. Es geht um achtsames Töten, um sau-

In Herrmannsdorf wird konsequent nur Warmfleisch verarbeitet. Die Tiere leben großteils auf dem Hof, werden dort geschlachtet und verarbeitet.

Das Schwäbisch-Hällische Landschwein liefert die Grundlage für den herrlichen Schinken. Den Schweinen steht ein riesiges Freiluftareal zur Verfügung, wo sie nach Lust und Laune wühlen und sich suhlen können.

beres Schlachten ohne Stress. Bei der Warmfleischverarbeitung muss alles ganz schnell gehen. Sobald der Tierarzt seinen Stempel auf das Fleisch gemacht hat, wird sofort zerlegt. Das Fleisch, das für den Verkauf bestimmt ist, kommt in die Kühlung, alles andere geht sofort weiter in die Fertigung. Ein Schwein, das morgens um sechs noch gelebt hat, kann dann schon mittags als Weißwurst oder Wiener Würstchen aus dem Kessel kommen.«

Immer mehr aufgeklärte Bürger würden wissen, wie brutal Tiere in Großbetrieben gehalten werden und wie es in den Schlachthäusern zugeht. Immer mehr Menschen würden sich angewidert abwenden und sagen: »Das esse ich nicht mehr.« Es seien Zeiten des Umbruchs, der Vegetarismus nehme zu, die industrielle Lebensmittelproduktion nähere sich ihrem Ende. Und doch würde das Handwerk davon zu wenig profitieren: »Ich habe so oft mit Metzgern und auch Innungsmeistern gesprochen und ihnen ins Gewissen geredet. Ich habe gesagt, ihr habt eine Zukunft, aber nur, wenn ihr es ganz anders macht als die Industrie. Nicht der schnelle Kutter ist wichtig, sondern die alte Handwerkskunst. Oft wurde ich mit großen Augen angesehen, dann folgte als Antwort: ›Das geht nicht, das ist doch viel zu teuer.‹« Schweisfurth ist der Meinung, dass es eben doch geht – auch wenn es etwas kostet und dauert, bis man sich einen Kundenstamm aufgebaut hat. Dafür schmecken die Produkte unvergleichlich gut. Industriewurst ist für ihn nicht mehr als eine Wurstimitation. Sein früherer Betrieb, der von Nestlé übernommen wurde, stellt nur noch zwei Produkte her, die berühmte Herta Fleischwurst in verschiedenen Variationen und x Variationen von Schinken. Die alte Fabrik wurde abgerissen, die neue ist vollautomatisiert, alles voller Roboter, wie in einer Geisterstadt. Von einst 2000 Mitarbeitern sind nur noch 54 übrig. Kein Meister, kein Geselle, kein Lehrling. Entsprechend billig kann produziert werden. Schweisfurth redet sich in Rage: »Was kriegen denn die Bauern, die armen Schweine? Die können sich in diesem System nur über Wasser halten, wenn sie intensivste Tierhaltung betreiben. Der Bauer kommt aus dem System nicht raus. Der kriegt lausige 1,40 € für das Kilo Schweinefleisch, davon kann er eigentlich nicht leben. Obwohl er alle Möglichkeiten bis an die Grenzen des Erlaubten ausnutzt, für Hochzucht und intensivste Tierhaltung. Das System ist kaputt und eigentlich wissen das alle, aber es wird trotzdem künstlich aufrechterhalten.«

Wir mussten das Gespräch an dieser Stelle kurz unterbrechen, da er noch vor Schließung des Hofladens etwas einkaufen wollte. Ich begleitete ihn, und es beeindruckte mich, dass er im eigenen Laden wie jeder andere Kunde geduldig in der Schlange anstand. Vor dem Hofladen setzten wir uns noch einmal zusammen, und er schnitt mir mit einem Federmesser, das er aus der Hosentasche zog, von verschiedenen Würsten Rädchen zum Probieren ab. Am besten schmeckte mir eine extrem grobe, ungemein würzige Leberwurst, die wegen ihrer relativ großen Schinkenstückeinlagen richtig schnittfest war. Sie trug den Namen »Karla-Leberwurst«, und Schweisfurth erzählte

Anschnitt der »Karla-Leberwurst«

mir, dass der Name von seiner Enkelin stamme, der er die Wurst zum Probieren vorsetzte: »Sie konnte kaum sprechen damals, sagte aber immer wieder: ›Opa, mehr!‹ Da wusste ich, die Wurst hat den Qualitätstest bestanden.« Die Leberwurst besteht aus dem Fleisch vom Weideschwein, jeweils einem Drittel schlachtwarmer Leber, schlachtwarmem Magerfleisch und warmem, kernigem Speck. Dann werden Salz, Majoran, Ingwer und Kardamom hinzugegeben, das Ganze wird roh durch den Wolf gedreht, in den Darm gefüllt und anschließend bei etwa 72 Grad gebrüht. Das war vor allem das Neue an seiner Idee, denn üblicherweise wird Fleisch vorher gekocht, und dabei gehen nach Schweisfurths Worten viele Aromen und Geschmacksstoffe in die Brühe über und damit verloren. Danach muss die Wurst nur noch 14 Tage abgehängt werden und ist dann so schnittfest wie eine Salami.

Solchermaßen eingestimmt führte mich Schweisfurth durch sein verzweigtes Imperium. Zunächst ging es mit einem geländegängigen Wagen auf einen kleinen Hügel, von dem aus man das ganze Areal überblicken konnte. Ich sah Hühner, Gänse, Enten, die so urtümlich erscheinenden, oft grauweiß gefleckten Weideschweine und verstreut einige Ochsen und Schafe. Er erklärte mir sein Prinzip von symbiotischer Landwirtschaft, wo die Schweine die Erde aufwühlen und die Hühner daraus eiweißreiche Leckerbissen picken könnten, die ohne die Vorarbeit der Schweine für sie unerreichbar blieben. Es gebe nur Vorteile, die Tiere sorgten für die Wiesenpflege und seien Teil des Naturkreislaufs. Beim anschließenden Rundgang durch die Produktionsstätten stoße ich immer wieder auf die von ihm postulierten Leitgedanken: An einer Hauswand prangt eine große Fotomontage mit den Porträts von 21 strahlenden Metzgern unter der Überschrift »Nur der Metzger ist ein guter Metzger, der die Tiere achtet!«, und auf dem folgenden Lehrpfad durch das Gelände entdecke ich immer wieder Botschaften mit einem ähnlichen Credo. Das Bestreben nach Tierwohl und einem verantwortungsbewussten Umgang mit der Natur schließt die Menschen ein und man spürt dies auch am Verhältnis des Patrons zu allen hier tätigen Mitarbeitern. Es scheint keine Hierarchien zu geben, es ist wie

»Der gute Metzger sorgt für Gesundheit und Wohlbefinden seiner Tiere so lange sie leben. Er bereitet ihnen einen achtsamen Tod, schnell und ohne Angst und Stress.«

in einer großen Dorfgemeinschaft. Der Weg, den Karl Ludwig Schweisfurth eingeschlagen hat, verdient höchsten Respekt. Er kann sich erlauben, Kritik auszusprechen, Missstände und Fehlentwicklungen an den Pranger zu stellen. Vor dem Hintergrund seiner Biografie haben seine Worte ein anderes Gewicht: Er hat, wie er selbst gerne sagt, die Wandlung vom Saulus zum Paulus, vom Großindustriellen zum Handwerker, erfolgreich vollzogen. ❡

Von der Medizin zum ökologischen Landbau

Über Peter Rößler, einen befreundeten Münchner Künstler, kam ich in Kontakt mit Prof. Dr. Volker Zahn, der seit seinem Eintritt in den Ruhestand einen Bauernhof im oberbayerischen Pfaffenwinkel führt und sich dort den Traum seines Lebens erfüllt. Ähnlich wie Karl Ludwig Schweisfurth gilt sein Interesse auch einer ganzheitlichen Sichtweise von Mensch, Tier und Natur und der Verbindung von Kunst und alternativer Lebenskultur. In einer großen Scheune geben Gastkünstler Seminare, Zahn sammelt historische Werkzeuge, und überall dazwischen sind Kunstwerke eingestreut. Zusammen mit seiner Frau und seinen Söhnen züchtet er schon fast verlorene Tierrassen: die Murnau-Werdenfelserrinder, Augsburger Hühner, Wald- und Bergschafe, den auch schon selten gewordenen weißen Spitz, Schwäbisch-Hällische Schweine, die bayerische Landgans und die Thüringer Waldziege. Er ist Teil der Arche-Hof-Bewegung, die sich aus der Gesellschaft zur Erhaltung alter und gefährdeter Haustierrassen gebildet hat. Inzwischen gibt es über hundert Höfe und sogar ganze Dorfgemeinschaften. Viele betreiben Hofläden, wo man neben Wurst, Käse und Eiern auch verschiedne Produkte des jahreszeitlichen Anbaus erwerben kann. Volker Zahn selbst produziert nur

Bei einer Brotzeit mit hausgemachten Würsten erzählt mir Volker Zahn seine Lebensgeschichte.

für den eigenen Hausgebrauch Wurst und Fleisch und hat als Mediziner natürlich eine ganz andere Kompetenz im Bezug auf das Schmerzempfinden der Tiere beim Schlachten. Hin und wieder kommen zu ihm auch Vertreter muslimischer oder jüdischer Glaubensgemeinschaften und kaufen bei ihm Schafe und Lämmer, und ich frage ihn nach seiner Meinung zur Methode des Schächtens. Seine Antwort klingt für mich überzeugend: »Zunächst war ich ja sehr voreingenommen und dachte mir, die armen Tiere! Aber nach genauer Beobachtung und auch als Mediziner, Arzt und Jäger kann ich nur sagen: Wenn jemand das gut kann, ist das Schächten aus meiner Sicht eine mindestens so humane Methode wie das Schlachten mit Bolzenschussapparat und Entbluten. Warum? Ein erfahrener Schächter braucht einen Schnitt mit einem langen scharfen Messer, um alle wichtigen Gefäße und Nerven zu durchtrennen. Wenn er den ersten Schnitt gemacht hat, nimmt er den Kopf und die Wirbelsäule und bricht oben das Rückgrat durch. Das Schaf liegt ganz ruhig da, es zappelt nicht. Das ist bei einem Bolzenschussapparat anders, unter Umständen zappelt das Tier noch zehn bis fünfzehn Minuten. Insofern ist das Schächten also eine eher humane Methode.«

Ich fand das hochinteressant, denn heute ist mit Verweis auf den Tierschutz Schächten nur in Ausnahmefällen erlaubt. Der Ursprung des bis heute geltenden Tierschutzgesetzes, das im Jahr 1933 erlassen wurde, war auch antisemitisch motiviert, da man damit die Juden und ihre Tradition treffen und als grausam anprangern wollte. Schächtende Juden und Moslems galten gleichermaßen als »Untermenschen«. Hitler, Himmler und Heß gaben die Tierfreunde und bekannten sich zum Vegetarismus, Himmler wollte sogar durchsetzen, dass sich die SS vegetarisch ernähren muss. Mir scheint, dass sich hier ganz viele Ebenen sehr kompliziert durchdringen. Mit dem Schächtverbot einher gehen wohl nicht nur dem Tierwohl verpflichtete Grundsätze, wir geraten auch in Widerspruch zu dem in unserem Grundgesetz verankerten Prinzip der freien Religionsausübung. Die Gräben zwischen den Lagern, ja selbst innerhalb der großen Riege von Experten, scheinen unüberbrückbar.

Mit einem knatternden, uralten Traktor machten wir eine Rundtour über das Gelände. Bei jedem Stopp kamen auf seinen Lockruf die Tiere auf ihn zu-

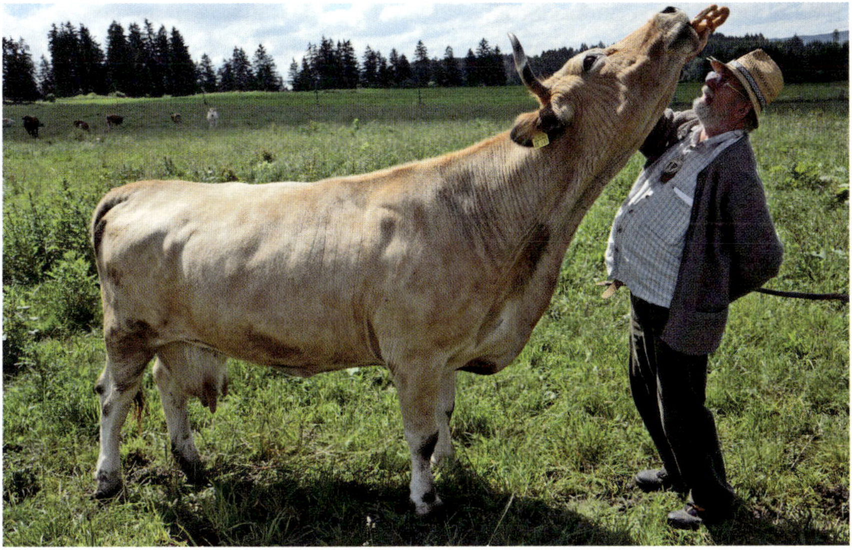

Die Leitkuh Romy, ein Murnau-Werdenfelserrind, eilt auf Zuruf herbei und bekommt zur Belohnung von Volker Zahn eine Breze.

gelaufen, allen voran die Leitkuh, die ihr Herrchen sogar mit einem dicken Schmatzer begrüßte. Als Belohnung gab es eine Breze. Mich erinnerte diese Szene an die berühmte Anekdote, wie Nietzsche vor über hundert Jahren in Turin öffentlich voller Mitleid für die gequälte Kreatur ein Kutschpferd umarmte und koste. Besonders beeindruckt hat mich der Kontrast seiner so urtümlich erscheinenden Rindviecher im Verhältnis zu dem Holsteinischen Fleckvieh des benachbarten konventionellen Zuchtbetriebs. Volker Zahn pflichtete mir bei: »Die Murnau-Werdenfelser sind geeignet zur Kultur-Landschaftspflege. Weil sie so robust sind, kann man sie im Winter auch draußen lassen, sie kriegen ein Riesenfell und leben dann bei Sturm und Schnee im Wald. 15 Hektar haben alleine die Kühe, die haben hier wirklich ein Paradies.« Nach unserer Rundfahrt lud Volker Zahn mich in die gemütliche große Wohnküche des historischen Bauernhofes zu einer Wurstprobe ein. Er brachte eine große Platte der unterschiedlichsten hausgemachten Würste und erzählte mir zu jeder Scheibe Wurst eine kleine Geschichte. Der

Schwäbisch-Hällische Speck war roh nur mit Gewürzen eingelassen und geräuchert worden. Die scharfe Bratwurst wurde aus Rindfleisch gewonnen, die Bockwurst dagegen von einem alten Schaf und eine andere Sorte stammte von einer alten Ziege. Nur ein kleiner Anteil an Schweinefleisch diente jeweils als Geschmacksträger. Überrascht war ich, dass auch der Leberkäse, das Mett und der Schinken vom Schaf stammten. Als Wegzehrung bekam ich noch einen ganzen Strauß an verschiedenen geräucherten Würsten und einen Teller mit selbst gemachter Knöchelsülze mit. ❡

Die besten Würste zwischen München und Nürnberg

Berufsbedingt musste ich in den 1970er-Jahren eine Zeit lang regelmäßig zwischen München und Nürnberg pendeln. Die Autobahn war meist verstopft, und so zog ich es vor, auf Landstraßen auszuweichen, statt im Stau zu stehen. Ich liebte es, bei Landmetzgern kleine Brotzeiten zu machen, und so kam ich auf die Idee, den besten Metzger auf der Strecke zwischen Nürnberg und München ausfindig zu machen. Die vielen Metzgereien, die ich damals aufsuchte, würden Stoff für ein eigenes dickes Buch geben, aber inzwischen hat sich ihre Zahl sehr reduziert, die meisten gibt es längst nicht mehr, und so habe ich nur einige wenige nach über vierzig Jahren nochmals besucht. Darunter die Metzgerei Franz Bauer in Kinding, die versucht, die alte Einheit von kleiner Landwirtschaft, eigener Schlachterei und Produktion gegen alle Widrigkeiten aufrechtzuerhalten. Besondere Spezialitäten sind hier neben dem guten bayerischen Leberkäse die viel würzigeren fränkischen Varianten.

»Der Millipp« in Beilngries.

In Beilngries stattete ich der Metzgerei Walthierer einen Besuch ab, die ihren Betrieb seit 14 Generationen führt. Gegründet wurde das Haus, das den Namen »Der Millipp« trägt, 1458. Von Beginn an gab es einen Gasthof mit Metzgerei, dazu eine Landwirtschaft und bis

1930 eine eigene Brauerei. Seit der Erweiterung der Gaststätte beherbergt das Haus heute auch ein Vier-Sterne-Hotel. Die Lage im Altmühltal, im Grenzgebiet zu Mittelfranken und der Oberpfalz, führt zu einem entsprechend gemischten Wurstsortiment. Absolute Verkaufsschlager sind Leberkäse, Weißwürste und vor allem die Bratwürste. Regensburger sucht man trotz der Nähe zur namensgebenden Stadt allerdings vergeblich. Ich probierte beim »Millipp« die weiße Stadtwurst und die Brotzeitwurst mit feinem Brät und aromatischem Aspikmantel – beide kulinarische Köstlichkeiten. ❡

Wohlgeformte Würste aus Meckenhausen: *Metzgerei Wölfl*

Bei meiner Suche nach der besten Metzgerei zwischen München und Nürnberg entdeckte ich die Metzgerei Wölfl in Meckenhausen. Sie war mein persönlicher Sieger. Es waren die Qualität und Vielfalt an Wurstspezialitäten, der unglaublich günstige Preis und die herzliche Atmosphäre im Laden, die den Besuch in der Metzgerei Wölfl jedes Mal zu einem besonderen Erlebnis machten. Zu meinen Favoriten zählten die Gelbwurst im Naturdarm, die mich an meine Kindheit in Niederbayern erinnerte, die würzige fränkische grobe Stadtwurst, ein wunderbarer zarter Rohschinken und natürlich die fränkischen Bratwürste. Meine absolute Lieblingswurst war aber eine erfrischend säuerlich und wunderbar harmonisch rund schmeckende grobe Rohsalami mit ganzen Pfefferkörnern im Naturdarm.

Jede Wurst unterschied sich in Länge und Form. Ich suchte mir immer besonders wohlgeformte große Exemplare heraus. Später, als ich nur noch sporadisch auf dieser Strecke unterwegs war, habe ich mich oft mit großen Vorräten dieser Dauerwurst eingedeckt. Der Laden mit seiner breiten Theke und den vielen freundlichen Verkäuferinnen war immer voll und der Mittelpunkt des Dorftratschs. Man kannte und duzte sich. Mit der Zeit zählte ich auch zu den Stammkunden, und man schien stolz darauf zu sein, dass da einer aus dem fernen München hier eigens Station machte. Manchmal kam sogar der Metzger in seinem blau-weißen Arbeitskittel hinzu und freute sich, mit mir fachzusimpeln.

Wegen meiner langen Auslandstätigkeit kam ich erst nach vielen Jahren wieder mal in Meckenhausen vorbei. Alles war anders: Ich erkannte keine der Verkäuferinnen mehr wieder, ein Kassenautomat mitten auf dem Land wirkte auf mich befremdlich und vor allem meine so geliebte Dauerwurst konnte ich nirgends erblicken. Auch die Preise waren an das heutige Niveau angepasst. Der Leberkäse und die Semmeln schmeckten zwar immer noch, aber ich vermisste die alte Vertrautheit. Dennoch wollte ich etwas mehr über diesen Wandel erfahren und vereinbarte einen Termin mit dem neuen Meister Klaus-Peter Wölfl, dem Sohn, der in der Zwischenzeit das Geschäft von seinem Vater übernommen hat. Vom ersten Moment an war er mir äußerst sympathisch. Er hatte eine Warmherzigkeit und Ausstrahlung, die mich an seine Eltern erinnerten. Auf die Frage nach seinem Vater erzählte er mir ganz ergriffen von den Umständen seines Todes: »Wenn man bedenkt, mein Vater ist 1920 geboren und hat im Jahr 2012 im November, also mit 92 Jahren, noch beim Stierschlachten mitgeholfen. Die Messer hängen jetzt immer noch hinter der Tür, so wie er sie als Letztes abgelegt hat … Dann war er vier Tage krank und ist friedlich mit dem Segen seiner Kirche gestorben.« Bis zuletzt habe er noch mitgeholfen beim Zerlegen und Hautabziehen – für einen Mann dieses Alters eine doch sehr anstrengende Arbeit. Mit einem Lächeln endet er: »Ich hab mich gefragt, ist das ein Geschenk, wenn man so lange arbeiten darf, oder eine Strafe?«

Heute, erzählte er, sei Schlachttag gewesen: »Um sechs Uhr liefen die Schweine noch munter herum, und um zehn Uhr liegen schon die ersten Würste auf dem Teller.« Es ist praktisch eine Warmfleischproduktion, die, wie Klaus-Peter Wölfl betont, auch vom zuständigen Veterinäramt gefördert wird, das sich engagiert für den Erhalt von Traditionen einsetzt. Dies ist vor allem ein großes Verdienst des Rother Landrats Dieter Eckstein, der auch die Idee hatte, einen jährlichen Presssackwettbewerb auszuschreiben. Er zeigt mir auch die Vielfalt seiner in Mägen gefüllten Presssäcke und erwähnt, dass für einen Presssack von 50 Kilo eine kleine Espressotasse voller Blut genüge, um ihn dunkelrot einzufärben.

Wölfl berichtete mir auch von einem Gespräch mit seinem Bruder, der als Lehrer für das Metzgerhandwerk in Mittelfranken tätig sei und sich sehr mit der Herkunft von missverständlichen Begriffen beschäftigt habe. So sei ja in einem Leberkäs weder Leber noch Käse: »Die Form war ein Kasten, ein ›Kästle‹, die sie immer zum Bäcker tragen mussten, weil die Metzger früher keine eigenen Öfen hatten. Sie haben also Laibe im Kästle gemacht, und die Bezeichnung ›Laib im Kästle‹ wandelte sich im Laufe der Zeit in ›Leberkäse‹.« Ein anderes Beispiel für die Begriffsverwirrung sei die fränkische Bratwurst. Die Metzger hätten früher unterschieden zwischen geräucherten Bratwürsten und frischen Bratwürsten. Das habe bei den Kunden für Irritation gesorgt. Wenn die einen Würste explizit mit »frisch« versehen waren, waren dann die anderen nicht frisch? So kam es, dass sie statt »frische Bratwürste« die Abkürzung »fr.« verwendeten. Und wegen der Abkürzung »fr.« habe sich schnell die Vorstellung festgesetzt, es müsse sich schlicht um fränkische Bratwürste handeln.

Auf die Frage nach der von mir früher so geliebten Dauerwurst, einer großen roten Rohwurst, erklärte mir Klaus-Peter Wölfl, warum er diese mittlerweile nicht mehr im Sortiment habe. Früher habe man sie noch in der eigenen Metzgerei reifen lassen. Da dieses Prozedere aber höchst aufwendig sei, kam man nicht umhin, sich technisch zu behelfen: »Die Wurst muss man jeden Tag waschen, das ist fast, wie wenn man ein Baby hat. Zuerst musst du sie baden, dann musst du sie wieder auf das richtige Maß abtrocknen, damit sie leicht feucht ist, aber nicht nass. Und wenn einer das Fenster oder die Tür aufmacht, dann kriegt die Wurst einen Zug. Früher hat man einen Auszubildenden damit beauftragt und gesagt: ›Na, dann badest du jetzt mal eine Stunde lang die Wurst‹, aber das ist heute aufgrund der Kosten nicht mehr machbar. Also mussten wir die Wurst zum Reifen weggeben.« Hierfür stellte eine große Firma in der Region ihre Reifeanlage den Metzgern gegen eine geringe Gebühr zur Verfügung. Als diese jedoch kaputtging, konnte die Firma keine neue dieser sehr teuren Anlagen anschaffen, was die Metzgerei Wölfl zu einer Entscheidung zwang: »Dann hatten wir die Wahl, kaufen wir uns so ein Gerät für 100000 Euro oder lassen wir es. Und was noch dazukommt: Früher hat man eine Sorte Rohwurst gehabt. Heute kommt ein Kunde, der will eine mit Pfefferrand, der Nächste will eine mit Paprikarand, dann will einer eine Rohwurst mit mehr Knoblauch oder mit weniger,

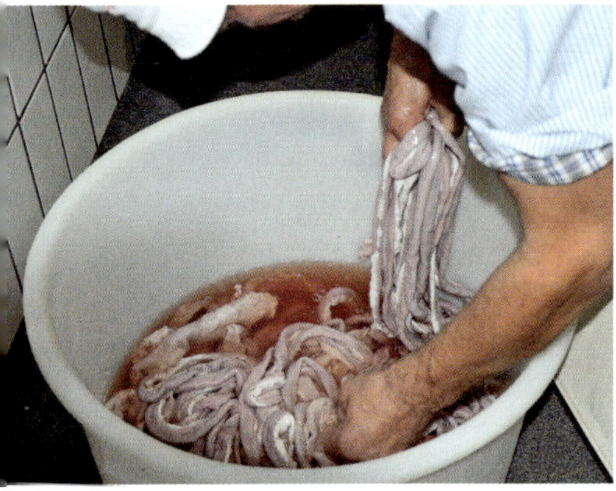

Die Metzgerei Wölfl ist einer der wenigen Betriebe, in denen Bändeldärme noch selbst hergestellt werden. Diese müssen zunächst gründlich gereinigt und gewässert werden.

und wieder einer will sie mit weniger Fett. Wir haben lange versucht, an unserer Standardrohwurst festzuhalten, aber es kommt der Tag, an dem man eben nicht mehr nur eine Sorte braucht, sondern 35. Genau dann ist der Zeitpunkt erreicht, an dem man sich fragen muss, ob man diese vielen verschiedenen Würste alle noch selbst herstellen kann oder ob man sie nicht doch von einem guten Zulieferer bezieht. Wenn die Qualität passt, ist der Preis fast zweitrangig.« Wölfl ergänzt, dass man ja nie nur eine einzige Wurst von einer Sorte macht, man müsse immer gleich etwa 30 Kilo machen. »Wenn ich das bei den zig Rohwürsten machen würde, ist fraglich, ob ich das alles verkaufen würde!« Den Konkurrenzdruck durch große Industriebetriebe und Massenwaren bekommt Klaus-Peter Wölfl wie viele zu spüren. Bei einem Besuch der IFFA, der Internationalen Fleischer Fachmesse, fühlte er sich regelrecht »erdrückt« und bemerkte: »Die müssten das zweite ›F‹ streichen und sich eigentlich ›Fleisch-Industrie-Messe‹ nennen. Wenn wir ein Schwein schlachten und kaspern da eine Stunde rum, und bei denen, da fliegen die Schweine durch, und dann kommt eine Wurst raus. Ein bisschen deprimierend ist das schon.« Sorgen macht er sich trotzdem nicht: »Alle Jahre erzählt mir einer, dass es uns eigentlich gar nicht mehr geben kann, und wir machen das jetzt immer noch und andere sind schon lang wieder weg.«

Voller Stolz führt mich Klaus-Peter Wölfl gegen Ende meines Besuchs noch in die Wurstküche und erzählt, dass sie zu den ganz wenigen zählen, die Bändeldärme noch selbst herstellen können. Mit dem Bändeldarm wird die dünne äußere Fettschicht des Schweinesaitlings bezeichnet. Das Verfahren ist sehr mühsam. Zunächst wird der Dünndarm gewendet, intensiv gereinigt und in Wasser gelegt. Dann beginnt die handwerkliche Kunst. Er und ein seit Langem bei ihm tätiger Metzgermeister beherrschen noch diese

Nach der Reinigung werden innere und äußere Schicht voneinander getrennt, dann können die Därme mit Brät befüllt und zu Würsten abgedreht werden.

Technik. Mir wird gezeigt, wie er mit dem Daumen den nun innen liegenden Bändel herauszieht, um die dünnere innere Darmhaut von der gröberen und mit Fettadern durchzogenen äußeren zu trennen. Er zeigt mir auch noch ein ganz einfaches Instrument zur Darmentschleimung, das er seit Großvaters Zeiten benutzt und das es gar nicht mehr so einfach zu kaufen gibt. Es gibt einfach viel zu wenige, die diese Technik noch beherrschen.

Am Ende meines Besuchs bei Klaus-Peter Wölfl war ich trotz meiner anfänglichen Bedenken wieder versöhnt: Die leckere Gelbwurst im Naturdarm schmeckt noch genauso gut wie früher, nach wie vor sind die Wurstwaren von hoher Qualität und auch der mir so fremde Kassenautomat wurde aus hygienischen Gründen für mich akzeptierbar. ❡

Niederbayern

VON GOURMETS & STRUKTURWANDEL

»Wo's Hax'n und Hendl und Ochs'n und Wurschtl gril'n
Wo de Kinder no Dreck fress'n ois Abwehr gega Bazil'n
Wo jeder Zwoate zum Arbat'n zu BMW rennt
Wo ma jed'n griast auf da Straß, weil ma eh jed'n kennt.«
(Hannes Ringlstetter, »Niederbayern«)

Niederbayern ist eines der urständigsten Gebiete Deutschlands. Die Würste dieser Region sind kräftig gewürzt und recht schmackhaft, man spart hier noch nicht so sehr am Fett. Als typisch niederbayerische Spezialität gilt neben einem breiten Angebot von Kochwürsten alles Schwarzgeräucherte. Und doch gibt es regionale Unterschiede: Der Bayerische Wald nördlich der Donau war früher eine der ärmsten Gegenden Bayerns. Lebensgrundlage waren die weiten Waldgebiete und die vereinzelten Glashütten. Die Würste hier waren früher eher deftig und einfach. Heute lässt sich im Bayerischen Wald und im südlicher gelegenen Rottaler Bäderdreieck der Strukturwandel durch den Einfluss des Tourismus erkennen. Und dieser Einfluss macht auch vor den Würsten nicht halt, inzwischen hat sich hier eine richtige Feinschmeckerkultur entwickelt. Die Grundlagen für die feinen neuen Wurstkreationen aus Wildbret kommen aus den umliegenden Waldgebieten. Verwurstet werden Hirsche, Rehe, Wildschweine, Hasen und Fasane.

Gourmets kommen aber nicht nur im Bayerischen Wald, sondern in der gesamten Region Niederbayern durchaus auf ihre Kosten. Auf dem Land schließen sich immer mehr Bauern mit Erfolg zu Erzeugergemeinschaften zusammen. Sie kehren zu den alten landwirtschaftlichen Produktionsweisen zurück und unterhalten in Partnerschaft mit lokalen Metzgern eigene kleine Schlacht- und Verarbeitungsbetriebe. Die guten Lebensbedingungen der Tiere bilden die Basis für diese neue Wurstkultur, in der sich neben der Rückbesinnung auf regional Altbayerische Traditionen auch Einflüsse aus den benachbarten böhmischen und österreichischen, aber auch den polnischen, ungarischen und italienischen Wursttraditionen spiegeln. Verkauft werden diese Spezialitäten in Hofläden, doch beliefert werden auch Bauernmärkte, Bio- und Feinkostläden in der Region, ja selbst in München. ❡

Die Wursthochburgen Dingolfing und Landshut

In Dingolfing, einem mittelalterlichen Idyll und Sitz vieler Hightech-Firmen rund um das BMW-Werk, lässt man sichs auch wurstmäßig gut gehen. Es dominieren Biomärkte und Feinkostläden, die Kunden hier sind so anspruchsvoll, dass sich das selbst auf das Angebot der örtlichen Supermärkte auswirkt. So wurde die Wursttheke des Dingolfinger Edeka-Marktes 2015 mit dem Titel »Deutschlands beste Wursttheke« ausgezeichnet. Eine hochkarätige Jury mit dem Sternekoch Johann Lafer an der Spitze begründete ihre Entscheidung mit den dort angebotenen erlesenen Spezialitäten, der Regionalität der Produkte und der Übersichtlichkeit der Thekengestaltung.

Auch in der benachbarten schönen mittelalterlichen Herzogstadt Landshut mit dem alles überragenden höchsten Backsteinturm der Welt gelten hohe Maßstäbe in Sachen Wurstqualität. Apropos Turm: Hohe Kirchtürme scheinen sehr anregend für lange Würste zu sein. Ulm, mit dem weltweit höchsten Kirchturm, hält den Weltrekord für den längsten Leberkäse und Landshut den für die längste Bratwurst. Schon im Jahr 1999 soll der Metzger Bernhard Oßner hier zusammen mit 16 Metzgern und vielen Helfern die längste Bratwurst der Welt hergestellt haben – mit einer Gesamtlänge von 5888 Metern. Dreißig Schweine und ein ganzer Zentner an Gewürzen mussten für diese Wurst herhalten, dazu rund 200 ineinandergesteckte Schafsdärme, in die das Brät in einer eigens dafür umgebauten Scheune gefüllt wurde. Nach neun Stunden und 13 Minuten war es geschafft. Für einen Eintag im Guinness-Buch hat es für dieses Mammutwürstchen dennoch nicht gereicht

Die wunderbare Altstadt von Landshut ist ein lohnendes Ausflugsziel.

– vielleicht, weil es nicht im Ganzen, sondern portionsweise gebraten worden ist. Der Rekordhalter ist nach wie vor ein Metzger namens Willy aus Paraguay, mit einem für niederbayerische Verhältnisse fast mickrigen, nur 418,27 Meter langen Würstchen. Immerhin kann sich Landshut rühmen, die längste Weißwursttafel Bayerns auf die Beine gestellt zu haben. 2015 hatten die Damen des »Zonta-Clubs« Landshut erstmals das Weißwurstessen auf dem Marktplatz veranstaltet, seitdem findet der Event jedes Jahr statt. Der Erlös dieser Benefizveranstaltung, an der gleich beim ersten Mal 500 Leute teilnahmen, kommt Frauen in der Region zugute.

Als Sitz der bundesweit hoch angesehenen und ältesten Fleischerschule Deutschlands spielt Landshut wurstmäßig überhaupt eine Sonderrolle. Hier kommen Fleischer nicht nur aus allen Teilen des Landes zusammen, sondern sogar aus fernen Kontinenten, um ihre Meisterprüfung abzulegen. Als ich Georg Zinkl, dem Geschäftsführer der Fleischerschule Landshut, von meinem Projekt erzählte, lud er mich sofort ein. Ich konnte die Schule besichtigen, erhielt Zugang zum Archiv und zur Fachbibliothek und wurde Lehrern und Schülern vorgestellt. Wie so oft braucht es für die Gründung

Die Fleischerschule Landshut versteht sich als Hüterin handwerklicher Traditionen. Im Bild Michael Spitzauer, der 1. Fachlehrer.

einer neuen Institution wie dieser eine Reihe von passenden äußeren Umständen und vor allem eine leitende Persönlichkeit, die Begabung und Charisma vereint. Wenn Georg Zinkl von Max Schöner spricht, dem bis heute verehrten Gründer der Schule, gerät er ins Schwärmen. Max Schöner, ein Metzgermeister in der Landshuter Vorstadt, sei ein sehr genauer Mensch gewesen, der seine Kollegen vor allem durch die unglaubliche Perfektion und Schönheit seiner Pasteten so beeindruckte, dass sie ihn um einen privaten Lehrgang baten. Diese Lehrgänge in Sachen Pastetenherstellung waren so erfolgreich und beliebt, dass 1928 daraus eine eigene Fleischerschule entstanden ist.

Georg Zinkl ist stolz darauf, dass alle Absolventen der Fleischerschule beruflich sehr erfolgreich agieren, oft sogar Karriere machen. Kritisch sieht er allerdings viele Details. Wenn etwa gute Metzger die Frischetheken von Supermärkten mit ihren handwerklichen Wursterzeugnissen bereichern würden, sei der Schaden letztlich größer als der vermeintliche Nutzen. Denn die Supermärkte würden dann ihr gesamtes Sortiment trotz der überwiegend industriell hergestellten Waren als handwerklich und regional produziert bewerben und die Kunden damit in die Irre führen. Ähnlich kritisch sieht er die allseits ausgerufene »Biowelle«, die keineswegs eine Welle sei, da nur etwa fünf Prozent der Verbraucher Waren aus diesem Segment konsumieren würden. Das Gute daran sei immerhin, dass die Leute hellhörig geworden seien und »bio« zu einer Rückbesinnung auf Regionalität, gutes Rohmaterial und damit bessere Qualität geführt habe. Die Fleischerschule in Landshut versteht sich einerseits als Garant und Hüterin dieser Tradition, andererseits ist sie offen für Neuentwicklungen. Dies zeigt sich auch im Lehrangebot, das nicht nur handwerkliche Grundlagen vermittelt, sondern immer mehr Aspekte der Betriebswirtschaft. Neu ist in diesem Zusammenhang die Kooperation mit einer österreichischen Fachhochschule im Rahmen des Masterstudiengangs »Unternehmensführung« mit dem Schwerpunkt »Fleischwirtschaft«.

Die Landshuter Fleischerschule ist jedoch auch auf fernerem internationalem Parkett aktiv. In Brasilien ebenso wie in Russland gab es Bestrebungen, eine Fleischerschule nach dem Landshuter Modell zu gründen, und in Seoul ist das nun Wirklichkeit geworden. Hier wurde in Zusammenarbeit mit einer Eliteuniversität eine Zweigstelle eingeweiht, an der man einen deutschen Meistertitel erwerben kann. Wie in anderen Fällen auch ging diese Initiative von einem ehemaligen Schüler aus, der in Landshut seinen Meister gemacht hatte.

Den Abschluss und zugleich Höhepunkt meines Gesprächs mit Zinkl bildete aber eine private Unterweisung in der hohen Schule des Weißwurst-Essens. Während wir die frisch produzierten Weißwürste aus der Schulküche verzehrten, erzählte mir der international so vernetzte Zinkl, dass es im Landkreis Landshut deutschlandweit die größte Dichte an qualitäts- und traditionsbewussten Metzgern gebe. Im Herzen ist er also doch ein waschechter Bayer und Lokalpatriot geblieben. ❡

Im Herzen von Landshut: *Metzgerei Georg Hofmair*

Mit Zinkls Liste mit den besonders empfehlenswerten Metzgereien in der Hand mache ich mich auf den Weg in die Altstadt, um der Metzgerei Georg Hofmair einen Besuch abzustatten. Ein recht passender Name für einen Metzger, war Georg doch jener Heilige, der den Drachen metzelte. Die Metzgerei liegt an einem der schönsten Plätze der noch vollständig erhaltenen mittelalterlichen Altstadt. Der Laden befindet sich etwas zurückgesetzt in einem historischen, schmalen und mit einem Stufengiebel bekrönten Eckhaus und gehört zu einem mit einem Laubengang durchzogenen grandiosen Ensemble, nur wenige Schritte entfernt von der Martinskirche mit ihrem alles überragenden Backsteinturm.

Mein erster Eindruck von Georg Hofmair ist überraschend. Rein äußerlich entspricht er so gar nicht dem Klischeebild eines Metzgers und Chefs eines stattlichen Betriebes. Schmal und hochgewachsen, sportlich-elegant und mit der Ausstrahlung eines Intellektuellen. Unser Gespräch findet in einem der Wohnräume im ersten Obergeschoss statt – die Architektur und das großbürgerliche Ambiente sind beeindruckend. Hofmair erzählt mir, dass sein Großvater um die Jahrhundertwende die Einrichtung erstanden habe. Er selbst gehöre bereits der fünften Generation von Metzgern in seiner Familie an. In Freising würde ein Onkel noch die Metzgerei seines Ururgroßvaters führen.

In Georg Hofmairs Metzgerei gibt es laut Internet »den weltbesten Leberkäse«.

Während seiner Kindheit sei die Lage der Metzgerei im Zentrum der Altstadt ideal gewesen, denn es habe damals weder die Supermärkte an der Peripherie gegeben noch die vielen Imbissläden, die heute allgegenwärtig seien. Wer nicht so betucht war und sich bei einer Einkaufstour in der Stadt keine Einkehr in einer Wirtschaft leisten konnte, habe sich in der Metzgerei eine Leberkäsesemmel oder eine Bratwurst gekauft. Deshalb hätten die Metzger früher auch noch eine wichtige soziale Funktion gehabt, die heute verloren gegangen sei – wobei er nach wie vor darauf achte, dass in seinem Laden täglich eine gute und günstige Brotzeit angeboten würde.

Beim Thema Brotzeit kann ich natürlich nicht Nein sagen und probiere den Leberkäse mit Kartoffelsalat, über den ich später im Internet Kundenbewertungen finden sollte, die mein Empfinden bestätigten: Sowohl der Leberkäse wie auch der hausgemachte Kartoffelsalat verdienen bei mir ebenfalls eine Bestnote. In den Einträgen schwärmen die Landshuter voller Stolz gar vom »weltbesten Leberkäse beim Hofmair«. Mein Lob vor Ort relativiert der Metzgermeister jedoch sofort mit dem Hinweis, dass auch seine Innungskollegen sehr gute Qualität anbieten und sie in der Stadt ohnehin kein Konkurrenzdenken kennen würden. Und anders als die Pessimisten, die schon in zehn Jahren das Ende des Metzgerhandwerks kommen sehen, sagt Hofmair, dass er an eine Zukunft glaube. Denn wer sich in der Vergangenheit einen Namen erarbeitet habe, der verliere auch die Kundschaft nicht, die Qualität und Frische schätze, wie sie nur ein Metzger bieten könne. ❡

Die Großen fressen die Kleinen

In der weiter östlich gelegenen hügeligen Landschaft zwischen Donau und Inn liegt eine der Kornkammern Bayerns. Hier im Rottal residieren Großbauern, die hauptsächlich von der Viehzucht und dem Ackerbau leben, inmitten ihrer Felder in stattlichen Vierkanthöfen. Im Vergleich zum Norden Deutschlands sind in dieser Region noch relativ viele bodenständige Metzgereien erhalten geblieben, oft mit angeschlossenem Gasthof, wo man am Schlachttag frische Blut- und Leberwürste genießen kann.

Im Rottal ist der Strukturwandel überall spürbar. So gibt es in meinem Heimatort Pfarrkirchen nur noch fünf Metzgereien, früher waren es noch zehn.

Da ich ja in Niederbayern aufgewachsen bin, habe ich eine besondere Affinität zu den Würsten meiner Heimat. Nirgends schmeckt mir der Presssack besser, nur hier mundet das Schwarzgeräucherte so wie früher. Es ist fest und aromatisch, kein bisschen wässrig, wie man es manchmal in München verkauft bekommt. Und dennoch, auch in meinem Pfarrkirchner Heimatort erkenne ich die vertrauten Metzgereien meiner Kindheit kaum mehr wieder. Früher gab es noch mehr als zehn, heute sind es nur noch fünf Metzgereien, obwohl die Stadt inwzischen fast dreimal so viele Einwohner hat. Den alten Pferdemetzger gibt es längst nicht mehr, dafür eine Metzgerei, die unter dem Namen »Feinkost & Partyservice« firmiert. Der frühere Großbe-

Das klassische Schwarzgeräucherte gilt als die niederbayerische Spezialität schlechthin.

trieb »Südfleisch«, bei dem sich die Rottaler zu Dumpingpreisen, aber nur in Kiloportionen mit Großrationen von Würsten eindecken konnten, war verantwortlich für die Krise von vielen handwerklichen Kleinbetrieben des ganzen Einzugsgebietes und später auch vieler großer Zuchtbetriebe, die sich in die Abhängigkeit von »Südfleisch« begeben hatten, das schnell expandierte und bald ganz Süddeutschland belieferte. Bezeichnend für die nur am Profit orientierte Gnadenlosigkeit der Großindustrie ist die weitere Entwicklung: »Südfleisch« wurde an den noch größeren holländischen Fleischgiganten »Vion« verkauft, der nach kurzer Zeit den Standort Pfarrkirchen schließen ließ. In meiner Heimatstadt waren noch gleichermaßen Schweine wie Rinder verarbeitet worden, eine Form von Mischbetrieb, die für »Vion« nicht rentabel genug war. Nicht nur bei den Fischen fressen die Größeren die Kleineren …

Im benachbarten Bäderdreieck zwischen Griesbach, Füssing und Birnbach ist der Strukturwandel allgegenwärtig. Die Metzgerei Wasner mit eigenem Schlachtbetrieb ist dabei, sich im Industriegebiet von Bad Birnbach zu einem Großkonzern zu entwickeln, und hat jüngst sogar schon Filialen in

Hessen übernommen. Und nur wenige Schritte entfernt vom Großbetrieb Wasner hat die Metzgerei Lang seit dem Jahr 2000 ihren Produktionsstandort. Die Verlegung raus aus dem Ortskern ist der Tatsache geschuldet, dass heute hier nicht mehr geschlachtet werden darf. ❡

Tradition und Wandel in Bad Birnbach: *Metzgerei Lang*

Geleitet wird die Metzgerei Lang von Mutter Gabriele und den beiden Kindern Max und Katharina, die als Innungsbeste ihre Gesellenprüfung mit 1,0 abgelegt haben. Max erzählt mir später nicht ohne Stolz, dass seine Schwester Katharina zudem ihre Meisterprüfung als eine der Besten in ganz Deutschland abgeschlossen habe. Und dass sie erst Bankkauffrau gelernt und inzwischen noch eine Ausbildung als Ernährungsberaterin drangehängt habe. Er selbst hat vorher eine Ausbildung zum Koch absolviert und nach der Meisterprüfung in Salzburg ein Diplom als »Fleischsommelier« erworben. Sie seien ganz bewusst breit aufgestellt, würden laufend Schulungen und Weiterbildungen besuchen, denn die Konkurrenz schlafe nicht, und nur so könne man den Verbraucher überzeugen. Die Metzgerei Lang schlachtet noch selbst, ausschließlich Jungbullen der Rasse Charolais, die nicht wie üblich nach der Geburt von ihrer Mutter getrennt und vom Züchter auf Stroh gemästet werden. Alle Tiere, erzählt Max Lang, würden von Zulieferbetrieben des näheren Umlands stammen, auch das sei ihnen sehr wichtig, stehe man damit doch auch in der Tradition der Vorfahren.

Der Urgroßvater gründete 1880 im Ortskern von Bad Birnbach den ersten Betrieb, in dem selbst geschlachtet wurde, wobei es damals noch eine Selbstverständlichkeit war, dass das Vieh von Bauern aus der Umgebung angeliefert wurde. Heute ist jeden Montag Schlachttag: In aller Frühe geht es los, erst kommen die Schweine dran, und sobald die verarbeitet sind, wird alles gereinigt, und dann geht die gleiche Prozedur mit den Charolais-Rindern weiter. Nach der Schlachtung kommt der Papierkram. Erst die Rechnungen für die Bauern, dann müssen die ganzen Fleisch-, Abklatsch- und Hygieneproben durchgeführt werden, und schließlich muss mit dem Veterinäramt abgeklärt werden, wann die Schlachttierproben abgeholt werden können. Natürlich verliere man durch die eigene Schlachtung viel Zeit, meint Max Lang, aber sie sei letztlich entscheidend dafür, dass man eine gute Qualität garantieren könne.

Nach dem Rundgang durch die Produktionsstätte geht es in eine der Bad Birnbacher Filialen der Metzgerei. Ich bin beeindruckt von der Vielfalt des Sortiments, die ich so nicht erwartet hätte. Max Lang erklärt mir, dass dies vor allem mit der Nachfrage durch das überregionale Publikum zu tun habe, das zu Besuch ins Bäderdreieck komme. Mit dem Kurbetrieb habe sich das Wurstsortiment verändert, denn es kämen Gäste, die auch in der Ferne nicht auf Spezialitäten aus der Heimat verzichten wollten, vom Saumagen bis zur Leber- oder Bratwurst, gefertigt möglichst nach einer bestimmten regionalen Machart.

Max Lang vor einem Bruchteil des an die 400 Sorten umfassenden Angebots an Wurstwaren. Bis auf wenige Ausnahmen sind alle Würste hausgemacht.

Insgesamt hätten sie schätzungsweise um die 400 Wurstsorten im Angebot, alles sei hausgemacht, bis auf einige typische Spezialitäten aus Italien und Spanien, nach denen die Kunden verlangen würden. Gut ankommen würden aber auch niederbayerische Schmankerln wie das echte Schwarzgeräucherte und die Kaminwurzen. Und Leberkäse natürlich, ein Klassiker, der immer gehe. Doch das breite Sortiment, der hohe und kostenintensive Aufwand bei der Herstellung – all das würde nicht gehen, hätte die Familie neben den Filialen nicht noch ein weiteres

Standbein geschaffen: Mit Verkaufswägen werden die Kunden auf verschiedenen Wochenmärkten in ganz Nieder- und Oberbayern mit den Würsten der Metzgerei Lang beliefert. ❡

Sportliche Würste aus Anzenkirchen: *Landmetzgerei Schmid*

Auf dem Weg über das Land mache ich noch kurz Station in Anzenkirchen. Früher hatte auch die Metzgerei Schmid noch eine eigene Schlachterei, aber die musste 2010 geschlossen werden, die Vorgaben der neuen EU-Verordnung hätten zu kostspielige Investitionen erfordert. Manfred Schmid erzählt mir, dass er ähnlich wie Max Lang aus Bad Birnbach gelernter Koch sei, sich dann aber doch entschlossen habe umzusatteln, um gemeinsam mit seinem Bruder den Fortbestand des heimischen Betriebs gewährleisten zu können. Als ehemaliger Koch probiere er gerne immer wieder etwas Neues aus, wie er überhaupt der Meinung sei, dass man nicht stehen bleiben dürfe. So habe er in den vergangenen Jahren einen »Stadiongriller«, einen »Sandbahngriller« und zuletzt eine »Gourmet-Bratwurst« entwickelt. In Bayern würden zwar manche sagen, so einen Schmarrn bräuchte es nicht, aber es gebe Kunden, die fänden diese speziellen Würste besonders reizvoll. Der »Stadiongriller« ist richtig grün, mit Schinken, Käse und Spinat gefüllt. Für den »Sandbahngriller« hatte er eine Vorgabe vom Vorstand des örtlichen Sportvereins, die Wurst sollte lang, einfach, rot oder bräunlich sein, Kindern schmecken und deshalb auch nicht scharf sein. Sein erster Versuch sei beim Vorstand zwar gut angekommen, doch ihm habe das Ergebnis nicht zugesagt, weshalb er so lange weiterexperimentiert habe, bis sie aus seiner Sicht perfekt und ein wirklicher Renner war.

Dass Experimentierfreude und Perfektionismus aber nicht zwangsläufig zum Erfolg führen müssen, diese Erfahrung hat auch Manfred Schmid schon gemacht. Vertreter eines großen Zulieferers hatten ihn überzeugt, dass ihre Kunstdärme allen Naturdärmen in Bezug auf Haltbarkeit und Reißfestigkeit überlegen seien. Einmal habe er die Kunstdärme für Blut- und Leberwürste verwendet, wenig später sei eine seiner Stammkundinnen ganz aufgelöst zu ihm gekommen, weil ihr die Würste bei der Erhitzung im heißen Wasser explodiert seien. »Tut's ja den Kunstdarm weg«, forderte sie, woraufhin er reumütig doch wieder zum Naturprodukt zurückgekehrt sei.

Marktl, Jesus und die Papstwurst

Was die Halbwertszeit von Neuerungen angeht, kann das kleine Marktl am Inn ein Wörtchen mitreden. Mit der Wahl von Josef Ratzinger im Jahr 2005 zum Papst wurde Marktl plötzlich ein bedeutsamer Wallfahrtsort, da Benedikt XVI., wie er sich als Papst nannte, hier geboren und aufgewachsen ist. Wallfahrten sind ja seit jeher ein einträgliches Geschäft für Wirtsleute und Devotionalienhändler, und kurz nachdem man in Rom »Habemus papam« verkündet hatte, wurde Marktl sozusagen zum »Allesvermarktler« rund um das neue Oberhaupt der katholischen Kirche. Passend dazu entwickelte die örtliche Metzgerei Alber zwei Wurstdevotionalien: eine »Papstwurst« genannte Bratwurst, deren Brät Blumenblüten beigemischt waren. Und eine dünne, haltbare Rohsalami, wie ein Bischofsstab geformt, die sich – eingeschweißt unter der Bezeichnung »Papststab« und mit einem Bild versehen – besser an fromme Wurstliebhaber in aller Welt verschicken ließ.

Dem ist nichts hinzuzufügen.

Doch mit dem Rücktritt Ratzingers 2013 von seinem Amt hatte es sich schlagartig nicht nur »ausgemarktlt«, auch die essbaren Devotionalien verschwanden wieder. Etwas langlebiger scheint mir da doch die amerikanische Variante der christlichen Wurstvermarktung zu sein: In den Vereinigten Staaten gibt es allerlei Poster und Aufkleber mit der Inschrift »If you say JESUS backwards, it sounds like SAUSAGE«. Eine Aussage, an der es über die Zeiten hinweg nichts zu deuteln gibt. ❡

Was Wurst aus Passau mit Japan zu tun hat

Von Passau aus fließt zwar die Donau nach Wien, doch die Wiener Würste werden hier seit dem 19. Jahrhundert »Thurner Würstl« genannt. Das »Thurner Würstl« soll angeblich auf einen Fleischermeister namens Ignaz Thurner zurückgehen, der in Landshut gelernt hatte und in Passau die damals noch unbekannten Frankfurter anbot.

Dass Passau heute noch offen für Neues ist, zeigt auch eine besondere Erfindung der Metzgerei Kroiss, die im Ratskeller erstmals der Öffentlichkeit vorgestellt wurde: Die Rede ist von der »Weißwurst to go«, mit der man den zahlreichen Touristen der Stadt etwas Einzigartiges bieten wollte. Man schuf eine Fusion von Weißwurst und Brezel, wobei das Weißwurstbrät in einen länglich geformten Brezelteig eingespritzt wird. Das Ganze gibt es als tiefgefrorenes Teil-Fertigprodukt, das man zu Hause nur noch aufbacken muss, und schon hat man ein schnelles und unkompliziertes Gericht, das geschmacklich, vor allem wenn man etwas süßen Senf dazunimmt, dem traditionellen Weißwurstfrühstück durchaus nahe kommt. Im Rathaus zeigte man sich von dieser Erfindung so begeistert, dass sie als Präsent auf eine Reise in die japanische Partnerstadt Akita mitgenommen wurde.

Überhaupt scheint den Passauern der Export ihrer Wurstkultur nach Japan ein besonderes Anliegen zu sein. Anlässlich des Festes »150 Jahre Freundschaft Deutschland und Japan« in der Halbmillionenstadt Miyazaki beschloss man, das Projekt »Passauer Wurst – Starthilfe für Miyazaki« ins Leben zu rufen. Der Fachlehrer für die Metzgerausbildung der Passauer Berufsschule wurde freigestellt und nach Japan entsandt, um den dortigen Metzgern die bayerische Wursterzeugung nahezubringen. Höhepunkt war dort dann die Produktion von 10 000 bayerischen Bratwürsten für das Freundschaftsfest. Die niederbayerischen Würste sind offenbar nicht nur ein Gaumenschmaus, sondern völkerverbindend! ❡

Oberpfalz

HEIMAT DER BAUERNSEUFZER

»Wenn d'Wuascht sua dick wèis Broud is,
na is wuascht, wèi dick as Broud is.«

Die Oberpfalz liegt im Nordosten Bayerns und grenzt an die Regierungsbezirke Mittelfranken, Oberfranken, Oberbayern und Niederbayern. Regierungssitz ist Regensburg, das gleichzeitig Namensgeber für eine typische Wurstspezialität der Region ist. »Regensburger« sind Brühwürste aus grobem oder feinem Fleischbrät, etwa 10 cm lang und 4 cm breit. Man kann sie kalt oder warm essen oder auch in Form von Wurstsalat, mariniert mit Essig, Öl, Senf und gehackten Zwiebeln. Als weitere klassische Wurstspezialität gelten vor allem die sogenannten Bauernseufzer. Zur Entstehung dieses Namens gibt es eine nette Geschichte. Angeblich soll er eine Anspielung auf die tiefen Seufzer der hiesigen Bauern sein, die gerne über das ständige schlechte Wetter und die niedrigen Erträge klagten. Nicht umsonst gibt es die Redensart: »In der Oberpfalz ist es zehn Monate Winter und zwei Monate kalt.« Und deshalb sollten die Seufzer der Bauern so lang wie diese Würste sein. Die Grundstoffe sind Schweinefleisch, Rindfleisch und Speck, die grob gewolft und mit Zwiebeln, Muskat, Kümmel, Salz, Zucker und allerlei Gewürzen wie Wacholderbeeren, Pfeffer oder Majoran angereichert werden. Die fertigen Bauernseufzer sind etwa 15 bis 20 cm lang und etwa 2 bis 3 cm dick. Sie werden zunächst luftgetrocknet und anschließend über Torf, etwas Tannenrinden, Holz und zerquetschten Wacholderbeeren geräuchert, bevor sie entweder kalt oder warm mit Sauerkraut verzehrt werden.

Eine Kostprobe der wunderbaren Oberpfälzer Würste kann man in Parsberg bekommen. In diesem kleinen, aber mit einer stattlichen Burg bekrönten Örtchen betreibt Lorenz Ferstl das Romantikhotel »Hirschen«. Auf dem Frühstücksbüfett findet sich eine beachtliche Auswahl von Wurstspezialitäten. Kein Wunder, unterhält der gelernte Lebensmitteltechniker, Koch und Metzger doch eine hoteleigene Metzgerei nebst Weißwurst-Akademie, an der man in Form von Blockseminaren unter Ferstls Anleitung alles zur Theorie und Praxis der Wurstherstellung erfahren kann. In der angeschlossenen Boutique können die Gäste die Wurstköstlichkeiten, die sie beim Frühstück genossen haben, käuflich erwerben. Besonders lecker fand ich alle Varianten der fast schnittfesten Bauernleberwürste, die »Jura-Ringsalami« und die luftgetrockneten oder schwarzgeräucherten Dauerwürste.

Da es in Deutschland keine Region ohne eigene Bratwurstvarianten gibt, dürfen diese in der Oberpfalz natürlich nicht fehlen. Hier sind sie grob gewolft und oft mit Bärlauch oder anderen Kräutern kräftig gewürzt. Aus der Oberpfalz stammt zudem eine Petrussage aus dem 16. Jahrhundert, wonach die Bratwurst schuld an dessen Kahlköpfigkeit sei. Sie findet sich in der Sammlung von Oberpfälzer Sitten und Sagen des Volkskundlers Franz Xaver Ritter von Schönwerth. Im dritten Band aus dem Jahr 1859 ist zu lesen: »St. Petrus hat gar oft Pech; von einem solchen trägt er auch den Kahlkopf. Denn als U.L. Herr mit seinen Jüngern in ein Dorf kam und St. Petrus wie immer den Speisemeister machte, brachte er für jeden Mund eine Bratwurst mit, für sich aber hatte er heimlich eine unter dem Hute versteckt. Da machte der Herr das Zeichen über die Würste, und sie begannen sogleich zu braten, und damit auch jene, welche auf dem Haupte des Petrus ruhte. Der konnte die Hitze nicht mehr vertragen und riß Hut und Wurst vom Kopfe. Damit aber auch die ausgebrannten Haare, und seitdem ist er kahl.« ❡

In Regensburg gibt's nicht nur exzellente Bratwürste

Regensburg, die Hauptstadt der Oberpfalz, ist zugleich Heimatstadt der berühmten »Wurstkuchl«, die als älteste Wurstbraterei der Welt gilt. Man könnte sich für sie keine schönere Stelle vorstellen als die unmittelbare Nachbarschaft zu der ältesten und sehr imposanten steinernen Brücke über die Donau und der dahinter liegenden Silhouette der sich auftürmenden Altstadt mit dem alles überragenden gotischen Dom. In der »Wurstkuchl« trifft man auf eine Mischung von autochthonen Altbayern und Touristen aus aller Welt. Heute ein multikultureller Ort, früher eine Vorform von Fastfood zur schnellen und nahrhaft kräftigen Versorgung der Hafenarbeiter und der Steinmetze des erst im 19. Jahrhundert abgeschlossenen Dombaus. Im Zentrum liegt die Kuchl, hier hantieren Frauen mit historisch anmutenden Hauben und gerüschten Schürzen im würzigen Dampf mit riesigen Wurstbergen an großen Rosten. Aus dem offenen Feuer flackern immer wieder hohe Stichflammen aus dem tropfenden Fett empor. Es ist eine wahre Freude zuzusehen, mit welcher schlafwandlerischen Geschicklichkeit sie ihr Metier beherrschen. Das Grillen, sonst eine Männerdomäne, verrichten sie mit weiblichem Charme, beantworten Fragen und stehen zugleich geduldig Modell für all die unzähligen Touristen, die ihren Anblick als Erinnerung mit Handys, Film- und Fotoapparaten festhalten wollen.

Durch die ganze Wurstkuchl zieht ein betörender Duft von Bratwürsten. Sie werden von Frauen in historisch anmutender Gewandung auf dem offenen Feuer zubereitet.

Von der Kuchl aus gelangt man in die niedrigen gemütlichen Gaststuben, sofern man es bei schönem Wetter nicht vorzieht, auf den rustikalen Holzbänken der vorgelagerten Terrasse den Blick auf die Donau und die historische Altstadt zu genießen. Die Würste werden auf Kraut serviert oder paarweise in Semmeln, den Regensburger »Kipferl«, und immer gibt es dazu einen leicht süßen Senf. Alles hier ist hausgemacht. Im Keller befindet

Die »Wurstkuchl« wirkt von außen winzig, doch unter dem historischen Gebäude befindet sich ein eigener Krautkeller, und auch gewurstet wird vor Ort.

sich eine eigene Metzgerei, in der jeden Morgen über 3000 Würste in stets gleichbleibender Qualität aus zarten Hinterschinken vom Schwein frisch hergestellt werden. Im eigenen Krautkeller werden Jahr für Jahr über 60 Tonnen Weißkraut von einem Bauern aus dem Regensburger Umfeld geliefert und in Holzfässern zum Reifen gebracht. Auch der Senf ist nach einem Geheimrezept der früheren legendären Wirtin Elsa Schricker hausgemacht. Nur das Bier und die ganz wunderbaren »Schwarzer Kipferl« werden außerhalb hergestellt. Die goldfarbenen Semmeln stammen von der benachbarten Traditionsbäckerei Schwarzer; sie sind relativ klein, von länglich-ovaler Gestalt mit einer röschen Kruste, haben einen festen Biss und schmecken leicht nach Kümmel. Es sind einfach viele Elemente, die harmonisch aufeinander abgestimmt sind und nirgends so gut schmecken wie an diesem Ort.

Die unter dem Namen »Regensburger« bekannteste Wurst dieser Stadt kann man im Umfeld der »Wurstkuchl« seltsamerweise nirgends mehr finden. Die Regensburger zählt zu den Kernsorten der bayerischen Wurst, die vor allem in der feinsten Variante des bayerischen Wurstsalats Verwendung findet. Sie hat in etwa die Dimension einer Weißwurst, wird auch als »Dicke«, »Handwurst« oder »Regensburger Knacker« bezeichnet. Zur Herkunft des Begriffs »Knacker« gibt es zwei Theorien: Die eine besagt, er komme von dem knackenden Geräusch, wenn man in die feste Wurst hineinbeißt, die andere, die mir plausibler erscheint, bezieht sich auf ihre Substanz, nämlich die vorzugsweise Verwendung von Halsgrat, dem Schweinenacken, der auf Bayerisch auch »Gnack« (Genick) ausgesprochen wird.

»Original Regensburger« dürfen nur von ortsansässigen Metzgern angeboten werden. Der Name ist geschützt, aber es könnte bald schon eine Zeit kommen, wo die letzte Metzgerei im Stadtgebiet mangels Nachwuchses ihren Betrieb einstellen muss. Viele haben bereits aufgegeben, selbst die bei den Einheimischen so beliebte Kultbude »Würstl-Toni« am Kornmarkt wurde 2017 geschlossen. Nach 47-jährigem unermüdlichem Einsatz bei Kälte, Regen und Hitze, tagein und tagaus, von früh bis spät, hat die letzte Inhaberin Erika Schmidl das Handtuch geschmissen. Sie fand keinen Nachfolger und hinterlässt für viele Regensburger eine schmerzhafte Leere im Bauch wie im Herzen. 2016 hatte ich dort noch zusammen mit einem Freund aus Japan nach unserem Besuch in der »Wurstkuchl« die »Regensburger-Semmel« gegessen, eine besondere Spezialität des »Würstl-Toni«. Mein Freund hatte mich schon den ganzen Tag auf meiner Wursttour begleitet und dabei tapfer mehr Würste als in seinem ganzen Leben zuvor gegessen. Ich weiß nicht, ob seine Lobpreisungen mehr aus Höflichkeit als aus wirklicher Überzeugung erfolgten. Jedenfalls bekamen wir zum krönenden Abschluss eine halbierte gegrillte Knackwurst in einer recht großen aufgeschnittenen Bäckersemmel gereicht, garniert mit einer würzig-scharfen Meerrettich-, Gurken- und Senfmischung. 1946 war diese Komposition erstmals auf dem Regensburger Christkindlmarkt offeriert worden, nun hat diese Tradition ein jähes Ende genommen. ¶

Das königliche Weißwurstparadies

Norbert Wittmann ist gelernter Metzgermeister und Koch, aber auch Gastronom, Hotelier wie auch Gründer des, wie er es stolz nennt, ersten Weißwurst-Museums der Welt sowie einer Weißwurst-Akademie. Nur scheint mir Neumarkt in der Oberpfalz der falsche Standort zu sein, denn die Stadt liegt ja schon außerhalb der Weißwurstäquators. Aber immerhin hatte eine Linie der Wittelsbacher hier ihre Residenz. Vielleicht gibt es hier doch einen Zusammenhang, dass der bodenständige Neumarkter Norbert Wittmann als der heimliche König der Weißwurst gelten muss. Es gibt wohl keinen, der vergleichsweise vielfältige und dabei schier grenzenlose Experimente mit der Weißwurst angestellt hat. In einem Buch, das 2014 unter dem Titel »Königliches Weißwurst-Kochbuch« bei einem Regensburger Verlag erschienen ist, hat er 61 verschiedene Weißwurst-Rezepte veröffentlicht. Während in München nur eine einzige Zubereitungsform zulässig ist – alles andere wäre eine Majestätsbeleidigung –, bricht Wittmann alle Tabus. Er kreiert beispielsweise einen »Weißwurst-Salat mit Radieserl«, eine »Weißwurstbrät-Nockerl-Suppe«, »Pfannkuchen mit Weißwurstfüllung«, »Weißwurst-Risotto«, »Weißwurst-Sauerkraut-Strudel«, »Weißwurst-Lasagne mit Gorgonzola und Mangold«, »Krautwickerl mit Weißwurst und Tomatensauce«, »Weißwurst-Sushi« und als Desserts eine »Bayerische Weißwurst-Torte« oder eine »Weißwurst-Mousse mit Zwetschgenröster«.

Als Bayer ist man ob solcher Respektlosigkeiten gegenüber diesem traditionellen Nationalgericht mehr als irritiert, aber ich muss zugeben, die kreativen Rezepturen lesen sich recht überzeugend, und die Bilder sind geradezu appetitanregend. Derartig inspiriert, begab ich mich auf die Reise in das schöne, in einem Talkessel an der europäischen Wasserscheide zwischen Donau und Main und zwischen der Fränkischen Alb und dem Oberpfälzer Jura eingebettete mittelalterliche Städtchen Neumarkt in der Oberpfalz. Im Restaurant des Hotelgasthofs Wittmann, dessen Küche vom Bayerischen Hotel- und Gaststättenverband die höchstmögliche Bewertung für ausgezeichnete bayerische Küche erhielt, kann man die Kreuzungen von bayerischen und internationalen Gerichten mit der Weißwurst ausprobieren. Die Speisekarte enthält dazu eine eigene Rubrik »Weißwurst mal anders«. Ganz stolz prangt auf der Weißwurstkarte das Porträt der Tochter von Norbert Wittmann, die 2013 zur ersten Weißwurstkönigin Bayerns ernannt wurde. Alle Experimente ihres Vaters haben somit quasi einen hoheitlichen Segen.

Im Gespräch erwies sich Wittmann als wirklich kompetenter Akademiedirektor, nicht nur bei Fragen rund um die Weißwurst, sondern auch,

Familie Wittmann in ihrem Museum.

was seine Überlegungen zur Tradition des Metzgerhandwerks betrifft. Er erzählte mir, dass es ihm bei der Gründung der Weißwurst-Akademie und des Museums vor allem darum gegangen sei, den Leuten die Bedeutung des Handwerks klarzumachen. Es sei ihm eine Herzensangelegenheit gewesen, die vom Aussterben bedrohte Kultur des Metzgerhandwerks öffentlich zu präsentieren und zu erhalten. Durch Zufall war er in Besitz einer kompletten, rund 150 Jahre alten und original erhaltenen Metzgereiausstattung gekommen. Sie bildet heute das Kernstück seines Museums, in dem der Produktionsablauf einer Metzgerei des 18. und 19. Jahrhunderts anschaulich nachzuvollziehen ist. Eindrucksvoll sind die noch mit Transmissionsriemen angetriebenen Cutter-, Fleischwolf- und Füllmaschinen sowie die altertümlichen Schlagwerkzeuge und als Prunkstück ein hölzerner Kühlschrank mit einem Extrafach für Eisblöcke. Das älteste Schlagbeil, das man hier sehen kann, stammt sogar aus dem 16. Jahrhundert. Das liebevoll gestaltete Museum schließt eine Lücke in der bayerischen Museenlandschaft, denn seltsamerweise sind in vielen volkskundlichen Museen, wie auch in dem unweit von Neumarkt gelegenen Burgmuseum in Parsberg, alle, selbst die ausgefallensten, handwerklichen Arbeitsweisen ausführlich dargestellt, nur das eigentlich so grundlegende Metzgerhandwerk fehlt meist.

Wittmann ist aber nicht nur ein engagierter Museumsleiter, sondern ein profunder Kenner der Vielfalt der deutschen Wurstwelt. An die 1550 Sorten an Koch-, Brüh- und Rohwürsten kenne er, über hundert davon würden in seiner Metzgerei angeboten. Vorwiegend Brühwürste, denn Süddeutschland sei für ihn nun einmal deren Hochburg. Grundsätzlich benutze er keine Geschmacksverstärker und lege Wert auf gesundes Fleisch aus traditioneller Tierhaltung. Aber er experimentiere auch immer wieder und biete in seinem

Laden viele Eigenkreationen an, wie Kürbissalami, Leberwurst mit Thymian oder Mango-, Champagner- und Prosecco-Weißwürste. Besonders beliebt bei den Kunden sei eine Reihe von Würsten, die unter dem Namen »Rapsowit« angeboten werden. Wittmann wollte schmackhafte und gleichzeitig cholesterinarme Wurstsorten kreieren. Es dauerte anderthalb Jahre, bis es ihm nach zahlreichen Experimenten gelungen war, die tierischen Fette durch Rapsöl zu ersetzen. Den Namen »Rapsowit« für seine Erfindung ließ er beim Patentamt in München schützen.

Obwohl er aktiv und bodenständig die Traditionspflege unterstützt, ist Wittmann als Kochkünstler auf der Höhe der Zeit und ständig auf der Suche nach neuen Kreationen. So erzählte er mir auch von seinen Versuchen mit einer »Molekular-Weißwurst«: Wurstbrät wird auf einen Löffel gespritzt und in Alginat getaucht, da der Milchanteil im Kalbfleisch ausreicht, um mithilfe des Alginats zu gelieren. Das mit Weißbier und Brezen angereicherte Brät

Für ihr Weißwurst-Museum hat Familie Wittmann allerlei historisches Gerät zur Wurstherstellung zusammengetragen, historische Fotos – wie auch schon beim Aufmacherbild dieses Kapitels zu sehen – zieren die Wände.

wird dann noch mit Stickstoff aufgeschlagen, um ihm eine luftige Konsistenz zu verleihen. Anschließend wird mit einer Kanüle der Weißwurstsenf hineingespritzt und fertig ist die Molekular-Weißwurst. Im Mund stellt sich ein echtes bayerisches Feeling ein, es entfaltet sich der Geschmack von Weißbier, Weißwurst, süßem Senf und Brezn.

Der Aufwand scheint für den Alltag allerdings recht hoch zu sein, zumindest konnte ich diese Kreation nicht auf der Speisekarte finden. Anders das Weißwurst-Sushi, das aus einer Zusammenarbeit mit einem japanischen Koch entstanden sei, wie Wittmann mir erzählt. Drei Jahre lang war Masato Watanabe aus Sendai zu Gast bei ihm, um das Wurstmachen zu erlernen. Im Gegenzug weihte er Wittmann in die Kunst des Sushi-Kochens ein. Da seine Kinder nicht gern rohen Fisch aßen, habe Masato an dessen Stelle Wiener Würstel verwendet, und so sei er dann auf die Idee mit dem Weißwurst-Sushi gekommen. Er erzählte mir, dass Masato in Japan einen Verkaufswagen namens »Neumarkt« betreibe, in dem er bayerische Spezialitäten auf verschiedenen Märkten anbiete. Und als sein Freund bei dem großen Tsunami zu Schaden gekommen war, habe Wittmann in seinem Restaurant ein Benefizmenü mit fünf Gängen gekocht und 8000 Euro für Masato gesammelt, damit der sein Geschäft wieder aufbauen konnte. Masato sei sehr dankbar gewesen, habe es aber vorgezogen, die Geldspende in Naturalien umzuwandeln – in Form von unzähligen Bratwurstsemmeln, die er kostenfrei an Kinder aus Waisenhäusern in den betroffenen Gebieten auslieferte. ¶

Das Weißwurst-Sushi ist nur eine der ungewöhnlichen Kreationen, die Wittmann – mit königlichem Segen von Tochter Nadja – in seinem Restaurant in Neumarkt anbietet.

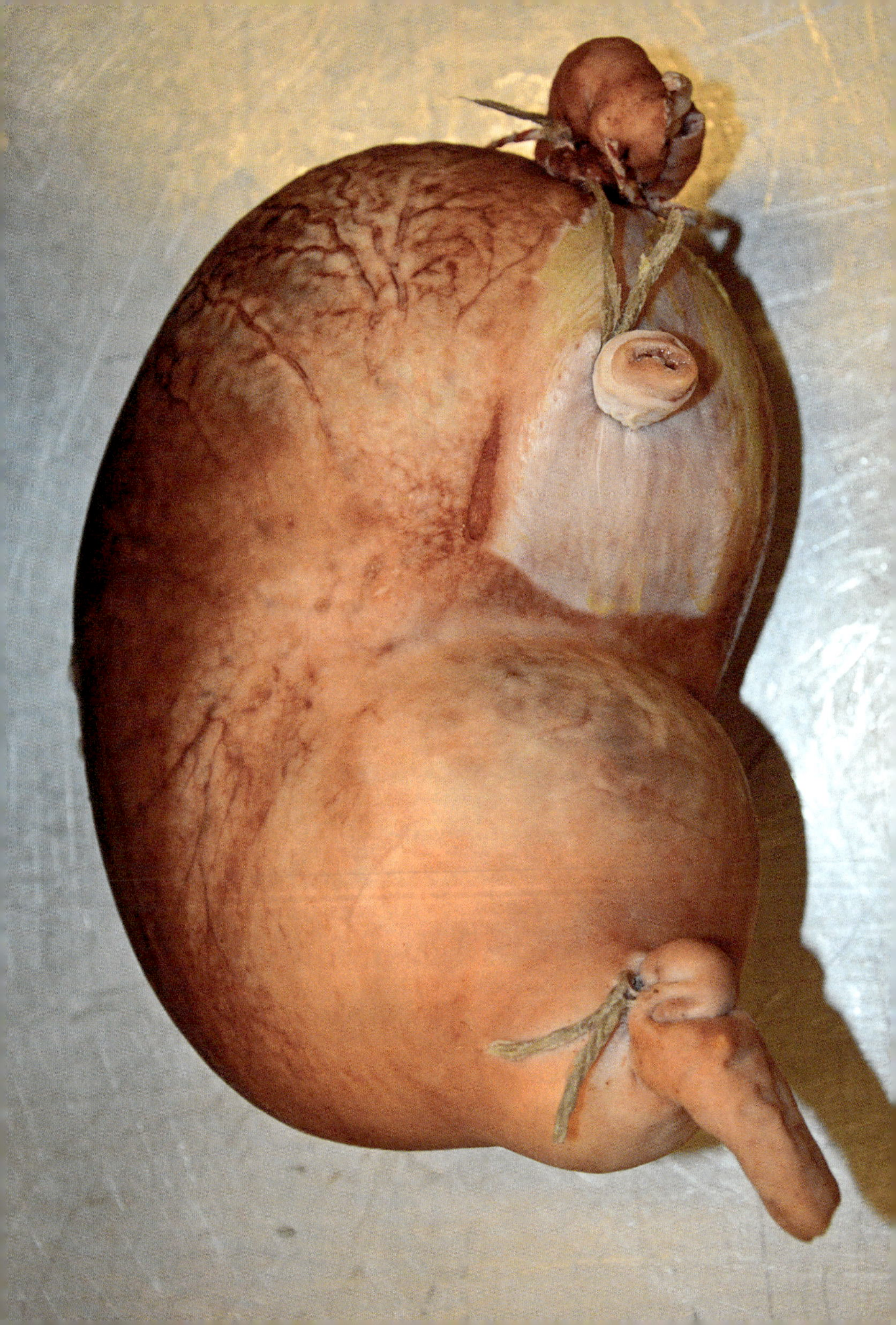

Franken

IM WURSTHIMMEL

*»Die Bratwurst ist der knusprige Spiegel der fränkischen Seele.
Kein anderer Gegenstand verkörpert jede Nuance
des diffizilen fränkischen Wesens mehr als sie.«*

Franken liegt im Norden Bayerns und umfasst die Bezirke Ober-, Mittel- und Unterfranken. Weil der Nichtfranke die einzelnen Regionen, die sich nicht nur sprachlich voneinander unterscheiden, gerne auf Wein, Würste und den Nürnberger Christkindlmarkt reduziert, habe ich meine Wurstreise auch hier, in der zweitgrößten Stadt Bayerns, begonnen. Nürnberg liegt übrigens in Mittelfranken und ist eine interessante Stadt voller Gegensätze. Einerseits noch das erhaltene mittelalterliche Ambiente, die Spielzeugindustrie, Lebkuchen, der ebenso berühmte Christkindlmarkt und die Bratwürste. Andererseits ist Nürnberg ein Zentrum der IT-Branche, der Verkehrs- und Energietechnik. Doch der Versuch, das auch imagemäßig ins Rampenlicht zu rücken, ging immer schief – gegen Christkindlmarkt, Bratwürste und Dürer kann man nicht anstinken.

Früher war immerhin noch der »Nürnberger Witz«, ein europaweit verbreiteter, aber inzwischen vergessener Terminus, mit dem die Gewitztheit und Geschäftstüchtigkeit der Nürnberger Handwerker charakterisiert wurde. Der bekannteste Vertreter dieses Genres war der Schuhmacher und Meistersänger Hans Sachs, bei dem es auch immer wieder um die Wurst ging. In seinen Schwänken und Fastnachtsspielen wurde die Figur des »Hanswurst« »Wursthans« genannt. Spuren dieses eng mit dem Dialekt verbundenen Humors haben sich bis heute erhalten. So zum Beispiel ein typisch fränkischer Witz: »Kommt einer in die Metzgerei und sagt: ›Iiech bin fei der Metz.‹ Sagt der Metzger: ›Wos wolln's denn?‹ Darauf der Metz: ›Ich wass aa net, abber dou stäht: ›Metz ge(h)rei.‹«

Die Franken lieben solche Sprachwitze, wobei das manchmal auch verheerende Folgen haben kann. Der berühmte in der Nachbarstadt Fürth geborene Stararchitekt Helmut Jahn hatte für einen Privatinvestor in der Altstadt eine riesige Shopping-Mall entworfen. Nach der Vorstellung des Modells fanden die Nürnberger für die gebogene Form des um einen engen Lichtschacht angeordneten Gebäudes schnell die Bezeichnung »geplatzte Bratwurst«. Damit war das Projekt erledigt, ein Bürgerentscheid fiel negativ aus. Der eigentlich geniale Entwurf konnte nicht realisiert werden – eine geplatzte Bratwurst ist in Nürnberg einfach nicht mehrheitsfähig. ¶

Von Patenten, »Wärschdla im Weggla« und Wurstkriegen

In Nürnberg bin ich mit Herrn Dr. Frommer verabredet, dem großen Kenner und leidenschaftlichen Vermittler der Geschichte der Nürnberger Bratwurst. Von 1990 bis 2008 hatte er die Leitung des städtischen Rechtsreferats inne. Es ist vor allem sein Verdienst, dass 2003 eine Verordnung der Europäischen Union erlassen wurde, wonach die Bezeichnung »Nürnberger Rostbratwürste« eine geografisch geschützte Angabe des europäischen Rechts wurde. Vorausgegangen war auf seine Initiative die Gründung des »Schutzverbandes Nürnberger Bratwürste e. V.«. Lange Jahre war er deren erster Vorsitzender und noch heute engagiert er sich in der Bratwurstforschung und veranstaltet Führungen zur Nürnberger Bratwurst.

Laut Dr. Frommer ist der Ursprung der Nürnberger Bratwurst mit vielen Legenden verbunden. Die ersten Erwähnungen mit einer Qualitätsverordnung zu ihren Bestandteilen finden sich in einem Dokument zu einem Ratsbeschluss aus dem Jahr 1313. Ein Verstoß wurde mit zwei Schilling Strafe belegt: »Alle sweinen lendpraten sol man in die wurste hacken. Swer sie anders verkoufft, der gibt zwen schilling, als dicke und er daz tut.« Im weiteren Verlauf dieser Verordnung werden genaue Vorschriften zum Schlachtprozess und ein Register von Strafen bei Verstößen festgelegt. Wohl zum ersten Mal in der Geschichte wurde auch ein amtlicher Fleischbeschauer eingesetzt, der über die Einhaltung dieser Bestimmungen wachte. Der Rat kümmerte sich auch in der Folgezeit ständig um das »Wärschdla«. Jahrhunderte später, am 18. März 1998, wurde nach einer gemeinsamen Verkostung des Rechtsausschusses des Stadtrats im Gasthaus »Zum gulden Stern« einstimmig der Beschluss gefasst, Rezeptur und Namen der Nürnberger Bratwürste/Rostbratwürste schützen zu lassen. In einem überaus mühsamen und zuweilen auch dramatischen Verfahren über das Deutsche Patentamt und die zuständigen Fachministerien in München und Berlin wurde der Beschluss endlich auch der EU-Kommission vorgelegt, die sowohl in Bezug auf ihre Rezeptur wie ihre Herkunft der Nürnberger Bratwurst sowie der Nürnberger Rostbratwurst als erster Bratwurst der Welt die Rechte einer in ganz Europa geschützten Herkunftsspezialität verlieh.

Eine Nürnberger Bratwurst Frau.

Das hat eine große Bedeutung auch für den Wirtschaftsstandort Nürnberg, da die weltweit begehrten Bratwürste den Namen der Stadt nur dann tragen dürfen, wenn sie in Nürnberg produziert wurden. Das kommt auch den industriellen Wurstfabrikationsstätten zugute, von denen es vier gibt. Allen voran die von Uli Hoeneß und Werner Weiß 1985 gegründete und heute von seinem Sohn Florian Hoeneß geführte HoWe Wurstwaren AG, die alleine täglich bis zu vier Millionen Bratwürste produziert. Zusammen mit den drei anderen führenden Herstellern Schlütter-Ponnath, Kupfer und Forster-Wolf wird hier das Gros des weltweiten Bedarfs an Nürnberger Rostbratwürsten gedeckt. HoWe hat sogar erreicht, dass probeweise in allen deutschen McDonald's-Betrieben unter dem Namen »Nürnburger« drei

Frische Nürnberger Bratwürste – nicht nur die per Hand vom traditionellen Metzger hergestellten Würste, sondern auch die aus Großbetrieben dürfen den Namen »Nürnberger« tragen, solange sie in der Stadt hergestellt wurden.

Nürnberger Bratwürste im traditionellen »Weggla« und nicht im klassischen »Burger Bun« verkauft wurden. Mich hat es immer verwundert, dass Städte wie Regensburg, Augsburg und Coburg nicht, ähnlich wie Hamburg mit seinen Hamburgern, ein weltweites Erfolgsprodukt mit seinem Namen verbindet, den Begriff »Burger« mit ihren Würsten zu vermarkten versuchen. Vielleicht sind die »Nürnburger« von Hoeneß eher eine Abschreckung als eine Anregung zur Nachahmung. Mein Testessen eines solchen »Nürnburger« fiel leider negativ aus, was aber nicht an der Wurst lag, sondern an der viel zu kurzen Bratdauer und der Masse an süßlichen Röstzwiebeln, die den guten Eigengeschmack der Würste verfälschten. Ich beobachtete auch mit Schrecken, wie einige Jugendliche dieses Traditionsangebot mit Ketchup und Mayo traktierten.

Solchermaßen gestärkt, begebe ich mich mit Dr. Frommer auf einen Gang durch die malerische Altstadt. In unmittelbarer Nähe des historischen Hauptmarkts zeigt er mir den alten Schlachtbereich am Ufer der Pegnitz und erklärt, dass hier einst historische Pfahlbauten standen, von wo aus die Fleischabfälle direkt in den Fluss geworfen wurden: »Seitdem sind die Fürther sauer und sagen, von Nürnberg kommt nichts Gscheits.« Früher sei Nürnberg außerdem umgeben von Schweineställen gewesen, weil man sie in der Stadt nicht haben wollte. Neben den auch außerhalb der Stadtmauer gelegenen Galgen, die signalisierten, dass in der Stadt Recht und Ordnung herrschten, vermittelte der Anblick der Schweineställe, dass es hier besonders gutes Essen mit vielen Würsten geben musste. Für die heutige Produktion von Nürnberger Bratwürsten würden aber nicht einmal die Schweinemastbetriebe von ganz Franken zur Stillung des Bedarfs reichen. So käme es, dass nicht nur die Därme, sondern auch das Fleisch für die Großproduzenten oft von weit her – teils sogar aus dem Ausland – importiert werden müsse. Da der Nürnberger Schlachthof nicht in der Lage sei, diese enormen benötigten Mengen zu bewältigen, erfolge die Schlachtung oft in weiter Distanz zur Verarbeitung.

Bei unserem Rundgang kommen wir natürlich auch auf die Frage nach dem Lokal mit der ältesten Bratwurstküche der Welt zu sprechen. Dr. Frommer erzählte, dass es deswegen einen regelrechten »Bratwurstkrieg« zwischen Nürnberg und Regensburg gegeben habe, der erst im Jahr 2000 beendet worden sei. Zum Schlichter hatte man den Münchner Gastronomen und Wiesnwirt Wiggerl Hagn berufen, der folgendes salomonisches Urteil sprach: »Die historische Bratwurstküche in Regensburg ist die älteste Bratwurstküche«, ihre erste urkundliche Erwähnung findet sich tatsächlich auch schon 1378, während der Nürnberger »Zum gulden Stern« diesen Nachweis erstmals 1419 erbringen kann. »Der Gulden Stern hingegen hat die älteste Bratwurstküche.« Christiane Wimmer schrieb dazu am 3. Mai 2000 in der *Welt* unter der Überschrift »Doppelsieg im Bratwurstkrieg Nürnberg gegen Regensburg«: »Basta! Sein oder Haben. Krieg um die Bratwurst oder Rache mit der Blutwurst – mit diesem rechtlich nicht bindenden Schiedsspruch soll erst mal Ruhe herrschen zwischen Donau und Pegnitz. Beide Lokale können sich weiterhin ›älteste‹ nennen – schließlich hat ja alles einmal ein Ende, nur die Wurst hat zwei.«

Die ersten Bratwurstrekorde jedenfalls wurden zweifelsfrei in Nürnberg aufgestellt. Am Gründonnerstag anno 1591 produzierten Metzgerknechte eine Bratwurst von 60 Ellen, was heute 39 Metern entspricht, die sie auf einer rot-weiß bemalten und mit Rosmarin und grünen Riechsträußchen verzierten Stange als Geschenk für den »E(h)rbaren Rath« (der Stadt Nürnberg) durch die Straßen trugen. Dieser Rekord wurde seitdem immer wieder gebrochen. Am Aschermittwoch des Jahre 1614 passierte bei dem Versuch, eine über 500 Ellen lange Bratwurst herzustellen, nach fünf Stunden mühevoller Arbeit sieben Ellen vor dem Ziel ein Darmriss, der einen kleinen Fleck auf der blau-weißen Weste der Nürnberger Metzgerzunft hinterließ: »Die Schweinen Metzgersknechte sind in der Stadt umgangen, und haben eine Wurst von gutem Bratwurstzeug 493 Ellen lang getragen, welches sie gerne uf 500 Ellen gebracht; ist aber ihnen am Gedärm zerrunnen.« ❡

Der heimliche Bratwurstkönig von Nürnberg

Wer in Nürnberg auf den Spuren der Bratwurst unterwegs ist, sollte das traditionsreiche »Bratwursthäusle« auf der Südseite der Sebalduskirche besuchen. Der Inhaber und heimliche Bratwurstkönig von Nürnberg, Werner Behringer, ist seit über fünfzig Jahren der Wirt dieses nach dem Krieg in Form einer mittelalterlichen Holzblockhütte erbauten Lokals, das es zu Weltruhm gebracht hat. Es steht in der Tradition des »Bratwurstglöckleins«, einem tatsächlich aus dem Mittelalter stammenden Anbau der Moritzkapelle, die beide bei der Bombardierung von Nürnberg völlig zerstört wurden. Lediglich ein Grundriss mit vom Kopfsteinpflaster abgesetzten größeren Bodenplatten nördlich der Sebalduskirche erinnert an den ehemaligen Standort dieser Kapelle mit dem einstigen »Bratwurstglöcklein«.

Bis heute werden im »Bratwursthäusle« in einer eigenen Metzgerei im Untergeschoss der Gaststätte die Bratwürste immer ganz frisch bereitet. Die Zahlen sind immens, denn täglich werden hier in der Hochsaison, wenn auch die Terrassen geöffnet sind, bis zu 10000 Bratwürste hergestellt. Weitere Verkaufsplattformen befinden sich auf der nördlichen Seite der Sebalduskirche in der Gaststätte »Zum Goldenen Posthorn« und im Nachbau des »Bratwurstglöckleins« auf dem historischen Handwerkerhof, der hinter dem Moritzturm gegenüber dem Nürnberger Hauptbahnhof 1971 zum Dürerjahr als Touristenattraktion neu angelegt wurde.

Werner Behringer kommt sofort ins Schwärmen: »Wir sind hier in Nürnberg im Wursthimmel der Welt. Im Umkreis von 80 Kilometern rund um die Stadt gibt es allein 1340 verschiedene Wurstsorten. Das ist einmalig auf der Welt. Die Königin aller Würste ist natürlich die Bratwurst. Und die Nürnberger ist von allen die feinste und kleinste.« Jährlich, so erzählt er, werden in Nürnberg rund 1,4 Milliarden Bratwürste hergestellt. Das entspricht aneinandergelegt einer Kette, die man fast dreieinhalb Mal um die Erde wickeln kann. Doch spurlos ist auch an diesem Wursteldorado der Strukturwandel nicht vorbeigegangen. Behringer bedauert das Sterben von Dorfwirtschaften, die früher wegen der oft angeschlossenen Metzgereien einen wichtigen Beitrag zur Vielfalt geleistet hätten. Nebenbei gehe damit auch ein wichtiger Faktor der zwischenmenschlichen Kommunikation zugrunde. Im »Bratwursthäusle« gehören Kommunikation und Gastlichkeit noch zusammen, und das Lokal kann sich nicht über Gästemangel beklagen. Ein Besuch gehört zum Pflichtprogramm von Touristen aus aller Welt, doch viele Einheimische, die in Sachen Bratwurst als besonders kritisch gelten, sind ebenfalls treue Fans von Behringers Würsten. Dazu befragt, gibt er sich diplomatisch: »Die Nürnberger wissen sehr genau, wo sie hinmüssen. Aber wenn sie einen nach der besten Wurst fragen, sagt der eine ›Dahin!‹ und der andere ›Dorthin!‹. Hakt man nach, warum, bekommt man zu hören: ›Weil der die Würstchen linksrum dreht‹ oder der andere eben rechtsrum. Oder weil dieser noch Tannenzapfen zum Buchenholz dazu gibt und jener nicht.« Und so könne aus einer kurzen Frage schon mal eine lange, den ahnungslosen Besucher verwirrende Erläuterung werden. Wer nur etwas für den schnellen Hunger

Das im Krieg zerstörte »Bratwurstglöcklein« auf einer historischen Postkarte.

Werner Behringer kontrolliert täglich die Qualität der hauseigenen Bratwurstproduktion. Die Würste werden auf offenem Feuer gegrillt.

zwischendurch suche, bekomme eigentlich an jedem Eck in der Nürnberger Altstadt ganz gute Qualität. Besonders begehrt im Stehen und Gehen seien die »Drei im Weggla«, die man auch bei Behringer zu einem günstigen Preis bekommt. Als ausgebildeter Metzger kontrolliert er persönlich die Produktion, probiert täglich ein bis drei Bratwürste und erfreut sich dabei bester Gesundheit: »Dadurch, dass wir ständig frische Würste machen, gehe ich immer wieder an den Grill und sage: ›Gib mir eine an die Gabel.‹« Eine Anspielung auf den alten Werbeslogan: »Die Würstlein hier sind so pikant, dass selbst der Schah vom Perserland vermeldet durch das Kabel, ›ich will noch eine an die Gabel‹.« Für seine Verdienste erhielt Behringer zahlreiche Ehrungen und Auszeichnungen, nicht zuletzt das Bundesverdienstkreuz. Auf meine Frage, ob er sich denn – ähnlich wie seine Kollegen in der großen Wurstfabrikation Hoeneß und Tönnies – auch für den Fußball, etwa den 1. FC Nürnberg, engagiere, entgegnet er lachend: »So wie der Club derzeit dasteht, verlasse ich mich lieber auf meine Bratwürste.«

Ähnlich wie heute das »Bratwursthäusle« war schon das im Krieg zerstörte »Bratwurstglöcklein« ein Anziehungspunkt für viele Prominente. Hans Sachs war nachweislich dort zu Gast. Nachgesagt, aber nicht belegbar, ist auch der Besuch von Albrecht Dürer und Willibald Pirckheimer. In einem Gästebucheintrag von 1883 spielt Königin Elisabeth von Rumänien auf recht ironische Weise auf diese Mär an: »Ich las was allhier geschrieben stund, und weil ich die Herren nit finden kunnt, so hab ich auf ihrem Platze gesessen, in ihrem Geiste mich sattgegessen.«

Werner Behringer erzählt mir, dass es Anfang des 19. Jahrhunderts in Nürnberg, bezogen auf die Einwohnerzahl, nahezu fünfmal so viele Gaststätten wie in München gegeben habe. Bis heute verfüge man auch über deutlich mehr Metzgereien als die bayerische Landeshauptstadt. Bei diesem Stichwort fällt mir das Münchner »Bratwurst-Glöckl« ein, und ich frage nach, ob es ein Ableger seines Hauses sei. Wie ich erfahre, ist die einzige Verbindung der Name. Während der Hochphase der Mittelalterverklärung im frühen 19. Jahrhundert habe es in Deutschland zwischen 2000 und 3000 Romantiklokale dieses Namens gegeben, die alle ausgestattet waren mit Butzenscheiben, Zinngeschirr und einem großen Kamin, wo über einem Rost am offenen Feuer Würstchen gegrillt wurden. Gut, dass sich wenigstens einige authentische Nachbildungen jener romantischen Genussstätten bis heute erhalten haben.

Kleine Kulturgeschichte der Nürnberger Bratwurst

Unter dem Titel »9 cm Nürnberg« veranstaltete das Stadtmuseum im Fembo-Haus eine Ausstellung, die über ein halbes Jahr mit großem Erfolg lief. In der Ausstellung war eindrucksvoll und in sehr origineller Umsetzung die Geschichte der Nürnberger Bratwurst präsentiert. Einen breiten Raum nahm die Frage ein, warum die Nürnberger Bratwürstel gar so klein seien. Der einen Legende nach waren sie so klein gehalten, damit man sie nach der Schließung der Stadttore noch durch das Schlüsselloch weiter verkaufen konnte. Eine andere Version sieht die Ursache in der Lebensmittelknappheit zur Zeit des Dreißigjährigen Krieges, wo die Metzger aus der Not heraus gezwungen waren, die Würste stufenweise immer kleiner zu machen.

Getrickst wurde mit Würsten aber auch schon immer. Häufig wurde qualitativ minderwertiges Fleisch verwendet oder das Brät mithilfe von Brot und Mehl gestreckt. Die Nürnberger Stadtoberen haben sich dagegen früh zur Wehr gesetzt. Wie die Ausstellung mit vielen Details belegte, betraute der Rat der freien Reichsstadt schon 1302 einen »ehrbaren Bürger« mit dem Amt eines Wurstkontrolleurs, das die herrliche Bezeichnung »Würstlein« trug. Ob das auch für jene galt, die das Amt innehatten, gilt nicht als gesichert. Von 1470 an ging diese Funktion auf das »Rugamt« über, das für die Kontrolle aller Handwerksbetriebe zuständig war. Dort wurden Verordnungen erlassen, die die genaue Einhaltung von Maßen, Gewichten und Preisen, aber auch Qualitätskriterien für das Fleisch festlegten. Besonderes Augenmerk wurde darauf gerichtet, dass es nicht verdorben war, keine Bandwürmer enthielt und – schon die Idee des Tierwohls vorweg nehmend – dass keine »unfertigen«, also zu jungen Tiere geschlachtet wurden. Dieses »Rugamt« hatte sogar richterliche Gewalt und konnte Vergehen mit Geldstrafen, Beschlagnahmungen, Handwerkssperre, Haft, Pranger oder Verbannung ahnden.

Auch im Spielzeugmuseum von Nürnberg dreht sich so manches um die Wurst – wie bei diesem schön illustrierten Buch mit Kinderreimen.

Auch auf anderen Feldern griff die Stadt regulierend ein. So hatten sich in Nürnberg die ersten Fast-Food-Ketten in Form von Garküchen entwickelt, in denen kleine, preiswerte Speisen für Reisende und weniger betuchte Bürger angeboten wurden. Diese Garküchen hatten das Sonderrecht, fünf statt vier Würstchen aus einem Pfund Fleisch herstellen zu dürfen, und waren eine wichtige Versorgungsstation, denn es gab damals viele Menschen, die keine eigene Herdstelle hatten und auf diese günstigen Küchen angewiesen waren. Da deren Zahl aber bald überhandnahm, erließ der Rat strenge Regularien für die Eröffnung neuer Garküchen. Heute hat sich diese Imbisstradition auf die kleinen Metzgereien verlagert, die leider längst nicht mehr so zahlreich vertreten sind.

Die Selbstverwaltung der Freien Reichsstadt Nürnberg war bereits im Mittelalter in vielerlei Hinsicht modern, dem Bürgerwohl verpflichtet und sozial ausgerichtet. So wurde am Johannistag immer ein festliches Bratwurstessen für die Waisenkinder veranstaltet und den zum Tode Verurteilten wurden die letzten Lebenstage mit einer üppigen Henkersmahlzeit schmackhaft gemacht. Um 1700 erhielt der Todeskandidat nach drei Tagen wahren Schlemmens zum Frühstück vor der Hinrichtung fünf Bratwürste, eine Weinsuppe und Semmeln, und auf dem Weg zur Richtstatt wurde ihm sogar noch eine Flasche spanischen Weins mitgegeben. Auch die Insassen der »Lochgefängnisse« im Gewölbe unter dem Rathaus wurden gut versorgt. Beeindruckend ist in diesem Zusammenhang die Legende des »Bratwurststromers«. Hans Stromer (1517–1592) war wegen Mordes, übler Nachrede und Verbreitung von Unwahrheiten als Stadtrichter des Amtes enthoben und zunächst zum Tode verurteilt worden, bevor die Strafe auf lebenslänglich abgemildert wurde. Während seiner 38-jährigen Haftzeit soll er 28000 Bratwürste verspeist haben. Die Würste waren damals allerdings noch viel größer als heute, denn in der Zeit zwischen 1462 und 1621 gab es die Ratsvorschrift, dass aus einem Pfund Fleisch vier bis sieben Würste herzustellen seien und jede Wurst zwischen 70 und 100 Gramm wiegen solle. Heute ist das Maß der Nürnberger Bratwürste immer noch

»Wie das Schwein zur Wurst vergeht, sieht ein jeder, der hier dreht«.

festgelegt, aber mit einer Länge von 7 bis 9 Zentimetern und einem Gewicht von 20 bis 25 Gramm sind sie wesentlich kleiner. Sonst könnte man wohl kaum das klassische Pensum von sechs, acht, zehn oder zwölf Würsten verschlingen, die in den Lokalen der Stadt auf Zinntellern mit würzigem Kraut serviert werden. Nicht jeder hat einen Magen wie der legendäre »Bratwurststromer« … ¶

Nürnbergs Wurstwelt im Wandel: *Metzgerei Gehring*

Ich will in Nürnberg eine Metzgerei besuchen, in der ich vor über fünfzig Jahren meine Wurstwaren eingekauft habe. Den kleinen Laden in der Oberen Wörthstraße gibt es immer noch, allerdings haben die Besitzer inzwischen schon dreimal gewechselt. Umso erfreuter bin ich, dass die Gelbwurst, so wie früher im Naturdarm, die Stadtwurst und die Bratwürste immer noch vorzüglich sind. Die nette Verkäuferin Sylvia Blankenheim, die fast alle Kunden während meiner Anwesenheit duzte und mit ihnen auch persönliche Alltagsgeschichten austauschte, erzählte mir, wie sie 1982 zu ihrem Beruf kam: »Ich war in der neunten Klasse und wusste nicht so recht, was ich machen sollte. Nur, dass ich mit Leuten arbeiten wollte. Nicht weit von der Schule war eine Metzgerei, da hab ich während der Pausen gerne etwas gegessen. Eines Tages hat der Meister gesagt, ich solle mal vorbeikommen, ich könnte ein Praktikum machen. Nach einer Woche hat er gesagt: ›Na, du würdest gut hier reinpassen.‹ Und ich hab gesagt: ›Was ist, wenn ich meinen Abschluss nicht schaffe?‹ – ›Macht nichts, das kriegen wir schon hin.‹ Aber ich hab meinen Hauptschulabschluss geschafft und dann drei Jahre gelernt. Als Fleischerfachverkäuferin war ich auch hinten in der Metzgerei, hab also auch Fleisch zerlegen müssen und gelernt, wie man einen Rollbraten macht. Mein Chef

Sylvia Blankenheim in der inzwischen leider geschlossenen Filiale in der Innenstadt.

hat mich sehr eingespannt, ich war von morgens um sieben bis abends um sieben in der Metzgerei. Und mittags hab ich für die Metzger gekocht, das hat mir der Meister beigebracht, weil von zu Hause hab ich in dieser Hinsicht nichts mitbekommen. Es hat immer Spaß gemacht und es macht mir auch heute noch Spaß.«

Es stimmte mich traurig, als ich kurze Zeit später erfuhr, dass dieses Kleinod für gute Wurstprodukte seine Pforten schließen musste. Der Ursache nachspürend, erfuhr ich von Herbert Gehring, der im Nürnberger Stadtteil Eibach eine große Metzgerei betreibt, dass die Stadt Nürnberg als Auflage für die Fortsetzung des Betriebes den Einbau einer sehr teuren Fettabscheide gefordert hätte, außerdem habe der Pachtvertrag neu zur Verhandlung gestanden. Nach reiflicher Überlegung habe er sich entschieden, die Filiale in der Innenstadt zu schließen. Tröstlich war für mich immerhin, dass die Verkäuferin ihre Arbeitsstelle nicht verloren hat und man bei ihr immer noch die gleichen guten Würste kaufen kann. Nur muss man sich dafür nun in den Nürnberger Vorort Eibach begeben. ❡

Wurstzigarren aus Katzwang: *Metzgerei Freyberger*

In Katzwang, dem südlichsten Vorort Nürnbergs, treffe ich Dirk Freyberger, der zusammen mit seinem Bruder eine sehr angesehene Metzgerei leitet. Die Entscheidung, den Familienbetrieb zu übernehmen, ist ihm nicht leichtgefallen, seine Frau ist Anwältin und kann ihn hierbei nicht unterstützen. Doch letztlich habe er diesen Schritt auch nach 14 Jahren nie bereut: »Viele wissen gar nicht mehr, was für eine Erfüllung Handwerk bedeutet. Wie einen das Schaffen von etwas erfüllen kann, ob das jetzt ein Dachgiebel ist oder eine Wurst, es ist immer eine wertschöpfende Tätigkeit.«

Er ist sich der gesamten Problematik des Handwerks sehr bewusst, versucht engagiert gegenzusteuern, stößt aber immer wieder an Grenzen und kann seine Überzeugungen gegenüber den Fleischlieferanten nicht immer durchsetzen. Wenn er mit Bauern spreche, merke er, dass sie in ihrer ganz eigenen Welt leben würden. Wenn man sage: »Wie wär's, wenn du einfach

Die würzigen Wurstzigarren gehen vor allem zu Weihnachten weg wie warme Semmeln.

mal einen Stall baust, wo mehr Platz ist, wo deine Tiere nicht da schlafen müssen, wo sie auch scheißen?«, dann bekäme man zur Antwort, das sei zwar schon richtig, würde sich aber nicht rechnen. Sein Versuch, eine Initiative »Qualitätsverbund Nürnberger Metzger« zu gründen, sei gescheitert, da er auf Dauer nur ungenügende aktive Unterstützung von seinen Kollegen erhielt und nicht einsehen konnte, alle Arbeit alleine machen zu müssen. Er glaube daher, dass sich an diesem Gefüge nichts ändern werde, solange der Gesetzgeber nicht eingreife. Es würde sicher nicht mehr lange dauern, bis selbst bei Bio die ersten Skandale ans Licht kämen. Er habe das Glück, sein Fleisch von einem nahen Verwandten in Neustadt an der Aisch beziehen zu können, das vor allem deswegen eine bessere Qualität habe, da die Tiere vor ihrer Schlachtung vor Ort keinen stressigen Transport bewältigen müssten.

Mit seiner Erfindung der »Clubwürste« kam er sogar ins Fernsehen. Für das Relegationsspiel des 1. FC Nürnberg produzierte er eine spezielle Gelbwurst in weißen und roten Farben, aber der Club verlor, stieg ab und damit wurde auch die Idee der »Clubwurst« wieder beerdigt. Zu anderen originellen Produkten gehören die Wurstzigarren. Auf der Banderole dieser geräucherten Bratwurst prangt das Konterfei seiner Eltern, die Würste würden vor allem zur Weihnachtszeit gekauft. Grinsend steckt er sich eine dieser Zigarren in den Mund, auch ich bekomme eine zum Kosten und bin überrascht: Der Geschmack ist noch würziger als der einer echten Havanna.

Die Rollende Metzgerei – von Fürth aus in die Welt

Schon seit hundert Jahren ist Nürnberg mit Fürth durch einen langen, wurstförmigen Korridor verbunden, in dessen Mitte die legendäre erste Eisenbahnlinie verläuft. Für Fürth ist die Kirchweih so bedeutend wie für

Der Stand der »Rollenden Metzgerei« ist einem Fachwerkhaus nachempfunden. Mit ihm sind die Heckls auf allen großen Volksfesten zu Gast.

München das Oktoberfest. Auf Letzterem schon war mir der Stand mit den fränkischen Bratwürsten durch seine Größe, den intensiven Duft und die langen Schlangen aufgefallen. Ich sprach mit der Inhaberin Hanni Heckl, die mir ihr ganzes Team vorstellte und meinte, es sei unvergleichlich schöner und erlebnisreicher, wenn ich ihren Stand auf der Fürther Kirchweih besuchen würde. Hier könnte ich auch die Schaumetzgerei erleben, wo man hinter Glas zusehen kann, wie die Würste stets ganz frisch produziert werden. Die Idee habe ihr Vater schon 1972 entwickelt und heute würde ihr Sohn Otto die Schauwurst-Herstellung weiter betreiben. Der größte Vorteil sei, dass man die Mengen dem Bedarf anpassen könne, denn je nach Wetter und Wochentag schwanke die Nachfrage stark.

Tatsächlich übertrifft der Stand auf dem in fränkischer Mundart »Fädder Kärwa« genannten größten deutschen Straßenvolksfest den auf dem Oktoberfest um ein Vielfaches. Die Atmosphäre dieser Kirchweih in den engen Straßen der Fürther Altstadt ist wirklich etwas Besonderes. Der Duft von Bratwürsten vermischt sich mit dem von Lebkuchen, gebrannten Mandeln, Gyros und Fischspezialitäten. Dazwischen gibt es abenteuerliche Fahrgeschäfte, wo kreischende Menschen sich bis über die Hausdächer wirbeln lassen. Am extremsten ist dies beim Turm der Michaeliskirche, zu deren Einweihung vor über 900 Jahren dieses Fest ins Leben gerufen wurde. Hier lassen sich Todesmutige fast bis zur Kirchturmspitze katapultieren, und von unten scheint es, als würden sie nur haarscharf einem Zusammenstoß ent-

Frischer geht's nicht: Die Bratwürste werden vor Ort produziert, wenig später liegen sie schon verlockend duftend auf dem Grill.

gehen. Es ist ungewöhnlich für Deutschland, dass sich inmitten von Wohnstraßen für doch relativ lange Zeit eine derartige Vitalität entfalten kann, wo Menschenmassen statt Autos das Bild bestimmen und sich alle Sinneseindrücke vermischen.

Vom Bahnhof kommend, stoße ich gleich bei der ersten großen Kreuzung auf den Stand der Rollenden Metzgerei. Eine Art überdachter Biergarten verbindet den Getränkestand mit der Grillstation, einem breiten Fachwerkhaus mit einer langgestreckten, offenen Thekenfront, hinter der man in die erleuchtete gläserne Metzgerei blicken kann. Dort werden die Würste von zwei weiß gekleideten Metzgermeistern fabriziert. Einen überzeugenderen Beweis dafür, dass die Würste, die man hier verspeist, ganz frisch produziert sind, kann man sich schwer vorstellen. Wieder unterhalte ich mich mit Hanni Heckl, diesmal ist aber auch Sohn Otto mit dabei. Sie erzählen, dass sie seit vier Generationen im Schaustellerbereich tätig seien und sich auch kein anderes Leben mehr vorstellen können. Es sind die unterschiedlichen Atmosphären und Standorte bei den jeweiligen Festen und die fast familiäre Gemeinschaft mit den Verkäuferinnen und Verkäufern, mit denen man über Jahre hinweg Tag und Nacht zusammenarbeitet, die sie an ihrem Schaustellerleben so schätzen.

Auf meine Frage, ob es auf den langen Reisen nicht manchmal auch zu Konflikten käme, erzählte der Junior, dass die derzeit zwanzig Mitarbeiter schon seit Jahren zusammenarbeiten würden, der Dienstälteste sei seit mehr als zwanzig Jahren bei ihnen. Die meisten seien Pärchen, und das habe nur Vorteile: »Nach der Arbeit gehen die nicht mehr fort, sind immer fit und ausgeschlafen und haben ihren Lebenspartner immer dabei.« Fast alle kommen vom Land, viele aus Osteuropa. Sie würden sehr schätzen, dass sie nach intensiver, gut bezahlter Arbeit während der langen Winterpause in ihre Heimatländer zurückkehren könnten.

Ihre Spezialität und gleichzeitig der Verkaufsschlager sind die fränkischen Bratwürste, vor allem die in der Semmel. Vegetarische Würste sind für Otto Heckl tabu, seiner Meinung nach »darf nur ein Fleischesser in den Genuss von Bratwurst kommen«. Täglich lässt er sich vom jeweils lokalen Schlachtbetrieb die Fleischteile liefern, Schulter und Nacken. »Die Qualität muss stimmen. Wenn die Ware geliefert wird, schaue ich sie genauestens an, wenn sie nicht gut aussieht, lasse ich sie zurückgehen. Man muss lieb und nett zu den Lieferanten sein, damit sie einem gleich nur die beste Ware geben.« Stolz erzählt er außerdem von dem Beitrag »Bratwurst mit Liebe« in der Sendung »TV-Total« des berühmten Metzgerkollegen Stefan Raab: »Damit keine Luft dazwischen ist, muss das Brät für die Bratwürste mit viel Kraft in den Kolbfüller gehauen werden. Im Beitrag sah man, wie ich erst das Brät hineinhaute und in der nächsten Einstellung sagte: ›Das Wichtigste an einer guten Bratwurst ist, dass sie mit Liebe gemacht wird.‹«

Beim Stichwort Liebe interessiert mich natürlich auch, wie so ein junger Metzger bei den Mädchen ankommt. Otto Heckl junior weiß um die Vorurteile, die seinem Beruf häufig entgegengebracht werden, und gibt sich pragmatisch: »Wenn die Mädels in der Disko fragen, was ich beruflich mache, dann sag ich, ich bin Fleischveredelungskünstler.« ❡

Von der Schlachtung zur Wurst

Bratwürste und Karpfen sind Grundnahrungsmittel für Franken und Ausdruck höchster Lebensqualität. Nirgendwo sonst in Deutschland gibt es ein vergleichbar dichtes Netz an kleinen Wirtshäusern und Landmetzgereien. Statt Nürnberg oder Fürth wählte ich daher auch für die Übernachtung auf meiner Reise eine solche typische Landmetzgerei im idyllischen Cadolzburg. Die Landmetzgerei List ist Teil des Gasthofs »Zur Friedenseiche«, gelegen in einem barocken Sandsteingebäude. Der Meister ist für die Küche, den Metzgerei- und Herbergsbetrieb gleichermaßen zuständig. Noch am Abend meiner Ankunft verabreden wir, dass ich ihm am nächsten Tag bei der Arbeit über die Schulter sehen darf. Für mich heißt das, dass der Wecker noch vor vier Uhr in der Früh klingelt.

Noch im Halbdunkel geht es los durch die verschlafenen Vororte von Cadolzburg zum neuen Gelände des Fürther Schlachthofs. Dort bekomme ich als Erstes eine große weiße Kunststoffschürze und ein weißes Käppi verpasst. Doch als ich meine Kamera zücke, werde ich sogleich an einen Kontrolleur verwiesen, der mir erklärt, eine Knipsgenehmigung könne ich so kurzfristig leider nicht erhalten, denn die dafür zuständigen höheren Herren würden um diese Uhrzeit noch tief und fest schlafen. Ich muss mich wohl oder übel fügen und darf auch das Innere des Schlachthofbereichs nicht betreten, weshalb der erste Akt der Wurstherstellung für mich im Verborgenen bleibt. Doch auch draußen gibt es genug zu sehen: Um die Laderampe stehen sternförmig aufgereiht die Kleinlastwagen von Metzgereibetrieben aus dem gesamten Umfeld. Alles geht sehr schnell und geräuschlos, fast in beklemmender Stille.

Der zweite Akt beginnt hier: Die vorbestellten Schweinehälften schweben an Förderbändern durch einen schweren Kunststoffvorhang herbei. Auf der hell erleuchteten Bühne werden sie von Männern in Weiß geschultert und an die Deckenhaken in den Lkws gehängt. Als Nächstes kommen in großen roten Stapelboxen die ausgelösten Innereien und frisches Blut in Eimern. Ein stummes Ritual, weiße Männer, klinisch sauber, als einzige Farbe die roten Boxen und das schlachtfrisch blutende Fleisch. Ein paar Blutstropfen vor dem glänzend weißen Kachelhintergrund.

Stempel und Unterschriften werden ausgetauscht und schon geht es wieder zurück durch die immer noch schlafenden Stadtviertel. Bei der Metzgerei angekommen, helfe ich ein wenig beim Ausladen, fühle mich dabei aber eher als Störfaktor. Georg List arbeitet präzise wie ein Uhrwerk, Schweißperlen auf der Stirn, Sprechen ist undenkbar. Er ist voll konzentriert, jeder Handgriff muss sitzen, jeder Schnitt mit dem Messer. Knochen und Sehnen sind im Nu ausgelöst und je nach Verwendungszweck sortiert.

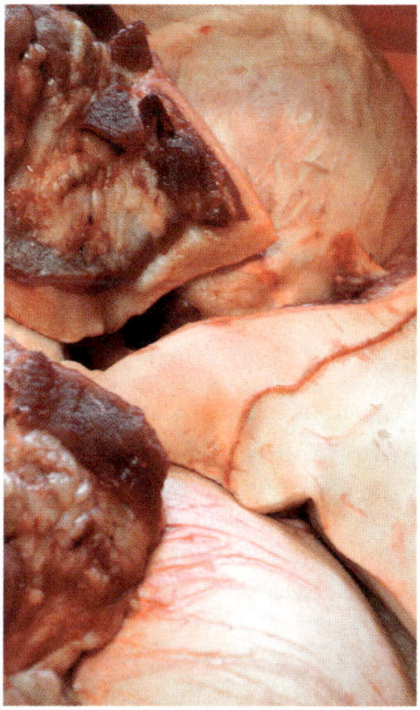

Der Arbeitstag von Georg List beginnt in aller Herrgottsfrüh am Schlachthof. Zurück in der Metzgerei, wird das schlachtfrische Fleisch zerteilt, gekuttert und gewolft und mit verschiedenen Gewürzen vermengt. Wenige Stunden später werden die frischen Würste verkauft.

Dann wird Blut gerührt, gekuttert und gewolft, unterschiedliche Gewürzmischungen werden nach Augenmaß eingemengt und schließlich allerlei Wurstvarianten – Blutwurst, Leberwurst, Bratwurst und Sülze – in Därme, Blasen oder Mägen gefüllt. Manche werden im Kessel gesiedet, andere in den Rauch gehängt. Es wirkt ein wenig wie ein Wettlauf gegen die Zeit, und ich bewundere die Kraft, Unermüdlichkeit und Ausdauer, mit der Georg List hier sein Tagwerk beginnt, während ich nur sehnlichst vom ersten Kaffee träume. Als für mich die normale Frühstückszeit anbricht, hat er schon einen gefühlten Arbeitstag hinter sich. Wenn ich dann noch daran denke, dass für ihn die Arbeit gleich nahtlos in der Küche weitergeht und er schließlich abends noch persönlich die Gäste bedient – und das tagaus, tagein, ohne Urlaub, bei nur einem Ruhetag pro Woche –, bekommt meine Hochachtung vor seiner Leistung und der seiner traditionell arbeitenden Kollegen eine neue Dimension. ❡

Hochzeitswürste aus Leonrod: *Metzgerei Weinländer*

Eine Metzgerei in Franken kann grundsätzlich nur überleben, wenn sie höchsten Qualitätsstandards entspricht. Da ich von vielen Seiten die Metzgerei Weinländer empfohlen bekam, mache ich dort einen Besuch. Ich treffe auf ein Familienunternehmen mit einer langen Tradition, die bis heute ungebrochen fortgesetzt wird. Es gibt inzwischen einige Filialen, am Hauptsitz in Leonrod wird aber noch geschlachtet und hier wird auch die Wurst produziert. Die Bauern kennt man, es sind kleine Betriebe, die Tiere haben genügend Auslauf und leben noch auf Stroh. Für die Schlachtung gilt das Prinzip, dass man selbst immer ruhig bleiben und die Tiere sanft eintreiben und sensibel behandeln müsse. Innerhalb der Familie gilt die Devise: »Du musst mit dem Tier, das du zur Schlachtbank führst, umgehen wie mit deiner Freundin.«

Folgerichtig inspirierte Georg Weinländer, den heutigen Juniorchef, seine Hochzeitsreise nach Südtirol zur Produktion einer neuen Wurst, die unter der Bezeichnung »Hochzeitswurst« sich großer Beliebtheit erfreue. Es ist eine Paprikaspeckwurst in einem kleineren 45-Kaliber. Zur Fußball-EM und -WM kreierte er spezielle schwarz-rot-goldene Bratwürste. Im Ruß geräuchert die schwarze, mit Paprika eingefärbt die rote und mit Sägespänen geräuchert die hell-goldene Bratwurst. Daneben gibt es noch eine Art Pfefferbeißer, die unter der Bezeichnung »Freiherrenwurst« verkauft wird, benannt nach den Freiherren von Leonrod, die ihren Sitz an der Stelle der jetzigen Burgruine hatten.

Juniorchef Georg Weinländer

Das fränkische Wurstreinheitsgebot

Ansbach liegt weder auf einer der großen Verkehrsachsen zwischen Nürnberg und München, noch zählt es zu den allergrößten Städten der Region. Trotzdem ist Ansbach Hauptstadt und Sitz der Regierung von Mittelfranken. Nur wenige kennen diese idyllische Residenzstadt, und so ähnlich ergeht es auch der Ansbacher Bratwurst, die – erstmals 1387 urkundlich erwähnt – zu den ältesten Wurstsorten Deutschlands zu zählen ist. Voller Stolz könnten die Ansbacher auch darauf verweisen, dass ihre Wurst, ähnlich wie das bayerische Bier, auf eines der ältesten Reinheitsgebote zurückblicken kann. Denn schon 1481 erließ der Rat der Stadt Ansbach ein solches und legte genau fest, welche Menge an Gewürzen dem Wurstbrät, das ausschließlich aus Schweineschulter und Bauchspeck bestehen durfte, beigemengt werden muss. Auch wurde verfügt, dass drei Würste ein Pfund wiegen, je 15 cm lang und etwa 3 cm dick sein sollen.

2016 formierte sich im unterfränkischen Dorf Gefäll bei Bad Kissingen ein Verein zur Schaffung eines neuen Fränkischen Wurstreinheitsgebots. Die Mitgliederzahl wächst ständig, und wer sich an die Statuten hält, kann für sich das Emblem »Mitglied im Verein Fränkisches Wurstreinheitsgebot, gegründet 2016« nutzen. Angestoßen hat diese medienwirksame Aktion Kilian Moritz, ein in Würzburg an der Fakultät für Angewandte Natur- und

Geisteswissenschaften lehrender Medienprofessor, der sich vor allem für ein Verbot von künstlichen Geschmacksverstärkern wie Mononatriumglutamat einsetzt. Er erzählte mir, dass Glutamat in fast allen Wursterzeugnissen, selbst in solchen von traditionell handwerklich arbeitenden kleinen Metzgereien, enthalten sei. Aufgrund eigener Erfahrungen, aber auch nach Aussage von vielen Medizinern, seien chemische Beigaben, die in Europa unter der Bezeichnung E620 bis zu einer Höchstmenge von zehn Gramm pro Kilo zugelassen sind, verantwortlich dafür, dass viele Menschen unter einer Unverträglichkeit leiden würden. Manche allergische Reaktionen wie Herzklopfen, Taubheit, Kopfschmerzen, Juckreiz und Übelkeit könnten darauf zurückgeführt werden. Vor allem aber zerstören diese Beigaben das Geschmacksempfinden. Die auf der Zunge liegenden Geschmacksknospen würden aufgehen und einem zwar ein Turbogeschmackserlebnis bereiten, doch man verliere dabei das Gefühl für natürliche Nuancen und Feinheiten. Dabei könnte man Glutamat ohne Probleme durch natürliche Gewürze ersetzen. Mirco Gensler, einer der Mitinitiatoren des neuen Reinheitsgebots, betreibt im unterfränkischen Unsleben eine Metzgerei, wo er ausschließlich »Naturwürste« herstellt, deren Gewürzbeigaben er selbst mit einer eigenen Gewürzmühle frisch zubereitet. Die Würste, die er zur Vereinsgründung mitgebracht habe, erzählt Kilian Moritz, hätten eine enorme Geschmacksvielfalt gehabt: »Ein kulinarisches Hochamt!«

Ich hatte bis dahin nie ernsthaft über das Problem von chemischen Zusätzen nachgedacht, stieß aber bei der späteren Recherche zu diesen Stoffen auf eine Vielzahl erschreckender Tatsachen. Geschmacksverstärker sind in vielen Nahrungsmitteln enthalten, ohne dass sie kennzeichnungspflichtig wären. Japanisches Glutamat wird sogar häufig gentechnisch erzeugt. Es gibt Untersuchungen, wonach Glutamat im Verdacht steht, bei der Entwicklung von neurodegenerativen Erkrankungen wie Alzheimer, Parkinson, MS oder ALS eine Rolle zu spielen, aber auch Übergewicht und Diabetes zu begünstigen. Interessant ist, dass Professor Moritz im Gespräch erwähnte, dass es schon Discounter gebe, die künstliche Geschmacksverstärker durch natürliche Aromen ersetzen würden, und ich bin mir ziemlich sicher, sie wissen wohl, warum sie sich das ohne gesetzliche Vorgabe schon jetzt antun.

Zum Thema Zusätze fällt mir noch eine Geschichte ein, die mir Karl-Heinz Holch, Obermeister der Metzgerinnung Ansbach, erzählte. In einem Stück im markgräflichen Theater sei einmal ein Lied intoniert worden, bei dem die fränkische Bratwurst ehrverletzend an den Pranger gestellt wurde. Hier hieß es: »Haut und Haar und Fingernägel, Arm und Bein und Hühnerschnäbel, ne Bratwurst ist ein Wunderding, ist wie im Leben alles drin.« Das habe große Empörung ausgelöst, woraufhin schließlich ganz offiziell im Rahmen eines Altstadtfestes zwischen Kultur und Handwerk der »Ansbacher Bratwurstfrieden« geschlossen wurde. Fortan habe es niemand mehr gewagt, den Ansbacher Metzgern eine Verletzung des Reinheitsgebots vorzuwerfen …

So reglementiert die Herstellung dieser Wurst ist, so vielfältig ist ihre Verwendung. Wie überall wird in Ansbach die »Broodworschd« gerne im »Weggla« oder mit Kraut gegessen, doch zwei besondere fränkische Varianten sind hier ebenfalls sehr beliebt: Bei den »Sauren Zipfeln« werden Bratwürste in Weinsud mit Zwiebeln zubereitet oder als »Schlotengeli« im Kamin geräuchert. Es gibt aber auch Liebhaber, die das Wurstbrät auf Schwarzbrotscheiben streichen, was »Katzbrod« genannt wird. Überregional in ganz Bayern verbreitet, seltsamerweise aber in der namensgebenden Stadt unbekannt, gibt es im großen Sortiment an Aufschnittwürsten auch die sogenannte Ansbacher. Das mag daran liegen, dass man in Ansbach nur die Bratwurst als »Ansbacher« bezeichnet und keine gespaltene Identität haben möchte. Ihre besondere Geschmacksnote erhält die Ansbacher Brühwurst durch die Einlagen von kleingeschnittenen, gepökelten Schweinebacken, Zwiebeln, Majoran und ganzen Kümmelsamen. ❡

Bratwurstgipfel in Möhrendorf: *Der Dorfmetzger*

In Möhrendorf, am Rhein-Main-Donau-Kanal zwischen Erlangen und Forchheim gelegen, gibt es einen Metzger, dessen Ruhm weit über die deutschen Grenzen hinausreicht und der sich doch ganz bescheiden »Der Dorfmetzger« nennt. Der Meister Jürgen Reck wurde 2012 für Deutschlands beste Bratwurst ausgezeichnet, ein Jahr später wurde er auf dem Fränkischen

»Bratwurst-« und »Schmankerlkönig« Jürgen Reck

Bratwurstgipfel zum »Bratwurstkönig« ernannt, 2015 wurde er gar »Schmankerlkönig« und gewann in diesem und im Folgejahr jeweils in Holland den von der Confrérie des Chevaliers du Goute-Andouille de Jargeau vergebenen Europawettbewerb. Nicht zuletzt gewann er 2016 dreimal Gold bei dem so angesehenen französischen Blutwurst-Wettbewerb.

Alle Würste sind ein großer Genuss, und dabei findet man einen schier grenzenlosen Variantenreichtum, in dem Jürgen Reck auch viel Experimentelles versucht. Alleine die vielen verschiedenen Bratwürste zeugen von seiner kreativen Begabung. Ihre Attribute beschreibt er selbst ganz trefflich: klassisch und klein seine »Möhrendorfer Bratwurst«, dick, herzhaft und würzig seine »Fränkische Bänderbratwurst«, feurig, temperamentvoll und echt scharf seine »Chili-Bratwurst«, pikant, krenig und prickelnd die »Meerrettich-Bratwurst«, fruchtig, zwieblig und röstig die »Apfel-Röstzwiebel-Bratwurst«, kräftig und aromatisch die »Bärlauch-Bratwurst«, mediterran und tutto italiano die »Brushcetta-Bratwurst«, mild-scharf, mutig, angenehm-anders die »Dijon-Senf-Bratwurst« und schließlich italienisch, typisch, fränkisch die »Salsiccia-Bratwurst«. ¶

24-Stunden-Würste aus Rittersbach: *Metzgerei Böbel*

Durch verschiedene Quellen, Fernsehberichte, Zeitungsartikel und auch im Internet wurde ich immer wieder auf Claus Böbel aufmerksam. Ein Metzgermeister, der wegen seiner so unkonventionellen und kreativen Ideen ein ganz außergewöhnliches Medienecho hervorruft. Ich vereinbare einen Besuch an seiner Wirkungsstelle in dem kleinen an der Landstraße zwischen Schwabach und Roth gelegenen Rittersbach. Sogar Martin Luther soll hier

1511 auf seiner Rückwanderung von Rom nach Nürnberg Station gemacht und vielleicht eine Bratwurst gegessen haben.

Schon der äußere Anblick der Metzgerei signalisiert ein radikales Bekenntnis zur Abkehr von der Tradition und Hinwendung zur Moderne. Die Gegenwart wird sichtbar, sie erscheint neben dem wunderbar stilrein erhaltenen Sandsteinbau der historischen Gaststätte wie ein Fremdkörper, fast wie ein Ufo von einem anderen Stern. Es ist ein kubischer, dunkelgrüner Bau mit einer auffälligen typografischen Fassadengestaltung. Während am Gasthof noch in brauner Frakturschrift die Aufschrift »Gasthaus Böbel« zu lesen ist, erscheint grün, Ton in Ton mit der Fassade verschmelzend, der Titel »Metzgerei Böbel« in reliefartiger Blockschrift. Darunter hebt sich davon in weißer Groteskschrift die Homepageadresse »www.umdieWurst.de« ab. Durch die ausgestanzte Silhouette eines Schweins gelangt man in einen Vorraum, an dessen Stirnseite ein Automat installiert ist. Hier kann man rund um die Uhr aus einer beachtlichen Zahl unterschiedlicher Fleisch- und Wursterzeugnisse wählen. Für die Bedürfnisse eines Ortes mit knapp über 400 Einwohnern ist dies doch ein gewisses Wagnis. Claus Böbel scheint auch von seiner ganzen Persönlichkeit mehr dem internationalen Zeitgeist zu entsprechen als dem Image eines Landmetzgers. Im Gegensatz zu anderen, die unter dem Veränderungsdruck jammern, sich existenziell bedroht fühlen und keinen Nachwuchs finden können, sieht er alles positiv. Wer jammert, ist selbst schuld, sagt er: »Ein Nachfolgeproblem ist ein Folgeproblem, das einem anderen Problem nachfolgt. Wenn die Hausaufgaben nicht gemacht wurden, dann gibt's ein Nachfolgeproblem, das ist nicht ein ursächliches Problem, das hat nichts mit dem Beruf an und für sich zu tun. Interessant ist er wegen der vielen Möglichkeiten von selbstständig-kreati-

Weg vom reinen Warenverkauf, hin zum Erlebnis für die Kunden – bei Claus Böbel kann man rund um die Uhr einkaufen.

Herzhafte Wurstbriefe für jede Gelegenheit

vem Arbeiten und der großen Gestaltungsfreiheiten.« Er meint, die Zukunft des Handwerks führe weg vom reinen Warenverkaufen hin zum Warenerleben, nur so hätten Manufakturen eine Chance: »Viele meiner Kollegen denken, wenn sie ihre Waren ein bisschen günstiger anbieten und sich moderne Maschinen anschaffen, sei das schon die Rettung. Dabei muss man der Industrie einen Gegentrend entgegensetzen: das persönliche Erlebnis vor Ort. Sonst werden die Letzten unserer Zunft politisch und gesellschaftlich unter Denkmalschutz stehen, und bis dahin muss ich überleben, irgendwann als Originalhandwerker wird man unter Artenschutz stehen.«

Er verkörpert selbst in seinem Schaffen und auch in seiner ganzen Ausstrahlung exemplarisch einen alternativen Weg, den neuen Zeitgeist in der Anwendung von neuen Marketingmethoden, den Einsatz von Internet und die Möglichkeit, von der Provinz heraus global zu agieren. Am Anfang stand seine Erfindung der Wurstbriefe. Zunächst wollte er einfach nur mal erproben, ob die Post eine eingeschweißte Wurst, frankiert und mit einem Adressenaufkleber versehen, befördern würde. Daraus hat sich dann die Idee für die breite Anwendung entwickelt. Es folgten Wurst in Dosen, Bratwurstbonbons, Wurstpralinen und allerlei Experimente durch die Kombination von unkonventionellen Wurstbeigaben. Heute erzielt er etwa 50 Prozent seines Umsatzes mit seinem Online-Shop, der über 700 Artikel umfasst.

Außerdem unterhält er einen Wurst-Blog und veranstaltet in Rittersbach Wurstseminare. Dank Wurst schaffe er es, seine Leidenschaft für Reisen und Fremdes zu sich in die Provinz zu holen. Er erzählte mir, dass sein Versuch, seine Kollegen bei der Schaffung eines »Bratwurst-Wanderwegs« aktiv einzubeziehen, scheiterte. Sie begrüßten zwar die Idee, aber keiner wollte sich finanziell oder zeitlich festlegen. Aber davon lässt er sich nicht entmutigen. Seine jüngste Vision ist die Gründung eines »Bratwurst-Erlebniszentrums«. Von Böbel kann man immer wieder weitere Überraschungen erwarten. ❡

Ein Familienbetrieb in Thalmässing: *Metzgerei Lederer*

Im mittelalterlichen Thalmässing am Rande des Naturparks Altmühltal besuche ich die Metzgerei Lederer, da sie zu den wenigen Betrieben in der Gegend zählt, die noch selbst schlachten. Der eigene Schlachtbetrieb, so erzählt Manfred Lederer, sei das Alleinstellungsmerkmal und einer der Gründe, weshalb seine Kunden die Wurst- und Fleischprodukte des Familienbetriebs so schätzen würden. Der Arbeitsaufwand, die Auflagen und die Kosten seien zwar hoch, aber dies alles nehme er gerne in Kauf, weil er nur so guten Gewissens die Qualität seiner Erzeugnisse garantieren könne. Die Tiere kauft er von befreundeten Bauern aus dem nahen Umfeld, wo sie länger als üblich heranwachsen können, was dem Fleisch zugutekommt. Üblicherweise würden Schweine schon im Alter von sechs Monaten, beim Erreichen von 100 Kilo Lebendgewicht, geschlachtet. Das sei natürlich rentabler, weil sich danach das Wachstum der Tiere verlangsamen würde. Doch das Fleisch von etwas älteren Tieren sei wesentlich schmackhafter und aromatischer. Pro Woche schlachtet Lederer etwa zehn Schweine und eine Färse. Wöchentlich gehen rund tausend Bratwürste über den Ladentisch, hinter dem Lederers Frau und seine Mutter das Sagen haben. Darüber hinaus sind vor allem die Stadtwurst und der Presssack, für den die Metzgerei ausgezeichnet wurde, bei den Kunden beliebt. Die Franken lieben sie angemacht mit Essig und Zwiebeln als Stadtwurst oder »Presssack mit Musik«. Nur an Weihnachten produziert Lederer eine ganze Fülle von speziellen Leberpasteten mit Apri-

Das Ehepaar Lederer aus Thalmässing.

kosencurry, mit Preiselbeeren, Zimt und Nelken, mit Chili und frischen Trüffeln aus Italien. 80 Prozent sind Stammkunden, aber viele kommen auch eigens von weit her angereist. Dabei gebe es schon mal seltsame Begegnungen. Ein Kunde habe vor seinem Einkauf mit einer Wünschelrute alle Würste ausgetestet, um so mögliche Schadstoffe aufzuspüren. Zuvor hätte er in sieben Metzgereien mit seiner Rute keine befriedigenden Ergebnisse erzielen können. Mich überzeugte auch ohne Wünschelrute die Qualität sämtlicher Würste, die ich mir zum Probieren auswählte. ❡

Die »geknickte Bratwurst« aus Würzburg

Meine nächste Reiseetappe führt mich nach Unterfranken, genauer nach Würzburg. Hier hat die »geknickte Bratwurst« am Unteren Markt seit Jahrzehnten Kultstatus. Man erkennt den Stand, der direkt vor der imposanten Fassade der gotischen Marienkapelle mit ihrem 70 Meter hohen Turm zu finden ist, schon an der langen Schlange von Würzburgern, die alle die geknickte Bratwurst verehren. Die Inhaberin Silvia Kling erzählt mir, wie es zu dem Namen kam. Ihre Eltern haben den Stand in den 1970er-Jahren eröffnet, und da viele Kunden sich die Bratwürste auch zum Mitnehmen einpacken ließen, haben sie sie geknickt, auch um sie länger warm zu halten, in Papier eingewickelt. Irgendwann bildete sich der Name »geknickte Bratwurst« heraus, und bald setzte sich diese Variante durch: »90 Prozent der Leute essen sie geknickt, und wenn jemand es anders will, das ist für mich kein Problem, dann lass ich sie lang, die kann sich ja sehen lassen.«

Seit den Anfängen sei ihre Bratwurst unverändert. Das Besondere sei, dass sie nicht so fett wäre, da sie einen sehr hohen Anteil an Magerfleisch enthalte. Das sei auch gut so, denn »die jungen Mädels würden nie eine Bratwurst essen, die fett ist oder fett schmeckt«. In ihrer Wurstküche verwendet Silvia King nur hochwertige Gewürze und ausschließlich regionales Fleisch aus der Umgebung. Jeder Handwerker sei ja immer bemüht, seinen Kunden das Bestmögliche anzubieten: »Natürlich haben wir eine EU-Zulassung und entsprechen allen europäischen Hygienestandards.« Lachend fügt sie hinzu: »Und früher waren wir auch keine Ferkel.« Manche Kunden behaupten, sie verkaufe ihre Würste zu billig. Aber schon ihr Vater habe gesagt: »Ich mach lieber ein paar Würste mehr und dreh mich schneller, als dass ich sie zu teuer verkauf und es kommt keiner.« Außerdem sei sie von Berufs wegen her sozial eingestellt; als gelernte Erzieherin sei es ihr nun einmal wichtig, dass sich Familien mit Kindern Würste und noch ein Getränk dazu ohne Probleme leisten könnten. Sie mache auch eine »Mama-Kind-Wurst«, das sei ganz einfach eine Wurst im Brötchen, die eine Hälfte mit Senf und die andere ohne.

Silvia Kings Haltung ist bewundernswert, zumal nach allem, was sie mir von ihren Schicksalsschlägen erzählte. Vor zwölf Jahren hätte sie innerhalb

Bei Silvia Kling sind nur die Würste geknickt, sie selbst hat sich trotz schwerer Schicksalsschläge nie unterkriegen lassen.

von sechs Monaten sechs Tote zu beklagen gehabt, ihr Vater, ihr Schwager, ihre Tante, ihre Schwiegermutter, ihre Cousine und ihr Mann seien gestorben. Besonders tragisch war der Tod ihres Vaters. Um den Schaden an einer Pumpe zu beheben, sei er in den Kanalschacht gestiegen und dort, durch Gase, die sich gebildet hatten, ohnmächtig geworden. Ein zu Hilfe gerufener Nachbar, der ihn herausholen wollte, habe ebenfalls das Bewusstsein verloren. Ihn konnte die Feuerwehr noch retten, ihren Vater nicht mehr. Mit einem Seufzer sagt sie: »Tja, so ist das manchmal im Leben. An dem Tag, als es passiert ist, haben wir weiter Würste produziert und alles fertig gemacht. Wir wissen, wie der Vater war, der hätte gesagt: ›Jetzt heul nicht rum, mach dein Zeug fertig und dann kannste immer noch heulen.‹ Also haben wir das durchgezogen. Pünktlich um elf Uhr war ich hier am Stand. Zu sagen, ›ich kann nicht mehr‹, das ist nicht meine Art.« Ihre Würste knickt sie, sie selbst hätte allen Anlass, auch geknickt zu sein, aber sie lässt sich nicht brechen. ❡

Heilige Würste aus Riedenheim: *Metzgerei Weid*

Franken gilt im Gegensatz zu Altbayern als protestantische Region, wobei Unterfranken da eine Ausnahme bildet. Mit fast 75 Prozent Katholiken zählt es zu den katholischsten Gebieten ganz Deutschlands, was sich auch auf die Würste auszuwirken scheint. In Riedenheim, so erfur ich, soll es einen Metzger geben, der Würste macht, die nach dem heiligen Laurentius benannt sind. Riedenheim ist ein kleiner Weiler mit knapp 700 Einwohnern, und die Metzgerei Weid ist werktags der Dorftreffpunkt. Hier macht man Brotzeit, kauft ein und hält ein Schwätzchen auf dem »roten Bänkle« vor dem Geschäft. Im Geschäft weisen mich Kilian und Sonja Weid auf eine weitere Besonderheit hin, die im Ort als »Gmé-Brille« bekannt ist. Auf der Theke sehe ich auf einem kleinen karierten Tuch die Brille für die Gemeinde liegen, die von jedem Kunden aufgesetzt werden dürfe, der seinen Einkaufszettel nicht mehr entziffern oder auf dem Bänkle sitzend die Zeitung nicht mehr lesen könne.

Bei den Weids herrscht die klassische Arbeitsteilung, Kilian ist der Metzgermeister, seine Frau steht hinter der Theke. Was aber nicht heißt, dass sie

Der dünne Metzger Kilian Weid mit dicken Würsten.

sich nicht einmischt. Einmal habe sie zu ihrem Mann gesagt: »Wir Frauen, wie wollen eine eigene Wurst haben.« Sie sollte gut schmecken, aber nicht zu fett und am liebsten eine Wurst für die Hand sein. Ihr Mann habe daraufhin eine Art Krakauer entwickelt, allerdings mit weniger Knoblauch, und in einen Saitling gefüllt. Sie erhielt nach dem Schutzpatron der Kirche den Namen »Laurenzi-Wurst«. Das sei nun »unser Frauenwürschtle«, auch wenn es nach einem Mann benannt sei. Was ihren eigenen Mann angeht, würden sich manche Kunden wundern, dass er – genau wie sie – so schlank sei. Wenn jemand zu ihr sage: »Ihr seid doch Metzger, warum seid ihr nicht dick?«, dann antworte sie immer: »Das liegt nur an der Wurst. Schaut euch euren Metzger an, dann wisst ihr, was für gute Würscht das san.«

Dreißig Schweine werden in der Woche im Schnitt verwurstet und immer gibt's auch was Neues und die Kunden dürfen alles probieren. Im Laden herrscht spürbar eine Wohlfühlatmosphäre und Frau Weid scheint durch ihre Beratung, die Übermittlung von Kochrezepten und ihre herzliche Ausstrahlung dafür verantwortlich. Sie sagt, alle ihre Kunden seien liebe Leute, und selbst die, die als »Mürrepeter« kämen, wären spätestens beim dritten Mal so umgepolt, dass sie nur noch freundlich sein könnten. ¶

Die Wurstlegende von Geiselwind

Am Ende des Marktplatzes im unterfränkischen Örtchen Geiselwind findet man ein ganz besonderes Denkmal. Eine in barocker Manier etwas grob gestaltete Sandsteinfigur des schwedischen Generals »Murrmann«, der

Das »Murrmann«-Denkmal in Geiselwind.

eine große Wurst in seiner Linken hält und auf dessen rechter Schulter ein Kater sitzt, der mit seiner Pfote nach der Wurst langt. Der Name »Murrmann« klingt ja nicht gerade schwedisch und hat sich wohl im Volksmund aus der Geschichte entwickelt. Die Legende erzählt, dass ein schwedischer General im Dreißigjährigen Krieg Geiselwind belagerte und vor dem entscheidenden Sturm noch einmal eine Abordnung der Bürgerschaft, die die Eroberung und Plünderung ihrer Stadt abwenden wollte, in seinem Zelt empfing. Die Geiselwinder Delegation traf ihn in einem ungünstigen Moment an, denn der General wollte gerade eine Wurst verspeisen. Ob aus Verärgerung oder aus Prinzip lässt sich nicht mit Sicherheit sagen, jedenfalls blieb Murrmann bei den Verhandlungen unerbittlich, und an einer Stelle der Verhandlungen rief er aus, so wahr er diese Wurst in Händen halte, werde er Geiselwind zerstören. In diesem Augenblick sprang eine Katze auf seine Schulter, schnappte ihm mit der Pfote die Wurst aus der Hand und lief von dannen. Es gibt viele Varianten dieser Legende, in jedem Fall aber blieb Geiselwind unversehrt, die Schweden zogen ab. Weil sie den Vorfall mit der Katze als böses Omen sahen? Oder weil der General im wahrsten Sinne Wort – wenn schon nicht die Wurst – halten wollte, auch das liegt im Dunklen. Unschlüssig bin ich mir allerdings über die Namensgebung jenes wurstliebhabenden Generals. Da Murrmann auch für mich wenig schwedisch klingt, vermute ich eher, dass hier E.T.A. Hoffmanns »Kater Murr« Pate gestanden hat.

Ein Metzger zwischen Wurst und Kunst

Als ich 2016 Kurt Pregitzer in Ochsenfurt besuchte, schlugen noch zwei Herzen in seiner Brust. Das eine für das Metzgerhandwerk und die Fortsetzung der langen Familientradition, das andere für das ambitionierte Vorhaben, als Künstler mit großformatigen Skulpturen und Gemälden in die Öffentlichkeit zu treten. Ein Metzger, der abends das Fleischermesser gegen einen Pinsel eintauscht, das ist schon etwas Besonderes. Selbst in überregionalen Medien machte dies mehr Schlagzeilen als seine wirklich guten Wurstwaren. TV-Teams verschiedener Sender kamen nach Ochsenfurt, um diesen Sonderling zu porträtieren. Das ist durchaus ungewöhnlich, denn in der Regel werden solche Doppelbegabungen nicht besonders gewürdigt. Selbst Goethe oder unsere jüngsten Literatur-Nobelpreisträger Günter Grass und Herta Müller erfuhren mit ihren Ambitionen als bildende Künstler geringere Wertschätzung als dieser »Mad Butcher« aus Unterfranken.

Kurt Pregitzer erzählte mir, dass er bereits in der vierten Generation Metzger sei und sein Vater mit 85 Jahren noch täglich im Betrieb mitarbeiten würde. Für seine Eltern sei die Arbeit der Lebensmittelpunkt gewesen, der Freundeskreis sei irgendwann mal weggebrochen, weil sie nie Zeit gehabt hätten. Für seine Mutter sei es undenkbar gewesen, mittags einmal in Ochsenfurt ins Café zu gehen – da hätte sie ein schlechtes Gewissen gehabt. Vielleicht sei es ihm deshalb so wichtig, ein Leben neben dem Beruf führen zu können. Wobei diese zwei Leben so verschieden gar nicht seien, denn auch Wurstmachen ist für Pregitzer eine Art Kunst. Wenn man das Fleisch sehe und dann das Ergebnis, sei das eine ähnliche Transformation, wie sie sich beim Malen oder Bildhauen ereigne. Auch weil in der Metzgerei vieles noch weitgehend in Handarbeit vonstattengehe. Nur eine eigene Schlachterei gibt es nicht mehr, dafür befände sich heute aber neben dem Schlafzimmer ein »Schlachthof der Farben«, in dem Pregitzer malt und nicht darauf achten muss, ob etwas auf den Boden tropft: »Wenn ich male, dann male ich, ohne Rücksicht auf Verluste!« Angefangen habe er mit eher kleinformatigen Zeichnungen, doch im Laufe der Zeit habe er sich an immer größere Dimensionen, auch an Skulpturen und Installationen herangewagt.

Um mir seine Kunst zu zeigen, führte er mich über eine breite Steintreppe in einen historischen Gewölbekeller, wo gerade eine große Werkschau seiner Arbeiten zu sehen war. Es ist ein spannendes Ambiente mit einer dramatischen Lichtinszenierung. Allerdings irritierten mich die unterschiedlichen, fast widersprüchlichen Ansätze: auf ästhetische Effekte ausgerichtete große abstrakte Gemälde, geschweißte Schrottskulpturen, bunte Post-Pop-

Kunst oder Wurst? Kurt Pregitzer hat sich inzwischen entschieden, sich ganz der Kunst zu widmen und seine Metzgerei in neue Hände zu geben.

Art-Versuche neben Installationen mit politisch engagierter Ausrichtung. Ein Talent ist sicher vorhanden, es fehlte mir aber an Entschiedenheit, in welche Richtung es gehen sollte, was ich ihm auch vermittelte. Ein Professor als Kunst-Coach hätte ihn sicher in eine Richtung geleitet.

Pregitzer zeigte mir noch sein Lieblingscafé, ein Treffpunkt seiner Künstlergruppe »OX.Art« und Begegnungsstätte von Existenzialisten und Alternativen. Es war ein gutes, offenes und langes Gespräch, bei dem mir immer wieder deutlich wurde, wie gerne er nur Künstler sein würde und wie sehr er es bedauere, dass er nur so begrenzte Zeit dafür aufbringen könne. Es war eine lange Nacht, wo andere Metzger längst erschöpft von ihrem anstrengenden Tagwerk sich dem verdienten Schlaf hingaben, sprühte der »Mad Butcher« Kurt Pregitzer noch voller Energie. Wie jemand diese Doppelrolle ausfüllen konnte, dafür zollte ich ihm Respekt und Bewunderung. Es überraschte mich aber gar nicht, dass ich schon wenige Monate später in der Presse las, dass er seinen Betrieb in neue Hände gegeben habe. Seine Eltern hätten ihn aus Altersgründen nicht mehr unterstützen können, was sicher den

Ausschlag gab, dass er den lang gehegten Wunsch, mehr Zeit für seine Kunst aufbringen zu können, umsetzte. Martin Eisenhauer, ein bodenständiger, guter Metzger aus Külsheim, führt den Betrieb weiter. Doch einmal Metzger, immer Metzger: Künstler gibt es viel zu viele, aber mit dem Markenzeichen »Mad Butcher« könnte Kurt Pregitzer auch weiter Beachtung finden. ❡

Bamberger Fleischeslust: *Metzgerei Alt*

Der Ober sticht den Unter – so ist es zumindest beim Schafkopf, dem bayerischen Kartenspiel. Bei Würsten ist es schier unmöglich, zwischen Ober-, Mittel- und Unterfranken eine Rangordnung der Qualität festlegen zu wollen. Schließlich ist ganz Franken wurstmäßig nicht Provinz, sondern Weltkulturland, wobei man gerechterweise hinzufügen muss, dass zwischen der Fränkischen und der Thüringer Wurst eine enge Verwandtschaft besteht und sie sich oft nur in Nuancen unterscheidet. Meine erste Station in Oberfranken ist Bamberg, wo ich Matthias und Heike Alt besuche, er Metzgermeister, sie Fleischfachverkäuferin. Die beiden sind vor allem auch deshalb berühmt, weil sie neben wunderbaren Würsten auch exzellente vegane Wurstwaren produzieren – das ist trotz der veganen Welle noch etwas sehr Seltenes. Ebenfalls ein »seltenes Exemplar« der Metzgerzunft ist Matthias Alt. Mit seinen langen Haaren, dem kurzen Stoppelbart und seiner kräftigen Statur wirkt er auf mich wie ein Althippie oder Motorradrocker. Darauf angesprochen, bestätigt er, dass er tatsächlich von einer Harley träume, Rockmusik liebe und »Easy-Rider«-Fan sei. Mit einem Lachen bemerkt er: »Wie stellt man sich einen Metzger eigentlich vor? Ein Metzger hat normalerweise keinen Hals, dafür einen roten Kopf, einen Bauch und Pranken wie ein Bär. Meine Frau und ich, wir passen absolut nicht in dieses Klischee.«

In unserem Gespräch dreht es sich zunächst gar nicht um Würste, sondern um seine Sympathie für die 68er-Generation und seine früheren kommunalpolitischen Ambitionen. Alt war lange im Bamberger Stadtrat, zunächst fraktionslos und später bei den Freien Wählern, hat aber dann, um mehr Zeit für die Familie zu haben, seine politische Karriere an den Nagel gehängt. Sozial engagiert ist er aber nach wie vor, etwa beim »integra«-Projekt zur Unterstützung der Eingliederung von Behinderten in die Gesellschaft. »Neben dem Josef habe ich noch einen zweiten Mitarbeiter von der Lebenshilfe in meinem Betrieb beschäftigt, den Alexander. Der macht sein Ding, hat sein eigenes System, was er in welcher Reihenfolge macht. Da darf nichts dazwischenkommen, aber das kriegen wir ganz gut hin.«

An der Wursttheke lese ich seltsame Namen wie »Scharfe Würmle« und frage nach, was es damit auf sich habe. Alt erzählt mir, seine Mitarbeiterin Tamara sei auf die Idee gekommen: »Chef, zu den Dingern sagen wir Würmer.« Und weil sie recht pikant sind, kam der Name »Scharfe Würmle« zustande. Zu den danebenliegenden »Scharfen Brüdern« erzählt er mir eine originelle Geschichte: Er habe einmal Paprikawürste mit Knoblauch produziert, und da sei seine Tante in den Laden gekommen und hätte gesagt: »Mensch, ich brauch schnell was zum Reinbeißen, ich muss jetzt auf den Markt.« Er gab ihr zwei der neuen Würste »im Brötle« und war überrascht, dass sie nach einer Weile erneut im Geschäft stand, mit den Worten: »Du, von den scharfen Brüdern, die ich gerade gegessen hab, da gib mir noch mal fünf Paar.« Das war die Geburtsstunde dieses Namens. Zur Ergänzung habe er dann noch die »Scharfen Schwestern« kreiert, die seien – das hätten die Mädels so an sich – noch ein bisschen schärfer. Lachend fügt er hinzu: »Da vorne rechts haben wir auch noch die ›Blauen Zipfel‹. So gesehen sind wir eigentlich eine erotische Metzgerei.«

Ich will wissen, wie Matthias Alt überhaupt auf die Idee kam, als Metzger vegane Würste zu produzieren. Er erzählt mir, dass er als Stadtrat zunächst noch gegen den »Veggietag« gestimmt habe. Ein Kollege von den Grünen habe gemeint, er solle sich nicht so anstellen und halt irgendwas Veganes produzieren, worauf er erwidert habe: »Wie? Was Veganes? Wurst ist Fleisch und damit aus.« Ein wenig später habe er aber doch einmal vegane Wurst probiert, aus dem Bioladen, und gemerkt, dass man das eigentlich nur besser machen könne. Alles schmeckte viel zu salzig und irgendwie chemisch. Also begann er, zu Hause mit der Küchenmaschine zu experimentieren, wobei die ersten Versuche gründlich danebengingen. Er wollte eine Gelbwurst mit indischem Kurkuma herstellen. Als er sie anschneiden wollte, war die

»Ich bin das schwarze Schaf der Innung, oder das grüne, das kann man sehen, wie man will«, sagt Matthias Alt, der gemeinsam mit Ehefrau Heike auch Veggie-Würste produziert.

Konsistenz nicht fest genug, das gelbe Zeug spritzte an die Wand. Als dann die ersten Würste probierfertig waren, bot er sie auf Facebook nur für Bekannte an, mit Erfolg. Die Reaktionen der Innung ließen nicht lange auf sich warten. Ein Kollege sagte: »Was machst denn du da? Bist du doof?«

Inzwischen umfasst Alts veganes Sortiment Bratwürste, diverse Leberkäse, Gelbwurst, Paprika- und Knoblauchwurst, ja sogar veganes Gyros gibt es. Nach den ersten weniger gelungenen Versuchen hat Matthias Alt seine veganen Wurstprodukte perfektioniert. Sie bestehen im Wesentlichen aus Biotofu, Weizen und ein paar anderen Sachen, Genaueres will er mir nicht verraten. Das Mischungsverhältnis sei entscheidend, nicht nur bei der Wurst, sondern im übertragenen Sinn auch bei den Kunden. Es gebe ja zunehmend Familien mit »Mischernährern«, also einem Teil Fleischesser, einem Teil Vegetarier und einem veganen Esser. Für jeden hat er etwas in seiner Theke, alles frisch, hausgemacht, regional und saisonal. »Wenn es saisonbedingt zum Beispiel keinen Bärlauch mehr gibt, dann gibt es auch keine Wurst mehr mit Bärlauch.« So einfach ist das.

Eine etwas andere Wurstfabrik

Die meisten großen Wursterzeuger sind in Verruf geraten, scheinen auch Angst vor Öffentlichkeit zu haben und haben daher meine Kontaktversuche abgeblockt. Manchmal kam ich mir vor, als würde ich vor einer Glaswand stehen, wo man zwar durchblicken, aber nicht eintreten kann. So war ich überrascht, in Bamberg ein Unternehmen zu finden, das für Auskünfte und

In der Wurstfabrik Fischer in Bamberg werden 2800 verschiedene Sorten produziert.

Einblicke offen war. Tatsächlich erlebe ich einen eher kleineren Betrieb, der zeigt, dass es auch anders gehen kann. Alle Fragen werden beantwortet, ich bekomme Überschuhe, einen weißen Kittel und eine Haube aufgesetzt und darf nach intensiver Handdesinfektion und Durchgang durch eine Hygieneschleuse sogar die Werkstätten besichtigen.

Herr Preissinger, ein gelernter Metzgermeister, führt mich durch den Betrieb, zeigt und erklärt mir alles voller Kompetenz und Stolz auf die vorbildlichen Bedingungen. Ähnlich wie in der Intensivstation einer Klinik ist alles äußerst sauber, jeder Winkel gut ausgeleuchtet. Es herrscht ein herzliches Betriebsklima, ohne Hektik und spürbare Hierarchien. In der Kantine erblicke ich ein großes Gemälde mit einem wilden Durcheinander von bunt bewegten Würsten. Ich bin überrascht, denn es ist immerhin nicht der übliche Kitsch, sondern ambitionierte abstrakt-gestische Malerei. Auffallend ist auch ein gerahmter Firmenflyer. Die darauf abgebildete Karikatur zeigt ein Schwein, dahinter ein Schaufenster voller Würste neben einer Prostituierten, auf Kundschaft wartend und auf einem Hocker sitzend. Herr Preissinger erzählt, dass sich auf dem Gelände des früheren Schlachthofs direkt gegenüber ein Bordell befunden habe, weshalb das Nebeneinander der Fleischeslust als lustig ironische Werbung thematisiert wurde. Es habe allerdings Proteste gehagelt, und manche Kunden hätten sich so provoziert gefühlt, dass die Werbung wieder vom Markt genommen wurde. Auch das Bordell ist inzwischen Vergangenheit.

Wie ungewöhnlich die Unternehmenskultur hier ist, zeigt sich in vielen kleinen Geschichten. So habe der Chef versucht, dem Mangel an günstigen Studentenwohnungen in Bamberg durch den Ausbau der Dachgeschosse der ehemaligen Schlachthofverwaltung entgegenzuwirken, war aber an den Bestimmungen bezüglich des Verbots der Durchmischung von Wohn- und Gewerbegebieten gescheitert. Mehr Erfolg hatte man beim Engagement für Flüchtlinge: Zwei junge, hochmotivierte nigerianische Flüchtlinge haben hier einen Ausbildungsplatz bekommen, die Firma setzt sich auch dafür ein, dass sie Bleiberecht bekommen. »Hier kann sich jeder einbringen, wir hören einander auch noch zu.« Preissinger erzählt mir, er sei gelernter Metzger und habe seinen späteren Chef zufällig bei einem Motorradhändler kennengelernt. Sie hätten sich auf Anhieb sympathisch gefunden. Der Chef habe ihm eine Stelle als Kuttermeister angeboten, heute sei er Leiter der Produktion: »Es geht darum, was du tust, und nicht allein darum, was du auf dem Papier bist.« Vor allem sei man offen für Neues. So habe ein Kollege, der zuvor in Coburg eine eigene Metzgerei hatte, einmal verlauten lassen, er würde gerne eine Bratwurst machen, so, wie er sie noch von seinem Großvater kennen würde. Die Rezeptur wurde für gut befunden, der Plan umgesetzt und die Würste fanden dankbare Abnehmer.

Die Zutaten, die hier verwendet werden, stammen alle aus dem fränkischen Raum. Die Firma kann für sich verbuchen, dass ihr Sortiment schon jetzt weitgehend frei von Zusatzstoffen ist, man versucht gerade, sich von allen E-Nummern, Geschmacksverstärkern, Phosphat und Emulgatoren zu verabschieden. 2800 verschiedene Artikel werden produziert, davon ein gutes Drittel Würste. Hinzu kommen so manche innovative Neuentwicklungen, wie zum Beispiel ein Dosenleberkäse, den man zu Hause zum Aufbacken nur in den Herd schieben müsse. Dieses Produkt macht man zusammen mit der befreundeten Metzgerei Liebold, deren Leberkäse nach Aussage Preissingers zu den besten der Region zähle. Ziemlich beeindruckt nehme ich Abschied, denn die Verbindung von sozialem und kulturellem Engagement erscheint mir als Win-win-Situation und ideale Voraussetzung für die Qualität der erzeugten Produkte. ¶

Hummelgauer Wurstgeschichten

Im Umfeld von Bayreuth hatten Würste von jeher einen hohen Stellenwert. Auf Wappenschildern und Grabmälern vom Mittelalter bis ins 18. Jahrhundert findet man immer wieder ein Zeichen, bestehend aus zwei gekreuzten Wurstmaßen. Das Wurstmaß war ein Arbeitsgerät der Metzger, meist aus Messing gefertigt, etwa 15 cm lang und mit einem Griff versehen, ähnlich einem Flaschenöffner, nur mit einem ringförmigen Ende. Durch dieses Loch konnte beim Befüllen der Därme eine gleichbleibend dicke Wurst geformt oder ihr Umfang kontrolliert werden.

Historisches Wurstmaß

Von einem Pfarrer in Hummelgau wird berichtet, dass er im Religionsunterricht einen Zögling nach den drei höchsten Feiertagen im Kalenderjahr befragte, worauf dieser nach längerem Überlegen »Kirchweih, Fasnacht und Schlachten« zur Antwort gab. Ein Beispiel dafür, wie sehr das Schlachtfest einst doch zu den Höhepunkten im Leben zählte. Das Brauchtum rund um das Schlachtfest hat Rüdiger Bauriedel im »Hummelgauer Heimatboten« 2011 ausführlich dargestellt. So gab es »Wärschtfohra« (Wurstfahrer), vermummte Gestalten, die sich tanzend und musizierend unter die Gäste mischten und sich mit Gefäßen aus der Schlachtschüssel bedienten. Etwas zurückhaltender war die Sitte des »Spießlareckens«. Hier wurde an einen Stecken ein Blechgefäß gebunden, in dem auf einem Zettel folgender Wunsch in Reimform geschrieben stand:

»›Mir ham ghört, ihr habt gschlacht,
und habt so guta Wärscht gemacht,
gebt uns von den langen,
die kurzen lasset hangen.
(...) und übers Jahr wird's wieder fein,
da schlacht't ihr ein noch größres Schwein,
da freun wir uns schon heute drauf
und such'n euch dann wieder auf.‹
Eure dankbaren,
gut bekannten Spießlesrecker« ❡

Ein Metzger namens Pöhlmann

Meine eigenen Vorfahren stammen aus Franken, und im Pfarrregister von Himmelkron finden sich die ältesten Einträge. Für mich überraschend komisch, nirgends leben heute mehr Pöhlmänner als in dieser kleinen 900-Seelen-Gemeinde. Es gibt sogar eine Metzgerei Pöhlmann, die ich natürlich gerne besuche. Dass ich auch ein Pöhlmann bin, beeindruckt den Metzgermeister Peter Pöhlmann nicht besonders. Für ihn ist das ein Allerweltsname, es gebe alleine acht große Pöhlmann-Familien, die bei ihm gute Kunden seien, ohne dass sie zu seiner Verwandtschaft zählten. Die Begegnung von einander fremden Menschen mit gleichem Namen schafft aber doch eine ganz seltsame Vertrautheit. Mit Sicherheit sind wir sogar irgendwie verwandt, denn im Kreise meiner Vorfahren sind die meisten Metzger, Bäcker oder Gastwirte. Meine Liebe zur Wurst hat also vielleicht sogar genetische Ursachen. Natürlich interessiert mich seine Familiengeschichte. Peter Pöhlmann erzählt mir, dass schon sein Vater und Großvater diese Metzgerei geführt haben und er noch viele Wurstsorten nach deren Rezepturen herstellt. Zum Besten, was er im Angebot habe, würden natürlich seine Bratwürste zählen. In Franken habe ich gelernt, zwischen evangelischen und katholischen Bratwürsten zu unterscheiden, und dass man an den unterschiedlichen Würsten auch genauere Schlüsse auf die Religion ziehen kann, wobei die Grenzen sehr kleinteilig sind. Die katholischen Bratwürste sind feiner gekuttert, die evangelischen haben gröberes Brät, und auch die Gewürze sind entsprechend grob und mitbestimmend für das ganz spezifische Aroma, das sich erst beim Kauen im Mund ausbreitet. Himmelkron ist evangelisch, daher sind Pöhlmanns Bratwürste auch, wie er sagt, »etwas griffiger« als beispielsweise die in Kulmbach, wo die Bratwürste katholischer und daher feiner gekuttert werden. ¶

Die glückliche Rettung der Coburger Bratwurst

Es gibt nicht wenige Wurstliebhaber und -experten, die sagen, die beste Bratwurst der Welt gebe es in Coburg. Sie umgehen dabei geschickt, sich im Wettstreit zwischen den beiden Hauptkonkurrenten um den Titel der Region mit den weltbesten Bratwürsten entscheiden zu müssen. Genauer gesehen, wird dieser mit Eifer, Feuer und Glut geführte Konkurrenzkampf zwischen der mittelfränkischen versus Nürnberger Bratwurst und der thüringischen Bratwurstdomäne ausgetragen. Tatsächlich ist die Coburger Bratwurst ein Mittelding zwischen diesen beiden großen Bratwurstkulturen. Hinsichtlich Größe und Länge entspricht sie eher der thüringischen Bratwurst, hinsichtlich ihres Geschmacks und Aussehens aber eher der fränkischen Bratwurstkonkurrenz. Ich habe mich also aufgemacht, um mir persönlich ein Bild zu machen, wobei Coburg immer eine Reise wert ist. Die malerische Lage der Stadt zwischen den bewaldeten dunklen Höhen der Ausläufer des Thüringer Waldes ist ebenso einmalig wie ein Spaziergang durch die Innenstadt mit ihren vielen schönen Plätzen und mächtigen, oft mit farbig gefasstem, figurativem Schmuck verzierten bunten Fachwerkhäusern. Auch die gut erhaltene mächtige Burganlage der Veste Coburg, die eine exzellente Sammlung spätmittelalterlicher Kunst beherbergt, ist ein lohnendes Ziel. Und die Bratwurst ist immer dabei. Immer der Nase nach, dem würzigen Duft von Bratwurst vermischt mit dem Aroma von Nadelholz folgend, gelangt man ins Zentrum. Genauso muss es schon im Mittelalter gerochen haben! Und wie wünschenswert wäre es, dass auch noch kommende Generationen diese Synthese aus Kultur und Natur empfinden könnten. Selbstverständlich ist das nicht, denn die Coburger Bratwurst ist gefährdet. Die Staatsanwaltschaft hatte, wie ich kurz vor meiner Anreise der Presse entnahm, gerade einige Exemplare dieser so würzig duftenden Würste beschlagnahmen lassen.

Auf dem Weg ins Zentrum stieß ich auf eine erste Metzgerei. Das Schaufenster war liebevoll gestaltet mit verlockendem Wurstdekor. Ich machte von außen mehrere Fotos, bis die Verkäuferin das bemerkte, heftig zu winken begann und mir durch die Scheibe bedeutete, dass ich hereinkommen solle. Voller Freude betrat ich den Laden, erwartend, dass die Verkäuferin mich zu weiteren Bildern animieren wollte, weil ich ihre Auslage für so fotogen gehalten hatte. Stattdessen herrschte sie mich an, dass man ihr Schaufenster nicht fotografieren dürfe, weder sie noch der Metzgermeister würden derlei gestatten. Das traf mich nun gänzlich unerwartet, ich entschuldigte mich und verließ den Laden, ohne länger zu diskutieren. Dabei war mir die Angst vor Medienvertretern und Fotografen eigentlich nichts Neues. Vor allem seit die Wurst von so vielen Seiten an den Pranger gestellt wird, spürte ich oft Scheu und Zurückhaltung, wenn ich Kontakt zu meinen Gesprächspartnern aufnehmen wollte. Oft dauerte es, sie davon zu überzeugen, dass es mir nicht darum ging, sie mitsamt ihren Würsten »in die Pfanne zu hauen«. »Die Wurst ist die Zigarette der Zukunft«, so titelte die Medienwelt vom *Spiegel* quer durch alle deutschen Tageszeitungen bis hin zu den gängigsten deutschen Fernsehtalkshows. Aber in Coburg schien mir die Verunsicherung noch deutlich stärker zu sein. Die bislang so gepriesene Coburger Bratwurst, zu deren Eigenheit es gehört, dass sie ihr spezifisches Röstaroma nicht über der Glut von Holzkohle erhält, sondern ausschließlich über Kiefernzapfen, die in Franken »Kühle« oder mundartlich auch »Putzelkühla« genannt werden, wurde plötzlich als stark gesundheitsgefährdend bezeichnet. Untersuchungen hatten ergeben, dass die EU-Grenzwerte des als krebserregend geltenden Benzo(a)pyren-Gehaltes um etwas mehr als das 15-Fache überschritten wurden. Das veranlasste die Coburger Stadtverwaltung, aus Fürsorgepflicht gegenüber der Gesundheit ihrer Bürger die Staatsanwaltschaft einzuschalten, die sofort ein Ermittlungsverfahren gegen zwanzig bislang unbescholtene traditionelle Bratwurstbrater einleitete.

Die Empörung war groß, man bemühte sich um Schadensbegrenzung und tüftelte daraufhin an verschiedenen schadstoffarmen Bratverfahren. Zunächst wurde ein spezieller leicht angeschrägter Rinnengrillrost entwickelt, der verhindern sollte, dass das Fett auf die Glut läuft und damit offenes Feuer entzünden kann. Da dies keine wesentliche Verbesserung brachte, schlug man vor, die traditionellen Kiefernzapfen durch Buchenholz zu ersetzen. Doch alle diese Bemühungen liefen ins Leere, die Ergebnisse blieben unbefriedigend. Das »Coburger Ordnungsamt warnt vor dem Grillen auf offenem Feuer«, titelte Jochen Berger auf der Homepage InFranken.de. Das kulinarische Wahrzeichen der Stadt war in Gefahr und die Emotionen in der Presse wie in den Internetforen schlugen immer höhere Wellen. Die Stadt ruderte zurück und die Staatsanwaltschaft stellte die Verfahren wegen Geringfügigkeit ein.

In Coburg werden die »Weggla« evangelisch aufgeschnitten, von oben nach unten.

Vorangegangen war dem ein Besuch von Monika Hohlmeier, Enkelin eines Metzgermeisters und Tochter des einstigen bayerischen Landesvaters Franz Josef Strauß. Die gegenwärtige CSU-Abgeordnete im Europaparlament verspeiste auf dem Coburger Marktplatz demonstrativ und medienwirksam eine traditionell über Kiefernzapfenglut gebratene Coburger Wurst mit den Worten: »Nur wer jeden Tag elf Bratwürste isst, die völlig schwarz sind, schädigt seine Gesundheit.« Im Internet wurde die Rettung der Coburger Bratwurst gefeiert: »Die Wurst wurde extra in Parteifarben gebraten. Ist doch klar, die Coburger Bratwurstbrater sind Patrioten.« Und: »Danke Monika, Du hast Franken gerettet« lauten die Einträge im Netz. Es gab aber auch kritische Stimmen. So schrieb ein »Ueberzeugter_Wechselwaehler«: »11 schwarze sind gefährlich für die Gesundheit – dem kann man nur beipflichten.« Und ein anderer Schreiber wunderte sich, wie »eine UNGESUNDE Sache plötzlich GESUND« werden kann, wofür er folgende Replik erntete: »Is‘ zwar gesundheitsschädlich aber dennoch Wurst.« Das alles Entscheidende war aber wohl weniger der Hohlmeier'sche Wurstverzehr. Tatsächlich fand man eine Europäische Ausnahmeregelung aus dem Jahr 2006, wonach traditionell geräucherte Fleisch- und Fischerzeugnisse aus den Ländern Irland, Spanien, Kroatien, Zypern, Polen, Schweden und Großbritannien höhere Gehalte an polycyclischen aromatischen Kohlenwasserstoffen (PAK) haben durften. Auf Antrag des CSU-Bundeslandwirtschaftsministers soll Deutschland in diese Gruppe von Ländern aufgenommen werden – und seit dieser Ankündigung darf in Coburg wieder traditionell gebrutzelt werden.

Auf dem Coburger Weihnachtsmarkt waren zwei nebeneinanderliegende kleinere Holzhäuschen, wo ausschließlich Coburger Bratwürste angeboten wurden, vor denen sich lange Warteschlangen bildeten. Ich entschied mich für den Stand von zwei Frauen, die auf mich wie Mutter und Tochter wirkten. Auf meine Frage, ob es denn gefährlich wäre, wenn ich ihre Wurst essen würde, entgegneten sie schlagfertig: »Nicht unsere Wurst ist gefährlich, aber wir sind zwei ganz gefährliche Frauen.« Claudia Erbe, so hieß die Ältere und Inhaberin des Standes, erklärte mir, dass ihre speziellen Kiefernbuzzele kein Harz enthalten und daher weniger Rauch und Ruß entwickeln und gesundheitlich unbedenklich seien. Zum Beweis griff sie in einen großen Sack und zeigte mir die kleinen Zapfen, die sie nicht selbst gesammelt hatte, sondern relativ teuer einkaufen musste. Seit über 25 Jahren würde sie hier den Stand betreiben, und noch nie wäre einer von den mehr als zehn Kolleginnen oder Kollegen, die regelmäßig auf den Coburger Märkten einen Bratwurststand betreiben, an Krebs erkrankt. Das fand ich überzeugend und verspeiste eine lange Wurst, deren beiden Enden weit über das im Verhältnis zur Wurst so überproportional klein erscheinende »Weggla« (fränkisch für Semmel, Schrippe oder Brötchen) herausragten. Nach Coburger Tradition wird es nämlich nicht seitlich, sondern in der kürzest möglichen Variante, die auch als evangelische bezeichnet wird, von oben nach unten aufgeschnitten. Eine weitere Besonderheit dieser saftigen und aromatischen Wurst ist, wie ich fachkundig erklärt bekam, die Abfüllung des Wurstbräts in Schleiß oder Bändel, einem nicht von seiner Fettschicht befreiten Dünndarm des Schweines. Dies bewirkt, dass die Wurst saftig bleibt und über dem Feuer nicht so leicht aufplatzt und austrocknet. Claudia Erbe bezieht ihre Würste täglich frisch von der ältesten und bis ins 16. Jahrhundert zurückreichenden Coburger Metzgerei, die nach dem dritten Besitzwechsel von 1885 bis heute von der Familie Boseckert betrieben wird. Sie müssen vor allem deswegen noch am Tag der Herstellung verzehrt werden, weil sie nicht gebrüht werden und neben einem Anteil an Rindfleisch und Schweinefleisch, Pfeffer, Salz, Zitrone, Muskat auch Ei als Bindemittel enthalten.

Seit 25 Jahren betreibt Claudia Erbe ihren Bratwurststand in Coburg.

Mit so viel Informationen ausgestattet, war die Wurst in der Tat ein Hochgenuss. Verstärkt wurde er noch durch das wunderbare Ambiente vor der Kulisse des imposanten Coburger Rathauses. Von dessen Giebelspitze herab wacht seit Jahrhunderten eine bronzene Skulptur des heiligen Mauritius als Schutzpatron der Stadt wie des Handwerks über das rechte Maß der

Bratwürste. Im Volksmund wird er das »Bratwurstmännla« genannt, weil er als Herrschaftsattribut einen Stab in der Hand hält, welcher der Legende nach das Längenmaß der Coburger Bratwurst vorgibt. Erst 1982, als die Feuerwehr eine neue Drehleiter vorführte, wurde die Gelegenheit genutzt, um diesen Stab genau zu vermessen. Man kam auf exakt 31 cm und dies ist bis heute das geltende Längenmaß für alle Coburger Bratwürste. Zuvor hatte man sich eher am Gewicht orientiert, denn 1623 hatte Herzog Casimir von Sachsen-Coburg eine Verordnung erlassen, nach der die Bratwurst »nur noch 4 ½ Pfennige kosten« durfte und »vier Stück zusammen ein ganzes Pfund wiegen« mussten. Doch schon im ausgehenden Mittelalter wurde die Coburger Bratwurst Gegenstand sozialen Gemeinsinns: Auf einem Speisezettel des Georgenspitals aus dem Jahr 1498 entdeckte man den Hinweis, dass von den letzten Schweinen, die für Fastnacht geschlachtet wurden, jedem Coburger Kind und jedem Armen im Spital zwei Bratwürste gegeben worden sind. 1630, so eine andere Coburger Legende, soll die Bratwurst eigens für die Verpflegung Martin Luthers und des kurfürstlich sächsischen Reisezugs entwickelt worden sein. Und der Komponist Carl Friedrich Zelter beschreibt in einem Brief vom 10. Oktober 1827 an seinen Freund Goethe den unglaublichen Wurstkonsum, den er an einem der Coburger Markttage von seinem Hotel aus beobachtete: »Seit heute früh 6 Uhr werden hier vor meinem Fenster, auf dem Platz, auf zehn verschiedenen Feuern, Würste gebraten; sollte dies Blatt danach duften, so weißt Du, woher es kommt. Es sollen hier auf den zwei Markttagen jede Woche an die 10000 Würste gebraten werden, das wäre auf jede Coburger Seele eine Wurst pro Woche.« ¶

Bierwürmer aus Kronach: *Metzgerei Kraus*

Kronach liegt nicht weit weg von Coburg, ist nur etwas kleiner, hat aber ein ähnlich intaktes mittelalterliches Ambiente mit einer alles überragenden ehemaligen Bambergerischen Bischofsburg, die in der Barockzeit unter Mitwirkung von Balthasar Neumann zu einer der schönsten und größten Festungsanlagen Deutschlands ausgebaut wurde. Ähnlich wie in Coburg gibt es auch hier eine spezielle Bratwurst. Weil mich interessierte, wie sich die Coburger und die Kronacher voneinander unterscheiden, besuchte ich Eberhard Kraus. Der Obermeister der Kronacher Fleischerinnung betreibt eine der angesehensten alteingesessenen Metzgereien in der Altstadt. Er erzählt, dass sich seine Kronacher Bratwurst von der Coburger vor allem durch die Beimischung von Rind- und Kalbfleisch unterscheidet, wodurch sich ein anderer Biss und eine andere Geschmacksnuance ergeben. Kraus, Metzger in vierter Generation, ist ein engagierter Vertreter seiner Zunft. Alle zwei Jahre findet in der Kronacher Altstadt ein historisches Spektakel statt, bei dem alle Zünfte ihr Handwerk präsentieren. Dafür hat er eine Kronacher Bratwurst streng nach den im Mittelalter vorgeschriebenen Maßen und den damals zur Verfügung stehenden Gewürzmischungen hergestellt: »Sie musste 67 cm lang werden, um einer Bamberger Elle zu entsprechen, und als Gewürzmischung verwendete ich wenig Pfeffer, weil der damals teurer als Gold war, dafür aber frischen Bärlauch oder an seiner Stelle Majoran.«

Eberhard Kraus ist der Erfinder der »Kronacher Bierwürmer«.

Eine andere Erfindung von ähnlicher Dimension sind seine »Kronacher Bierwürmer«, die er als Patent eintragen ließ. Dabei handelt es sich um eine würzige, hautfreie Salamiart, die man zu Bier und Brotzeit oder unterwegs knabbern kann. An seine Zulieferer stellt er hohe ethische Ansprüche. Die Tiere sollten frei auf der Weide leben, naturnah. Er sei zwar nicht biozertifiziert, beziehe aber sein Fleisch von vielen Biobauern aus der Umgebung und versuche auch, faire Preise zu zahlen. Auch ohne entsprechende Zertifizierung ist er der Auffassung, dass das Tier die weithin übliche Form von industrieller Massentierhaltung und Fleischverarbeitung nicht verdient habe. Qualität habe einen Preis, der sich auch im Geldbeutel der Kunden niederschlage, aber letztlich könne das Handwerk nur dann überleben, wenn die Käufer diese Qualität wieder zu schätzen wüssten.

Weitere oberfränkische Wursttheken

Zu den vielen exzellenten kleinen Meisterbetrieben, die ich in Oberfranken besucht habe, zählt exemplarisch die Metzgerei Leipold in Bad Berneck im Fichtelgebirge, deren »Fränkischer Leberpresssack« einen fast schon legendären Ruf genießt. Tatsächlich gibt es Fans in ganz Deutschland, die sich regelmäßig diese Spezialität zusenden lassen.

Die Metzgerei Leipold in Bad Berneck im schönen Fichtelgebirge hat auch viele Bratwurstvarianten im Angebot.

Überregional noch gar nicht in Erscheinung getreten, aber als ein wahres kulinarisches Kleinod empfinde ich auch die Dorfmetzgerei Hoffmann in Zell im Fichtelgebirge. Es gibt nichts Spektakuläres zu berichten, aber alles ist vom Feinsten, ein Zeugnis von ehrlicher fränkischer Handwerkskunst, was die beiden Brüder hier über ihre Wurst auf den Gaumen zaubern.

Und in der Metzgerei Friedrich mit dem angeschlossenen Gasthof in Trebgast kann man statt der üblichen Wellness das Wohlbefinden durch eine intensive fränkische Wurstkur erlangen. Wollte man das gesamte Wurstangebot durchexerzieren, müsste man sich viele Tage lang zum Frühstück, Mittag- und Abendessen ausschließlich von Würsten ernähren. ❡

Schwaben

HIER IST JEDE WURST WURSCHT

Dr Vadder hockt beim Veschbr. Do kommt die Tochter Hand en Hand mit ma jonga Kerle rei. Dr Vadder guggd ond sait: »Wenn ihr boide heirada wellad, wega mir, abbr wenn der a Stückle von meim Leberkäs will, vergessads.«

Augsburg ist die Hauptstadt des bayerischen Regierungsbezirks Schwaben, der wurstmäßig sehr heterogen ist. Denn die schwäbische Küche ist weniger an den aktuellen politischen Grenzen orientiert als an landschaftlichen und kulturellen Zusammenhängen. So herrscht im Land der Schwaben vor allem eine starke Verbundenheit mit der Spätzle- und Maultaschenkultur, die nahtlos entlang der A8 von Augsburg über Ulm bis Stuttgart reicht. Die Spätzle machen natürlich auch vor der Wurst nicht halt: Die berühmten schwäbischen Wurstspätzle sind ein wirklich grandioser Leckerbissen. Verwendet werden dabei hauptsächlich geräucherte Schinkenwurst, Krakauer oder auch Bierwürste, die mit dem Mixer zerkleinert und anschließend mit dem Spätzleteig vermengt werden. Für ein anderes schwäbisches Gericht mit dem Namen »Laubfrosch« wird das Brät von ungebrühten frischen Bratwürsten mit etwas Brot, Tomaten, Zwiebeln und Gewürzen in große Spinatblätter eingerollt und dann im Backofen oder der Pfanne gebraten.

Eine weitere in ganz Schwaben sehr beliebte Wurstsorte ist die»Schübling«. Die Bezeichnung kommt von ihrer Machart, wonach das Brät in die Wursthaut geschoben wird. Erste Erwähnungen finden sich schon im 13. Jahrhundert in der Schweiz, wo sie allerdings »Schüblig« genannt wird. Hier handelte es sich ursprünglich um leicht geräucherte Würste, die aus Fleisch von minderer Qualität, wie Lunge, Herz, Bauchlappen und Speck, gemacht wurden. Erst im Laufe der Zeit wurden sie verfeinert und heute gibt es unzählige lokale Varianten. Die schwäbischen Schüblinge sind aber etwas völlig anderes und entsprechen eher der Schweizer Cervelat. Es sind dicke Brühwürste, die gerne auch »Bauernknacker«, in Österreich gar »Beamtenforellen« genannt werden. Die schwäbischen Schüblinge kann man roh essen, kochen oder grillen. Es gibt vielerlei Varianten, Schüblinge im Teigmantel herausgebacken etwa, gebraten mit Spiegelei und Bratkartoffeln, gekocht mit Kraut, als Suppeneinlage oder als Wurstsalat.

Im Süden Schwabens nimmt das Allgäu eine Sonderstellung ein: Es gibt hier viele wunderbare Wildwürste von Hirschen, Gämsen, Rehen, Wildschweinen und Weidetieren, die unter ganz besonderen Lebensbedingungen aufwachsen. Die würzigen Kräuter der Almen, auf denen die Tiere während des Sommers grasen, schmeckt man sogar in der Wurst. Am bekanntesten aber ist der »Allgäuer Wurstsalat«, der im Gegensatz zum »Schwäbischen Wurstsalat« nicht aus Schwarzwurst, Fleischwurst und Leberkäse besteht, sondern aus einer Kombination von fein in Streifen geschnittener Fleischwurst und Käse. Je nach Vorliebe wird dafür Allgäuer, Emmentaler oder Bergkäse verwendet. Eine ähnlich eigenständige Wurstkultur findet sich noch in der Bodensee-Region, wo der Einfluss der vier Anrainerstaaten Österreich, Schweiz, Baden-Württemberg und Bayern nicht zu leugnen ist. ¶

Augsburg, Ort der Tradition und der »Extrawurst«

Augsburg ist die Hauptstadt des bayerischen Regierungsbezirks Schwaben und hat eine eigene Wurst. Genau genommen sind es sogar viele Würste, die alle unter dem Namen Augsburger Wurst firmieren. Aber was ist eine Augsburger Wurst? Sowohl die Geschichte als auch die Definition ist unklar. Einzig gemeinsam ist den Augsburger Würsten, dass sie ein feines weißes Brät enthalten, ähnlich einer Weißwurst, nur dass sie im Unterschied zu ihr nicht in heißem Wasser gesiedet, sondern längs aufgeschnitten in der Pfanne beidseitig schön goldbraun angebraten werden. Es ist eine Wurst, die bei Kindern, aber auch als Schonkost in oberösterreichischen Spitälern beliebt ist. In Wien gehört sie sogar zu den zehn gängigsten Wurstsorten. Sie gilt dort heute als eine etwas altmodische Wurst der einfachen Leute und soll nachweislich schon seit Anfang des 19. Jahrhunderts in Wien unter dem Namen »Augsburger Wurst« bekannt gewesen sein. In Wiener Lokalen wird sie meist mit Erdäpfelpüree, manchmal sogar eingebacken in einen knusprigen Teigmantel als »Augsburger im Schlafrock« angeboten. Für die Namensgebung gibt es indes keine plausible Erklärung, zumal in Augsburg selbst die gleichnamige Wurst sowohl äußerlich als auch geschmacklich einer Bockwurst gleicht. In Deutschland ist die früher noch verbreitete »Augsburger« vergessen, in Österreich dagegen zählt sie zu den beliebten Standardwürsten. Damit fügt sie sich nahtlos ein in das deutsch-österreichische Verwirrspiel, wenn es um die Wurst geht.

Augsburg gilt als Zentrum der bayerischen Fleischindustrie und ist Sitz des größten deutschen Bildungszentrums für das Fleischerhandwerk. Es mag etwas verwundern, dass sich dieser nicht in München oder Nürnberg befindet, dem Herzen der fränkischen Wurstkultur, zumal die schwäbische Wurstkultur wie überhaupt die schwäbische Küche eher enger mit Baden-Württemberg als mit dem übrigen Bayern verbunden ist. Ich treffe mich mit Stefan Ulbricht, der als Pressesprecher auch für das Marketing und die Öffentlichkeitsarbeit des Bayerischen Fleischerverbandes zuständig ist. Er ist unüberhörbar kein Bayer und bringt unser Gespräch schnell auf die Kernprobleme des Fleischerhandwerks, das belastet ist von dem schlechten Image von Wursterzeugnissen an sich und dem in Verruf geratenen Berufsbild des Metzgers. Für ihn liegt vor allem ein Problem darin, dass Industrie und Handwerk über sehr ungleiche Mittel verfügten, was den Einsatz von Marketing zur Imageverbesserung anbelangt. So zitiert er die Kampagne eines Discounters, der unter dem Motto »Woran erkennt man gute Qualität?« und »Woran erkennt man gutes Fleisch?« gleich selbst die Antwort geliefert habe mit der völlig falschen Behauptung »Das zarteste Fleisch kommt vom Jungbullen«. In Wahrheit komme aber, so Stefan Ulbricht, das zarteste Fleisch von Färsen, also von Kühen, die noch nicht gekalbt haben. »Färsenfleisch« klinge natürlich marketingmäßig nicht ganz so schön wie »Jungbullenfleisch«.

Ulbricht kritisiert auch, dass die Industrie mit Namen wie »Meistermetzger« und »Gut Ponholz« handwerkliche Produktionsweisen und Regionalität suggeriere, was gar nicht den Gegebenheiten entspreche. Eine Umfrage habe ergeben, dass nur 10 Prozent dieser von der Industrie als regional angepriesenen Waren dieses Etikett verdienten, während bei traditionell handwerklich arbeitenden Metzgern 94 Prozent der Produkte wirklich regional seien. Die Metzger gingen damit aber nicht hausieren, weil das für sie eine Selbstverständlichkeit sei, die nicht eigens betont werden müsse. Dabei wären entsprechende Kampagnen ein wichtiger Baustein, der auch helfen könnte, die Zukunft zu sichern, wenn man den Imagesprung vom vermeintlich blutrünstigen Metzger zum Genusshandwerker schaffen würde.

Schon heute habe sich das Anforderungsprofil an den Metzgerberuf, so Ulbricht, völlig gewandelt. Er sei längst nicht mehr nur Wurstmacher, sondern auch Ernährungsberater, der wisse, was für Allergene in der Wurst enthalten seien. Auch sei er Koch, weil er Rezepttipps geben müsse, und Eventmanager, weil der Partyservice mittlerweile ein elementarer Bestandteil seines Geschäfts geworden sei. Das Hervorheben dieser Aspekte könnte den Handwerkern unter den Metzgern helfen, sich neu zu positionieren. Im Gegensatz zu den Discountern wüssten sie noch, was in der Wurst drin ist, wo das Fleisch dafür herkommt und wie die Tiere vor der Schlachtung gehalten wurden. Sie könnten das Vertrauen der Verbraucher zurückgewinnen, die durch allerlei Skandale oder Studien, nach denen rotes Fleisch und Wurst als krebserregend eingestuft wurden, verunsichert seien. Das Bittere daran sei, dass auch die kleinen Metzgereien unter dieser Verunsicherung litten, obwohl die Industrie fast alle Skandale zu verantworten habe.

Wenn Discounter Wurstwaren mit Marken wie »Gut Ponholz« oder »Meistermetzger« versehen, ist das Kundentäuschung, denn es suggeriert eine nicht vorhandene Regionalität und traditionelles Handwerk.

Um solche Skandale in Zukunft verhindern zu können, würden nun auch Kleinbetriebe Regelungen aufgedrückt bekommen, die bei ihnen gar nicht umsetzbar seien. Hierin muss ich Ulbricht beipflichten, denn bei meinen Reisen habe ich immer wieder erfahren, dass die vielen Vorschriften Hauptursache für Resignation und die immer weiter voranschreitende Schließung von alteingesessenen Betrieben ist. Dazu befragt, erläutert Ulbricht mir, dass es zum Beispiel in Augsburg 1950 noch 150 Metzgereien gegeben habe und heute in Stadt und Umland zusammen nur noch fünfzig Betriebe existieren würden. Im Verhältnis zu anderen Bundesländern habe Bayern allerdings noch ein relativ dichtes Netz an Metzgereien. Was in Berlin ein Landesverband sei, wäre in Bayern nur eine durchschnittliche Innung. So seien allein in der oberfränkischen Innung Hof noch siebzig Betriebe gemeldet, worüber so manches andere Bundesland froh wäre.

Eine wegen Geschäftsaufgabe geschlossene alteingesessene Augsburger Metzgerei ist immerhin samt der schönen Ausstattung noch voll erhalten, aber es werden dort nur noch kulturelle Würste produziert. 2012 wurde hier nach dem Modell der Produzentengalerien unter dem Namen »Extrawurst« eine neue Präsentationsstätte für Kunst geschaffen. Man ist offen für Grenzüberschreitungen. Neben Ausstellungen finden hier auch regelmäßig gut besuchte »Lesungen auf dem Fleischerbock« statt, an denen jeder irgendetwas Selbstgeschriebenes vortragen kann. Alles kann hier verwurstet werden. Der besondere Charme liegt im Ambiente: Die gekachelten Wände, die presssackartig stuckmarmorierten Wandverkleidungen, die lange und relativ hohe Theke und metallenen Fleischerhaken bieten einen assoziationsreichen Hintergrund für die Kunst. ❡

Spiralwürste aus Steindorf: *Landmetzgerei Glas*

Die deutsche Wurstkultur ist so kleinteilig wie die Regionen unseres Landes selbst. Je weiter man sich von den Hauptrouten und Städten entfernt, desto eher stößt man noch auf Handwerksbetriebe, in denen die regionalen Wursttraditionen unverfälscht gepflegt werden. Als ich südöstlich von Augsburg auf meiner Wurstsuche über die Dörfer fuhr und nach guten Metzgereien in der Umgebung fragte, wurde mir wärmstens die Metzgerei Glas in Steindorf empfohlen. Obwohl unangemeldet, wurde ich herzlich empfangen und in die Küche gebeten, wo mir Christian Glas erzählte, dass sich die Metzgerei seit bald 120 Jahren in der Hand seiner Familie befindet. Er erwähnt voller

Stolz, dass Steindorf jener Region zwischen Schwaben und Württemberg angehöre, in der handwerklich orientierte Metzger die größte Bandbreite an Wurstwaren produzieren würden. Nirgends gebe es mehr Sorten an Aufschnitt als hier. In Steindorf liege man sowohl geografisch als auch geschmacklich in der Mitte, aus dem Allgäu komme die Tradition der Brätspätzle dazu, auch die fränkische Bratwurst habe er schon einmal ausprobiert, doch die sei bei seinen Kunden nicht so gut angekommen. Letztlich liebe man ja vor allem das, was man von Kindesbeinen an kenne. Keine Weißwurst schmecke ihm so gut wie die eigene, nicht weil sie von ihm sei, sondern weil es eben die Weißwurst seiner Kindheit sei. Die Rezeptur wird von Generation zu Generation weitergegeben, genau wie die der Wiener Würstchen, mit denen Glas Kindern das Metzgerhandwerk nahebringen möchte. Immer wieder lädt er Gruppen aus umliegenden Kindergärten ein, gemeinsam werden Wienerle abgedreht und später gegessen.

Ohne die Hilfe seiner Eltern könnte Christian Glas die Traditionsmetzgerei nicht führen – einen Azubi konnte er bislang nicht finden.

Manche Eltern würden zwar immer streng darauf achten, dass die Kinder in der Wurstküche ja keinen Blutstropfen zu sehen bekämen. Die Kleinen selbst seien da viel entspannter. Einmal habe ein Junge, bevor es nach dem gemeinsamen Abdrehen der Würstchen zum Essen überging, ganz enttäuscht ausgerufen: »Was? Sind wir jetzt schon fertig? Wir haben ja noch gar kein Schwein gesehen!« Worauf alle anderen einstimmten: »Wir wollen ein Schwein sehen!« Er habe dann etwas zweifelnd, aber mit dem Einverständnis der Erzieherin, ein halbes Schwein herbeigeholt. Die Kinder seien begeistert gewesen von diesem ungewöhnlichen Erlebnis. »Ich bin mit Hausschlachtungen groß geworden, aber für die heutige Generation kommt die Milch aus der Tüte und die Wurst aus der Packung«, meint Christian Glas.

Für ihn liegt es auch am fehlenden Bezug zum Handwerk, dass die Branche unter so großen Nachwuchsschwierigkeiten leidet. So seien seine Versuche, einen Auszubildenden zu finden, bislang alle gescheitert, und ohne die Mithilfe seiner Eltern könne er den Betrieb gar nicht aufrechterhalten.

Die Eltern haben sich inzwischen zu uns gesellt. Von der Mutter bekomme ich einen wunderschön dekorierten Wurstteller zum Probieren. Das Auffälligste ist dabei eine Spiralwurst, eine Art Salami, die in rohem Zustand über einen Stecken gewickelt in den Rauch kommt und schon nach etwa vier Stunden ihre Form behält. Sie schmeckt wunderbar ausgewogen und würzig. Vater Ludwig Glas erzählt, dass viele Leute den Fehler machen würden, diese Wurst im Kühlschrank aufzubewahren. Doch da gehöre eine Dauerwurst grundsätzlich nicht hinein, da sie dann ihr ganzes Aroma verlieren würde. Bei mir zu Hause habe ich daraufhin in Ermangelung einer Speisekammer auf dem Balkon eigens einen gusseisernen Haken angebracht, auf dem meine Dauerwürste und alles Geräucherte nun abhängen können.

Die Spiralwurst ist fester Bestandteil von Präsentkörben, die die Familie für allerlei Anlässe bestückt. Ludwig Glas erzählt, dass sie früher auch sehr

Die Spiralwurst ist eine Erfindung von Vater Ludwig. Sie wird um einen Stab gewickelt, und nach vier Stunden im Rauch behält sie ihre charakteristische Form.

viele Wurststräuße gemacht hätten und dies ein regelrechtes Steckenpferd seiner Frau gewesen sei. Sie habe an so einem Wurststrauß, für den sie auch spezielle winzig kleine Debrecziner produziert hätten, bis zu einer Dreiviertelstunde gearbeitet und manchmal bis zu zwanzig solcher Sträuße an einem Wochenende hergestellt. Doch irgendwann sei es zu viel geworden, weil man die Arbeitszeit bei der Preisgestaltung nicht mehr angemessen habe berücksichtigen können. Geblieben und von ungebrochener Beliebtheit sei aber die Ringelsalami. Manche Kunden würden sie »Sauschwanzerl«, »Kringelwurst«, »runde Wurst« oder »Gscheiberwurst« nennen, was man mit »Rundum-Wurst« übersetzen könnte. Sie wüssten aber trotz dieser kreativen Namensgebungen immer, welche Wurst damit gemeint sei.

»Christbaumwürschtle« und »Mau-Wurst«

Heinz Schütz, ein in München lebender Kunstkritiker, erzählte mir einmal, er sei in Memmingen aufgewachsen und habe als Kind gerne mit einer Puppenmetzgerei gespielt, die noch von seiner Großmutter stammte. An Weihnachten habe er dafür immer ganz kleine, echte Würstchen geschenkt bekommen, die er anschließend zusammen mit seiner Schwester, die eine Puppenküche besaß, zubereitete.

Bei meinem Besuch in Memmingen will ich der Geschichte nachgehen und werde tatsächlich fündig: Die Metzgerei Dauner stellt bis heute noch »Weihnachtswürschtle« her. Georg Dauner erzählt mir, viele Kunden würden sie auch »Christbaumwürschtle« nennen, da sie in manchem Memminger Haushalt als Dekoration an den Weihnachtsbaum gehängt würden. Meist sind es Miniwiener und ganz kleine Weiß- und Gelbwürste, die er in den Wochen vor Heiligabend nach einem Rezept seines Großvaters in großer Zahl herstelle.

Würste scheinen in Memmingen überhaupt ein begehrtes Weihnachtspräsent zu sein. So fertigt die Metzgerei Kleiber zu Weihnachten mit Tannenzweigen dekorierte Geschenkpakete, die unter dem Titel »Meisterstücke« eine Auswahl der besten Würste beinhalten. Die originellste unter ihnen, so kreisrund wie ein Vollmond, ist die »Original Memminger Mau-Wurst«, eine salamiartige luftgetrocknete Rohwurst. Den Namen hat sich die Metzgerei, die mit neun Filialen zu den größten des Ortes zählt, sogar schützen lassen. Mond heißt »Mau« auf Schwäbisch. Schon bei den »Sieben Schwaben«, einem Erzählstoff, den auch die Gebrüder Grimm aufgriffen, wird die Legende vom »Memminger Mau« erwähnt: So soll ein Memminger Ratsherr in betrunkenem Zustand versucht haben, den Vollmond aus einem städtischen Zuber mit Löschwasser herauszufischen. ¶

Gute Würste aus dem Barockstadel

Eine Tour von Landsberg bis Ravensburg auf der Oberschwäbischen Barockstraße gehört zu den schönsten, die man in Deutschland unternehmen kann. Alles ist einmalig, die Seen, die hügelige Landschaft, die Wälder und die Orte, man kommt aus dem Staunen kaum heraus, ein schönes Städtchen und eine prachtvolle Klosteranlage nach der anderen. In Bad Irsee gibt es seit 1998 neben dem Kloster an jedem Freitag eine weitere Attraktion: einen Biomarkt mit besonderem Erlebnischarakter. In und vor dem großen barocken Stadel des ehemaligen Gasthauses »Zur Post« präsentieren Kunsthandwerker und Bioerzeuger aus der Region ihre Produkte. Zwischen den kleinen Buden gibt es Stände mit traditionellen Backwaren, Würsten, Delikatessen und kleinen schwäbischen Gerichten, die man im Stehen oder an bereitgestellten langen Tischen verzehren kann.

Ich war an einem bitterkalten Wintertag in Bad Irsee und begab mich rasch in eine nur über eine Holztreppe erreichbare und mit Bauernmöbeln ausgestattete »Speisekammer« unter dem offenen Gebälk des Stadels. An einem warmen Ofen sitzend, konnte ich das bunte Treiben unter mir und draußen beobachten und mit den Marktbesuchern ins Gespräch kommen.

Benno Bönisch, Biolandwirt und Diplom-Designer, war einer der Mitinitiatoren des Marktes. Von ihm erfahre ich von den mühevollen Anfängen; inzwischen aber habe sich hier ein Ort etabliert, an dem Menschen zusammenkämen, die traditionelle, gesunde Erzeugnisse zu schätzen wüssten. Mit dem Fleisch seines Biohofs beliefert er viele Metzger in der Region. Vielleicht ist dies der Grund, warum die Würste, die ich in Bad Irsee probierte, allesamt ausgezeichnet geschmeckt haben. ¶

Schlachter, Bauer und Wirt aus Reisch: *Metzgerei Lechle*

Landsberg am Lech zählt zwar politisch zu Oberbayern, ist aber kulturell – wohl auch durch den Fluss und die Nähe zu Augsburg – stärker allem Schwäbischen zugeneigt, so auch kulinarisch. Es gibt hier Wurstsorten wie »Feuerli«,»Schinkenstangerl« und »Raucherl«. Eine weitere Besonderheit der noch so vielen bodenständigen Metzgereien im Stadtgebiet ist der »Landsberger Ring«, eine Wurst, deren Bestandteile von Schweine-, Rindfleisch und Kartoffeln zu einer schmackhaft harmonischen Einheit verschmelzen.

In Reisch, einem kleinen Vorort von Landsberg, besuche ich die Metzgerei Lechle, der wie vor Urzeiten eine eigene Landwirtschaft und eine Gaststätte angegliedert sind. Ich führe das Gespräch mit Georg Lechle in der Wirtsstube, die allerdings nur noch an Schlachttagen, wenn es die frischen Schlachtschüsseln mit Blut- und Leberwurst gibt, für das Publikum geöffnet ist. Georg Lechle ist ein zurückhaltender Typ, ruhig und besonnen, es braucht eine Weile, bis er auftaut. Erst als seine beiden kleinen Töchter hereinplatzen, ist das Eis wirklich gebrochen. Lechle erzählt mir, dass er bereits in der dritten Generation den Hof mit Wirtschaft und Metzgerei führe und zum Großteil die alten Familienrezepturen bei der Wurstherstellung anwende. Der Vorteil seiner betrieblichen Einheit von Landwirtschaft und Metzgerei sei vor allem der, dass er die Tiere bis kurz vor der Schlachtung in seinem Stall stehen lassen könne. Die Aufregung werde auf diese Weise kurz gehalten, ebenso wie die Transportwege. Er bemühe sich, den Ablauf ruhig zu gestalten, damit die Tiere möglichst wenig leiden müssten. Aber

Georg Lechle führt den Hof mit angegliederter Metzgerei in der dritten Generation. Die ebenfalls dazugehörende Wirtschaft ist allerdings nur noch an den Schlachttagen geöffnet, wenn es Schlachtschüssel mit frischen Blut- und Leberwürsten gibt.

nachdenklich ergänzt Georg Lechle: »Was davon alles beim Tier ankommt, weiß man natürlich nicht.«

Eine Besonderheit sind seine klassischen Wiener Würste, die noch im Naturdarm abgefüllt werden. Die Därme kauft er nicht wie die meisten Metzger als Fertigprodukt, sondern produziert sie mühevoll selbst, wie auch die Därme für alle anderen Würste. Das sei zwar viel Arbeit, aber es lohne sich, die Kunden wüssten diese Qualität zu schätzen. Seine Wiener sind tatsächlich noch auffällig gekrümmt, und beim bewussten Betrachten kann man erkennen, dass sich in der Krümmung der Wurst noch die natürliche Form des Darms widerspiegelt. Beim Reinbeißen knackt es richtig und der ausströmende Duft und der wunderbar ausgewogene Geschmack sind ein wirklich kulinarisches Erlebnis. Nach meinem Besuch ist klar: Die große Fangemeinde der Verehrer dieser Wiener Würstel ist definitiv um ein Mitglied gewachsen! ❡

Baden-Württemberg

OHNE DÄRME KEINE WURST

»Wer recht in Freude lewe will,
der pfeift uff die Diät,
der hamstert Flasch und Worscht in Füll
un stopft, was in en geht!«

Schon der Begriff »Baden-Württemberg« vermittelt, dass dieses Land für die Fusion zweier unterschiedlicher historischer Regionen steht. Die badische Seite reicht von der Schweizer Grenze über die westliche Bodenseeregion und das rechtsrheinische Gebiet entlang der französischen Grenze bis nach Hessen. Durch den gemeinsamen alemannischen Kulturraum gibt es wurstmäßig zudem eine enge Verbundenheit zur Schweiz und zu Frankreich. Baden bildet einen fast wurstförmigen langen Schlauch, der Württemberg im Westen abschirmt.

Die beiden Regionen unterscheiden sich geografisch, sprachlich und kulturell, und entsprechend unterschiedlich sind auch die Wurstkulturen. Württemberg ist Heimatland der Rotwürste, Baden eher das der Schwarzwürste. Wobei sich deren Inhalte kaum unterscheiden: Beide bestehen hauptsächlich aus Blut und grob gewürfelten Fetteinlagen. Welche Bedeutung der Wurst im Leben eines Schwaben zukommt, spiegelt sich auch in teils deftigen Redensarten: »Am liebschda hanne a kurz Gebäd ond lange Brodwirschd.« (»Am liebsten sind mir ein kurzes Gebet und lange Bratwürste.«) Oder: »S'isch äbbas Args, was i Wurschd frässa muss, bis meine Kendr vo dr Haut sadd wärdad.« (»Schlimm, wie viel Wurst ich essen muss, bis meine

Kinder von der Pelle satt werden.«) Am häufigsten hört man aber die Bemerkung: »Des isch klar wia Wurschdbriah.«

Neben der Liebe zur Wurst verbindet Badener und Württemberger ihr Unternehmergeist. Nirgends gibt es mehr erfolgreiche mittelständische Firmen, deren Produkte weltweit gefragt sind. Auffallend viele Spezialbetriebe sind in Bereichen rund um die Wurst tätig. Die Bizerba GmbH & Co. KG in Balingen zum Beispiel gehört zu den führenden Herstellern von Waagen, Fleischwölfen und Knochensägen. Und die Firma Seydelmann aus Stuttgart stellt hochkomplizierte Automaten für die industrielle Wursterzeugung her. All diese Maschinen sind nichts für den kleinen Handwerker – an einem Tag können zigtausend Tiere von solchen Großautomaten in Würste verwandelt werden. Hier kommt dann die Firma Handtmann aus Biberach ins Spiel, die Füllmaschinen für die weltweite Verwurstung produziert.

In den Naturin-Werken wurden 1925 die ersten künstlichen Wursthüllen entwickelt. Zu sehen ist eine solche »Darmgardine« auf dem Aufmacherfoto dieses Kapitels.

Dazu braucht es natürlich auch Därme, die man ebenfalls in der Region bekommt: Zwei der drei großen deutschen Traditionsbetriebe haben ihren Sitz in Baden-Württemberg. Einer dieser renommierten Betriebe sind die Naturin-Werke in Weinheim an der Bergstraße. Die Firma hat eine spannende Unternehmensgeschichte, die in einer Festschrift zum achtzigjährigen Firmenjubiläum dokumentiert wurde. Den Grundstein für den Erfolg legte der Chemiker Walter Becker, der 1925 die künstliche Wursthülle entwickelte: aus zerfasertem

Leder und unter Verwendung von Leim. 1933 wurde der Sitz der Firma von Hamburg nach Weinheim verlegt, von wo aus 1962 eine weitere Erfindung den Markt revolutionierte: die erste essbare Collagen-Wursthülle, der »Naturin-Eiweiß-Saitling«. Heute, im Zeitalter der Globalisierung, gehören die Werke zum spanischen Weltkonzern Viscofan. Würde man die Jahresproduktion von Wursthüllen der Naturin-Werke aneinanderlegen, käme man auf eine unglaubliche Länge von mehr als zwei Milliarden Metern und könnte von Weinheim bis zum Mond sechs Superwürste spannen. Von den nicht ganz acht Milliarden Menschen dieser Welt könnte jeder, Veganer und Säuglinge eingerechnet, pro Jahr etwa 25 cm an Würsten verspeisen, jede davon mit Naturin-Kunstdarm umhüllt. Wobei ich glaube, wir Deutschen sind Weltmeister im Darmverschlingen.

Wurstpellen über Wurstpellen. Produktionshalle der Naturin-Werke in den 1960er-Jahren.

Während die Naturin-Werke künstliche essbare Därme produzieren, hat sich fast zeitgleich in Crailsheim mit der CDS Hackner GmbH ein Unternehmen etabliert, das die industrielle Produktion von Naturdärmen und Schlachtnebenprodukten betreibt. CDS steht für »Crailsheimer Darmsortieranstalt«, was natürlich nicht so elegant wie die Abkürzung klingt. Offiziell nennt sich die Firma »Hightech- und Logistikpartner der Lebensmittelindustrie« und hat sich die Nachhaltigkeit unter dem Schlagwort der »Sustainability« auf die Fahnen geschrieben, weil sie Verfahren entwickelt hat, um alles, was im Schlacht-

Die Crailsheimer Firma CDS Hackner hat sich auf die Produktion von Naturdärmen spezialisiert.

prozess anfällt, einer sinnvollen Verwertung zuzuführen. Schlachtnebenprodukte, die nicht für den Verzehr geeignet sind, werden zu Heimtierfutter, Gelatine oder organischem Dünger verarbeitet. ❡

Schwäbische Tugenden im Spiegel der Wurst

Den Schwaben wird ja nachgesagt, sie seien besonders sparsam. Die folgende Geschichte könnte man überschreiben mit: »Schwäbische Sparsamkeit trifft auf Berliner Raffgier.« So gab es bei der Hauptversammlung des schwäbischen Daimler-Konzerns in Berlin 2016 einen ungeheuren Vorfall: Zur Verpflegung der 5500 Aktionäre waren 12 500 »Saitenwürschtle« bzw. Frankfurter oder Wiener vorgesehen. Da diese nicht ausreichten, war die Stimmung am Büfett sehr angespannt, und es kam zwischen einem, der raffgierig gleich mehrere Würstchen zum Mitnehmen eingepackt hatte, und einer hungrigen Anteilseignerin, die leer ausgegangen war, zu einer so heftigen verbalen Auseinandersetzung, dass die Polizei zur Schlichtung gerufen werden musste. Der Aufsichtsratschef Manfred Bischoff soll den Vorfall mit folgenden Worten kommentiert haben: »Entweder wir brauchen mehr Würstchen, oder wir schaffen die Würstchen ganz ab.« Tatsächlich wurde im Folgejahr die Naturaldividende kräftig erhöht. Insgesamt wurden 15 000 Paar Würstchen bereitgestellt, was für einen friedlichen Abschluss der Hauptversammlung sorgte.

Eine Weißwurst mit eingebauter Honig-Balsamico-Senf-Mischung ist für den Schwaben der Gipfel des Erfindergeistes, für den Bayern eine Todsünde.

Bekanntlich haben Schwaben einen großen Erfindergeist, der manchmal auch zu kuriosen technischen Innovationen führt. Ein Stuttgarter Metzger kam, vielleicht aufgrund des neuen Trends zur Molekularküche, auf die glorreiche Idee, die Elemente Weißwurst und den dazugehörigen speziellen süßen Senf zu fusionieren. Es sollte eine Revolution werden und ein Angriff auf die traditionelle Weißwurst-Domäne Bayern, doch der große Durchbruch blieb aus. Es fanden sich keine Nachahmer, im Gegenteil, allein schon die Idee der Auflösung der heiligen Vierfaltigkeit von Bier, Weißwurst, Senf und Brezel empfindet jeder aufrechte Bayer geradezu als Todsünde. Es blieb ein lokales Ereignis, obwohl die Medien diese Tabuverletzung natürlich als Sensation in alle Welt meldeten.

Der Metzger Stefan Bless erhielt für seine Erfindung 2011 in Stuttgart den Innovationspreis der Fleischerbranche. Um die Bayern zu versöhnen, betonte er, er habe gar nicht die Absicht gehabt, die Weißwurst infrage zu stellen, sondern rein praktische Überlegungen hätten ihn zu dieser Kreation bewogen: Eine Weißwurst ohne Haut mit einer eingebauten Honig-Balsamico-Senf-Mischung, dazu viel kleiner als das Original, das sei doch ideal, um sich die Wurst bei Partys und Empfängen ohne mühseliges Zuzeln und Bekleckerungsgefahr einfach als Ganzes in den Mund schieben zu können. Da er auch kein Kalbfleisch, sondern nur Schweinefleisch verwende, sei diese »Stuggi« genannte Neukreation tatsächlich nur entfernt mit der Weißwurst verwandt und könne als eigenständige Spezies den deutschen Weltrekord in Sachen Wurstvielfalt weiter vorantreiben.

Die »Stuggi«, erfunden von Stefan Bless, löst die heilige Vierfaltigkeit aus Bier, Breze, Senf und Weißwurst auf.

Ein anderes Beispiel für schwäbischen Erfindergeist und erfolgreiches Unternehmertum ist der Fleischereibetrieb Dietz. Das Stammhaus befindet sich auf der Schwäbischen Alb, in dem kleinen Dorf Schopfloch, am Rande eines eindrucksvollen und unter Naturschutz stehenden Hochmoors. Der 600-Seelen-Weiler wurde in ganz Süddeutschland durch die Kreation des »Schopflocher Kleeblatts« bekannt. Jeder kennt ja das Problem, sich bei dem reichhaltigen Brühwurstangebot für eine bestimmte Sorte entscheiden zu müssen. Ein vierblättriges Kleeblatt gilt allgemein als Glücksbringer. Und da das Angebot an Aufschnitt dem Käufer einiges an Entscheidungsfreude abverlangt, kam man bei den Dietzens auf die so naheliegende wie geniale Idee, eine vierteilige Brühwurst herzustellen. Sie besteht aus je einem Viertel Hausmacher Bierwurst, Hausmacher Bauern-

Das »Schopflocher Kleeblatt« aus Bierwurst, Bauernwurst, Schinkenwurst und Lyoner.

wurst, Hausmacher Schinkenwurst und Hausmacher Lyoner; das volle Sortiment in einer Scheibe!

Schwaben sind auch bekannt für ihre Pünktlichkeit und ihren Fleiß. Für Deutschland sind Schwaben und insbesondere der Schwarzwald auch das Herz der Uhrenfabrikation. Das an der Uhrenstraße gelegene Furtwangen mit seinem Uhrenmuseum und der ersten deutschen Uhrmacher-Schule ist hier das Zentrum. So ist es nicht verwunderlich, dass ein Furtwanger Metzger, Andreas Braun, 2010 eine »U(h)rwurst« erfunden hat, die lokale Nachahmer fand und heute als »Furtwanger U(h)rwurst« eine Besonderheit darstellt. Bekanntlich fraß der unerbittliche Göttervater Chronos bis auf Zeus alle seine Kinder. In Furtwangen läuft alles noch langsamer, aber trotz der Uhrwurst bleibt die Zeit dennoch ungenießbar. Das Zifferblatt der Uhr ist von einer Wurst umrahmt. Wenn man diese mittelscharfe, sehr schmackhafte Salami gegessen hat, bleibt die Uhr mitsamt ihren Ziffern, aufgedruckt auf ein Holzbrett, zurück.

Schwäbisch Hall, ein Eldorado für gute Würste

Das Gebiet um Schwäbisch Hall, dieser idyllischen Kleinstadt im Nordosten von Baden-Württemberg, ist die Heimat des Schwäbisch-Hällischen Landschweins. Der württembergische König Wilhelm I. hatte 1820 spezielle Maskenschweine aus China importiert, die er mit heimischen Rassen kreuzen ließ. Aus einer dieser Kreuzungen entstand jenes Landschwein, das bis heute die Grundlage für Würste von höchster Qualität bildet und geradezu Kultstatus genießt. Vor einigen Jahrzehnten sah die Sache allerdings noch ganz anders aus. Die Rasse war vom Aussterben bedroht, es gab damals nur noch sieben Mutterschweine und einen Eber. Dass es dazu nicht gekommen ist, ist das große Verdienst von Bauern aus dem Landkreis, die sich 1986 zu einem Zuchtverein zusammengeschlossen haben. Heute gehören 1500 Bauernhöfe dieser Zuchtgemeinschaft an, und der Bestand des Schwäbisch-Hällischen Landschweins ist deutschlandweit auf 3500 Muttersauen angewachsen, die jährlich etwa 70 000 Ferkel werfen.

Ein Alleinstellungsmerkmal hat sich die »Bäuerliche Erzeugergemeinschaft Schwäbisch Hall« allerdings bewahrt: Nur Würste dieser Region dürfen europaweit die Bezeichnung »hergestellt aus Schwäbisch-Hällischem Qualitätsschweinefleisch« führen, mit der die artgerechte Tierhaltung und der Verzicht auf jegliche Gentechnik und andere Masthilfsstoffe garantiert werden. Zugleich bedeutet es, dass alle Würste in traditioneller Hand-

Das Schwäbisch-Hällische Landschwein, eine Kreuzung heimischer Rassen mit chinesischen Maskenschweinen, liefert Fleisch von höchster Qualität.

werkstechnik hergestellt werden, Chemie und Geschmacksverstärker tabu sind und nur Naturgewürze, Stein- oder Meersalz verwendet werden. Das Wurstfleisch wird noch schlachtwarm verarbeitet und erfüllt auf diese Weise alle Bio- und Demeter-Qualitätsnormen. Egal welche Sorte, diese Würste sind ein besonderes Erlebnis für den Genießer. ❡

Friedrichshafen und die Entdeckung der Zeppelinwurst

Friedrichshafen, diese schöne Stadt am Bodensee, hat vor allem Weltruhm durch das Wirken des Grafen Zeppelin erhalten, der hier nicht nur seinen Wohnsitz hatte, sondern auch gegen Ende des 19. Jahrhunderts die damals weltgrößte Luftschiffwerft bauen ließ. Ein Zeppelin hat ja formal etwas sehr Wurstförmiges, was läge also näher, als dem Luftschiff eine Wurst zu widmen? So geschehen allerdings nicht in Friedrichshafen, sondern in Frankfurt am Main. Dort wurde 2009 das hundertjährige Jubiläum der »Zeppelinwurst« gefeiert, und der Fleischermeister Eugen Nagel produzierte dazu eine »Zeppelin-Pastete« und eine spezielle Brühwurst.

Die Geschichte dieser original Frankfurter »Zeppelinwurst« verdient eine nähere Betrachtung: Im Jahr 1909 fand in der hessischen Metropole die Internationale Luftschifffahrt-Ausstellung statt, zu welcher der Fleischermeister Stephan Weiss eine ganz besondere Delikatess-Leberwurst kreierte, die er dem Grafen Zeppelin zukommen ließ, mit der Bitte, das Patronat für diese Wurst zu übernehmen. Dem Grafen muss die Wurst geschmeckt haben, denn er ließ seinen Privatsekretär mitteilen: »(…) obgleich Seine Excellenz sonst jeder Reclame abhold ist – Ihnen ausnahmsweise, jedoch ohne jedes Obligo diesseits, gestattet, die bemusterte Wurst ›Zeppelinwurst‹

Stephan Weiss machte die Zeppelinwurst mit gräflichem Segen zum Verkaufsschlager.

benennen zu dürfen.« So jedenfalls zitiert die *Frankfurter Rundschau* vom 24. August 2009 den Schriftwechsel. Flugs ließ Fleischermeister Weiss also die »Zeppelinwurst« als geschützte Wort-Bild-Marke beim kaiserlichen Patentamt eintragen, und seine »Zeppelinwurst« wurde sogar zum Bestandteil der Bordverpflegung der weltweiten Zeppelinflotte. Die Lizenz wurde seitdem mehrfach verkauft, aber noch heute wird die gräfliche Luftschiff-Wurst mit unveränderter Rezeptur in Frankfurt hergestellt.

Wie gesagt, meinen Vorstellungen entsprach sie zumindest formal nicht so sehr, und umso erfreuter war ich, als ich in der Nähe des Zeppelinmuseums in Friedrichshafen in einem Biohofladen neben Obst und Gemüse eine Wurst in Zeppelinform fand, die meiner Idee von »Zeppelinwurst« viel näher kam, aber nicht deren Namen tragen darf. Mit ihrem stumpfen Anfang und dem spitz auslaufenden Ende erschien sie wie ein Flugmodell, und auf der Wursthülle aufgedruckt waren auch tatsächlich der Umriss eines Luftschiffs und die dicke Aufschrift »Zeppelino«. Ich kaufte mir ein Exemplar, etikettiert als Produkt von Vincent Klink, und hängte es zu Hause an zwei Bindfäden auf. Der Anfang des Verzehrs, der auch immer das baldige Ende einleitet, fiel mir richtig schwer. Belohnt wurde ich aber durch das wunderbare herzhaft-würzige Aroma dieser luftgetrockneten Edelsalami.

Essbares Flugobjekt

Ein Gaumenschmaus als Glaubensbekenntnis

Südlich von Ulm liegt Balzheim, ein 2000-Seelen-Dorf an der Iller, das durch die »Balzheimer Wurst« weit über seine Grenzen bekannt wurde. Sie ist auch unter dem Namen »Lutherwurst« oder einfach nur kurz unter »Lutherische« geläufig. Die Geschichte ihrer Entstehung ist ungewöhnlich: Nach dem Dreißigjährigen Krieg und einer verheerenden Pestepidemie lagen viele Höfe brach, das Dorf war fast ausgestorben, es zählte nur noch 97 Einwohner. In dieser Situation waren Flüchtlinge, die aus den protestantischen Enklaven des katholisch beherrschten Habsburger Hoheitsgebiets vertrieben worden waren, in Balzheim und der näheren Umgebung sehr willkommen. Die Verbundenheit zu ihrer alten Heimat und die Liebe zu der dort so geschätzten »Kärntner Hauswurst« führte dazu, dass eine neue Wurstsorte nach dieser Rezeptur hier heimisch wurde.

Die »Lutherische«, eine Abwandlung der »Kärntner Hauswurst«, kam nach dem Dreißigjährigen Krieg in die Region.

Bis 2017 hatte die Metzgerei von Stephan Codan das Alleinstellungsmerkmal für die »Original Balzheimer Lutherische«. Leider teilte mir seine Frau Maria mit, dass ihr Mann viel zu jung, mit nur 49 Jahren, an einer schweren Krankheit verstorben sei und mangels Nachfolger der Betrieb geschlossen werden musste. Da ihr Mann das Rezept nicht weitergeben konnte, haben die Balzheimer nicht nur ihren stellvertretenden Bürgermeister und Vorsitzenden des Musikvereins verloren, sondern auch ihre Lieblingswurst. Einen kleinen Trost für Liebhaber der »Lutherischen« gibt es allerdings: Da die protestantischen zugereisten Gesellen nicht nur in Balzheim, sondern auch in anderen Betrieben der Umgebung eine Anstellung und neue Bleibe gefunden hatten, verbreitete sich die »Lutherische Wurst« auch in der Region. Heute noch kann man zwischen Memmingen und Ulm diese deftigen und würzigen »Lutherwürste« bei Metzgereien erhalten. ❡

Ulm hat nicht nur den höchsten Kirchturm der Welt

… sondern einen noch längeren Leberkäse. Raimund Hörmann, Obermeister der Fleischerinnung in Ulm, gehört zu Deutschlands prominentesten Metzgern. Bekannt wurde er zunächst vor allem als Rudersportler. 1983 gewann er die Weltmeisterschaft im Vierer ohne Steuermann, und ein Jahr

Die 170 Meter lange Backröhre wurde mit fast hundert Gasflaschen auf Temperatur gebracht.

später holte er in Los Angeles in dieser Disziplin olympisches Gold. Doch das Streben nach Rekorden und Höchstleistungen blieb ihm auch nach Beendigung seiner sportlichen Karriere. 2016 beschloss er zusammen mit den Kollegen seiner Innung, einen neuen Weltrekord für das Guinness-Buch der Rekorde aufzustellen. Der längste Leberkäse der Welt sollte es werden. Anlass war das vierzigjährige Jubiläum des »Ulmer Saumarktes«, eines gemeinsamen Zunftfestes der städtischen Metzger, Brauer und Bäcker. Der Leberkäse sollte mindestens so lang sein, wie das Ulmer Münster mit seinem welthöchsten Turm von 161,53 Metern hoch. Am Vortag regnete es in Strömen, und ich konnte mir nicht vorstellen, dass der Versuch am nächsten Morgen stattfinden würde. Die Hauptschwierigkeit im Vorfeld war, einen Backofen von über 170 Metern Länge herzustellen. In Ulm entschloss man sich, dafür eigens eine lange Blechrinne schmieden zu lassen. Fast hundert Gasbrenner waren nötig, um das Wasserbad so erhitzen zu können, dass über die volle Länge eine exakte Gartemperatur für die zweieinhalbstündige Prozedur eingestellt werden konnte. Durch den Regen war der Untergrund aufgeweicht. Die viereinhalb Tonnen schwere Blechform sank – schon ohne das zusätzliche Gewicht von über zwei Tonnen an Wurstbrät und Wasser – in dem aufgeweichten Grasboden auf ganzer Länge und je nach Untergrund unregelmäßig ein. Es war ein gewaltiges Unternehmen, dieses riesige Trumm millimeterexakt zu nivellieren. Man unterlegte die Füße mit Holzbrettern und hatte fast die ganze Nacht zu kämpfen, damit am nächsten Morgen diese komplizierte Konstruktion funktionieren würde, zumal für den nächsten Tag erneut Regen angesagt war. Doch das Wunder funktionierte! 1,2 Tonnen Leberkäse konnten in die Mägen der Ulmer Bürger umgefüllt werden. Über dem Donauufer hing ein würziger Duft, und wohlgelaunte Ulmer Wurstliebhaber aßen sich Meter für Meter durch den Leberkäse, der mit beinahe 170 Metern tatsächlich den höchsten Kirchturm der Welt längenmäßig um mehr als acht Meter übertraf. Schon am Spätnachmittag waren nur noch wenige Meter Leberkäse übrig, der Erlös kam dem Ulmer Münster, aber auch dem Ruf der Stadt und ihrer Fleischerzunft zugute. Tom Schlötter, der stellvertretende Innungsmeister, verkündete mir stolz, aber auch sichtlich erschöpft, dass man es geschafft habe. Der bis dahin bestehende Rekord von 100,2 Metern war um knapp 70 Meter geknackt worden. Glücklich fielen sich alle in die Arme, und zum Schluss ertönte der Song »We are the champions«. ❡

Ein Besuch im Deutschen Fleischermuseum

Das Deutsche Fleischermuseum im südlich von Stuttgart gelegenen Böblingen ist einzigartig in seiner Art. Obwohl man in der Region von »Metzgern« und nicht von »Fleischern« spricht, manifestiert sich in seinem Titel seine deutschlandweite Repräsentanz. Vorbild war das Ulmer Museum der Brotkultur. So wie dieses entspringt es einer privaten Initiative. Kurt Nagel, ein erfolgreicher, deutscher Unternehmensberater, entstammt einer Ulmer Metzgerfamilie, was ihm wohl Anlass gab, eine große Sammlung zur Kulturgeschichte des Fleischerhandwerks zusammenzutragen. Tatkräftige Unterstützung erhielt er von seinem Vater, der ihm als langjähriger Innungsmeister Kontakte vermitteln konnte, die die Basis für seine Sammlung darstellten. Unweit seines Wirkungskreises fand er in Böblingen mit Helmut Böhm, dem Obermeister der Fleischerinnung, und dem Böblinger Oberbürgermeister Wolfgang Brumme die idealen Partner für seine Idee. Die Stadt stellte mit dem ehemaligen Vogtshaus einen prächtigen, zentral gelegenen Fachwerkbau aus dem 16. Jahrhundert zur Verfügung. 1980 wurde ein Förderverein gegründet, und nur ein Jahr später wurde schon die große Ausstellung »Das Fleischerhandwerk im Wandel der Zeit« präsentiert. Zu diesem Anlass fertigte die Böblinger Innung eine riesige Jägerwurst von 370 Metern Länge und 360 Kilogramm Gewicht. 1984 schließlich wurde das Museum gegründet und liebevoll eingerichtet. Es gibt wechselnde Ausstellungen mit verschiedenen Rahmenprogrammen, Lesungen, Musikveranstaltungen, öffentliche Wurstproduktionen und -verköstigungen.

Der neue Leiter Christian Baudisch ist bemüht, die Sammlungsschwerpunkte beständig zu erweitern und die schnellen Veränderungsprozesse bei der Wurstproduktion auch im Museum sichtbar zu machen. Bei meinem Besuch führte er mich durch das Haus und die angrenzende Vogtscheune. Jeder Raum ist einem bestimmten Aspekt gewidmet. Im Erdgeschoss sind etliche historische Fleischerläden in Originalgröße zu sehen, die vor allem durch die liebevollen Nachbildungen von Wurst- und Fleischexponaten sehr wirklichkeitsnah erscheinen. Vor allem aber zeigt sich hier, dass jeder

Metzgerläden aus verschiedenen Jahrhunderten findet man im Böblinger Fleischermuseum in Originalgröße aufgebaut. Hier ein Beispiel aus den 1950er-Jahren.

Bei dieser Miniatur-Metzgerei aus Glas fehlt nicht einmal der Hund, der unbemerkt mit einer Portion dicker Würste davoneilt.

dieser Fleischerläden eine ganz individuelle Note hatte, in der sich auch der jeweilige Zeitgeist von Neobarock bis Jugendstil widerspiegelte. Eindrucksvoll ist außerdem die große Sammlung von Traditionsobjekten und Devotionalien der Metzgerzunft. Mich haben jedoch besonders allerlei kuriose Kleinobjekte fasziniert: eine glasgeblasene Miniaturmetzgerei, eine Gruppe mit kolorierten Kleinbronzen, die im Geist des 19. Jahrhunderts oder gar des Grandville auf ironische Weise Schweine als Wurstmacher darstellen, kostbare Porzellanfiguren mit Thüringer Metzgerburschen, detaillierte Miniaturnachbildungen von Fleischerläden und Objekten der Wurstfabrikation und jede Menge Spielzeug. Das Museum ist wirklich eine Reise wert. Der Kunstfreund kommt auf seine Kosten durch zum Teil hochwertige Originale von historischen Gemälden, Stichen, Zeichnungen und Karikaturen, in denen sich auch der Gegenwartsdiskurs rund um die Wurst vom Rinder- bis zum Biowahn ausdrückt. Historische Gerätschaften, Schlachtutensilien, Zunft- und Verkaufsschilder und Darstellungen zur Gewürzkultur vermitteln dem Besucher einen guten Eindruck von der Bandbreite des Fleischerhandwerks.

Das Wursthotel von Haigerloch

Haigerloch hat etwas Magisches. Der auch »Felsenstädtchen« genannte Ort ist durch einen tiefen Canyon in verschiedene Teile zerschnitten. Hoch aufragend die Oberstädte und tief unten im Eyachtal die Unterstadtbereiche, dazwischen überragt alles das Haigerlocher Schloss mit seiner Kirche, unter der sich in dem Felsenkeller das heutige Atommuseum befindet, wo Otto

Hahn die ersten Experimente zur Kernspaltung unternahm. Ein paar Schritte weiter liegt an einem kleinen Platz das historische »Schwanen-Hotel«. Äußerlich erscheint es ganz unauffällig, doch im Inneren entpuppt es sich als ein Kuriositätenkabinett der besonderen Art. Während die Kernspaltung die Grenzen der Vorstellung überschreitet, ist hier alles ganz konkret, aber dennoch eine fantastische Gegenwelt.

Ich werde empfangen von einer sehr eigenwillig gewandeten Frau mittleren Alters mit einer verrätselt-sinnlichen Ausstrahlung. Unter dem Künstlernamen »Alraune« hat sie hier ihr eigenes magisches Reich geschaffen. Noch an der Empfangstheke des Hotels serviert sie mir ein Glas köstlichen Weines, schneidet mir dazu mit einem scharfen Messer Scheiben von einem rustikalen Landbrot und einer wunderbaren stark geräucherten Schwarzwurst ab. Als Kontrast erblicke ich im Hintergrund eine Vitrine voller knallbunter Cremetorten. Sie wirken frisch und täuschend echt, doch der Schein trügt, alle sind genäht. Alraune, die Meisterin der Nähnadel, erzählt mir: »Nähen hat mich als Kind schon fasziniert, wegen der weichen Materialien, es ist schön, etwas Weiches anzufassen, das verbindet das Nähen mit der Wurst. Die Wurst ist weich, meine Sachen sind auch weich, und das hat mich letztendlich dazu gebracht, dass ich eine eigene Metzgerei gründete.« Mit leuchtenden Augen kommt sie ins Schwärmen: »Ja, das ist es, das Weiche, das Haptische, das ist das Attraktive an der Wurst!« Sie erzählt, dass sie auch gerne rohes Brät esse, überhaupt mit der Wurst im Mund auf die Welt gekommen sei, ein Leben ohne Wurst könnte sie sich nicht vorstellen.

Ihre Aussage überzeugt umso mehr beim Gang durch das Hotel. Wurst ist das sinnliche Bindeglied. Der Mann am Klavier spielt auf schwarzen und weißen Wursttasten. Ihr lebensgroßes Konterfei sitzt mitten im Schlaraffenland, umgeben von Delikatessen, aber dominiert von Würsten. Sie teilt mit mir auch die Beobachtung, dass Wurstverkäuferinnen immer so gepflegte Hände mit jugendlich schöner rosafarbener Haut hätten, und meint, das käme vom vielen Hantieren mit Fleisch und Würsten, praktisch Hormonen pur. Über alle Etagen im Hotel sind die Gästezimmer, aber auch die Küchen und die Empfangslobby unverändert, noch mit allem Originalinventar erhalten. Einzig die Bewohner, die Köche, das Personal sind genähte Puppen, immer eingebettet in narrative Handlungen. Jedes genähte Szenario ist für sich ein geschlossenes Tableau vivant. Beigefügt sind immer auch Tafeln, auf denen Alraune ihre Leitgedanken postuliert. Sie selbst, aber auch das Hotel und das imaginäre Personal, sind Teil einer oft märchenhaften Handlung,

Der Mann am genähten Wursttasten-Klavier heißt »Bepperle« und ist eigentlich Metzgermeister. Hotelbesitzerin Alraune hat sich selbst auch verewigt – inmitten von Würsten.

wie der Klavierspieler namens Bepperle, ein Metzgermeister, der ein kleines Schweinchen statt zum Schlachten ins Hotel brachte und vom Personal gefeiert wurde. »Alraune nähte dem Bepperle ein Wurstklavier mit Weißwurst- und Saitenwürstchentasten, echt vegan«, so lautet der Eintrag ihres Tableaukonzeptes.

Jährlich schafft sie einen neuen Kontext für ihre Figuren. Im Moment, so erzählt mir Alraune mit leuchtenden Augen, nähe sie an einem großen neuen Hochzeitstableau, welches unter Einsatz aller bisherigen Figuren die Vermählung einer Schwarzwurst und einer Weißwurst thematisieren soll. Natürlich ist dabei die Braut weiß und der Bräutigam schwarz. Man kann gespannt sein auf diese bayerisch-württembergische Hochzeit voll Fleischeslust. Es gibt keine Tabus, die Wurst umfasst alle Lebensbereiche. Eine Krankenschwester verabreicht eine große Wurstspritze, selbst die Mutter Gottes erscheint als »Heilige Maria der Schlachthöfe« mit Würsten verziert.

Der Begriff »Alraune« ist so schillernd und vielschichtig wie auch zutreffend auf ihre Kunstwelt. Alraune ist einerseits ein Hexenkraut, das als sexuell anregend gilt, andererseits werden auch Metamorphosen von Pflanzen zu Fabelgestalten und mystische Feen »Alraunen« genannt. Früher wäre Alraune wohl als Hexe verbrannt worden, heute genießt sie Artenschutz als Künstlerin, ist quasi unser Edward Kienholz des Eyachtals.

Ehrliche Würste aus Hailfingen: *Metzgerei »Zum Hirsch«*

Auf kleinen Landstraßen über Wälder, Dörfer und Höhen reise ich durch die mir unbekannte schwäbische Neckarregion. Ich bin überrascht, wie viele kleine Metzgerläden es hier noch gibt. In Hailfingen halte ich bei einer Metzgerei »Zum Hirsch«, weil mir das mächtige Geweih, das sich in der Mittagssonne auf der Fassade spiegelbildlich verdoppelt, auffällt. Neugierig bin ich auch, was sich hinter einer Metzgerei mit diesem doch eher ungewöhnlichen Namen verbirgt. Die Metzgerei war leider geschlossen, doch hörte ich Stimmen im angrenzenden Schlachthaus, wo ich auf die Schwester des Metzgermeisters Thomas Rebmann traf. Sie bat mich, auf der Bank vor der Metzgerei Platz zu nehmen und brachte mir eine Tasse Kaffee und eine wunderbare luftgetrocknete Mettwurst. Es dauerte nur wenige Minuten, bis der Meister, übers Handy gerufen, angefahren kam. Anscheinend ist der Besuch eines Wurstautors aus München etwas Besonderes. Voller Stolz werde ich durch das gesamte Anwesen geführt. Wie viele andere Metzger in der näheren Umgebung schlachtet er noch selbst und fühlt sich der bodenständigen Tradition verpflichtet. Früher gehörte zur Metzgerei auch noch ein großer Gasthof, daher der Name »Zum Hirsch«, der seit Generationen im Dorf und in der Region eingeführt ist. Thomas Rebmann engagiert sich für Denkmal-

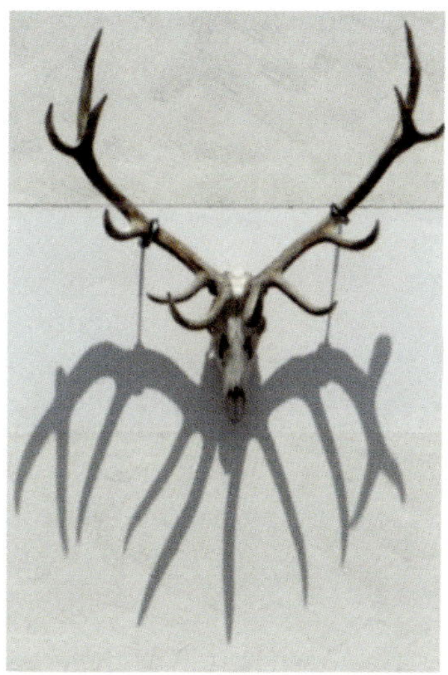

Das mächtige Geweih an der Fassade

Schwarzwürste sind für Thomas Rebmann die »ehrlichsten« Würste überhaupt, weil sie nur aus wenigen Zutaten bestehen.

schutz, alternative Energien, im Sportverein, bei der Initiative der Wiedergründung einer Dorfschule, und bei allen Festen und Veranstaltungen liefert er die kulinarische Dreingabe. In der Auslage der Metzgerei stechen mir vor allem seine Schwarzwürste ins Auge. Für Rebmann sind sie die »ehrlichsten« Würste überhaupt, weil sie nur aus wenigen elementaren Grundstoffen bestehen: Speck, Blut, Salz, Pfeffer und ein bisschen Majoran. Neben der klassischen Variante bietet er die Schwarzwurst noch in drei Schärfegraden an. Zu der mit dem höchsten Schärfegrad, schmunzelt er, würden vornehmlich Männer greifen. Zumindest im Laden habe noch keiner offen zugegeben, dass sie ihm möglicherweise ein wenig zu scharf gewesen sei. Für geübte Gaumen, versichert er mir zum Abschluss mit einem Lachen, seien die Chili-Schwarzwürste aber kein Problem. ❡

Fünf-Sterne-Fleischer aus Waibstadt: *Metzgerei Baumeister*

Beim Überschreiten der Grenze von Württemberg nach Baden merke ich, dass sich nicht nur die Sprache, die Ortsbilder und die Landschaft, sondern auch die Wurstkultur verändern. Man ist spürbar stolz auf die kulturelle Eigenständigkeit. Ich fahre nach Waibstadt, was dort nur »Waibscht« genannt wird. Mein Ziel ist die Metzgerei Baumeister, die bundesweit schon viele Auszeichnungen erhalten hat und deren Fortbestand gesichert ist. Die Tochter des Metzgers, die 19 Jahre alte Leonie, hat beim Bundesleistungswettbewerb der deutschen Fleischerinnung als Zweitbeste abgeschnitten. Frauen stehen in Metzgereien meist hinter der Theke, der Schlachtbereich und die Wurstküchen sind nach wie vor eine Domäne der Männer.

1897 gründeten Karl Baumeister und seine Frau eine Wirtschaft mit Metzgerei in Neidenstein. 1929 eröffnete die Filiale in Waibstadt, die im Laufe der Zeit immer weiter modernisiert wurde. 1998 wurde der Betrieb zum Fünf-Sterne-Fleischerfachgeschäft ernannt.

Ich werde schon von Leonie und ihrem Vater erwartet, später kommen auch noch die Mutter und die drei Brüder hinzu. Alle arbeiten mit großem Enthusiasmus im alteingesessenen Familienbetrieb mit. Jeder der sechs hat einen gewissen Schwerpunkt, der sich in der Aufgabenteilung widerspiegelt. Ein Sohn hat eine Ausbildung bei einem Sternekoch genossen, die Fachschule für Lebensmitteltechnik in Kulmbach besucht und ein Praktikum bei der Erzeugergemeinschaft der Schwäbisch-Hällischen Landschweine absolviert. Leonie hat sich zuerst bei einem Steuerberater und in einem Labor versucht, landete dann aber wie alle anderen Familienmitglieder auf der Meisterschule für das Fleischerhandwerk in Landshut. Sie empfindet ihren Beruf als einen Beitrag zur Steigerung des Lebensgefühls, nicht nur aufseiten der Kunden: »Es gibt keinen besseren Lohn für die Arbeit als gutes Feedback.«

Ungewöhnlich ist auch der eigene Schlachtbetrieb der Familie. An jedem Schlachttag wählt die Mutter zur Beruhigung der Tiere Musik aus, und der

Leonie Baumeister hantiert geschickt mit Knochensäge und Fleischermesser. Frauen wie sie findet man auch heute noch eher selten in der Metzgerszunft.

Raum wird in grünes Licht getaucht. Abgesehen von der Musik verläuft der Schlachtprozess absolut geräuschlos, kein Tier habe Stress, erzählt Leonie, man höre noch nicht einmal ein Quieken. Neben Schweinen und Rindern verarbeiten die Baumeisters auch Wild. Einer der Söhne ist wie sein Vater leidenschaftlicher Jäger, und ich probiere zwei verschiedene Wildschweinpasteten, eine Rillette und eine Bratwurst, die locker mit den besten französischen und italienischen Wildwurstdelikatessen mithalten können.

Alle ziehen an einem Strang, aber die Jugend prescht immer wieder mit neuen Ideen voran. Im Laden gibt es eine hohe zylinderförmige, gläserne Kühlbox mit einem Drehteller, in der die Würste hängen – ein ungewöhnlicher Eyecatcher für eine Landmetzgerei. Einer der Söhne hat sich gegen den skeptischen Vater durchgesetzt, und so wurde auch ein Wurstautomat installiert. Heute schwärmt der Patron, denn der Umsatz außerhalb der Öffnungszeiten sei vor allem während der Grillsaison beachtlich. Mit einem Schmunzeln ergänzt die Mutter, dass es aber auch erstaunlich sei, wie viele Würste sie ausgerechnet am Karfreitag verkaufen würden. ¶

Ein Stadtplan als Wurstvorlage

Die Mannheimer als Wurst gehört zur Gattung der Pressköpfe. Ihr besonderes Merkmal sind würfel- oder streifenförmige Fleisch- und Speckeinlagen. Ich denke da gleich an die barocke Quadratstruktur der Stadt Mannheim, die durch die Ringstraße eigentlich eine große Ähnlichkeit zu einer Scheibe Sülzwurst aufweist. Es gibt kaum einen Stadtplan, der sich besser als Wurstvorlage eignen würde. Möglicherweise ist diese streng geometrische Orientiertheit Mannheims auch eine Inspirationsquelle für viele der hier tätigen Kommunikationsdesigner. Die Stadt ist heute eines der Zentren dieser neuen Branche. Und so ist es nicht verwunderlich, dass kreative Wurstauftritte im Internet von drei spannenden Mannheimer Quellen gespeist werden. Fabian Hensel und Fabian Bentz sind die Urheber von »Wurst App Your Life«, und Frank Ensinger ist der Blogger von »wurstfriedhof.de« und »wurst-auf-rezept.de«. Diese beiden mittlerweile abgeschlossenen Blogs

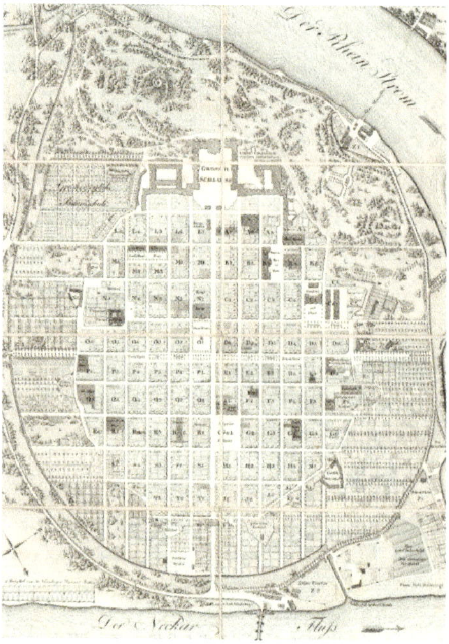

Der Stadtplan von Mannheim erinnert in seiner Form an eine Scheibe Wurst. Wenngleich es geordneter zugeht als im Wurstscan mit seinen verschiedenen Einlagen.

sind gute Beispiele dafür, wie Würste zu assoziativen Kreationen verleiten. »Wurst-auf-rezept.de« von Frank Ensinger, der sich im Blog »Frau Doktor« nennt, beschreibt dabei konkret essbare Wurstkreationen wie zum Beispiel den Leberkäse »Bananarama«; das gebackene Brät wird hier mit Bananenscheiben garniert. Auch die Idee, an Weihnachten statt Plätzchen einfach Fleischkäsescheiben mit den weihnachtlichen Formmotiven auszustechen, sie knusprig angebraten und festlich mit Senf oder Ketchup dekoriert am Heiligen Abend unter dem Christbaum zu servieren, erscheint mir durchaus als nachahmbar.

Bei »wurstfriedhof.de« geht es etwas lustiger zu: Ein Bild zeigt eine Scheibe »Schinken Spicker« als Spickzettel wörtlich umgesetzt, eine Rindswurst mit Zahnstochern wird zum Weihnachtskaktus umgewandelt, eine Weißwurst mit Arschgeweih verziert oder eine dicke Hartwurst mit einem Präservativ überzogen und mit der Bildunterschrift »Damit's mal wieder länger dauert« versehen.

Den Fotografen Fabian Hensel und den Web-Developer Fabian Bentz wiederum, die Macher von »Wurst App Your Life«, verbindet nicht nur geschmacklich, sondern auch formal-ästhetisch eine Vorliebe für Würste. Im Gespräch mit Hensel merke ich sofort ein Einvernehmen, dass die Wurst etwas ganz Besonderes, Vielschichtiges ist und sich hervorragend als Repräsentantin der deutschen Kultur eignet. Er erzählt, dass ein historisches Buch zur Wurstherstellung den Ausschlag gegeben habe, selbst mit Wurstproduktionen zu experimentieren. Das habe so viel Spaß gemacht, dass man diese Freude mit anderen teilen wollte. Die Idee, eine App mit unkonventionellen Wurstrezepten zu entwickeln, war geboren. Derzeit, so Hensel, würde sie täglich von rund 900 Nutzern aufgerufen. Neu entwickelt haben die beiden inzwischen die Plattform »find-a-butcher.de«, die jedem ermöglichen soll, den im wörtlichen Sinn nächstbesten Metzger aufzufinden.

Auf dem Blog von »wurstfriedhof.de« von Frank Ensinger wird eine Hartwurst schon mal mit einem Kondom überzogen – damit's mal wieder länger dauert…

Orte der Wurstkultur

Die Mitte Deutschlands

Rheinland-Pfalz

DES KANZLERS MAGENSPEISE

»Doch es geht mir über alles stets der Magen einer Sau.
Gut gefüllt, wie sich's gebühret, hergerichtet mit Verstand,
isst ihn froh bei Weib und Kinde jeder Untertan im Land.«
(Auszug aus dem »Saumagenlied«)

Rheinland-Pfalz blickt auf eine beachtlich lange Geschichte zurück, wenn es auch als Bundesland vergleichsweise jung ist. Es wurde 1946 gegründet, als Letztes der Länder in der damaligen westlichen Besatzungszone nach dem Zweiten Weltkrieg. Die Landschaft ist abwechslungsreich, die Höhenzüge des Hunsrück, des Taunus, des Pfälzer Waldes und der Eifel treffen auf Seenplatten und weite Ebenen, dazu gibt es eine Vielzahl beeindruckender Baudenkmäler, einige davon aus der Römerzeit, dazu Burgen, Schlösser und Sakralbauten.

Wurstmäßig darf sich Rheinland-Pfalz rühmen, einen der maßgeblichsten Orte Deutschlands zu beherbergen: Im Süden des Bad Dürkheimer Landkreises liegt Haßloch, ein ganz ungewöhnlicher Ort, weil er sich zugleich als der durchschnittlichste Ort Deutschlands bezeichnen darf. Dazu wurde er nach einem akribischen, wissenschaftlichen Verfahren von Statistikern ausgewählt. Haßloch ist zwar nur eine Gemeinde ohne Stadtrecht, aber maßgebend für das deutsche Konsumverhalten in Sachen Wurst. Etwa jeder sechste Bürger der Gemeinde arbeitet freiwillig als Testkäufer im Auftrag der Gesellschaft für Konsumforschung. Ob ein neues Wurstexperiment bundesweit in die Wursttheken der Supermarktketten gelangt, entscheidet der örtliche Geschmack. Seit 1986 schon prägen die Haßlocher deutsche Wurstvorlieben. Eine Wurst, die ihnen nicht schmeckt, hat keine Chancen.

Die Geschmacksknospen an ihren pfälzischen Gaumen sind die Indikatoren für die deutsche Wurst der Zukunft.

Vielleicht sind sie bei ihnen so besonders fein ausgeprägt, weil für einen Pfälzer in erster Linie Wein und nicht Bier das rechte Komplementärmittel zur Wurst darstellt. So gilt der Bad Dürkheimer »Wurstmarkt« heute als größtes Weinfest der Welt – mit einer Tradition von über 600 Jahren. Seit Anfang des 19. Jahrhunderts trägt das Fest, das bis dahin Michaelimarkt hieß, den zunächst irritierenden Namen Wurstmarkt, suggeriert dieser doch, dass es sich hier um einen großen Markt mit Wurstspezialitäten handelt und nicht um ein Volksfest rund um den Wein. Die rätselhafte Namensgebung war bereits Gegenstand einer Fernsehdokumentation, bei der die Bad Dürkheimer mit der Frage »Wieso heißt der Wurstmarkt Wurstmarkt?« konfrontiert wurden. Es gab manch amüsante Antworten, aber nur wenige konnten eine schlüssige Erklärung geben.

Tatsächlich ist der Namenswechsel von »Michaeli«- zu »Wurstmarkt« auf den immensen Verbrauch an Würsten zurückzuführen, der beim Übergang vom 18. zum 19. Jahrhundert alle Rekorde gebrochen haben muss. Seitdem ist das Weinfest auch begrifflich untrennbar mit der Wurst verbunden. Wenn alljährlich im September die Besucher nach Bad Dürkheim strömen, begegnen sie überall in den Weinzelten der sogenannten Pfälzer Dreifaltigkeit. Es ist das Pfälzer Nationalgericht schlechthin und besteht aus einer Scheibe Saumagen, einer Pfälzer Bratwurst und einem Leberknödel. Mithilfe von Sauerkraut und Bratensoße wird das Ganze saftig und herzhaft, ja es verwandelt sich zu einer wahren Götterspeise von himmlischer Vollkommenheit, trotz der eher einfachen Bestandteile.

Doch gerade in dieser Einfachheit liegt die Qualität der Pfälzer Küche. Die Pfälzer Leberwurst hat einen viel höheren Leberanteil als die anderer Regionen, sie ist viel gröber gekuttert, kräftig gewürzt und kommt ohne Pökelsalz aus, woher auch ihre graue Farbe rührt. Man kann sie warm oder kalt genießen, als Brotaufstrich schmeckt sie herrlich mit Radieschen oder Essiggurken. Der Saumagen, die zentrale Pfälzer Spezialität mit Alleinstellungsmerkmal, soll einst von Bauern erfunden worden sein, um Schlachtreste von Schweinen, mit Kartoffeln vermengt, noch verwerten zu können. Einer anderen Legende zufolge seien aber von Anfang an nur beste Zutaten verwendet worden, weshalb der Saumagen früher der Höhepunkt eines jeden Schlachtfests gewesen sei. Wie auch immer, inzwischen ist er tatsächlich zu einem Leckerbissen für Gourmets geworden. Dies ist ein Indiz dafür, dass Produkte, die lange nicht sonderlich geachtet oder von manchen sogar verschmäht wurden, nicht unbedingt ein Indikator für mindere Qualität sein müssen. Das belegt auch die Renaissance von Innereien, Kutteln, Hirn oder Bries, die sich wieder häufiger auf den Speisekarten finden als noch vor ein paar Jahren. ¶

Der Saumagen und die Politik

Beim Pfälzer Saumagen ist es aber das große Verdienst Helmut Kohls, dass diese so rustikale und nur regional verbreitete Spezialität, in der sich geradezu ideal die Heimatverbundenheit des Bundeskanzlers, seine Figur wie seine Persönlichkeit ausdrückte, weltweit bekannt wurde. Nur wenige Kilometer von Bad Dürkheim entfernt traf sich Helmut Kohl mit allen damaligen Größen der Weltpolitik – von Gorbatschow über Thatcher bis Chirac – und ließ sie im »Deidesheimer Hof« mit Pfälzer Saumagen bewirten. Manfred Schwarz, der damals jüngste Zwei-Sternekoch Deutschlands, verstand es, aus diesem früheren Arme-Leute-Essen durch spezielle Zutaten kulina-

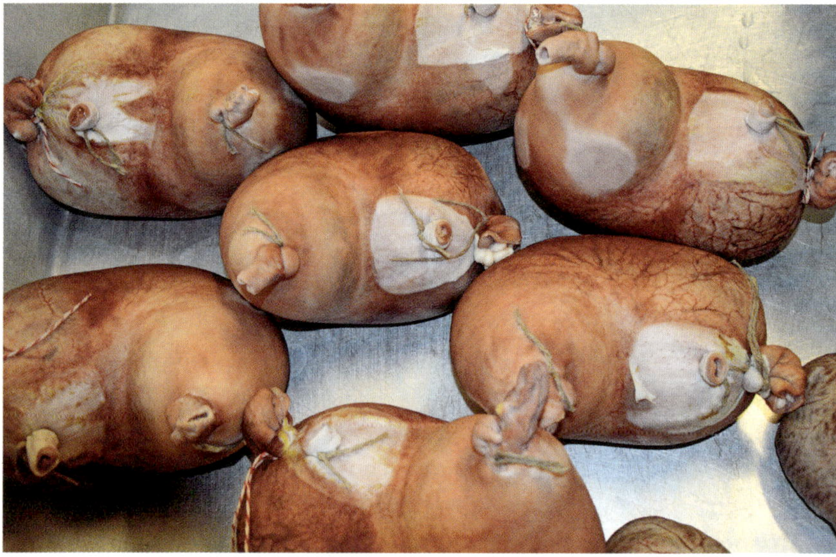

Pfälzer Saumagen – eine Masse aus Schweinefleisch (roh und/oder gepökelt) wird, mit Kartoffeln und jeder Menge Gewürze vermengt, in einen Schweinemagen gefüllt und anschließend in heißem Wasser gesiedet.

rische Leckerbissen zu schaffen. Für jeden Staatsgast schuf er eine eigene Komposition. Margret Thatcher, nicht gerade die Busenfreundin von Helmut Kohl, bekam die klassische Variante, für die sie sich überschwänglich in einem Brief bedankte. Der Saumagen für König Juan Carlos war mit Trüffeln angereichert. Mit dem Wohlgeschmack des Saumagens auf der Zunge, gingen Kohl und Gorbatschow zum »Du« über, und wer weiß, ob diese Speise nicht den Grundstock gelegt hat für die spätere friedliche Wiedervereinigung und die großen weltpolitischen Folgen. Noch zwei weitere Male trafen sich Gorbatschow und Kohl im »Deidesheimer Hof«, der Geburtsstätte ihrer Freundschaft. Beim zweiten Gastmahl gab es einen Strudel aus Blut- und Leberwurst, und beim Folgetreffen servierte Manfred Schwarz Blutwurst-Ravioli auf Senfkörnersoße mit ausgelaufener Leberwurst und Lauch.

Auch der französische Staatspräsident und Feinschmecker François Mitterrand wurde von Kohl genötigt, seinen Magen mit Saumagen zu füllen.

Es wird kolportiert, dass er sehr unwillig auf dem Teller herumgestochert habe. Hannelore Kohl bemerkte dies und machte ihren Mann diskret darauf aufmerksam, worauf dieser Mitterrand etwas ins Ohr flüsterte. Der französische Präsident soll daraufhin wie verwandelt gewesen sein und recht genussvoll seinen Saumagen verschlungen, ja sogar noch einen Nachschlag geordert haben. Als Hannelore Kohl ihren Mann später fragte, wie er dieses Wunder geschafft habe, soll dieser geantwortet haben: »Ich habe ihm gesagt, wenn er nicht ordentlich aufisst, kriegt er das Saarland zurück.«

Es war nicht das erste Mal in der Geschichte, dass ein gefüllter Saumagen wie jener in Deidesheim eine wunderliche Wirkung erzielte. So beschreibt der römische Schriftsteller Titus Petronius in seinem Roman »Satyricon« ein Gastmahl des Neureichen Trimalchio, das Federico Fellini als Vorlage für seine »Satyricon«-Verfilmung diente. Es ist eine dieser typischen dekadenten römischen Fressorgien: Akrobaten tragen unter sinfonischen Klängen ohne Unterlass die kuriosesten und opulentesten Speisen auf. Auf einmal werden reich mit Glöckchen verzierte quicklebendige Schweine hereingeführt. Die Gäste sollen eines auswählen, da Trimalchio demonstrieren will, in welch großem Tempo sein Koch fähig ist, ein eben noch lebendes Schwein in eine Delikatesse zu verwandeln. Natürlich wird das stattlichste Tier gewählt, und zur großen Verwunderung der Gäste dauert es tatsächlich nur einen kurzen Moment, bis es sich zubereitet auf der Tafel wiederfindet. Trimalchio ist zufrieden, bis er bemerkt, dass das Schwein nicht ausgeweidet wurde. Er lässt den Koch herbeirufen, der verängstigt sein Versehen eingesteht und nach allerlei Demütigungen durch Trimalchios Kerkermeister vor den Augen der Gäste das Schwein ausweiden muss: »Der Koch nahm sein Messer und schnitt dem Schwein den Bauch hier und da mit furchtsamer Hand voneinander. Es währte nicht lange, so fielen aus den Öffnungen, die vom Druck der Schwere noch erweitert wurden, al-

Der Saumagen im Anschnitt – statt Kartoffeln können auch Esskastanien verwendet werden, pfälzisch »Keschde« genannt.

lerlei Arten von Würsten heraus. Das Hausgesinde fing nach Erblickung dieses Wunders ein großes Klatschen an.« Der Koch wurde von allen geehrt und gefeiert. Vielleicht floss in seinen Adern Pfälzer Blut, schließlich hatte er den ersten gefüllten Saumagen und noch dazu einen von ganz besonderer Art geschaffen …

Der Pfälzer Saumagen erscheint inzwischen nicht mehr nur in gewohnter Gestalt. In Landau findet jährlich ein internationaler Wettbewerb um den besten Saumagen statt. Zwar überwiegen Saumagen nach klassischen Rezepturen, zu denen aber immer wieder skurrile Kreationen in Konkurrenz treten. Da gibt es schon mal Guglhupf-Saumagen oder gar Elwetritsche-Saumagen, aus dem nur in der Pfalz lebenden sagenumwobenen, vogelähnlichen Fabelwesen. Manchmal trägt die Elwetritsche auch ein Hirschgeweih, was auf eine entfernte Verwandtschaft mit dem nur in Thüringen beheimateten Rasselbock hindeuten könnte, einem Hasen mit Rehbockgeweih. Meine Suche nach einer Rasselbock-Wurst in Thüringen war bislang allerdings vergeblich, wohingegen ich in Bayern einmal ein Wolpertinger-Weißwurst-Gulasch vorgesetzt bekam. Hier scheint man, ähnlich wie in der Pfalz, nicht davor zurückzuschrecken, die eigenen Fabelwesen zu verwursten.

Nicht immer geht die Liebe der Pfälzer zu ihrem Nationalgericht durch den Magen. Wer sich in Schifferstadt um die historische Kurpfalz verdient gemacht hat, bekommt einen sehr wertvollen Saumagen-Orden verliehen. Er besteht aus einer Silberkette, an der ein 740 Gramm schwerer Rosenquarz in Form eines Saumagens hängt. Die Träger sind meist sehr prominent: Frank Elstner, der frühere Ministerpräsident Kurt Beck oder die Pfälzer Fußballlegende Fritz Walter. Die traditionelle Kopfbedeckung von Winzerinnen wird nach ihrer Form »Saumagen« genannt, und hinter dem »Kallstadter Saumagen« verbirgt sich ein trockener Weißwein mit kräftigem Aroma. In Kallstadt wird zudem das jährliche Kirchweihfest »Saumagenkerwe« genannt. Höhepunkt ist dabei ein kurioser Wettbewerb: Die Besucher werden aufgefordert, das Gewicht eines Kallstädter Saumagens zu schätzen. Sieger ist der, der dem Originalgewicht

Kallstadt ist die Heimat von Donald Trumps Vorfahren. Ob der amerikanische Präsident wohl eines Tages hierherkommen wird, um die friedensstiftende Wirkung des Saumagens zu erleben?

Politik geht durch den Magen. Im Panoptikum Hamburg, Deutschlands ältestem Wachsfigurenkabinett, sitzen Helmut Kohl und Hans-Dietrich Genscher beim Abendbrot. Es gibt Pfälzer Wein und Saumagen.

am nächsten kommt. Aus Kallstadt stammen übrigens auch die Großeltern von Donald Trump. Sollte er die Heimat seiner Vorfahren einmal besuchen, kann man nur darauf hoffen, dass er sich der friedenstiftenden Wunderwirkung des Saumagens nicht entziehen kann. Kohl und Gorbatschow haben es vorgemacht, welch positive Auswirkungen dieses völkerverständigende Gericht haben kann. ❡

»Weck, Worscht, Woi« – www auf Pfälzisch

Der Münchner Künstler Blasius Spreng schuf 1967 für die Stadt Mainz ein fast neun Meter hohes Brunnenmonument, bei dem sich an die 200 allegorische Einzelszenen rund um die Fastnacht filigran in die Höhe ranken. Tatsächlich

Der Fastnachtsbrunnen von Blasius Spreng in Mainz zeigt auch diesen Mönch mit der »Weck, Worscht, Woi«-Tafel in der Hand.

Die Bodenplatte der Fastnachtsvereinigung »Woi-Nase« in der Mainzer Schillerstraße.

sind es Rebenranken, manchmal durchmischt mit Würsten, Weinflaschen und brötchenartigen Gebilden, welche die einzelnen Figuren miteinander verbinden. Neben Till Eulenspiegel oder Hans Wurst gibt es einen Mönch, der in seiner rechten Hand eine Bronzetafel hält, auf der dreifach übereinandergesetzt in Großlettern der Buchstabe »W« prangt. Mit »WWW« ist aber nicht etwa das »WorldWideWeb« gemeint, sondern die traditionelle Pfälzer Brotzeit zwischendurch: »Weck, Worscht, Woi.« Aus dem Alltag eines Pfälzers ist sie nicht wegzudenken, und so wundert es nicht, dass sie auch bei Festen einen Ehrenplatz bekommt. Wie in Bayern die Würste den Maibaum zieren, so werden auf die Spitzen der Pfälzer »Kerwebäume« eine Flasche Wein, ein Ring Wurst und Brötchen montiert.

Höchste Bedeutung, aber nur für die lokal Eingeweihten verständlich, hat dieses WWW natürlich auch bei der Mainzer Fastnacht. Bei der bekannten und jedes Jahr im Fernsehen übertragenen Saalfastnacht »Mainz bleibt Mainz« sind diese Naturalien neben den Orden die übliche Entlohnung für den geleisteten Beitrag. Und auf allen Mainzer Rosenmontagsumzügen ist die Fußtruppe der »Weck-, Worscht- un Woi-Träger« eine unverzichtbare Institution. Stolz tragen sie in Anspielung auf die Römerzeit Feldstandarten mit diesen Attributen. Für die Mainzer Fastnachtsvereinigung »Die Woi-Nase« ist die heilige »Weck-, Worscht- un Woi«-Dreifaltigkeit sogar das Leitmotiv. In der Schillerstraße gegenüber dem Schoppenstecher-Standbild wurde 1994 eine Bodenplatte eingelassen, nebst Eulenspiegelvignette und Brezel. Mit der Inschrift gelang der

Fastnachtsgesellschaft eine wahre Eulenspiegelei, sichert sie ihr doch für alle Zeiten in Stein gemeißelt einen festen Platz bei den Mainzer Rosenmontagszügen. ¶

»LKW mit ABS«

Der Pfälzer Dialekt liebt Abkürzungen in jeder Form. An der Wursttheke hört man schon mal Kunden einen »LKW« verlangen. Hin und wieder wird dazu noch eine Sonderausstattung geordert, ein »LKW mit ABS«. Wer nicht versteht, was damit gemeint ist, outet sich sofort als Fremder. Hinter einem LKW verbirgt sich bei einem pfälzischen Metzger ein Leberkäsweck, und ABS steht für »a bissl Senf«.

Der Leberkäse gilt ja eigentlich als eine urbayerische Spezialität, doch er erfreut sich auch hier großer Beliebtheit. Er gehört zu den Wurstsorten, die weder wurstförmig sind noch in einer Pelle stecken, also hautlos sind. Daher auch der Name, der von allem Möglichen, aber in jedem Fall nicht, wie viele irrtümlich glauben, von der Leber herrührt. Weil die Form einem Brotlaib ähnelt, und Kas oder Käs eine essbare Masse meint, hat sich etymologisch der Begriff Leberkäse herausgebildet. Allerdings gibt es noch manch weitere Deutungsmuster: Die Ableitung des Namens vom mittelhochdeutschen Wort »lab«, analog zu dem bei der Käseherstellung verwendeten Gerinnungsferment Lab; manche leiten den Begriff auch vom westslawischen Wort »quas« her, das »Schmaus« bedeutet. Und es gibt Sprachwissenschaftler, die das mittelhochdeutsche Wort »lęwer«, was so viel wie »Hügel« bedeutet, dem Leberkäse zuschreiben, was mir sehr gefällt, da mein Name Pöhlmann sich etymologisch auch vom Hügel = Bühel ableitet und dies erklären könnte, warum ich Leberkäse lieber habe als Käse und angesichts seiner großen Beliebtheit finde, dass die Herleitung »Lieberkäse« noch trefflicher wäre. Zu guter Letzt gibt es noch eine Verbindung zu »lëbere«, eine »gestockte Masse«, und nach dieser Deutung wäre der Leberkäse ein aus geronnenem Fleischbrei bestehender Schmaus. Vielleicht ist es aber auch ganz anders. In kurpfälzischer Mundart wird »Laib Kas« »Lääba Käs« ausgesprochen. Tatsächlich soll der Leberkäse nämlich keine bayerische Erfindung, sondern von einem Pfälzer Metzger kreiert worden sein. Mit dem Tod von Max III. Joseph von Bayern endete die bayerische Linie der Wittelsbacher. Als Nachfolger wurde der kurpfälzische Herrscher Karl Theodor zum neuen Kurfürsten von Bayern ernannt. In seinem Tross brachte er auch einen namentlich leider nicht bekannten Pfälzer Metzger mit an seinen Münchner Hof. Kulinarisch hat diese Zeit ihre Spuren hinterlassen: Die »Pfälzer Weinstube« in der Münchner Residenz erinnert bis heute an diese Epoche. Wenn die Geschichte stimmt, ist dieser Pfälzer Metzger der Erfinder dieses vermeintlich urbayerischen Schmankerls.

Beim Hochadel jedweder Provenienz war der Leberkäse jedenfalls seit jeher beliebt. Er gehört zur Gattung der Pasteten, die bei Hofe als feiner galten als die schnöde Wurst. Was möglicherweise auch an der weicheren Konsistenz gelegen haben könnte, denn mit dem Zahnwerk des Hochadels war es seinerzeit nicht gerade gut bestellt. ❡

Essbare Fanartikel aus St. Goar: *Metzgerei Engelbrecht*

Das frühmittelalterliche Städtchen St. Goar zählt zu den romantischsten Flecken Deutschlands. Nicht umsonst wurden die Stadt und das Umland von der UNESCO in die Liste der Weltkulturstätten aufgenommen. Mühsam durchschneidet hier der Rhein die Felsmassive von Taunus und Hunsrück. Die Lage ist einmalig, zu Füßen der Burg Rheinfels, am Ausgang der gefährlichen Rheinenge mit dem sagenumwobenen Loreleyfelsen und mit Blick auf die sich gegenüberliegenden Burgen Katz und Maus. Ich dachte mir, wo Katz und Maus so schön residieren, da kann doch auch die Wurst nicht weit sein …

Markus Kramb ist Inhaber der alteingesessenen Metzgerei Engelbert, dazu lokaler Obermeister und Landesinnungsmeister der rheinhessischen Region des Bundeslandes. Doch er ist möglicherweise der Letzte einer über 300 Jahre währenden Dynastie von Wurstmachern. Noch vor Kurzem hatte er einen Zweitladen und über zwanzig Mitarbeiter, heute sind sie nur noch zu siebt, davon vier Fleischermeister – Kramb selbst, seine Frau, die Schwägerin und der Schwiegervater. Eine ungewöhnliche Konstellation und kein Wunder, dass die von so vielen Meisterhänden geschaffenen Würste hervorragend schmecken und weit über St. Goar hinaus beliebt sind. Für seinen »Hunsrücker Schwartenmagen«, die Landjäger und die verschiedenen Leberwürste erhielt Kramb hohe Auszeichnungen, und einen besonderen Preis bekam er für die Eigenkreation der mit viel Lokalkolorit gewürzten »St.Goarer-R(h)einbeißer«.

Deutschlandweite Aufmerksamkeit wurde Markus Kramb aber erst durch die Erfindung einer Spezialwurst anlässlich der Fußball-Europameisterschaft 2016 zuteil. Die Anregung dazu kam von seiner Frau. Im Gegensatz zu ihm ist sie ein glühender Fußballfan und insistierte, dass man zur EM irgendetwas Besonderes machen müsse. Was lag da näher als eine Wurst in den Farben der deutschen Nationalfahne? Deren Wurzeln liegen übrigens ebenfalls in Rheinland-Pfalz, denn beim Hambacher Fest im Jahr 1832 wurde Schwarz-Rot-Gold, bis dahin Zeichen der vornehmlich von Studenten gebildeten Freikorps während der Befreiungskriege gegen Napoleon, erstmals als Symbol nationaler Einheit mitgeführt. Heute ist die Fahne vor allem Attribut der deutschen Fußballnationalmannschaft, was mich zurück zur Wurst bringt, geht es beim Fußball doch für die meisten Deutschen, mehr noch als bei der Politik, wirklich um die Wurst. Das mag auch die überwältigende Resonanz auf Markus Krambs »EM-Wurst« erklären. Das Fernsehen berichtete ebenso wie große überre-

Markus Kramb mit der »EM-Wurst« in den Farben der deutschen Fahne.

Für seine Leberwürste erhielt Kramb schon viele Auszeichnungen. Bei der »EM-Wurst« dient das mit reichlich Kurkuma versetzte Leberwurstbrät als goldfarbene Bindemasse.

gionale Tageszeitungen. Hotels bestellten die Wurst während des Turniers für ihre Frühstücksbüfetts und Fans aus ganz Deutschland orderten »EM-Würste« aus St. Goar. Doch auch wenn die Wurst geschmeckt und für ein deutsches Feeling gesorgt hat – geholfen hat sie nicht: Deutschland verlor im Halbfinale gegen Gastgeber Frankreich und der Wurstabsatz kam schlagartig zum Erliegen. Trotzdem hat sich Markus Kramb vorgenommen, zur kommenden Weltmeisterschaft seine deutsche Wurst wieder aufleben zu lassen, diesmal als »WM-Wurst«. Er hofft, dass die Kicker es 2018 weiterbringen werden, denn der Produktionsaufwand der Wurst ist hoch und zeitraubend. Filigrane Technik und viel Handarbeit sind nötig, um die drei verschiedenfarbigen Teile der Wurst zu formen und daraus eine Einheit zu machen. Drei typische Pfälzer Wurstsorten – Blutwurst, Schwartenmagen und Leberwurst – bilden die Grundbestandteile. Die Blutwurst wird durch einen höheren Blutanteil zum schwarzen Teil, der Schwartenmagen wird mit Karmin gefärbt und damit rot, und die Leberwurst erhält durch die reichliche Zugabe von Kurkuma den passenden Goldton. Der Schwartenmagen und die Blutwurst werden mithilfe einer ganz speziellen Apparatur in die passende Form gebracht und in einen transparenten Darm gefüllt. Das Brät der Leberwurst wird noch im halbfesten Zustand in die Lücke gespritzt. Sie dient als Füllung und Bindestoff zugleich. Um die jeweils 2,5 Kilo schweren Würste dann schnittfest zu machen, müssen sie noch etwa eine Stunde bei mäßiger Temperatur gesotten werden. Das Ergebnis ist nicht nur ungewöhnlich und schön, sondern auch sehr schmackhaft. Er habe für diese Wurst durchweg positives Feedback bekommen. Eine Kundin allerdings habe ihm erzählt, dass ihr Mann sie mit den Worten »Die Wurst ist gelb, die ist ja schon ganz schlecht!« furchtbar für ihren Einkauf geschimpft habe. Doch am Ende habe sie ihn vom Gegenteil überzeugen können, weshalb sie gleich Nachschub ordern musste. Man weiß ja nie, wie lange es diese Kreation gibt, denn das dürfte auch in Zukunft vom Erfolg der Nationalkicker abhängen. Den Fans von Wurst und Team bleibt wie immer nur die Hoffnung. ❡

Ein Atelierbesuch bei Frank Herzog

Gemäß der Erkenntnis, »die gute Stadtwurst kommt meist vom Land«, hat der Kölner Künstler Frank Herzog seine Wirkungsstätte in die Idylle von Eichelhardt verlegt. Es ist ein zur Grafschaft Sayn gehörendes und in seinem ursprünglichen Charakter noch recht intaktes kleines Westerwälder Dorf mit originellen Fachwerkfassaden an den in der Region so typischen Wohnstallhäusern. Mit dem Eintritt in Herzogs Atelier betrete ich eine andere Welt. Es ist eine riesige, lichtdurchflutete Werkstatt, Arbeits- und Schaustätte zugleich. Städtische Künstler können von solchen Arbeitsbedingungen nur träumen. Herzog bestätigt, dass sein Rückzug aufs Land nur Vorteile mit sich gebracht habe; hier habe er mehr Ruhe und Platz und würde als »Exot«

Holzsalami des Kölner Künstlers Frank Herzog, der sein Atelier nach Eichelhardt verlegt hat.

Mit wenigen Eingriffen werden aus Ästen Würste, es entsteht eine dreidimensionale Variante des Bruegel'schen Wurstbaums. Essbar ist dieses täuschend echt aussehende Schlaraffenland aber nicht.

auch geachtet. Die Hinwendung zur Natur drückt sich auch in seiner Kunst aus. Holz ist das Ausgangsmaterial, dem er in seinen Skulpturen eine andere Natur verleiht. Dabei ist die Wurst ein immer wiederkehrendes Motiv. Beim Durchstreifen seines Skulpturendickichts stoße ich überall auf realistisch wirkende Einzelwürste, die zwar vom Material her vegetarischer Natur sind, aber eher wie die fetten groben Blut- und Mettwürste seiner nordrhein-westfälischen Heimat anmuten. Eines der zentralen Objekte ist ein extrem verästelter Baumstumpf. Alle Äste und Verzweigungen enden als Würste. Es ist frappierend, wie sich die vorgegebene natürliche Form des Materials mit nur wenigen Eingriffen des Künstlers in täuschend echte, knorrige und verhutzelte Würste verwandeln lässt. Aus dicken Ästen werden entsprechend großkalibrige Salamis, aus dünnen werden Landjäger, Chorizos oder allerlei luftgetrocknete Dürre. Der berühmte Wurstbaum aus Pieter Bruegels »Schlaraffenland«-Gemälde wird hier in Frank Herzogs Atelier dreidimensionale Wirklichkeit.

Uns beide fasziniert die Wurst als Formgebilde, und die Erkenntnis verbindet uns, dass die Wurst, wenn sie auf einen Sockel gestellt und in einem Kunstkontext rezipiert wird, nicht nur einen ästhetischen Mehrwert erhält, sondern dem Betrachter auch eine neue Reflexionsebene eröffnet. Künstler sind ja oft ihrer Zeit voraus, was schon im Begriff der Avantgarde deutlich wird, und ich bin überzeugt, dass ein ländlicher Schaffensraum Künstlern heute mehr Impulse bieten kann als manche urbane Umgebung. Durch die Mobilität und den grenzenlosen Zugang zu allen Informationen muss ein Künstler in der Provinz künftig nicht mehr als provinziell oder gar als Hinterwäldler gelten. Frank Herzog hat dies erkannt. So wie die Würste auf dem Land tatsächlich meist besser sind als die in der Stadt, wird es sich möglicherweise bei der Kunst bald ganz ähnlich verhalten. Vielleicht, und das lässt sich immer erst rückblickend nachweisen, ist die Wurst ja die Avantgarde der Kunst. ¶

In Wissen weiß man um die Nelken: *Metzgerei Wirths*

Auf Empfehlung von Frank Herzog besuche ich die Metzgerei von Jörg Wirths in Wissen. Wirths ist ein redlicher Handwerker, der in seiner Arbeit um höchstmögliche Qualität bemüht ist. Er hat 1990 die Meisterprüfung in Frankfurt abgelegt, stammt aber selbst – und das ist relativ untypisch – nicht aus einer Metzgerfamilie. Um Erfahrungen zu sammeln, arbeitete er bei Fleischern in verschiedenen Bundesländern, bis er schließlich bei Roland Schupp in Wissen landete. Gemeinsam mit seiner Frau war er in Schupps Betrieb tätig, und weil die beiden ein ausgezeichnetes Verhältnis zu ihrem Chef hatten, gab der Meister nach seinem Eintritt in den Ruhestand das gesamte Geschäft mit allen Maschinen und samt den Rezepturen für lokale Wurstspezialitäten in die Hände der beiden.

Trotz immer strengerer EU-Auflagen und schwerer Rahmenbedingungen führt Wirths die Tradition der eigenen Schlachtung und Zerlegung fort. Sein Arbeitstag beginnt um drei Uhr morgens, was er mit einem Schulterzucken kommentiert. Man müsse das Leben eben auf den Beruf zuschneiden. Viel Freizeit dürfte dabei nicht herausspringen, denn neben dem Hauptgeschäft in Wissen gibt es noch eine Filiale in Eichelhardt; alles in allem beschäftigt er 24 Personen. Beim Schlachten, erzählt er, komme es schon mal vor, dass ein Tier ausbüxt. Einmal waren das zwei Schweine, was zur Belustigung des Dorfes zu einer Saujagd durch den Ort führte. Ein anderes Mal sei ihm ein Bulle von der Laderampe abgehauen, das sei viel gefährli-

Die nächste Generation steht schon bereit: Vater und Sohn Wirths aus Wissen.

cher gewesen. Er musste die Polizei rufen und hat sich gemeinsam mit den Beamten auf die Jagd begeben. Das Tier war inzwischen auf die Gleise einer Bahnstrecke gelaufen, doch weil die Polizisten mit ihren Pistolen den mächtigen Bullen nicht erlegen konnten, musste er sein Jagdgewehr holen, um das arme Tier zu erschießen. Anschließend wurde der Bulle zerlegt und verarbeitet. Damals ging das noch, heute wäre dies aufgrund der Vorschriften nicht mehr möglich, der Kadaver müsste sofort entsorgt werden. Doch solche Pannen würden zum Glück eher selten passieren, normalerweise gehe eine Schlachtung in aller Ruhe und ohne Aufregung vonstatten. Wirths ist überzeugt, dass sich Stress negativ auf die Qualität des Fleisches auswirkt. Seine Kunden wissen das ebenso zu schätzen wie die Tatsache, dass er sich immer exakt an die Rezepturvorgaben hält und gleichbleibend hohe Qualität liefert. Nur einmal sei ihm hier ein Malheur passiert. Abgelenkt durch ein Telefonat, habe er zweimal Salz zugegeben. Die Würste waren ungenießbar. Einige Kunden hätten dies reklamiert, aber keiner habe ihm das nachgetragen. Besonders aufpassen müsse man immer bei der Zugabe von Nelken, die zum Beispiel bei der Blutwurst ganz vorsichtig dosiert werden müssen:

»Nelken darf man nicht mal schief anschauen«, meint er. Seine Würste enthalten keinerlei künstliche Zusatzstoffe, nur mit reinen Naturdärmen habe er schlechte Erfahrungen gemacht, denn wenn die, zum Beispiel von Lateinamerika kommend, allzu lange unterwegs seien, könne dies dazu führen, dass die Fettschicht unter der Haut ranzig wird, was sich auf den Geschmack der Wurst überträgt. Daher bevorzuge er Naturin-Därme, die auf reinen Naturstoffen basieren.

Sein Sohn Heiko hat inzwischen die Meisterprüfung in Landshut absolviert und so manche bayerische Rezeptur mitgebracht, wobei die entsprechenden Wurstwaren aber nur während der Oktoberfestzeit von seinen Kunden angenommen würden. Ansonsten würden diese lieber bei ihren gewohnten Schwartenmagen und hausgemachten Blut- und Leberwürsten bleiben. Am begehrtesten sei seine Fleischwurst im Ring, die ganz anders schmecke als in anderen Bundesländern, weil sie geräuchert werde. Zum Abschluss erhalte ich noch eine kleine Kostprobe von einigen Würsten, die wegen ihrer besonderen Gestalt und Machart mein Interesse geweckt hatten. Es ist schon ein besonderes Erlebnis, im Angesicht ihres Schöpfers in eine Wurst zu beißen mit dem Wissen über das, was in ihr steckt, welche Gewürze und Fleischteile sie enthält und wie sie produziert wurde. Beim herzhaften Biss verbinden sich Erkenntnis und Wohlgeschmack, genussmäßig entsteht so erst ein richtiges Gesamtkunstwerk. ❡

Kreativität in Marienthal: *Heinzelmännchen Hofmetzgerei*

Die Strecke von Wissen zum Kloster Marienthal sollte man am besten auf dem Westerwaldsteig zu Fuß zurücklegen. Hier scheint die Zeit stillzustehen. Der Weg führt durch Wälder, über klettersteigähnliche Passagen mit wunderschönen Ausblicken auf die »Kroppacher Schweiz«. Es gibt nichts Besseres, als sich nach einer so ausgiebigen Tour nebst intensiven Naturerlebnissen mit guten Würsten und allerlei hausgemachten Produkten stärken zu können. Und tatsächlich kann man am Ziel, dem Wallfahrtsort Marienthal, etwas versteckt noch eine weitere Idylle entdecken, die genau

»Beim Fleischer ging es just so zu: Gesell und Bursche lag in Ruh. Indessen kamen die Männlein her und hackten das Schwein die Kreuz und Quer. Tat der Gesell die Augen auf, wapp! hing die Wurst schon da zum Ausverkauf.« August Kopisch

jene Bedürfnisse befriedigt: Rainer Orfgen und seine Frau Kathrin Brück betreiben hier eine kleine Hofmetzgerei. Im angeschlossenen Hofcafé »Heinzelmännchen« verschmelzen die Grenzen zwischen privatem Wohn- und öffentlichem Gastraum. Die vielen liebevollen Accessoires, die Bauernmöbel und zahlreichen Sammlungsstücke schaffen eine behagliche Atmosphäre, man fühlt sich sofort wohl.

Rainer Orfgen verkörpert schon äußerlich eine Mischung aus Bodenständigkeit und alternativer Lebensweise. Er ist hier in Marienthal geboren und aufgewachsen, seine Urgroßeltern haben den Hof aufgebaut, sein Vater hat sich später dann auf Bullenmast spezialisiert. Wie früher üblich, machte er auch Hausschlachtungen und gute Würste. Orfgen selbst hat erst einige Ausbildungen durchlaufen, bevor er sich für den Beruf des Fleischers entschied und 1996 in Frankfurt seine Meisterprüfung ablegte. Den Hofbetrieb hat er anschließend um einen Laden und ein eigenes Schlachthaus erweitert und im Jahr 1997 schließlich die »Heinzelmännchen Metzgerei« ins Leben gerufen, um die Produkte vom eigenen Hof selbst zu vermarkten. Der Name erscheint nur auf den ersten Blick ungewöhnlich, bezieht er sich doch auf einen von August Kopisch 1836 geschaffenen Vers aus dem Gedicht »Die Heinzelmännchen zu Köln«. Dazu passend gibt es auch noch eine bildliche Darstellung von Oskar Herrfurth, der Anfang des 20. Jahrhunderts einen ganzen Heinzelmännchen-Zyklus schuf.

Für Rainer Orfgen waren die ersten Jahre schwierig. Die EU-Auflagen für Schlachtbetriebe und hohe bürokratische Hürden durch immer mehr Verordnungen und Einschränkungen führten dazu, dass er trotz des Versuchs, sich durch Filialen und einen mobilen Verkaufswagen weitere Standbeine zu schaffen, die hohen Kosten für das eigene Schlachthaus nicht stemmen konnte. Die BSE-Krise tat ein Übriges, sodass der Betrieb nur noch auf Sparflamme weiterlief. Den vom Vater ererbten Optimismus hat er dennoch nie verloren. Heute bezieht er sein Biofleisch vom Großmarkt und macht daraus nur noch eine kleine Auswahl von qualitativ hochwertigen Pfälzer Würsten. Da die Kaufkraft der Stammkunden dennoch nicht zum Überleben reicht, obwohl viele sogar von weit her anreisen, hat er gemeinsam mit seiner Frau, einer Köchin und Bäckerin, entschieden, kulinarische Hoffeste zu veranstalten. Hier können die beiden ihre experimentierfreudige Seite ausleben, denn da gibt es schon mal Kreationen von Heilbutt- oder Forellenfleisch und klein gehacktes Ratatouille-Gemüse, das in Därme gefüllt und damit wurstförmig auf den Tisch kommt. Es mache ihm großen Spaß, erzählt Orfgen, die unterschiedlichen Reaktionen der Besucher zu erleben, die häufig von der Form auf den Geschmack schließen würden.

Im Herbst veranstaltet Orfgen alljährlich ein Oktoberfest, mit Leberkäse und Interpretationen von Weißwurst aus frisch geräucherter Forelle oder Tortellini mit einer Leberwurst- und Marzipanfüllung in Biersoße. Was seine Ideen angeht, scheint Orfgen keine Grenzen zu kennen. Die würden ihm eher von anderen gesetzt, es gebe da so manche Fallstricke. Erst kürzlich hätten Kontrolleure im Hofladen einen »Rüblikuchen« moniert, weil dieser nicht der Region entspreche. Einmal wurde er bestraft, weil er von einem befreundeten Biozüchter zwei Tiere der sehr seltenen und vom Aussterben bedrohten alten Rasse »Angler Sattelschweine« gekauft habe. Vorgeworfen wurde ihm, dass er die Schweine nicht im Vorfeld bei der Kreisverwaltung angemeldet habe – die stammten schließlich nicht aus dem eigenen, sondern aus dem Nachbarlandkreis. Eine Geschichte, die mir wie so viele andere auch den Eindruck zu bestätigen scheint, dass die amtlichen Kontrolleure bei den Kleinen mit einer Härte vorgehen, die sie bei den wirklich großen Skandalen der industriellen Massenproduktion vermissen lassen.

Rainer Orfgens Gänse kommen auf Zuruf angewatschelt und lassen sich sogar streicheln.

Möglicherweise liegt das daran, dass sie angesichts der Macht der Konzernjuristen und drohenden Regressansprüche wegen Geschäftsschädigung vor ihrer eigenen Courage zurückschrecken und aus Gründen der Selbstrechtfertigung umso mehr die Kleinen traktieren.

Im Gespräch erzählt mir Rainer Orfgen von manch anderen provokanten Produkten, bei denen ich mir vorstellen kann, dass sie bürgerliche Vorstellungen und herkömmliche Lebensmittelverordnungen sprengen könnten. An den großen fleischfreien Fastentagen wie dem Aschermittwoch und dem Karfreitag präsentiert er schon mal Forellenfleisch im Schweinenetz, dem essbaren Anhang des Schweinemagens. Am begehrtesten und vielgepriesen sei aber seine Gänserostbratwurst, die er nur einmal im Jahr zur Weihnachtszeit herstelle. Die heimische Produktion dieser Spezialität musste er kürzlich allerdings einstellen: wegen behördlicher Auflagen bezüglich der technischen Anforderungen an den Kutter. Nur für diese eine Wurst einen neuen Kutter anzuschaffen, wäre für ihn viel zu teuer gewesen. So müsse er jetzt die Gänsebratwurst nach seiner Rezeptur und mit dem guten Fleisch seiner eigenen Gänse von einem Großbetrieb extern fertigen lassen. Manch einer hätte angesichts dieser Schwierigkeiten längst das Handtuch geschmissen. Aber die Verbundenheit zu seiner Heimat, dem Hof, den Menschen und der Natur lässt Orfgen nicht verzweifeln.

Zum Abschied zeigt er mir noch seine Gänse, die sogleich alle auf ihn zugewatschelt konmen und sich sogar streicheln lassen. Jetzt verstehe ich wirklich, dass für ihn keine andere Welt infrage kommen kann.

LYONER
BRAETER

Saarland

DER LYONER IST EIN SAARLÄNDER

»Es geht nichts über geschwenkte Dibbelabbes
und ein frisch gezapftes Glas Lyoner.«
Otto Waalkes

Auf der Frankfurter Fleischermesse versuchte ich, müde und hungrig vom vielen Laufen, im Gedränge des voll besetzten Gastronomiebereichs einen freien Platz zu ergattern. Mit der einen Hand das Tablett mit einem Getränk und dem längst erkalteten Gericht balancierend und in der anderen die vielen schweren, mit Hochglanzbroschüren vollgestopften Plastiktüten, verzweifelte ich zunehmend. Alles war voll mit Geschäftsleuten und Gruppen aus aller Welt, die sich alle gut zu kennen schienen. Ich war offenbar der Einzige, der hier alleine herumirrte. Da kam ich an einem Tisch vorbei mit jungen Messebesuchern, die einen mir unverständlichen Dialekt sprachen, bei dem in jedem zweiten Wort ein Ei vorkam. Sie sahen meine Not, rückten zusammen und boten mir einen Platz an ihrem Tisch an.

Es waren Fleischermeister aus dem Saarland, die sich seit ihrer Studienzeit an der Frankfurter Meisterschule kannten und eine Fahrgemeinschaft organisiert hatten, um sich über die neuesten Trends der Wursterzeugung zu informieren. Im Laufe unseres Gesprächs erzählten sie mir – nicht als Erste – vom Nachwuchsmangel in ihrer Branche. Wenn sich am schlechten Image des Metzgers nicht bald etwas ändern würde, sähen sie schwarz. Neu war für mich allerdings, dass sie dieses negative Image mit etwas verbanden, das kürzlich bundesweit für Kritik gesorgt hatte: nämlich mit der fehlenden Tarifbindung ihrer saarländischen Innung. Auf Nachfrage erfuhr ich, dass der Tarifvertrag seit 1994 nicht mehr angepasst wurde, weshalb Gesellen bis heute nur einen Stundenlohn von 10 bis 13 Euro bekämen, während die Tarife in Nachbarbundesländern etwa bei 17 Euro lägen. Das sei natürlich ein gefundenes Fressen für die Medien gewesen, um ihren Berufsstand weiter zu diskreditieren. Es sei doch klar, dass man heute keinen Facharbeiter mehr für 10 Euro finden könne.

Nach diesem etwas düsteren Auftakt über die Zukunft der Zunft kamen wir auf den Gegenstand ihres Handwerks zu sprechen. Meine Frage, ob sich im Saarland, das ja historisch immer wieder zwischen Deutschland und Frankreich wechselte, noch Spuren des französischen Einflusses auf die lokale Wurstkultur fänden, wurde entschieden verneint. Man stehe wurstmäßig ganz in der deutschen Tradition. Als ich wissen wollte, ob es denn im Saarland eine regional typische Wurstsorte gäbe, kam die einhellige Antwort wie aus der Pistole geschossen: »Ei natürlich, der Lyoner!« *Der* Lyoner? Ich muss so irritiert gewirkt haben, dass ich ungefragt erfuhr, dass es im Saarland ganz normal sei, »der Lyoner« zu sagen, was nur einem Nichtsaarländer falsch vorkomme. Lachend meinte einer aus der Gruppe, an diesem besonderen »Geschlechtsmerkmal« könne man Einheimische gut von Zugereisten unterscheiden. Ich verkneife mir die Bemerkung, ob ihr Lyoner nicht vielleicht doch aus Lyon oder Frankreich käme, um sie nicht eine Identitätskrise zu stürzen.

Spitzenlyoner aus Losheim: *Fleischerei Steuer-Wagner*

Ich bin verabredet mit Marco Wagner, dem Inhaber der Fleischerei Steuer-Wagner in Losheim. Sein »Saarländischer Lyoner« erzielte beim internationalen Qualitätswettbewerb auf der Frankfurter IFFA mit fünfzig von fünfzig möglichen Punkten die Bestnote. Auf meine Frage nach dem besonderen Geheimnis verrät er mir zumindest, dass der Saarländer Lyoner einen geringeren Fettanteil habe, weil er neben Schweinefleisch auch Rindfleisch enthalte. Die Besonderheit sei aber die Gewürzmischung. Wagners Würste enthalten Schalotten, Knoblauch und Pfeffer, alles Weitere bleibt ein seit über vierzig Jahren gehütetes Familiengeheimnis. Wie gut Wagners Lyoner schmeckt, zeigt folgende kleine Anekdote: Ein Freund, der von Losheim nach Spanien umgesiedelt war, bat Marco Wagner, bei einem Besuch drei ganze Lyoner mitzubringen, damit er alle Nachbarn zu einem saarländischen Wurstabend einladen konnte. Als seine Frau die Lyoner auftischen wollte, konnte sie nur noch eine einzige auffinden. Ganz geknickt musste er eingestehen, dass er die beiden anderen Lyonerringe heimlich verspeist hatte. Das hätte mir mit meiner Wurstsucht auch passieren können. Wenn ich ein Rädchen zum Probieren abschneide, ist es meist schon zu spät. Ich nehme noch ein Rädchen, anfangs noch eine kleine Pause abwartend, dann immer schneller ein weiteres, bis es sich schließlich nicht mehr lohnt, den Rest aufzuheben. Und dann ist sie weg, die Wurst. ❡

»Hauptsach, gudd gess!«

Marco Wagner erläuterte mir auch die Fülle von Zubereitungsmöglichkeiten der Lyoner: Man kann sie brühen, braten, grillen oder kalt essen. Wenn ich mehr darüber erfahren wolle, sei mir das Buch »Der Lyoner – eine saarländische Spezialität mit Kultstatus« von Günther Klam empfohlen. Auch der Sternekoch Eckart Witzigmann hat ein Buch über die Lyoner geschrieben, und für den großen Gourmet und Kritiker Wolfram Siebeck zählte die Küche des Saarlands wegen ihrer elementaren Bodenständigkeit ohnehin zu den besten Deutschlands. Marco Wagner schwärmt vom Lyonerkuchen und der »Lyoner Pann«, mit der ein Gericht und zugleich eine genau an die Form eines Lyonerrings angepasste Spezialpfanne bezeichnet werden. Vom saarländischen Nationalgericht »Dibbelabbes« gibt es auch eine Variante, bei der Lyoner zusammen mit Kartoffeln und Zwiebeln klein geschnitten und vermengt in einer gusseisernen Pfanne gebraten wird. »Lyonerworschd und Dibbelabbes ess ich wirklich gerne« heißt der Refrain eines saarländischen Stimmungsliedes, und dann gibt es auch noch eine »Lyoner Polka« als beliebten Gassenhauer.

»Guck, was kommt do hinne rin? Hollahie, hollaho. Es kann doch nur Lyoner sinn, hollahiejaho. Bei viel Honger un aach Dorscht, hollahie, hollaho, schmeckt es bescht Lyonerworscht, hollahiejaho.«

Natürlich empfinden alle Saarländer, deren Lebensmotto »Hauptsach, gudd gess« lautet, ebenso. Die Lyoner bildet dabei das identitätsstiftende Zentrum. So ist es selbstverständlich, dass im Saarland die Kinder beim Fleischer kein Wiener Würstchen und auch keine Gelbwurst bekommen, sondern eine dicke Scheibe Lyoner. Es gibt kein Volksfest, kein Richtfest, keine Gartenparty und kaum eine Parteiveranstaltung ohne Lyoner, darüber hinaus werden spezielle Lyonerfeste veranstaltet, die ihren Höhepunkt alljährlich in der »Fassenachdszeit« haben. Es gibt Zepter mit Lyoner, die Narren schwenken Lyonerwürste und intonieren allerlei Lieder rund um die Ringwurst, die meist Hunger und Durst zu einer untrennbaren Einheit verbinden.

Die Feste der Gräfin Elisabeth waren legendär. Nebenbei gilt sie als Erfinderin der deutschen Prosa – und möglicherweise des Schwenkers. Das Bild zeigt eine Originalhandschrift ihres Werkes »Loher und Maller«, in dem es nicht nur kulinarisch ziemlich deftig zugeht.

Die Lyoner scheint mir ein ganz typisches Produkt der so bodenständigen wie schmackhaften Küche der Region zu sein, die geprägt ist von der Bergbau- und Eisenhüttenindustrie. Sie ist unkompliziert und variantenreich zuzubereiten und nicht zuletzt preiswert. Allgemein erzählt man mir im Saarland, dass die Tradition der Wurstschwenker ihren Ursprung in den Eisenhüttenwerken hatte. Dazu gibt es aber noch eine zweite Version, wonach die Wurzeln des Schwenkers schon viel weiter zurückliegen sollen. Gemäß einer Legende von 1442 soll die Gräfin Elisabeth von Lothringen und Nassau-

Saarbrücken anlässlich der Übertragung ihrer Herrschaft auf ihre Söhne ein großes Fest ausgerichtet haben. In der Schlossküche dürfte ob dieser Feierlichkeiten reges Treiben geherrscht haben. Zur Vereinfachung des Grillverfahrens soll der Mann der Schlossköchin einen Schwenker entwickelt haben, da er das Kurbeln des Fleischspießes über dem Feuer lästig fand. ❡

Schwenker und Pann

Noch heute steht in jedem saarländischen Garten ein solcher Schwenker, und der Begriff als solcher wird gleich vierfach angewandt: Als »Schwenker« bezeichnet man nicht nur die speziellen großen Grillpfannen, sondern auch das fertig marinierte Grillfleisch (»Schwenkbraten« oder kurz »Schwenker«), das neben der Lyoner unbedingt dazugehört, wenn es heißt: »Geh ma schwenke!« Der besondere und nur im Saarland verbreitete spezielle Eisenapparat wird ebenfalls einfach nur »Schwenker« genannt, und nicht zuletzt auch der Mensch, der ihn bedient. Fast jeder Saarländer ist ein Schwenker und nennt einen solchen meist handgefertigten Apparat sein Eigen. Drei lange, dünne Eisenstangen bilden ein sehr hohes, stativähnliches Dreibein, von dessen Mitte, an einer in der Höhe verstellbaren Kette, ein schwenkbarer Grillrost oder eine große, schalenartige Grillpfanne direkt über der Glut schwebt. Durch das Schwenken des Schwenkers verhindert der Schwenker am Schwenker, dass der Schwenker anbrennen kann. Täte er das nicht, würde bei der großen Hitze des glühenden Metalls jede Wurst sofort verkohlen. Wurde diese spezielle Konstruktion früher oft in Eigenarbeit hergestellt, jede mit einer individuellen Note, sind die Schwenker inzwischen über das Saarland hinaus verbreitet und werden sogar in Baumärkten angeboten.

Eine besondere Bewandtnis hat es auch mit der »Lyoner Pann«. Auf einer Grillparty bei dem inzwischen leider schon verstorbenen Rudolf Michaely, dem Inhaber einer Aluminiumgießerei in Heinitz, war quasi in Bierlaune die Idee geboren worden, eine Spezialpfanne für den Saarländischen Lyoner zu konstruieren. Bei der Umsetzung brachte man dann gleich mehrere Funktionen zusammen. In den Boden der Pfanne wurde außen ein verschließbarer Ring eingelassen, in den man die Lyoner hineinlegen kann. In der Mitte der Pfanne ist Platz, um darin die weiteren Zutaten für das saarländische Nationalgericht mitbraten zu können: »Grombieren« (Kartoffeln), Speck oder »Zwiwwele« (Zwiebeln). Die Pfanne wurde ein großer Erfolg und wird auch heute noch unverändert von der Firma ITN Baatz in Neunkirchen hergestellt. In der ursprünglichen Gebrauchsanleitung, die es nur auf Saarländisch gab, war zu lesen: »Lyoner rinn, Deckel druff, ab uff de Herd. Un langsam anbrode, sonscht platzt er gleich. In da Mitt is Platz für Grumbeere, Speck, Zwiwwele oder so. Nix kläbt, nix bappt. So ebbes hanner noch net gess.« Gerhard Baatz, der heutige Hersteller der »Lyoner Pann«, empfiehlt allerdings, den Topf statt auf dem Herd besser im Backofen einzusetzen. Tests hätten ergeben, dass das Gericht dabei noch viel schmackhafter würde. ❡

»Rettet die Lyoner«

Der Name »Saarländischer Lyoner« war auch als Wortmarke geschützt, doch dieser Schutz kostete die Innung für die Dauer von je zehn Jahren 3000 Euro an Gebühren, zu denen sich auch noch Anwaltskosten addierten. Im August 2015 fehlte der Innung wegen des Mitgliederschwunds durch Betriebsschließungen das Geld für eine Verlängerung. Eine Katastrophe bahnte sich an. Die Vorstellung, dass diese regionale Besonderheit unter diesem Namen auch außerhalb des Saarlandes verkauft werden könnte, erregte die Gemüter allerorten. Über die Internetplattform »rettet-die-lyoner.de« wurden ein öffentlicher Aufruf und eine erfolgreich verlaufende Spendenaktion gestartet. Offensichtlich hatte man sich auch Spenden von außerhalb des Saarlands erhofft, weshalb man in den Vereinsstatuten den lokal sonst männlichen saarländischen Lyoner mit dem gesamtdeutsch femininen Artikel bezeichnete: »Wir sind der Meinung, die ›Saarländische Lyoner‹ ist ein schützenswertes und saarländisches Traditionsprodukt, welches die Identität und das Zusammengehörigkeitsgefühl der saarländischen Menschen stärkt. Deshalb appellieren wir an alle saarländischen Bürger und Freunde des Saarlandes, mit einer Spende (egal wie hoch, ob 1 Cent oder 1 Euro oder mehr) die Ver-

»Jeder Lyoner ist auch Fleischwurst – aber nicht jede Fleischwurst ist Lyoner.«

längerung des Markenschutzes zu unterstützen«, ist da zu lesen. Als dann noch der saarländische Minister für Umwelt und Verbraucherschutz einen Lyonergipfel einberief, auf dem die letzten Hürden beseitigt wurden, stand der Rettung nichts mehr im Wege. Gerade noch rechtzeitig, vier Tage später wäre der Schutz ausgelaufen. Minister und Gipfelteilnehmer waren sich einig: Die Lyoner sei mehr als ein Lebensmittel, ganze Generationen seien damit groß geworden, meinte Reinhold Jost. Und der Geschäftsführer der Fleischerinnung, Markus Strauß, ergänzte: »Jeder Lyoner ist auch Fleischwurst, aber nicht jede Fleischwurst ist Lyoner.« Fleischwürste nur aus Schweinefleisch, wie es sie in manch anderen Bundesländern gebe, noch dazu von einer Kunststoffpelle umhüllt, die könne man nur essen, wenn man sie in den Salat schnippelt. Ein Schicksal, das der saarländischen Variante zumindest im Saarland erspart bleiben dürfte. ❡

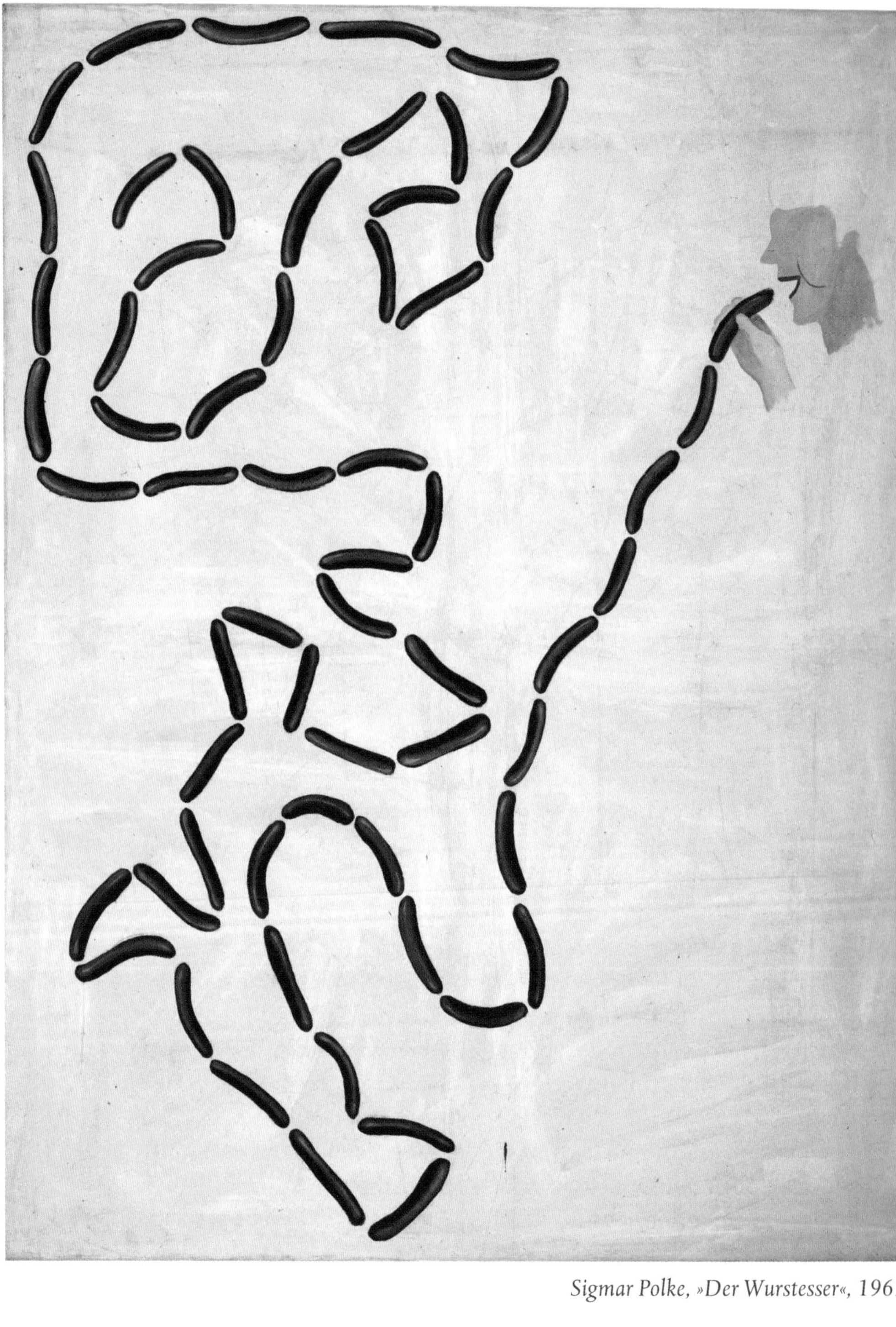

Sigmar Polke, »Der Wurstesser«, 1963

Nordrhein-Westfalen

JECKE WÜRSTE & WURSTIGE KÜNSTE

»Gehste inne Stadt, wat macht dich da satt? Ne Currywurst.
Kommste vonne Schicht, wat schönret gibt et nich,
als wie ne Currywurst. Mit Pommes dabei,
ach, dann gebense gleich zweimal Currywurst.«
(Herbert Grönemeyer, »Currywurst«)

Das Industrie- und Ballungszentrum des Ruhrgebiets, die rivalisierenden Städte Köln und Düsseldorf, die Landgebiete der Eifel, das Siegerland und die westfälischen Gebiete des Münsterlands und der rheinischen Tiefebene sind von recht unterschiedlichem Charakter. Dies spiegelt sich natürlich auch in der Vielfalt der Wurstbezeichnungen und Wurstspezialitäten. Die Vorliebe für Blutwurst verbindet alle Regionen von Nordrhein-Westfalen, ist sogar Teil des nationalen Identitätsgefühls. Von keiner anderen Wurst gibt es mehr Varianten: Die »Oecher Puttes« zum Beispiel, deren Hauptbestandteile aus Blut und Speck bestehen, ist eine wunderbare Spezialität aus Aachen und seit 2016 eine geografisch geschützte Marke. Im Münsterland gibt es das »Wurstebrot«, eine besondere Mischung aus Grützwurst mit Blut, Roggenschrot, fettem Speck, Mehl und Gewürzen. Auf westfälischem Gebiet wiederum wird der »Panhas« bevorzugt gegessen, eigentlich dem Wurstebrot sehr ähnlich, bei der statt Roggenschrot Buchweizenmehl beigemischt wird. Eine weitere Variante ist die westfälische »Beutelwurst«, deren Name daher rührt, dass sie nicht in Därmen, sondern in Leinen- oder Papierbeutel gefüllt wird. Und dann gibt es noch das »Möpkenbrot«, das in westfälischem

Platt »Möpkenbraut« ausgesprochen wird. Es enthält vor allem Weichteile und Knorpel des Schweinskopfs, was die besondere Note dieser Wurst ausmacht. In Ostwestfalen spricht man vom »Wöpkenbrot« und meint damit das Gleiche. In Köln wird die Blutwurst »Flönz« genannt. Es ist eine sehr einfache Blutwurst, die ihr besonderes Aroma durch den leichten Räuchervorgang erhält, dem sie unterzogen wird. Die eigens zu diesem Zweck gegründete Schutzgemeinschaft »Kölner Wurstspezialitäten e. V.« hat die »Kölsche Flönz« beim Patentamt markenrechtlich eintragen lassen, auch EU-weit ist der Begriff inzwischen geschützt. Denn der Vizechef des Kölner Stadtmuseums, Michael Euler-Schmidt, auch »Dr. Flönz« genannt, konnte nachweisen, dass der Begriff »Flönz« in Köln bereits seit Ende des 19. Jahrhunderts gebräuchlich ist. Zunächst war damit ein Wurstzipfel umschrieben worden, doch seit 1920 bezieht sich der Name nur noch auf diese spezielle Blutwurst. Die Blutwurst hat es sogar in die rheinischen Karnevalszüge geschafft, wo immer sehr großzügig Geschenke in die Menge geworfen werden, wie in Köln »Kamelle« und »Strüßje«. In Xanten dagegen, wo der Karnevalszug »Blutwurstsonntagszug« genannt wird, bringt die alteingesessene Traditionsfleischerei Lemken jedes Jahr am Ende des Zuges gut eingetütete Blutwurstscheiben unters Volk. Die Menge variiert jedes Jahr, zuletzt waren es 26 Zentner, die in Blutwurstgeschosse verwandelt wurden.

Die Leberwurst ist gewissermaßen die Schwester der Blutwurst. Auch sie spielt eine vergleichbar große Rolle und zählt sowohl aus der Perspektive ihrer Schöpfer wie auch ihrer Nutznießer zu den meistgepriesenen Spezialitäten. Manche Leberwurst, allen voran die »Oecher Weihnachtsleberwurst«, erreicht sogar Kultstatus. Wenn es um Kult geht, darf natürlich die Currywurst nicht fehlen. Über 800 Millionen Currywürste werden jährlich in Deutschland verzehrt und die meisten davon wohl in Nordrhein-Westfalen. Die Currywurst steht gewissermaßen für die Arbeiterkultur, denn man kann sich zwischen zwei Schichten problemlos auf die Schnelle eine Currywurst reinpfeifen. Jeder hier hat seine Lieblings-Wurstbude, und die Inhaber sind mehr als nur Verkäufer, sie sind Teil der Einheit von Wurst und Bier. Jeder nennt sie nur beim Vornamen. So gibt es den »Wurst-Michel« in Königswinter, den Dortmunder Lokalstar »Wurst-Willi«, der sogar nach Brüssel eingeladen wurde, um dort auf einem Fest der NRW-Landesvertretung sein Heimatland zu repräsentieren, oder den »Wurst-Achim« aus Duisburg.

»Wurst-Achim«, das lauteste Lebewesen der Welt

Der Brüllaffe, der mit hundert Dezibel sein etwa fünf Kilometer großes Revier beschallt und damit markiert, wird von »Wurst-Achim« locker übertroffen. Er erreicht 110,2 Dezibel und damit fast schon die Schmerzgrenze. Im Vergleich zum Brüllaffen muss man bemerken, dass zehn Dezibel mehr beim Menschen bereits den doppelten Lautstärkeeindruck erwecken. »Wurst-Achim« ist also doppelt so laut wie ein Brüllaffe oder so laut wie zwanzig große Lkws, die gleichzeitig an einem vorbeidonnern. Aber es ist natürlich nicht nur die Lautstärke, die den »Wurst-Achim« auszeichnet, sondern auch seine Schlagfertigkeit und theatralische Mimik, durch die er zum Star der »Gilde der Marktschreier« avanciert ist. Die Auftritte der »Marktschreier« zählen zu den beliebtesten Großevents auf allen Marktplätzen des

Der »Wurst-Achim« aus Duisburg – lautstark und mit Leidenschaft für die Wurst.

Landes. Der Verkauf ist eher ein Nebeneffekt, das Theater und die Unterhaltung stehen im Mittelpunkt. Dabei geht es oft deftig zu. Es dröhnt wie ein Gewitter, wenn Achim seine Stimme erhebt und ruft: »Hier ist das Eldorado für verfressene Menschen!« oder: »Wenn Achim seine Tüte packt, steht Aldi kurz vorm Herzinfarkt!«

Zum Spiel dieses Volkstheaters gehört stets nicht nur der akustische Wettkampf, sondern auch das Ringen um die Oberhand der verschiedenen feilgebotenen Waren: Wurst gegen Gemüse, Fisch gegen Fleisch. »Du Schweinemörder!«, brüllt dann der »Aal-Axel«, und »Wurst-Achim« kontert: »Wenn ich ein Schweinemörder wäre, hätte ich dich längst umgebracht!« Privat sind sie dann wieder die besten Freunde. Achim ist ein hochtalentierter Entertainer, aber auch eine Verkaufskanone. Kaum einer kann sich seinem Bann entziehen und geht am Ende mit kiloschweren Tüten voll mit Würsten nach Hause. An einem guten Wochenende können es, wie Achim meint, schon mal 4,5 Tonnen Wurst sein, die er auf diese Weise unter die Leute bringt. Eine schwere Hand- und Stimmbelastung. Auf meine Frage, wie er es überhaupt zum lautesten Lebewesen der Welt gebracht habe, erzählt er, dass es dazu eines langen Trainings und ausgefeilter Atemtechnik bedurft habe, um über Bauch und Zwerchfell so laute Töne produzieren zu können. Seine Auftritte sind immer durch die Dialektik von Gut und Böse geprägt. Wenn er mit den Worten »Da ist ja kein Bauer mehr drin« eine Bauernsalami in die Tüte stopft oder wenn er mit einer Wurst auf seine Theke trommelt, ruft er schon mal: »Das macht nichts, das Schwein, das da drin ist, ist ja längst tot!« ❡

Wurm-Wurstskulpturen in Duisburg

In Duisburg sah ich 2014 beim Besuch einer Retrospektive des international bekannten österreichischen Künstlers Erwin Wurm im Lehmbruck-Museum zum ersten Mal dessen Serie »Abstract Sculptures«. Fast realistisch anmutende Bockwürstel in grotesken Handlungsformen bildeten den Ausgangspunkt dieser Werkgruppe. Die Würste waren teils aus mit Acrylfarben übermalter Bronze oder aus Kunstharz gegossen und ganz konventionell auf Sockeln als Kunstwerke präsentiert. Bronze, eine Legierung von Kupfer mit allen möglichen anderen Metallen, ist ein sehr wertvolles Material, das in der Kunst für Werke genutzt wird, die für die Ewigkeit gemacht sind. Wenn Wurm diesem Material dann täuschend echt mithilfe von Acrylfarbe einen Wurstcharakter verleiht, spiegelt sich darin auch seine Wertschätzung der Wurst als Kulturgut.

In der Ausstellung sah ich eine Gruppe von Figuren, deren Gliedmaßen aus lauter Würsten zusammengesetzt waren. Spontan musste ich an eine Kritik Goethes denken, der nach dem Besuch einer Theatervorstellung von Friedrich W. Zieglers Stück »Machtanspruch« gesagt haben soll: »Die Helden scheinen wie von Därmen gemacht, von ausgestopften Därmen, als wären die Gliedmaßen lauter Würste.« Als Gegenpol zu solchen figurativen Wurstskulpturen gab es auch rein abstrakte Grundformen, wie das Objekt »Arch«, in dem Erwin Wurm mit drei Frankfurter Würstchen das tektonische Grundprinzip von Architektur zur Anschauung bringt. Die Wurst verliert ihren Charakter als Nahrungsmittel, ist nur noch unkonventionelles Grundelement, ähnlich wie Legosteine als Ausgangspunkt für alle möglichen Gestaltungsakte dienen.

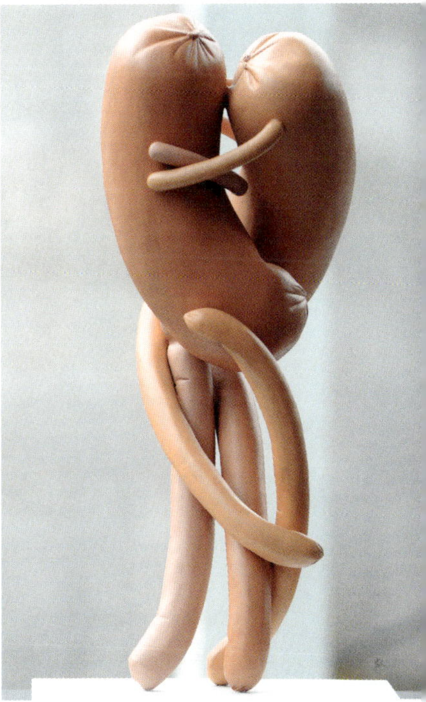

Erwin Wurm, »Kiss« (oben) und »Arch« (unten), aus der Serie »Abstract Sculptures«, beide 2013

Die wurstartige Verfremdung und Verformung der Welt durchzieht das gesamte Werk von Erwin Wurm. Kaum etwas bleibt davon verschont. Frauen werden mit wurstartigen Schwellkörpern verformt, es gibt wulstartig aufgeblasene Häuser, Möbel und Automobile. Bei einer weiteren Wurm-Retrospektive im Kunstmuseum Wolfsburg stellte der Künstler vor dem Museum einen solcherart aufgeblasenen

Erwin Wum, Curry Bus, 2015

curryfarbenen VW-Bus auf, der tatsächlich als Wurstbude eingerichtet war und als solche fungierte. Man konnte dort die VW-Würstchen essen, von denen Volkswagen angeblich jährlich viel mehr produziert als Autos. ❡

In Köln sind alle jeck, sogar die Würste

Vom Hauptbahnhof in Köln gelangt man mit wenigen Schritten mitten ins Herz der Stadt. Das Museum Ludwig steht für die Kölsche Verbundenheit und Aufgeschlossenheit zur modernen Kunst, das benachbarte Römisch-Germanische Museum für die stolze Geschichte und Tradition, der Rhein für die Verbindung zur Welt, der alles überragende Dom für die Macht der Kirche und gleich dahinter der Heinzelmännchenbrunnen als sinnbildlicher Ausdruck des spezifischen Humors. Eine der Reliefgruppen dieses Brunnens zeigt unter dem Zunftwappen der Metzger lehrbildhaft die Genese einer Blutwurst: vom lebenden Schwein, dem Fleischhacken, dem Stopfen der Wurstmasse in den Darm bis zum Aushang der fertigen Würste. Direkt gegenüber kann man dann das köstliche Ergebnis in der Gastronomie des Stammhauses einer Brauerei genießen. Es ist schon ein Erlebnis der besonderen Art, im »Früh am Dom« einzukehren. Es geht laut zu auf den drei rustikal ausgestatteten Etagen. Für jede Tischgemeinschaft ist ein spezieller »Köbes« zuständig. Er trägt vor sich ein spezielles Tablett oder einen Bauchladen mit stets frisch gezapftem Kölsch, und sobald er bemerkt, dass jemand vor einem leeren Glas sitzt, wird dieses flugs gegen ein volles ausgetauscht. Ein »Köbes« ist schlagfertig, herzensgut, manchmal grob, aber immer schnell. Die Speisekarte enthält vor allem typisch Kölsche Gerichte mit teils kuriosen, Fremde in die Irre führenden Namen wie »Halve Hahn«, der sich nicht etwa als ein halbes Hähnchen, sondern als Käsebrötchen entpuppt. Auch »Kölschen Kaviar« gibt es und »Himmel und Ääd«. Letzteres ist das üppigste Gericht, und schon beim ersten Bissen fühlt man sich tatsächlich wie im Himmel auf Erden. Eine gebratene Blutwurstscheibe mit Kartoffelstampf und Apfelkompott ergeben hier eine himmlische »Dreieinigkeit«. Will man statt »Himmel und Ääd« nur eine einfache Blutwurst mit einem »Röggelchen« und Senf genießen, darf man übrigens keine »Flönz« verlangen. Ein echter Kölner ordert dergleichen nur beim Fleischer, im Lokal bestellt man sie unter dem Namen »Kölsche Kaviar«. Wurst macht bekanntlich Durst, und das Bier zu einem dieser Schmankerln schmeckt gleich doppelt gut. Doch Vorsicht ist geboten, vor allem weil man in Köln

In Köln sorgt der »Köbes« für Nachschub an Bier und Speisen. Ein Klassiker ist »Himmel und Ääd«, gebratene Blutwurst mit Apfel-Kartoffel-Stampf und Röstzwiebeln.

nur schwer den Überblick behalten kann, wie viele der kleinen Biereinheiten man schon heruntergeschluckt hat. Nur der Köbes weiß es – am Schluss, wenn er seine Striche zusammenzählt.

Adenauer, die Veggie-Wurst und Wurstteppiche

Wer an Köln denkt, denkt natürlich immer auch an Karneval. Und wer an Karneval denkt und aus Köln kommt, denkt dabei an Blutwurst. Das Lied »Sag ens Blootwoosch« von Jupp Schlösser kennt hier jeder: »Sag ens Blootwoosch! Dat is doch janitt schwer. Sag ens Blootwoosch! Ich garranteer et dir, wer nit richtig Blootwoosch sage kann, dat is ne Imi, ne Imi, ne imitierte Kölsche ganz gewiss!« Jeder, der auf die Aufforderung »Sag ens Blootwoosch« nicht mit »Flönz« antwortet, outet sich als Nichtkölner, wird von den Einheimischen »Imi« genannt und so humorvoll als Immigrant gebrandmarkt.

Als das Lied im Jahr 1948 im Karneval gesungen wurde, hatte es noch eine ganz andere Konnotation als heute. Zum einen gab es wenig zu essen, und eine Blutwurst war geradezu etwas unerreichbar Himmlisches, und dann musste das wenige, was es gab, noch mit den Flüchtlingen, also all den vielen »Imis«, geteilt werden. Eine ähnliche Notsituation hatte es schon einmal gegeben, während des Ersten Weltkriegs. Damals war Adenauer als stellvertretender Oberbürgermeister der Stadt Köln auch für die Ernährung der Bevölkerung zuständig. Seine Vorfahren waren Bäcker, und so tüftelte er gemeinsam mit der Kölner Bäckerinnung 1915 an der Rezeptur für »Kölner Brot«, das ausschließlich aus den nicht rationierten Rohstoffen Mais, Reis und Gerste bestand. Dafür erhielt er sogar ein Patent, was ihn vielleicht anspornte, ein Jahr darauf auf ähnliche Weise auch eine Wurst zu produzieren. Adenauer hatte schon immer

Not macht erfinderisch: Adenauers Veggie-Wurst, ein Ersatzerzeugnis auf Sojabasis.

ein großes Gespür für Popularität und wusste natürlich, dass erst eine Wurst auf dem Brot des Deutschen Glück komplett macht. Da Fleisch nicht verwendet werden konnte, musste ein Ersatzprodukt geschaffen werden, das optisch, geschmacklich wie auch bezogen auf seinen Nährwert einer Wurst gleichkam. Letztlich schuf er auf der Basis von Soja und Gewürzen einen Vorläufer der heutigen Veggie-Wurst. Mehrere Versuche zur Anmeldung eines entsprechenden Patentes schlugen indes fehl, die deutschen Behörden waren damals offenbar noch nicht so weit. Eine Wurst ganz ohne Fleisch, undenkbar! Adenauer versuchte es im Ausland, doch die Prüfung der Anträge verzögerte sich bis zum Kriegsende, weil man sicherstellen wollte, dass »dem Feind« durch diese Erfindung kein strategischer Vorteil erwuchs.

1918 schließlich erteilten ihm die Briten das Patent nebst einer reich verzierten königlichen Erfinderurkunde von König George V. Die »Kölner Wurst« mutierte sozusagen von der Kriegs- zur Friedenswurst. Unter diesem Namen ging sie in die Liste der vielen Erfindungen des späteren ersten Kanzlers der Bundesrepublik ein. Darunter das beleuchtete Stopfei, der elektrische Insektentöter, eine Vorrichtung zur Verhinderung von Zugluft beim Autofahren und eben die Veggie-Wurst, die also zu Unrecht als große Errungenschaft unserer Zeit gilt. Fatal der Gedanke, dass ausgerechnet Bundesagrarminister Christian Schmidt, der einer Partei angehört, deren Mitglieder sich so gerne als Urenkel Adenauers verstanden wissen wollen, heute der »Friedenswurst« den begrifflichen Krieg erklären würde. Er startete jüngst den Vorstoß, dass die Bezeichnung »Wurst« ausschließlich für Fleischprodukte verwendet werden dürfe. Alles andere sollte wegen Irreführung verboten werden. Eine offene Kampfansage an alles, was Wurst genannt wird, ohne wirklich aus Fleisch und Blut zu bestehen.

Ich würde ihm raten, auf dem Teppich zu bleiben, möglichst auf einem der wunderbaren Kölner Wurstteppiche. Wählen könnte der Minister zwischen vier Wurstklassikern: Bierschinken, Blutwurst, Salami oder Mortadella. Der Erfinder Thomas Heinz kommt wie der Minister aus Süddeutschland und verfiel bei seinem Wechsel nach Köln auf die jecke Idee, dass Wurst viel zu schön sei, um nur gegessen zu werden. Dazu inspiriert hat ihn die berühmte »Wurstserie« des Zürcher Künstlerpaares Peter Fischli und David

Weiss. Der feinsinnige und hintergründige Humor, der alle Arbeiten der beiden auszeichnet, ist wohl ein Grund, warum die Kölner sie fast wie zwei der ihren verehren. Im Museum Ludwig gab es 2003 eine große monografische Werkschau, und im Jahr 2010 verlieh ihnen die Stadt sogar den hochdotierten und mit dem Ankauf einer Werkgruppe verbundenen Hahn-Preis. Für ihre »Wurstserie« aus dem Jahr 1979 verwendeten sie alles, was sie gerade im Kühlschrank hatten. Echte Würste spielten Modeschau, sie verwandelten sich in Autos, bauten Unfälle und landeten schließlich als Auslegeware in »Ano's Teppichladen«.

Die »Wurstserie« des Schweizer Künstlerduos Peter Fischli und David Weiss inspirierte Thomas Heinz zu der Idee seiner begehbaren Wurstteppiche. Im Bild auf der rechten Seite eine hochflorige Blutwurst. Er hat aber auch Bierschinken und Mortadella mit grünen Pistazienstückchen im Angebot.

Dieses künstlerische Meisterstück und der glückliche Umstand, dass der Schwager von Thomas Heinz eine Teppichfabrikation besaß, führten dazu, dass dieser mithilfe von abstrahierten Wurstscheiben Thementeppiche zu gestalten begann. Es dauerte zwei Jahre, dann war 2005 parallel zur Kölner Möbelmesse die Premiere. Der Erfolg der Wurstteppiche überstieg die Erwartungen. Alle großen Lifestyle- und Designmagazine feierten diese große Innovation: Nun könne jeder Deutsche seine geliebte Wurst dauerhaft betrachten und betreten, nur eben nicht essen.

Die »Edition Wurst«

Nicht nur kreative Designer, sondern auch viele Kölner Künstler haben sich mit Würsten herumgeschlagen. Als Beispiel sei Reinhard Matz kurz vorgestellt, ein konzeptionell arbeitender Fotokünstler, mit dem mich eine enge Freundschaft verbindet. Das Leitmotiv seiner Arbeit besteht in der Untersuchung von Oberflächen und den Veränderungsprozessen sowohl in formaler als auch in inhaltlicher Hinsicht. So gibt es eine Serie »Fassade Köln«, in der die absurdesten ästhetischen Unzulänglichkeiten bei den Gestaltungsversuchen mit modernen Baumaterialien dokumentiert werden. Immer geht es um die Haut und die Spuren menschlicher Einflussnahme. In einer anderen Werkreihe mit dem Titel »Das Verschwinden der Revolution in der Renovierung« thematisierte er die Eingriffe der Bewohner auf die nach dem Prinzip der Bauhaus-Ästhetik geschaffenen Gropius-Siedlung von Dessau-Törten. Als Fotograf hatte er auch die Aufgabe, den beschleunigten Verfall der Fassade des Kölner Doms durch die aggressiven Umwelteinflüsse zu dokumentieren. Und in einer limitierten Edition mit dem Titel »Wurst« aus dem Jahr 1981 ging es ihm um die zweite Kunsthaut durch die damals noch relativ neue Vakuumisierungstechnik. Seine typologische Aufreihung der

Die »Edition Wurst« von Reinhard Matz aus dem Jahr 1981: vakuumierte Würste als Kunstobjekte.

grundlegenden Wurstsorten Streichwurst, Bockwurst, Blutwurst, Weißwurst, Salami, Grillwurst, Mettwurst, Griebenwurst und Bratwurst und ihre unterschiedliche skulpturale Beschaffenheit überzeugte mich so sehr, dass ich eines der nur zwanzig Exemplare erwarb. Am liebsten hätte ich Matz, selbst ein leidenschaftlicher Wurstesser, auf meine Reise durch Deutschland als Fotografen mitgenommen, aber das ließ sich aus Zeitgründen nicht organisieren. Er begleitete mich aber samt Kamera zu einem Werkstattbesuch bei seinen beiden Lieblingsmetzgern Hennes und Werners. Für mich war es ein spannendes Erlebnis zu sehen, wie anders und wie viel zeitaufwendiger ein Profi bei seiner Arbeit vorgeht. Jeder Mensch produziert doch bei allem, was er tut, seine eigene Wurst. Manchmal ist es gut, manchmal ist es einfach nur Wurst … ¶

Die »Goldene« aus Düsseldorf

Düsseldorfer und Kölner sind wie Hund und Katz und trotzdem gibt es zumindest wurstmäßig eine tiefe Verbundenheit. Düsseldorf ist als Landeshauptstadt zugleich Macht- und Geldzentrum. Das Auftreten der Düsseldorfer ist selbstsicher, man gibt sich mondän, fühlt sich irgendwie überlegen, und anders als in Köln, wo auch eine andere Welt von weniger Betuchten existiert, scheint die in Düsseldorf zu fehlen. So lassen sich die Düsseldorfer selbst ihre Currywurst mit purem Gold garnieren, wo andere höchstens Zahngold im Mund haben. Es gilt offenbar als schick, Gold zu schlucken und der Verdauung preiszugeben. Auch wenn Blattgold nachweislich nach nichts schmeckt, sind die Düsseldorfer stolz darauf, dass sie Gold zum Fressen gernhaben und sich dies, im Unterschied zu einem »Kumpel auf Schalke«, auch leisten können. Jürgen Mauermann hatte

Currywurst mit Blattgoldauflage

1999 diesen »goldenen Einfall«, und zusammen mit dem Sternekoch Robert Hülsmann versuchte er, aus dem klassischen Imbissgericht eine für Düsseldorf angemessene kulinarische Besonderheit zu schaffen. In Bestlage an der eleganten Flanierzone des »MedienHafens« wurde das »Curry« gegründet, eine wahre Goldgrube und ein Kultort, mit dem Düsseldorf sich weltweit brüstet. Die Besitzer haben in der Zwischenzeit gewechselt, aber bis heute findet sich auf der Speisekarte unter den vielen verschiedenen Currywurstvarianten »Die Goldene« mit einer Blattgoldauflage von 18 Karat. ❡

Der Wurstzirkus des Peter Inhoven

Der Düsseldorfer Metzger Peter Inhoven ist eine Ausnahmeerscheinung, nicht nur als Metzger, sondern auch als Mensch. Bei seinem Anblick musste ich spontan an Andy Warhol denken, der sich gerne in elegantem Aufzug und einer ähnlich dicken Hornbrille auf der Nase ablichten ließ. Mit seinem im Nacken zu einem Dutt gebundenen Haar und seiner hageren Gestalt in schwarzer Uniformierung mit goldenen Litzen an den Schulterklappen entspricht er so gar nicht dem Klischeebild eines Metzgers. Tatsächlich will er sich auch bewusst abheben vom grauen Alltag dieser in zunehmender Depression verharrenden Zunft. »Ich stehe ja mit meinem Äußeren zugleich auch für mein Handwerk und will, dass es gut rüberkommt«, erzählt er mir, weshalb er immer entweder in Blütenweiß oder in edles Schwarz gehüllt sei.

Inhoven ist ein waschechter Düsseldorfer Metzger in der dritten Generation. Schon als Kind hat er dem Vater bei der Arbeit gerne zugeschaut und ganz selbstverständlich mitgeholfen. Obwohl seine damalige Schwiegermutter immer gesagt habe, ein Metzger sei das Letzte, das käme für sie gleich hinter dem Tankwart, habe er später den Beruf ergriffen und sei voller Stolz in die Fußstapfen seines Vaters und Großvaters getreten. Zur Jahrtausendwende, inmitten der BSE-Krise, wo alle das Ende dieses Berufsstands prophezeiten, habe er entgegen der alten Handwerkerregel »Der Erste erstellt's, der Zweite erhält's, dem Dritten zerfällt's« den Betrieb übernommen. Übersetzt man Reform mit »Zurückformung«, dann ist Inhoven ein klassischer

Reformer, denn er propagiert die Rückkehr zu handwerklicher Qualität und elementarer Einfachheit. Grundsätzlich bezieht er sein Fleisch nur von ausgesuchten Lieferanten, bei denen er sicher sein könne, dass es nicht aus der Massentierhaltung stamme. Immer versuche er, sich den Respekt vor dem Tier, das sein Leben für unser Weiterleben gegeben habe, zu bewahren. Auch arbeite er noch in der Tradition des alten Handwerks, ohne Glutamat und Geschmacksverstärker, lasse Röstzwiebeln in Schmalz aus und koche aus Knochen einen wunderbaren Fond als Grundlage für seine Leberwurst.

Bereut hat er die Entscheidung nie, im Gegenteil, das Metzgerhandwerk habe ihm auch ein großes kreatives Experimentierfeld eröffnet. Im Laufe der Jahre hat Peter Inhoven allein 16 neue Bratwurstkreationen geschaffen. Bei der Namensgebung versuche er immer, auf den Inhalt Bezug zu nehmen, doch manchmal nehme der Name auch Einfluss auf den Inhalt. »Politbüro« enthält unter anderem Rote Bete, die »Transsilvanische« viel Thymian und Blut, der »Supermann« grünen Pfeffer, Worcestersoße und Cola, die »Scharfe Sau« natürlich Chilischoten, und dann gibt es da noch eine Fischbratwurst namens »Tötet Flipper«. Bei allem, was er tut, sprüht Inhoven nur so vor Energie. Und er braucht den Dialog mit Menschen, er ist nicht der Typ, der im stillen Hintergrund schaffen kann. Sein bereits erwähntes Outfit wirkt nicht umsonst wie das eines Zirkusdirektors: Ähnlich wie der Münchner Sternekoch Alfons Schuhbeck stellte er einen mobilen »Wurstzirkus« und nach dessen Erfolg auch noch einen »Röstzirkus« auf die Beine. Hier tritt er mit musikalischer Untermalung als Zirkusdirektor und Artist zugleich auf, er wurstet, grillt und ver-

Peter Inhoven interpretiert den Beuys'schen Kunstbegriff und die Fluxusbewegung der 1960er-Jahre in seinem »Wurstzirkus« neu.

wandelt die Wurstproduktion in eine gut inszenierte und lehrreiche Kulthandlung. Seine Vorbilder sind nicht nur die TV-Sterneköche, sondern auch die großen Reformer der Düsseldorfer Kunstgeschichte. Von der örtlichen Kunstakademie aus wurde einst eine neue Ära der Moderne eingeleitet, ein erweiterter Kunstbegriff geschaffen: Es ging nicht länger um die abstrahierte Nachahmung von Wirklichkeit, sondern darum, das Leben selbst zum zentralen Objekt des Kunstwerks zu erheben. Auch der Mensch rückte dabei in den Mittelpunkt, die Düsseldorfer Happening- und Fluxusbewegung der 1960er-Jahre hob die Distanz zwischen Künstler und Publikum auf, jeder wurde Teil des Gesamtkunstwerks.

Wenn Inhoven in seinem »Wurstzirkus« also den Besuchern alle Geheimnisse der Wursterzeugung offenbart, sie sogar aktiv einbindet, dann macht er nichts anderes als die Fluxusbewegung damals: Seine »Wurst«- und »Röstzirkus-Events« werden auf zweifache Weise zu einer sozialen Plastik. Erstens, weil das Kunstwerk Wurst an sich schon ein Produkt sozialer Handlung ist, und zweitens, weil das Publikum daran teilhat. Der Bogen zu Joseph Beuys, der maßgeblich diesen neuen Kunstbegriff geprägt hat und selbst wunderbare Blutwürste herstellen konnte, lässt sich auch noch auf eine andere Weise schlagen: Beuys hat demonstriert, wie sehr die äußerliche Eigenwilligkeit des Outfits Einfluss nimmt, um das Individuelle und Einmalige und damit Künstlerische eines Menschen hervorzuheben und zu betonen. Inhoven ist wie so manch anderer gewissermaßen ein später Schüler dieses großen Düsseldorfer Universalgenies.

Exkurs – In Düsseldorf ist Kunst auch Wurst

Düsseldorf ist nicht nur Hauptstadt von NRW, sondern gilt auch als Zentrum der deutschen Gegenwartskunst. Da die zeitgenössische Kunst immer die Lebenswirklichkeit widerspiegelt, darf die Wurst nicht fehlen. Thomas Schütte schuf in der für ihn so typischen unprätentiösen Art ein provozierend locker hingepinseltes Wurstbild. Sobald man sich auf dieses Werk mit dem Titel »Im Namen des Volkes. Skizzen zum Projekt großes Theater« aus

Thomas Schüttes Werk »Im Namen des Volkes« – wenn gleichzeitig gilt, »Wir sind das Volk«, dann sind wir Deutschen eine Bockwurst.

dem Jahr 1980 näher einlässt, erschließt sich dem Betrachter eine tiefere Dimension und komplexe Ikonografie. Zunächst sieht man auf einer nur wässrig grau eingefärbten Papierfläche eingekrümmt und eingezwängt von den Formatgrenzen eine Bockwurst, locker hingepinselt in ihrer typisch gelbbraunen Farbigkeit. Als einzige Hinzufügung erscheint in kontrastierender Farbe eine etwas unklarere, klecksartig verlaufende Form, die unschwer als Senf zu deuten ist, trotz ihrer fast schwefelfarbenen blassen Helligkeit. Erst bei konzentrierter Betrachtung liest man in ganz zarter Handschrift mit weißen Großbuchstaben, wie in die Wursthaut eingeritzt, die Inschrift »Im Namen des Volkes«. Solche hintergründig-ironischen Kombinationen von Wort und Bild sind kennzeichnend für die Kunst jener Zeit, für Schütte jedoch eher eine Ausnahme. Der Satz ist eine Wucht. Das Volk ist der Souverän unserer Demokratie. Es steht über allem, die Staatsgewalt geht vom

Volk aus. »Im Namen des Volkes«, mit dieser Formulierung beginnt jede Urteilsverkündung, und so endet auch jeder Prozess. Die Bockwurst mit diesem Satz zu garnieren ist genial. Die Bockwurst ist eine typisch deutsche Wurst. Man könnte auch sagen, diese Wurst ist Deutschland. Wir sind die Wurst. Und als fast feurig explosive, aber etwas unklare Beifügung gibt es Senf dazu. Von irgendwoher kommt er aus der Wurst herausgespritzt und nimmt dabei fast physiognomische Züge wie ein Plüschtier an. Ich sehe hier das Profil eines Pudels, dessen Kern ja auch typisch deutsch ist, irgendwie.

Dieses Wurstbild war für Schütte Ausgangspunkt für eine große, formal ganz ähnlich aufgebaute Serie von Aquarellen, immer mit der gleichen Wurst, immer mit der gleichen Krümmung ins Format gestellt, immer mit dem Senf in der Kuhle, allerdings nicht mehr mit der Inschrift »Im Namen des Volkes«, sondern mit dem Reihentitel »Glaube, Liebe, Hoffnung«, der einen auch etwas ratlos macht. Wenn Glaube, Liebe und Hoffnung hier zu Wurst wird, ist das nunmehr schwer mit der ursprünglichen Ikonografie in Zusammenhang zu bringen. Möglicherweise ist für Schütte aber die Theatermetapher im Sinne des großen Welttheaters von Pedro Calderón de la Barca das Bindeglied, unter die man seine ganze Werkgruppe der Wurstporträts stellen könnte. Eine Version gibt allerdings eine ganz konkrete Deutungsrichtung vor. Denn unter ebendiesem Titel »Glaube, Liebe, Hoffnung« schuf Thomas Schütte auch einen großen Zyklus, der weit über Wurstbilder hinausgeht und durch den Zusatz »frei nach Horváth« eine ganz konkrete Interpretation vorgibt. Im gleichnamigen Drama von Ödön von Horváth geht es um ein armes Würstchen, das Glaube, Liebe und Hoffnung aufgrund eines Urteils, gefällt »Im Namen des Volkes«, verloren hat. Und auch im übertragenen Sinne geht es um die Wurst, bis die Protagonistin Elisabeth ins Wasser geht und ihr Leben beendet.

Doppeldeutigkeit, Ironie und tiefere Bedeutung sind auch bezeichnend für Sigmar Polkes Werk, in dem auch immer wieder Würste auftauchen. Die Wurst ist Kunst, wobei die Kunst ihm dabei wurscht ist. So, wie Polke seinen »Wurstesser« malte, ist das schon fast Antikunst mit provozierender Missachtung all ihrer tradierten Regeln. So amorph, wie sich die Wurstkette auf der großen leeren Bildfläche kreuz und quer herumkringelt, so banal erscheint auch die Botschaft, wenn das Wurstende von einer Hand gehalten, die aus dem nichts kommt, auf den geöffneten Mund eines nur schemenhaft unfertig hinskizzierten Kopfes trifft. Auch die Farbigkeit ist ähnlich reduziert, doch der Regelverstoß hat eine unheimliche Dynamik. Er selbst ist die eigentliche Botschaft, die den Zeitgeist genauso wie den spezifischen lokalrheinischen Frohsinn verkörpert. Martin Hentschel sah in seinem Essay im Katalog zur großen Polke-Ausstellung der Kunst- und Ausstellungshalle der Bundesrepublik Deutschland in Bonn und der Nationalgalerie Berlin im Bild »Der Wurstesser« noch eine Anspielung auf »die virulenten Mangelerfahrungen im Deutschland der 1950er-Jahre«. Meine Einschätzung tendiert aber eher in die umgekehrte Richtung: nämlich dass man sich 1963, als das Bild gemalt wurde, endlich auch mal richtig satt essen und viele Würste verschlingen konnte.

Polke ist zeitlich wie stilistisch eng verbunden mit dem Werk von Dieter Roth und Joseph Beuys. Die Vorliebe für Wurst ist ein zusätzliches Element, das diese drei großen und allesamt schon verstorbenen Künstler miteinander verbindet. Von Dieter Roth gibt es Wurstobjekte, die sehr real sind. Martin Walser, einer der letzten noch lebenden bedeutenden deutschen Autoren der Nachkriegszeit, ist Namensgeber eines Objektkastens mit einer schräg in zwei ungleich große Teile aufgeschnittenen groben Leberwurst. Auf der Banderole erscheint in klassischen Groteskletttern der Name »Martin Walser« und darunter ausgemittelt der Werktitel »Halbzeit«. Dieses Werk Roths stammt aus dem Jahr 1967, der Roman »Halbzeit« erschien 1960, Walser war damals gerade 33 Jahre alt. Wie visionär war es doch von Dieter Roth, die Walser-Wurst in zwei so ungleiche Hälften zu teilen. Alle Romane Walsers, so auch »Halbzeit«, haben immer mal versteckte, mal ganz offen autobiografische Züge. Dieter Roth presste den Roman klein gehackt, durch den Fleischwolf gedreht in einen Naturdarm und machte ihn zur »Literaturwurst«. Zwischen 1961 und 1974 schuf Dieter Roth etwa fünfzig solcher »Literaturwürste«. Die in Wurstform gepressten Wortgehäcksel mit unterschiedlichen Rezepturen sind teils sogar mit echten Gewürzen und Schweineschmalz angereichert. Laut seinem Sammler, dem Zahnarzt Hanns Sohm, soll Roth gesagt haben, dass er Bücher, die er nicht leiden könne, oder spe-

»Halbzeit« nach dem gleichnamigen Roman von Martin Walser und eine Variation aus der Serie »Kleiner Sonnenuntergang«, in deren Mitte eine Wurstscheibe prangt.

ziell Autoren, die er gerne etwas ärgern möchte, zu Würsten verarbeite, bis zu 40 cm lang und 8 cm dick, alle signiert, in limitierter Auflage von fünfzig Exemplaren und zum Stückpreis von damals 100 DM.

Roth hat immer gerne provoziert, niemand hat sich beschwert, von ihm verwurstet zu werden, und sicher hat er nicht immer Werke nur aus Bosheit verwurstet. Schließlich reichen die Opfer seiner Verwurstungen von Karl Marx, Günter Grass über Kennedy bis Hegel, von dem er sogar eine Gesamtausgabe in zwanzig dicke Würste abfüllte. Letztlich ist es eine Ehre, von Dieter Roth verwurstet zu werden. Zu seinen Opfern wurden auch Zeitungen, mit dem *Daily Mirror* fing es an, dann folgten die *Bild*-Zeitung und wohl wegen der reizvoll poetischen Vermengung von Titel und Werk der *Spiegel* und die *Welt*. Letztere zu verwursten ergibt natürlich eine stimmige Einheit. Denn was macht eine Tageszeitung anderes, als die Welt zu verwursten?

Immer ging es Roth darum, das Material in seiner Vergänglichkeit, in seiner Auflösung darzustellen. So schuf er Wurstbilder, auf denen reale

Wurstscheiben luftdicht zwischen Folien eingeschweißt das Sichtfeld ergeben. Schimmel und Licht und die Zeit verleihen diesen Werken permanent etwas Einmaliges. Sie verändern sich zu jeder Sekunde, aber erkennbar wird dieser Prozess immer nur in größeren Zeitabständen. Sie sind Albträume für jeden Konservator und für Restauratoren gar ein Tabu. Die größte Verbreitung hat eine unlimitierte Edition. Alle Arbeiten bestehen aus jeweils drei Elementen, aus zwei meist unterschiedlich eingefärbten Papieren gleicher Größe und gleichen Formats und einer Wurstscheibe. Aneinandergelegt ergeben die Papiere eine Horizontlinie, auf deren Mitte die Wurstscheibe aufliegt. Der Künstler hat das Ganze dann zwischen zwei transparenten PE-Folien gepresst und umlaufend mit Tesafilm verklebt. Es gibt diese Serie als »Kleiner Sonnenuntergang«, aber auch als »Mittlerer Sonnenuntergang«. Tatsächlich entsteht dieser Eindruck durch die langsame Ausstrahlung des Fettes, das sich aus der Wurst kreisförmig und mit abnehmender Intensität auf der Unterlage ausdehnt. Das Übrige erledigen die Schimmelbildung und die fortwährende Zersetzung. Die Wurst verwandelt sich in eine Sonne mit Strahlkraft, die langsam verblasst, um irgendwann schließlich ganz zu erlöschen. Eat-Art wird zur Kosmogonie, ein Begriff, mit dem Yves Klein die Veränderungsprozesse seiner Werke bezeichnete, die er dem Einfluss von Sonne, Wind und Regen aussetzte.

Zum Abschluss meines kleinen Düsseldorfer Wurstkunstexkurses muss ich noch einmal auf Beuys zurückkommen. Johannes Stüttgen, Meisterschüler, Weggefährte und Nachfolger von Beuys als Leiter verschiedener Initiativen, wie der heute noch aktiven »Organisation für direkte Demokratie durch Volksabstimmungen«, erzählte mir eine lustige Anekdote. Bei der großen Installation der Arbeit »Hirschdenkmäler« in der inzwischen legendären Ausstellung »Zeitgeist« im Foyer des Berliner Martin-Gropius-Baus 1982 hatte Beuys eine Blutwurst auf eine lange Latte gehängt und auf die Frage, was die zu bedeuten habe, geantwortet, sie sei ein Zeichen für die Ganzheit. Auf die Nachfrage eines Journalisten: »Herr Beuys, wieso ist denn die Blutwurst ein Zeichen für die Ganzheit?«, habe er ihm lachend geantwortet: »Dann schneiden Sie mal ein Stück davon ab, dann ist sie nicht mehr ganz!« Die Wurst hatte in der Ausstellung fast niemand wahrgenommen. Sie war ja

»Hirschdenkmäler« von Beuys – die Blutwurst ist das zentrale Element, auch wenn sie kaum zu entdecken ist.

auch ein ganz kleines Element auf der dünnen Stange in etwa zehn Metern Höhe über dem riesigen Lehmberg. Der Titel »Hirschdenkmäler« hatte drei Untertitel: »± Wurst«, »Lehm« und »Werkstatt«. Laut Stüttgen verkörpert die Wurst die Idee, die anderen Elemente Stoff und Materie.

Im »Zeitgeist«-Katalog schrieb Beuys über seine Arbeit »Hirschdenkmäler«: »Ich würde nicht von mir behaupten, dass ich nicht dumm bin, denn dass es um die RADIKALE UMGESTALTUNG DES GANZEN geht, das weiß im Grunde gerade der Dümmste. Er sagt sich im Stillen: Die Intelligenz, die benötigt wird, eine BLUTWURST zu machen – das kann ja nur die Intelligenz der Blutwurst selbst sein.« Viele Metzger haben mir später erzählt, dass man an nichts so gut die Qualität ihres Handwerkes bestimmen könne wie an einer Blutwurst. Die Blutwurst ist quasi Indikator für die höchste Kunstfertigkeit. In ihr spiegelt sich das Ganze, und sie ist sogar unbewusstes Substrat unserer gesamten christlichen Heilslehre: Blut als Opfer für das Leben. ❡

Riesen-Mettenden aus Kleve: *Fleischerei Terhoeven*

Wie verschieden Deutschland und seine Würste sind, erlebe ich einmal mehr bei meiner Reise durch die niederrheinische Tiefebene rund um Kleve, der Stadt der Kindheit und ersten Wirkungsstätte von Joseph Beuys. Gerade mich als Bayer faszinieren die ungewohnt weiten Sichtachsen der von Kanälen durchzogenen tiefgrünen Ebene. Immer wieder wird die Horizontale aufgebrochen durch kleine Ensembles von Laubbäumen, die meist reet- oder schiefergedeckte Gutshöfe mit ihren so schönen unverputzten dunkelroten Backsteinfassaden umstellen, um ihnen Schutz und Schatten zu spenden. Auch alle Ortschaften haben ihren ganz eigenen Charakter, der schon ein wenig an das nahe Holland erinnert.

Auf dem Weg nach Kleve, der Provinzhauptstadt, stoße ich immer wieder auf große Hofmärkte mit Bioprodukten und Landwürsten, oft noch auf der Basis von eigener Tierhaltung und Hausschlachtung hergestellt. In Kleve bin ich mit Lothar Quartier verabredet. Sein Hauptgeschäft liegt etwas außerhalb, und da ich zu früh dran bin, schlendere ich noch ein wenig durch die schöne Altstadt. Im Vorbeigehen entdecke ich eine Filiale von Quartier und ergreife die Gelegenheit, schon einmal das reiche Wurstangebot ganz unbefangen in Augenschein zu nehmen. Alles sieht sehr appetitlich aus, und vieles verlockt mich, doch ich begnüge mich mit einem Stück von den getrockneten Mettenden, einer niederrheinischen Spezialität. Nur wenige Schritte weiter entdecke ich in einer Seitenstraße eine andere Fleischerei. Neugierig betrachte ich die Auslage durch das Fenster. Hinter der Theke erblicke ich ein Bündel mit langen, dicken, sehr unterschiedlich geformten Würsten, die mich faszinieren. Ich betrete den Laden, um Näheres zu diesen Würsten in Erfahrung zu bringen. Sofort ruft die Verkäuferin den Meister. Johannes Terhoeven freut sich sichtlich, dass ein Kunde Fragen stellt. Bei dem Bündel Würste handelt es sich um »Mettenden im fettigen Dickdarm«, wie er mir erklärt. Ich bin erstaunt,

»Riesen-Mettenden« der Fleischerei Terhoeven aus Kleve

denn meine gerade konsumierten Mettenden waren im Vergleich dazu regelrecht winzig. Terhoeven meint lachend, dass diese luftgetrockneten riesigen Mettenden seine Spezialität seien. Man könne sie locker vier Monate zu Hause im Keller hängen lassen – je älter die Mettenden seien, desto mehr würden sie an Geschmack gewinnen. Er beliefere damit Fans in aller Welt, denn wegen ihrer Haltbarkeit könne man sie gut verschicken. Anders als mein späterer Gesprächspartner Lothar Quartier hat Johannes Terhoeven seinen Betrieb ganz bewusst klein gehalten. Wichtiger als der Aufbau eines Filialnetzes sei es für ihn, handwerklich alles selbst unter Kontrolle zu haben und in engem Kontakt zu den Kunden zu stehen. Er lerne dabei ja auch viele interessante Menschen kennen. Sogar der Xantener Sternekoch Jürgen Köpp kaufe seine Würste bei ihm ein. ❡

Frisch Gehacktes aus Kleve: *Metzgerei Quartier*

Bei meiner Ankunft im Hauptgeschäft von Lothar Quartier werde ich herzlich von ihm empfangen. Er trägt sportlich-legere Kleidung und eine sehr modische Hornbrille. Mit großer Eloquenz beginnt er zu erzählen: »Wir sind eine richtige Metzgerfamilie, wobei mein Urgroßvater und Großvater noch von Haus zu Haus übers Land gezogen sind und auf Bauernhöfen Hausschlachtungen gemacht haben.« Der Laden sei erst viel später dazugekommen. Die Geschichte, wie sich das zugetragen hat, ist recht ungewöhnlich. Sein Vater, erzählt Lothar Quartier, habe sich vor etwa fünfzig Jahren in einem alteingesessenen Betrieb Gewürze und Därme ausleihen wollen, da diese ihm bei einer Hausschlachtung ausgegangen waren. Man half ihm gerne aus, bat ihn aber, kurz auf das Geschäft aufzupassen, da der Meister dringend zum Arzt müsse. Leider kam er von dort nicht wieder zurück. Aus dem »kurz aufpassen« wurde ein »für immer«, denn der Vater verliebte sich in eine Fleischfachverkäuferin aus Kleve, heiratete diese und übernahm schließlich von der Witwe des bisherigen Meisters das Geschäft.

Bis heute fühlt sich Lothar Quartier dieser Tradition verbunden. Alle seine Würste, vor allem die beliebten Kochmettwürste, basieren noch auf diesen alten Rezepten. Ich betrachte die beachtliche Sammlung an Pokalen – regionale und nationale Auszeichnungen für die verschiedensten Sorten an Würsten, die von der Qualität der Quartier'schen Waren zeugen. Den ganz großen Erfolg hatte der Meister aber einer ganz besonderen Geschichte zu verdanken: Eines Morgens erhielt er einen Anruf aus der Druckerei, die für ihn eine Werbebeilage für die Lokalzeitung drucken sollte. Der Inhaber habe herumgedruckst, um schließlich zu bekennen, dass der Flyer nicht ausgeliefert werden könne, denn trotz aller Korrekturgänge sei ein schlimmer Fehler übersehen worden. Bei der Überschrift zum Wochenangebot »Heute wieder frisch Gehacktes« habe sich statt des »h« ein »k« eingeschlichen. Das sei ein Schock gewesen, und er habe schon einem Auslieferungsstopp zustimmen wollen – immerhin 30000 Exemplare –, als sein Sohn, der das Malheur mitbekommen hatte, lauthals zu lachen begann. Das habe ihn derart irritiert, dass er sich spontan umentschied und dem sich sträubenden Druckereibesitzer die Anweisung gab, den Flyer trotz des peinlichen Fehlers auszuliefern. Die Reaktionen seien überwältigend gewesen: »Einige Kunden kamen in den Laden, um mich dezent und flüsternd auf das Missgeschick aufmerksam zu machen, andere bestellten lauthals: ›Ein Kilo frisch Gekacktes!‹« Die Geschichte verbreitete sich wie ein Lauffeuer. Zunächst berichteten nur lokale Blätter und Sender, dann griffen die Medien bundesweit die Panne auf, und sogar im Frühstücksfernsehen wurde darüber berichtet. Das »frisch Gekackte« bescherte Quartier einen Rekordumsatz. Heute allerdings würde er penibel darauf achten, dass in Werbeprospekten beim Anpreisen einer Knackwurst auch das »n« nicht vergessen werde. Denn so eine einmalige Geschichte von Glück im Unglück könne man nicht wiederholen.

Verglichen mit den Mettenden des Nachbarmetzgers sind die Exemplare von Lothar Quartier beinahe zierlich.

Gendertrouble rund um die Wurst

Statistisch ist erwiesen, dass Männer etwa doppelt so viel Fleisch verzehren wie Frauen. Und obwohl die Wurst in der deutschen Sprache ein weibliches Geschlecht hat, gilt sie doch aufgrund ihrer Form auch als Symbol der Männlichkeit. Ein Widerspruch, der Auslöser ist für allerlei Doppeldeutigkeiten und ein gefundenes Fressen für Künstler. Helge Schneider, Vorreiter der Trashkultur und Verfechter der Enttabuisierung alles Sexuellen, gab seiner Autobiografie den provozierenden Titel »Bonbon aus Wurst«, wobei die Verse seines gleichnamigen Liedes noch etwas eindeutiger sind, wenn es da heißt: »Sie war sehr nett und hatte ne schöne Dauerkrause. Ich küsste sie im Voraus und nahm sie mit nach Hause! Ich zeigte ihr den Keller und auch den Bügelraum. Doch für all die schönen Zimmer interessierte sie sich kaum! Es war das Bonbon aus Wurst, das ihr Glück gebracht – tingeling! Bonbon aus Wurst, die ganze Nacht. Bonbon aus Wurst, riesengroß. Bonbon aus Wurst ganz famos – tingelingeling!« Weit vor Conchita Wurst komponierte Schneider 1997 auch ein Lied mit dem Refrain »Ich bin der Wurstfach-, Wurstfach-, ich bin der Wurstfachverkäuferin« und war damit quasi der Urheber der Genderdiskussion rund um die Wurst.

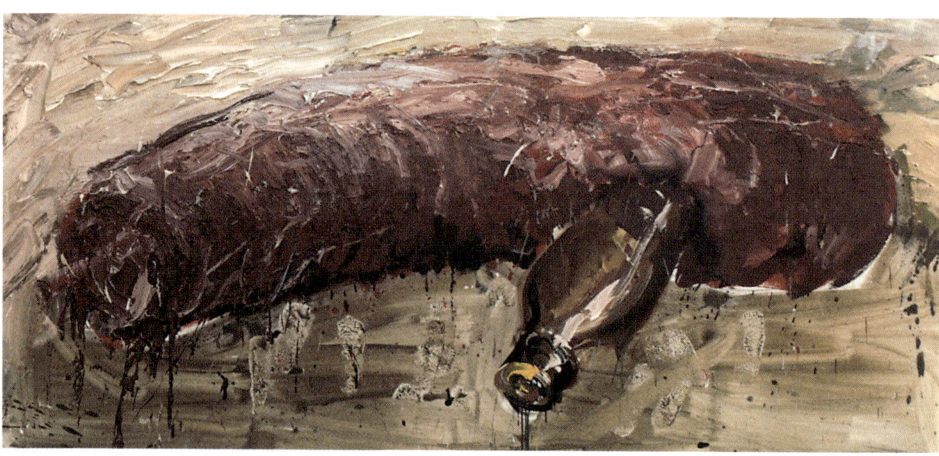

Bier und Wurst vereint – »Ohne Titel« von Dieter Krieg, 1985

Das Phallische der Wurst hat auch den Künstler Dieter Krieg inspiriert, der 1978 Deutschland auf der Biennale in Venedig vertrat. Im Kunstmuseum in Celle hängt ein 3,15 Meter breites kraftstrotzendes Gemälde einer Riesenwurst, die mit einer Bierflasche verschmolzen ist. Die Bildunterschrift lautet zwar »Ohne Titel, 1985«, doch das, was man sieht, ist sehr eindeutig: Die beiden großen Attribute der männlichen Genusssucht sind wie ein Liebespaar miteinander vereint.

Rund dreißig Jahre später löste die Verbindung von Männlichkeit und Wurst einen bundesweiten Medienrummel aus. Daniel Schulz, Vertriebsleiter der Firma Rasting, war einer der Hauptverantwortlichen für diesen Aufruhr während des medialen Sommerlochs 2013. Die Firma ist einer der großen Fleisch- und Wursterzeuger des Landes, vor allem verantwortlich für das Frischfleisch und das Selbstbedienungsangebot der Edeka-Kette. Typisch für den Wirtschaftsaufschwung der 1950er-Jahre, ging das Unternehmen aus einer kleinen Bad Godesberger Fleischerei hervor, die erst lokale Edeka-Märkte belieferte, nach und nach immer größer wurde und, auch das ist typisch, am Schluss von der einstigen Ziehmutter verschluckt wurde. Heute ist es ein breit aufgestelltes Großunternehmen mit zwei riesigen Produktionsanlagen in Meckenheim und Essen, wo jährlich Millionen Tonnen Wurst- und Fleischprodukte verarbeitet werden. Die Geburtsstunde der »gendermanipulierten« Würste der Firma wurde in verschiedenen Medien so kolportiert: Bei einer Sitzung, auf der eine neue Wurstkreation mit beigemengten Röstzwiebeln und Käse vorgestellt wurde, habe ein Teilnehmer ausgerufen, das sei ja eine Wurst für richtige Männer. Und schon war die »Männer Bratwurst« geboren, die erfolgreich auf dem Markt platziert werden konnte. Nicht nur der Geschmack dürfte dafür ausschlaggebend gewesen sein, sondern wohl der Aufdruck auf dem eingeschweißten Wurstsixpack: Neben der Aufschrift »Männer Bratwurst, deftig, kräftig gewürzt« lockte ein südländisches Model mit gepushtem, freizügigem Dekolleté männliche Kunden an. Der Erfolg war so groß, dass man – auch im Bewusstsein der Gleichberechtigung – eine dazu passende »Frauen Bratwurst« kreierte. Die zeigte einen gut gebauten jungen Mann, der versunken über seinen bis an die Schamgrenze entblößten Sixpack hinweg, nun ja, auf sein edelstes Stück

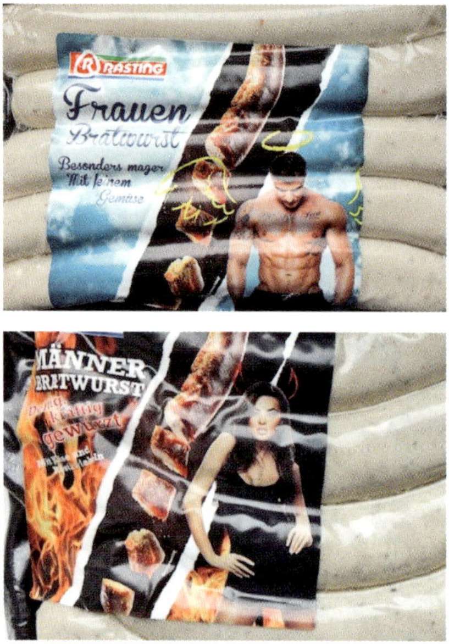

Wurstsixpack mit Sixpack und Dekolleté

blickt. Geschwungene Lettern verkündeten: »Frauen Bratwurst, besonders mager mit feinem Gemüse.« Das brachte nicht nur die Feministen auf die Palme, die Empörung zog weite Kreise. »Wurst für Machos, Wurst für Tussen« titelte der *Stern* und prangerte vor allem an, dass die besonders mageren, mit Gemüse versetzten Frauenbratwürste um über zwei Euro pro Kilo teurer seien als die mit reinem Fleisch gefüllten Männerbratwürste. Und Tina Groll, Redakteurin im Ressort Karriere, reflektierte bei *Zeit online* unter dem Titel »Die Wurstfrage« die mangelnde Gleichberechtigung der Geschlechter: »Männer essen mehr, sie mögen es deftig und kräftig – Frauen dagegen sind bereit, mal etwas mehr zu bezahlen, auch wenn sie dafür weniger bekommen.« In der Frauenbratwurst sah sie zwar eine konsequente Weiterentwicklung der Emanzipation, da »die Damenwelt den letzten Männerbastionen gefährlich nahe gekommen ist – den Chefetagen und dem Grill«, fand es aber dämlich, dass Frauen, die diese Produkte kaufen, damit »letztlich nur ein dumpfes Geschlechterbild bestätigen. Mutti mit buntem Kleinwagen, die sich von Vati die Damenwurst grillen lässt – eigentlich wollten wir doch mehr Gleichberechtigung der Geschlechter. Und selbst wenn Mutti ihre Wurst selbst auf den Grill wirft: Emanzipierte Frauen brauchen keine Frauenbratwurst mit besonders viel Gemüse. Männer und Frauen, die sich als gleichwertig empfinden, sollten beherzt zur geschlechtsneutralen Wurst greifen und den Gender-Blödsinn im Regal liegen lassen.«

Tatsächlich muss die Provokation größer gewesen sein als der – auch wegen des riesigen Medienwirbels – ungewöhnliche Marketingerfolg. Beide Gender-Wurstsorten wurden inzwischen vom Markt genommen, die deutsche Kultur hat zwei ihrer angeblich über 1500 verschiedenen Wurstsorten verloren. Ein Verlust, der aus meiner Sicht problemlos zu verkraften ist …

Die »Wurstlücke« oder der Schalk aus Schalke

Bismarck tätigte einmal die berühmt gewordene Aussage: »Je weniger die Leute davon wissen, wie Würste und Gesetze gemacht werden, desto besser schlafen sie.« Das war noch die gute alte Zeit, denn heute scheint fast die Umkehrung zu gelten: Nur wer alles rund um die Wurst und alle Finessen der Gesetze und ihrer Auslegungen gut kennt, kann nachts gut schlafen. Immer wieder finden sich dann aber doch Lücken, durch die man elegant hindurchschlüpfen kann. In einem konkreten Fall, wo es um die Wurst ging, hatte diese Lücke solch große Auswirkungen, dass sie öffentliche Aufmerksamkeit erregte und der Gesetzgeber handeln musste. Es ging um die stolze Summe von mehreren Hundert Millionen Euro, die dem Fiskus entgangen sind. Die Rechtsgeschichte gewann dagegen mit der »Wurstlücke« einen neuen juristischen Terminus. Mit ihr wird eine Gesetzeslücke im deutschen Wettbewerbsrecht bezeichnet, gemäß der bei Verstößen gegen das Kartellrecht nur die handelnde Konzerntochter haftet, nicht die Mutter.

2014 hatte das Bundeskartellamt gegen 21 deutsche Wursthersteller wegen illegaler Preisabsprachen mit 338 Millionen Euro die höchste Bußgeldsumme seiner Geschichte verhängt. Allein auf den Branchenprimus, die Tönnies-Gruppe mit einem Jahresumsatz von 5,6 Milliarden Euro, entfiel für die beiden Tochterfirmen »Böklunder« und »Könecke« ein Bußgeld von 120 Millionen Euro. Tönnies liquidierte kurzerhand die beiden Firmen und gliederte sie in die frisch hinzugekaufte »Mühlen-Gruppe« ein. Durch die Löschung im Handelsregister war der Bußgeldbescheid nicht mehr zustellbar. Ein juristisches Nachspiel hatte all das nicht. Der Wurstfabrikant und Bayern-Boss Uli Hoeneß wurde wegen Hinterziehung einer wesentlich geringeren Summe zu einer Gefängnisstrafe von 42 Monaten verurteilt, von der er die Hälfte auch abgesessen hat. Schalke-04-Boss Clemens Tönnies blieb dagegen ungeschoren. Nur wenige, vor allem die Kleineren, bezahlten brav. Etwa 238 Millionen Euro, über zwei Drittel der Bußgeldsumme, muss der Fiskus wohl dauerhaft abschreiben. Die öffentliche Empörung ist fast schon vergessen, man wird sehen, ob die Wurstlücke jemals geschlossen wird oder sich die Lobbyisten einmal mehr durchsetzen. ❡

&
DENE MEDAILLE
Handels-Marke No. 7184.
PREIS
CHICAG
Francisco 1894
PARIS 1900
dene Medaille
Turin 1911
Goldene Medaille & Ehren
BRITISCH NORD-AMERIKA
VEREINIGTE STAATEN
COLUMBIA

Hessen

WO DIE WIENER ZU HAUSE SIND

»Metzgerborsch,
hackel die Worscht,
hackel se nit su grob,
sonst werf ich der se
widder de Kopp.«

Hessen ist eine der großen deutschen Wurstregionen, die sich aber in zwei Bereiche gliedert. Nordhessen wird beherrscht von der »Ahle Worschd«, der Süden wird dominiert von der »Frankfurter«. Die hessische Fleischwurst ist im ganzen Land so beliebt, dass sogar jährlich Fleischwurstmeisterschaften stattfinden. Im Ausland kennt man den Terminus ebenfalls, und letztlich ist der Inhalt eines Hotdogs auch nichts anderes als eine »Frankfurter«. In der namensgebenden Stadt selbst ist sie eines der grundlegenden Lebensmittel, heißt hier allerdings »Wiener«.

Frankfurt ist nicht nur Bankenmetropole, sondern gewissermaßen auch die deutsche Wurstmetropole, ist sie doch Sitz des Deutschen Fleischerverbandes und alle drei Jahre Ausrichtungsstätte der IFFA, der weltgrößten Fleischermesse. In der Stadt schätzt man seit jeher ein breites Wurstangebot: Schon 1434 kannte man hier neben der Blutwurst und der Bratwurst schon Sorten wie die »Brennwurst«, die »Dreiwurst« und die »Hyrnworst« geschriebene Hirnwurst. Die Hessen sind Feinschmecker und greifen für gute Qualität gerne mal tief in die Tasche. So erregte der experimentierfreudige Gourmetmetzger Dirk Ludwig aus Schlüchtern Aufsehen mit einer Bratwurst aus feinstem Fleisch vom japanischen Kobe-Rind; über diese »teuerste Bratwurst der Welt« berichteten die Medien auch international.

Hinter manchem hessischen Wurstnamen verbergen sich komplexe Geschichten. Die hessische Hauptstadt Wiesbaden ist mit der Kalle GmbH Sitz einer der weltgrößten Fabrikationsstätten für künstliche Wursthüllen. Gut 700 000 Kilometer ziehen von hier aus jährlich um die Welt. Da Wiesbaden auch die Geburtsstätte der Fluxus-Bewegung ist, erfand der Wiesbadener Künstler Hans-Joachim Kroecker 2002 anlässlich des vierzigsten Jubiläums von Fluxus die »Wiesbadener-Fluxus-Luftwurst«. Zunächst drapierte er eine 999 Meter lange aufgeblasene Wurstpelle um den Wiesbadener Kurhausweiher und unternahm später mit jeweils 20 Meter langen Stücken Aktionen auf der ganzen Welt: Einer Wurst zeigte er den Gipfel des Fujiyama, eine andere hängte er in Benin an einen Baum, und auf Feuerland konfrontierte er Pinguine mit der Wiesbadener Wurst.

Von Wiesbaden aus zog die »Fluxus-Luftwurst« des Künstlers Hans-Joachim Kroecker um die ganze Welt.

Wenn man in Frankfurt Wurstkenner nach lokalen Spezialitäten befragt, wird nicht etwa das Frankfurter Würstchen, sondern die »Frankfurter Rindswurst« genannt. Das berührt auch historische Wurzeln, denn in Frankfurt war die Wurstherstellung ursprünglich per Gesetz nach Fleischsorten eingeteilt. Schweinefleisch durfte nur von Schweinemetzgern und Rindfleisch nur von Rindermetzgern verarbeitet werden. Eine Vermischung beider Fleischsorten in einer Wurst war sogar verboten, vielleicht auch eine Notwendigkeit angesichts der großen jüdischen Gemeinde der Stadt. Die koschere Wurstfabrikation hatte hier eines ihrer Zentren, heute ist diese Tradition weitgehend verloren gegangen.

Die echten Frankfurter Würstchen bestanden zu 100 Prozent aus Schweinefleisch, weshalb sie auch nur von Schweinemetzgern hergestellt wurden. Im großen Standardwerk »Das Fleischergewerbe in Wort und Bild« von Willy Schmidt aus dem Jahr 1910 lautet die Rezeptur für Frankfurter Würste so: »Schinken, Schulterstücke, Kämme und Bäuche werden schlachtwarm von Schwarten und Sehnen befreit und einen Tag lang an einem luftigen Ort zum Auskühlen und Austrocknen auseinandergehängt. Es sollen zwei Teile mageres Fleisch und ein Teil zäher Speck fein gewiegt werden und mit Salz, Pfeffer, Muskatnuss, Salpeter und Wasser vermengt in Saitlinge abgefüllt und über saubere Rundstäbe fünf bis sechs Stunden zum Trocknen aufgehängt werden und anschließend acht bis zehn Stunden über Sägemehl bei mäßiger Temperatur geräuchert werden, bis sie schön hellgelb sind.« Ich erinnere mich daran, dass die Wiener Würstchen meiner Kindheit tatsächlich allesamt noch viel gelber waren, und weil das Auge und die Erinnerung den Geschmack prägen, schmecken mir Wiener Würste, gemäß diesem Prinzip, je gelber desto besser.

Es geschieht viel zu selten, aber ein frisches Wienerle kann eine wahre Delikatesse sein, an der man auch die Qualität des Metzgers ablesen kann. Das werden wohl die Prominenten beim Wiener Opernball ähnlich empfinden, wo seit einigen Jahren schon ein Würstelstand mit Frankfurtern zum nicht mehr wegzudenkenden kulinarischen Inventar gehört. In diesem von Dekadenz und Luxus geprägten Ambiente scheint gerade in der proletarischen Einfachheit, den diese Wurstkultur verkörpert, der Reiz für die Ballgäste zu liegen, sich an einem senfverzierten Würstchen zu laben. Wobei diese Tradition schon immer Kultcharakter hatte. Spätnachts, wenn es sich auf dem Opernball längst ausgewalzert hat, treffen sich die Reichen und

Ein etwas sexistischer Fotoschnappschuss des britischen Künstlers Martin Parr: eine knackige Wiener Opernball-Besucherin mit ebensolchen Frankfurter Würstchen.

Schönen vor dem »Bitzinger«, dem berühmtesten aller Wiener Würstelstände. Bis in die Morgenstunden reißt die lange Schlange nicht ab, die Wartezeit scheint niemanden zu stören. Eher im Gegenteil, man genießt diese letzte Gelegenheit, um sich noch einmal in aller Pracht vor all den Schaulustigen zu zeigen. Ein Fressen für Klatschreporter und Fotografen, vor allem, wenn es dann an die Wurst geht und nicht nur Frankfurter, sondern auch recht derbe Begriffe fallen, die Nichtwienern die Schamesröte ins Gesicht treiben könnten. Feine Frankfurter werden bei unseren alpenländischen Nachbarn gerne auch »Sacher-Würstel« genannt, dann gibt es noch »Burenhäutl«, »Haße«, »Scharfe« oder gar »Eitrige« (Käsekrainer) mit Bugl (Brötchen) und »Oarschpfeiferl« (scharfe Peperoni). Vor allem die »Eitrigen« bergen so manche Tücke, weil es ganz leicht passiert, dass man seinen teuren und edlen Frack oder sein Ballkleid beim Reinbeißen explosionsartig mit Fettflecken übersät. ❡

Sind Frankfurter Wiener oder ist das wurscht?

Die klassische Wiener Wurst besteht im Unterschied zur ursprünglichen Frankfurter aus einer geschmacklich ausgewogenen Mischung von Schweine- und Rindfleisch. Ihr Erfinder war ein fränkischer Bauernsohn, Johann Georg Lahner, der 1895 nach Frankfurt ging, um dort das Fleischerhandwerk zu erlernen. Nach seiner Ausbildungszeit trieb es ihn bei seiner Gesellenwanderung nach Wien, wo er mehrere Jahre lang als Aufhackgehilfe bei einem großen Wiener Fleischereibetrieb arbeitete. 1904 machte er sich selbstständig und gründete eine eigene Selcherei, wie in Bayern und Österreich Fleisch- und Wursträuchereien genannt werden. Hier produzierte er, so wie er es in Frankfurt gelernt hatte, auch Frankfurter Würstchen, nur war es in seiner neuen Heimat erlaubt, Schweine- und Rindfleisch im Brät zu vermischen, was ihn geschmacklich offenbar überzeugte. So entstand die Urform des heute weltweit sogenannten Frankfurter Würstchens, das in Deutschland und Frankfurt »Wiener« heißt, weil ein fränkischer Frankfurter jene Wurst in Wien erfunden hat. Eine von vielen Wurstparadoxien.

Seit 1929 ist die Herkunftsbezeichnung »Frankfurter Würstchen« in Frankfurt und Deutschland gesetzlich geschützt. Ein Frankfurter Würstchen darf nur in Frankfurt hergestellt und als solches bezeichnet werden. Außerhalb Deutschlands gilt »Frankfurter« nur als Gattungsbezeichnung und darf überall so genannt werden. Über die weltweite Verwirrung durch diese Doppelbenennung und die unterschiedlichsten Ursprungsmythen könnte man fast ein eigenes Büchlein schreiben. Zu dem Verwirrspiel trägt natürlich bei, dass inzwischen in Frankfurt die Reglementierung und Trennung der Produktion nach den Tiersorten Schwein, Rind, Lamm, Wild längst nicht mehr gegeben ist. Die Frankfurter Würstchen in der Fachliteratur unterscheiden sich darin von den Wienern, dass Frankfurter Würstchen angeblich mehr Rindfleisch im Gegensatz zu den Wienern enthalten und die original Wiener als reine Schweinewürste gelten. Die historische Ausgangslage hat sich also umgekehrt.

Letztlich sind Frankfurter und Wiener ziemlich ein und dasselbe und beinhalten heute fast alle einen Mix von Rind- und Schweinefleisch, nur einheitlich ist die Verwendung eines Schafsaitlings als Wursthaut, weshalb sie in Baden-Württemberg auch »Saitenwürstle« genannt werden. Im Ortsbezug des Namens spiegelt sich die Provenienz des Menschen, aber gegen alle Regeln nicht die der Wurst. Der Wurst sind ohnehin alle Regeln wurscht, was auch zu den Phänomenen zählt, weshalb mir die Wurst so rätselhaft und sympathisch erscheint.

Die Frankfurter essen gerne Wiener und die Wiener essen gerne Frankfurter. Leicht könnte man meinen, sie haben sich gegenseitig zum Fressen gern. Diese einmalige kulinarische Verbindung wäre doch die ideale Voraussetzung für eine Städtepartnerschaft! Aber sie sind es nicht. Lediglich Frankfurt unterhält mit Lyon, der Heimatstadt der im Verhältnis zur Wiener etwas dickeren Lyoner Wurstverwandten, eine Partnerschaft. ¶

Karl Gref, der die Metzgerei Völsing 1894 gründete, wacht über die heutige Produktion. Die Rindswürste werden bis heute nach seiner Rezeptur hergestellt.

Berühmte Frankfurter Rindswürste: *Metzgerei Gref-Völsing*

In Frankfurt ist die »Gref-Völsings-Wurst« eine lokale Berühmtheit, weshalb ich die Heimstätte dieser Kultwurst besuche. Ich bin überrascht, dass mit Friederike Satvary eine Frau, doch etwas ungewöhnlich für dieses Metier, die Chefin ist. In ihrem Auftreten, ihrem Äußeren und dem Ambiente ihres Büros spiegelt sich die fast schon großbürgerliche Tradition einer alteingesessenen Frankfurter Familie. Der Urgroßvater Karl Gref gründete 1894 kurz nach seiner Hochzeit mit Wilhelmine Völsing die Metzgerei. Da die Familie seiner Frau ein gut eingeführtes Kolonialwarengeschäft betrieben hatte, übernahm man diesen Namen und machte daraus Gref-Völsing. Das Haus stand ganz in der Nähe der Paulskirche und nannte sich »Zum goldenen Kalb«. Im Krieg wurde das ganze Viertel total zerstört, und so finden sich davon keine Spuren mehr, nur die einmaligen Rindswürste haben alle Zeiten bis heute überdauert.

Obwohl heute in einer Rindswurst ganz legal auch Schweinefleisch enthalten sein darf, in manchen sogar mehr Schwein als Rind enthalten ist und ich immer wieder zu hören bekam, dass eine reine Rindswurst weder technisch machbar noch geschmacklich vertretbar herzustellen sei, besteht die Rindswurst von Gref-Völsing zu 100 Prozent aus Rind. Die Rezeptur, wie man eine schmackhafte und ausgezeichnete Rindswurst herstellen kann, bleibt ein Familiengeheimnis. Nur so viel verrät sie mir: »Voraussetzung ist nur die allerbeste Fleischqualität vom Hohenloher Weiderind. Wir wissen ganz genau, von welchem Bauern aus dem näheren Umland es kommt und mit was das Tier gefüttert wurde.«

Als sie vor 45 Jahren in den Betrieb einstieg, habe es nur ganz wenige Wurstsorten gegeben, nämlich nur Rindswürste, Fleischwürste und die in Frankfurt so spezielle Gelbwurst. Letztere ist in der Stadt bis heute besonders beliebt und wird oft auch Hirnwurst genannt, obwohl kein Hirn drin ist, wie Friederike Satvary erläutert. Der Name käme von »Herrenwurst«, aber das wüssten nur wenige. Die BSE-Krise habe zu großen Verlusten geführt, in deren Folge sie kurzfristig sogar acht Leute entlassen musste. Geholfen haben ihr in dieser Zeit das Vertrauen und die Treue der Stammkunden. Zu ihnen zählen viele Ex-Frankfurter, die sich Gref-Völsinger Würste als ein Stück Heimat in alle Welt schicken lassen. Gerne erfülle sie Sonderwünsche und lasse schon mal vakuumverpackte Würste zu Ziffern für Jubiläumsdaten formen. Mit einer Schleife geschmückt, seien das wunderbare und originelle Geschenke. Die Kunden kämen aus allen Schichten, aber es seien auch viele Prominente darunter, wie die Jacob-Sisters, Film- und Fernsehstars, aber auch Künstler und Politiker. Manche Einkäufe, so erzählt sie, seien dabei undercover geschehen: »Wenn der Fahrer von Helmut Kohl kam, war schon klar, für wen er einkauft. Wir wissen auch, dass sogar Prinz Charles schon unsere Rindswurst gegessen hat. Aber wir haben das nie groß an die Glocke gehängt.« Das ist auch gar nicht nötig. Der Urgoßvater, der mit seinen Würsten noch von Ausstellung zu Ausstellung geeilt ist, um einem fachkundigen Publikum seine Würste zu präsentieren, und dabei

Friederike Satvary hat Erfahrung mit »Undercover«-Kunden: »Wenn der Fahrer von Helmut Kohl kam, wussten wir schon, für wen er einkauft.«

viele Preise abräumte, hat die Grundlage gelegt für eine Erfolgsgeschichte, die bis heute andauert. Denn dass die Frankfurter ihrer Rindswurst einmal überdrüssig werden, scheint ausgeschlossen. ❡

Löwenbeißer vom Liebfrauenberg: *Metzgerei Heininger*

Im Herzen von Frankfurt, direkt neben dem kulinarischen Zentrum der Kleinmarkthallen am Liebfrauenberg, besuche ich den Traditionsbetrieb der Metzgerei Heininger. Richard Heininger ist stolz auf seine Familiengeschichte. Ohne Unterbrechung tragen alle männlichen Nachkommen den Vornamen Richard, er ist der III., und sein Sohn, auch schon aktiv im Betrieb, ist nun Richard IV. Heininger produziert viele seiner Würste nach alten Familienrezepten, doch durch die Ausweitung des Sortiments im Laufe der Zeit ist viel Neues dazugekommen. Früher habe es im Grunde genommen nur Leberwurst, Blutwurst, Presskopf und eine Gelbwurst gegeben. Und natürlich die Rindswurst. Der Verbraucher sei damit schon zufrieden gewesen. Heute kämen die Kunden aus allen Teilen Deutschlands, viele aus dem Ausland, und jeder habe eine andere Wurstvorliebe. Manche würden das ganze Sortiment nutzen und sich 50-Gramm-weise alle möglichen Sorten aufschneiden lassen. Das sei zwar zeitraubend, aber ein Service, den er gerne anbiete. Meine Frage, wie viele Sorten er in seinem Angebot habe, kann er gar nicht beantworten und meint nur, bestimmt seien es über hundert. Die »Löwenbeißer« seien erst vor Kurzem dazugekommen. Da mir diese bisher nicht untergekommen sind, frage ich nach deren Besonderheit. Wie sich herausstellt, sind die Löwen ein Eishockeyverein, Heininger selbst ist ein leidenschaftlicher Fan und Förderer dieser Frankfurter Mannschaft. Um den Löwen den rechten Biss zu geben

Richard Heininger, Erfinder der »Löwenbeißer« vom Liebfrauenberg, mit der er dem Eishockeyteam so richtig einheizen wollte.

und Feuer auf dem Eis zu machen, habe er für die Mannschaft spezielle Würste mit viel frischem Koriander, aber auch mit der notwendigen Schärfe mittels Paprika und Cheyennepfeffer kreiert. Nach einem Biss hinein kann ich nur sagen, es funktioniert, das mit dem Feuer. ❡

Eine Wurst als Sinnbild deutscher Identität

Der von der Chefredaktion in das EU-Parlament nach Brüssel gewechselte Martin Sonneborn antwortete in einem Interview der *Süddeutschen Zeitung* auf die Frage, worauf er als Satiriker besonders stolz sei: »Darauf, dass wir von *Titanic* die WM 2006 nach Deutschland geholt haben. (…) Dabei versuchten wir nur, FIFA-Funktionäre mit einer Kuckucksuhr und ein paar Würsten zu bestechen (…) und verwirrten einen Funktionär damit so, dass er sich enthielt. Deutschland hatte plötzlich mehr Stimmen als Südafrika. In Wahrheit wurde der FIFA-Mann von allen Seiten unter Druck gesetzt. Am Ende hielt er unser Bestechungsfax hoch, weil es das einzig Greifbare war, mit dem er sein Verhalten rechtfertigen konnte.« Im Wortlaut lautete das Fax, das dem Komiteemitglied aus Neuseeland kurz vor der Wahl unter seiner Hoteltüre durchgeschoben wurde: »… in this difficult situation, Germany would like to emphasize the urgency of its appeal to hold the World Cup 2006 in Germany. Let me come straight to the point: In appreciation of your support we would like to offer you a small gift for your vote in favour of Germany: A fine basket with specialities from the black forest, including some really good sausages, ham and – hold on to your seat – a wonderful KuKuClock! And a beer mug, too! Do we leave you any choice??? We trust in the wisdom of your decision tomorrow, sincerely yours, Martin Sonneborn Secretary TDES (WM 2006 initiative).« Es war wohl die folgenreichste Wurstgeschichte, die sich jemals ereignete.

Für die *Titanic*, die wie kein anderes Medium seit fast vierzig Jahren satirisch auf oft hintergründige Weise deutsche Politik und Identität bloßstellt, ist die Wurst immer wieder ein zentrales und aussagekräftiges Sinnbild. Ich besuche die Redaktionsräume in einem Bockenheimer Altbau mit Vorgarten, klingle an der Seitentüre, werde sehr freundlich hereingebeten und stehe gleich im Zentrum der Denkschmiede. Die Mitte des Großraumbüros wird beherrscht von einem riesigen Tisch, an ihm wird gegessen, debattiert und konzeptioniert. Mir wird ein Platz angeboten gegenüber von Martina Werner, die mir schon bei meiner telefonischen Anfrage gleich viele Tipps gegeben und ihre Unterstützung zugesichert hatte. Um den Tisch herum sitzen noch andere Redakteure, die alle sehr beschäftigt und konzentriert ihre Arbeit verrichten, aber immer wieder mit Zwischenfragen und Anregungen ihr Interesse an meinen Wurstgeschichten bekunden. Es herrscht eine angenehme Atmosphäre, und ich erlebe, worauf die besondere Qualität der Arbeit dieses Teams basiert und wie das Kollektiv ohne starre Regeln und Hierarchien zu dieser Fülle von kreativen Ideen kommt.

Martina Werner, die wesentlich an den *Titanic*-Wurstkreationen beteiligt war, erzählt, dass die Anfänge der Wurstserie schon recht lange zurücklägen. Nach einer erfolgreichen Serie über das Geld hätten sie nach einem ähnlich universellen und weit fassbaren Folgethema gesucht. So seien sie zur Wurst gekommen, denn ihr könne man sich von sehr vielen Ecken aus nähern. Die Wurst könne man wie das Geld fast in jeden Kontext einbinden, und sie ließe sich auch sehr schön humoristisch aufladen. Hinzu käme, dass man sie geschmacklich – so wie bei den Wurst-Eisbechern – in einen anderen Zusammenhang stellen könne. Auch durch ihre Form habe die Wurst oft etwas sehr Vulgäres, da hätten sie dann natürlich leichtes Spiel gehabt. Zwei oder drei Jahre habe das Wursthema das Magazin begleitet, und viele Wurstbilder würden bis heute als Postkarten und Poster gehandelt.

Sichtlich mit Freude schwelgt sie in Erinnerungen: »Der Wurstschal, die Wurst, die ich mir damals um den Hals gelegt hatte, gehört dabei zu den beliebtesten Motiven. Jahrelang war es sogar so, dass beim Googeln des Begriffs ›Wurst‹ mein Porträt mit dem Wurstschal gleich ganz am Anfang erschien. Manchmal war mir das richtig unangenehm, denn als Frau mit Wurst assoziiert zu werden …« Die Produktion des Beitrags selbst habe sie damals allerdings als sehr genussvoll empfunden, denn der »Erkältungsschal« bestand aus den guten groben, rohen Bratwürsten ihres benachbarten Metzgers Waibel in Frankfurt-Bockenheim. Aus Gründen der Haltbarkeit habe sie ihn

Titanic-Cover mit Wurst

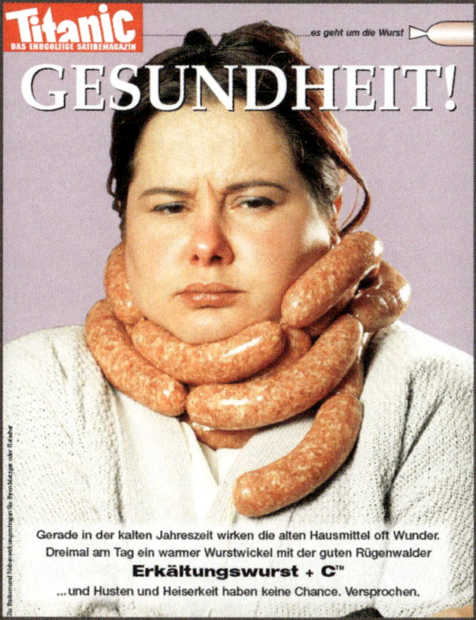

zum Fotoshooting aber sehr kalt umhängen müssen, doch das gemeinsame Verzehren der Würste im Anschluss habe dafür mehr als entschädigt.

Gemeinsam sehen wir uns all die vielen *Titanic*-Wurstbildgeschichten an. Eines der wunderbarsten Wurstbilder des Magazins stammte von Wolfgang Herrndorf. Es ist das Gemälde einer Leberwurstallee, die sich durch eine idyllische Voralpenlandschaft zieht und wo in einer Rechtskurve ein Autofahrer, von der Straße abgekommen, mit einer Leberwurst kollidiert. Die Inschrift lautet: »Hoffentlich ist es Wurst!« Als der Name Herrndorf fällt, geht es wie ein Ruck durch die Redaktion. Herrndorf sei viel zu früh verstorben und in seiner Art einzigartig gewesen und bis heute unersetzlich.

Das legendäre Wurstbild von Wolfgang Herrndorf – der Schriftsteller, Maler und Illustrator starb 2013, viel zu früh, mit gerade einmal 48 Jahren.

Ich erzähle, dass im Internet der *Titanic*-Wurstkoffer als Fälschung ganz real mit echten Würsten bestückt angeboten werde, ein Metzger in Niederbayern eine Wurstpuppe zum Reinbeißen verkaufe, in Rittersbach einer reale Wurstpostkarten produziere und es in München einen Eismacher gebe, der tatsächlich Wursteis herstelle. »Wäh, also das würde ich jetzt auch nicht wollen«, entfährt es Martina Werner zu meiner Überraschung. Und obwohl ich ihr vorschwärme, wie gut Weißwursteis zusammen mit Weißbiereis schmeckt, kann ich sie nicht überzeugen.

Den *Titanic*-Leuten scheint gar nicht bewusst, aber auch fast egal zu sein, wie ihre Urheberschaft auf so vielen Ebenen übernommen wird und dabei manchmal, wie beim Wurstkoffer, Realität und Satire verschwimmen. Bei dem wunderbaren Bild »Generation Wurst« heißt es: »Der Mensch ist, was er isst. Dank perfekter Verarbeitung und hochwertigem Stuffing bietet jede deutsche Wurst viel Esskomfort und Kalorienspaß. Bitten Sie Ihren Fleischer um mehr Informationen. Oder das Internet: www.generationwurst.de.« Ich mache die Probe aufs Exempel – mit verwirrendem Ergebnis: Es erscheint erst ein Link zu »Gratis Fotos bearbeiten«, dann »Köstliche Wurst mit aktuellen Angeboten«, und schließlich folgen jede Menge Kontaktbörsen. Auf die Schnelle las ich sogar »meatmyflirt.com«. Wäre das nicht eine geniale Domain für die direkte Suche nach Fleischeslust und Wurstliebhabern? ❡

Die Frankfurter Scharfmacher

»Bestworscht in Town« ist ein florierendes Franchise-Produkt. Der pfiffige Frankfurter Lars Obendorfer, eigentlich ein gelernter Chemielaborant, zuletzt aber als Animateur auf Ibiza tätig, bevor er 1994 von seiner Oma eine Imbissbude übernahm, ist der Gründer dieses expandierenden Unternehmens. Der Erfolg seines Geschäftsmodells basiert einerseits auf der Qualität des Produkts und andererseits auf einer konzeptionellen Neuausrichtung, die sich vom Üblichen unterscheidet. Die Wurst stammt nicht aus der Massenproduktion, sondern wird ausschließlich für ihn von einem handwerklichen Metzgerbetrieb und ohne künstliche Aromen und Geschmacks-

Gianni Mavica ist Franchise-Nehmer von »Bestworscht«, wo die Currywust in acht Schärfegraden serviert wird. Einigen Gästen bleibt da schon mal die Luft weg.

verstärker hergestellt. Auf dem Vormarsch befindet sich aber, wie ich später erfahre, seine Veggiewurst, die sogar Fleischessern munden soll. Die Currysoße wurde in Kooperation mit einem Sternekoch entwickelt, und auch das Brot ist ein spezielles qualitätsvolles Eigenprodukt. Die eigentliche Besonderheit besteht allerdings in der Idee, dem Kunden die Wahlmöglichkeit zwischen acht Schärfegraden anzubieten.

2005 bekam Obendorfer die erste Franchise-Anfrage, und daraus entwickelte sich dann die neue, auf Expansion ausgerichtete Unternehmensstruktur. Ich bin mit Gianni Mavica verabredet, der seit 2015 Franchise-Nehmer der »Bestworscht«-Filiale im Frankfurter Skyline Plaza ist. Eigentlich ist er gelernter Friseur und war zuletzt Geschäftsführer einer Tankstelle, bevor er sich von der »Bestworscht« verlocken ließ. Es ist recht interessant, was er über seinen Alltag zu erzählen hat, da dabei manche Erkenntnisse über unsere deutschen, aber auch menschlichen Eigenheiten zutage treten. Die Deutschen seien viel zielstrebiger, ehrgeiziger und wollten immer an die Spitze. Sogar die Skala der Schärfegrade bei der Currywurst stachle sie an. Sie wollten es schärfer als die Thailänder und die Mexikaner. Es gäbe sogar welche, die über das Ziel hinausschießen und dann kollabieren würden. »Wenn es zu viel wird, werden sie rot und fangen an zu pusten, um etwas Kühle im Mund zu haben. Dabei warnen wir die Leute vorher und sagen ihnen, wenn es zu scharf ist, ihre Fingerspitzen schon zu kribbeln anfangen und der Ohrendruck unerträglich wird, sollen sie sich bitte hinsetzen und aufhören weiterzuessen, sonst könnten sie ohnmächtig werden.« Es scheint, als würden nicht alle Kunden diesen Rat befolgen. Für Notfälle halten sie immer Kakao und Mayonnaise bereit, denn nur Fett würde die Schärfe mildern. An die Schärfe könne man sich durch Training gewöhnen, müsse den Grad nur peu à peu erhöhen, und viele Stammkunden hätten sich mit der Zeit ohne gesundheitliche Probleme schon deutlich hochgehangelt.

Die acht Schärfegradc lassen sich exakt bestimmen. Ähnlich wie Alkohol in Promille messbar sei, erzählt Mavica, lasse sich auch die Schärfe mithilfe der Scoville-Skala objektiv festlegen. Normal seien 4000 Scoville, der höchste Schärfegrad liege bei ihnen bei gefühlten 1,2 Millionen Scoville. Der Mensch empfinde die Schärfe grundsätzlich nicht über die Geschmacksknospen, sondern ausschließlich über die Schmerzrezeptoren. Auch deshalb hat Gianni Mavica seine Mitarbeiter angewiesen, Kunden, die etwas Scharfes geordert haben, genau zu beobachten und sie im Zweifelsfall auf nette Weise vom Weiteressen abzuhalten und kostenfrei eine neue und mildere Variante anzubieten. ❡

Von Größe, Macht und Ohnmacht

Alle drei Jahre findet in Frankfurt die weltweit größte Internationale Fleischwirtschaftliche Fachmesse, IFFA, statt. Bei meinem Besuch stifte ich schon mit meiner ersten Frage Verwirrung. Keiner kann mir eine Antwort darauf geben, woher das Anhängsel A bei der Abkürzung IFFA kommt. Da auch die Homepage und selbst Wikipedia keine Erklärung bieten, rufe ich bei der Messeleitung an. Über mehrere ratlose Stationen werde ich immer weiter verbunden, bis endlich eine Referentin der Pressestelle meint, sie glaube, das A käme von »Ausstellung«, aber sicher sei sie sich nicht.

Georg Zinkl, der Leiter der Fleischerschule Landshut, hatte mir die Einladung und Akkreditierung zum Besuch der IFFA 2016 geschickt, der ich gerne folgte. Schon der erste Eindruck ist überwältigend und befremdlich zugleich. Die Dimensionen sind gigantisch, über tausend ausstellende Unternehmen, dazu Installationen von vollautomatischen Produktionsstraßen mit haushohen Maschinen, deren Schaltpulte von steril weiß gekleideten Arbeitern bedient werden, aber auch das schier unermessliche Spektrum von Produktionszweigen, die in der Peripherie der Wursterzeugung unersetzlich geworden sind, übersteigen all meine Erwartungen. Obwohl durchaus bewandert in Sachen Wurstproduktion, beschlich mich schnell ein Gefühl der hilflosen Unwissenheit. Ich stehe vor Riesenmaschinen und lese die Erklärungstafeln: »Die multifunktionale Siebschnecke bringt Höchstleistung beim Austrag der Feststoffe auf engstem Raum« – »Das System ist eine patentierte Technologie, die Leistungen von Spiralförderern komplett verändert, indem sie Overdrive und Produktprobleme eliminiert und gleichzeitig Wartungskosten reduziert« und »Der Mürbeschneider zeichnet sich aus durch pneumatisch einstellbare Niederhalter- und Abstreifsektionen, schonende Produktbehandlung, Polyurethan-Transportband«. Gelegentlich bin ich fasziniert von der ästhetischen Dimension der rein unter funktionalen Aspekten gestalteten Maschinen und Gerätschaften. Einige Kutter und Sägeautomaten könnten auch als Skulpturen in jedem Museum für moderne Kunst bestehen. Formvollendetes Design. Ich denke an die Ready-Mades von Duchamp oder die Ästhetik in den Gemälden von Konrad Klapheck mit den von ihm so monumental zentriert ins Bild gerückten und fleischig aufgeblasenen Apparaten.

Ich gehe von Halle zu Halle und stehe staunend vor einem sogenannten Nachgartunnel, vor Durchlaufmürbeschneidern, Separatoren, Entbeinern, vollautomatischen Entsehnungsanlagen, passgenauen Aufspießmaschinen, Darmreinigungsmaschinen, Netzrafferautomaten, Wurstdusch- und Kastenwaschanlagen, ich sehe Mikrowellen-Tunnelsysteme, Hygieneschleusen, Tumbler und Poltermaschinen. Dann wandere ich vorbei an riesigen Förderbändern, Hochdruckreinigern, Betäubungsanlagen, Trommelmotoren, Zerlegungsanlagen mit Rückverfolgung, Messerschleifanlagen, Wiegeanlagen, Schinkenpressen, Autoklaven, linienfähigen Reife- und Spidelkochpressen. Wie visionär war doch die so technokratische Beschreibung der Tötungsmaschine in Kafkas Erzählung »In der Strafkolonie«, aber auch wie winzig war diese im Verhältnis zu den robotergesteuerten, überdimensionalen au-

Vollautomatisierte Produktionsstraßen, Würste aus Knetmasse – dass hier Lebewesen zu Lebensmitteln verarbeitet werden, ist kaum noch zu erkennen. Eine künstliche Welt, die sich vom Handwerk längst entkoppelt hat.

tomatischen Sägeanlagen mit Funktionsbezeichnungen wie »Rektumfreischneider«, »Schlossöffner«, »Bauch- und Brustbeinöffner«, »Nackenkneifer«, »Zwei-Arm-System zum Entfernen von Flomen-Resten mit oszillierenden Messern«, die bis zu 650 ausgewachsene Schweine in der Stunde zerlegen können. Eine mir fremde Welt. Dass es hier um die Verwandlung von Lebewesen zu Lebensmitteln geht, steht längst nicht mehr im Mittelpunkt. Auf

Gepresste Wurstklötze in seltsamen Farben und normierte Würste, frisch aus der Maschine – mit Handarbeit hat das nichts mehr zu tun.

der gesamten Messe sind Tiere optisch so gut wie nicht existent. Man sieht, hört und riecht nichts von alledem. Fast geräuschlos gleiten die unendlichen Wurstketten an Förderbändern durch die Luft. Alles ist steril, Blutspritzer sind ausgeschlossen. Die wenigen Menschen, die an den Maschinen hantieren, erinnern in ihrem Outfit mehr an das Personal im OP-Bereich eines Großklinikums. All die hübschen Hostessen, die standardisiert designten Besprechungsmodule und die Experten in ihren Businessanzügen haben mit den Wurzeln des guten alten Fleischerhandwerks so gut wie nichts mehr gemein. Ich stelle mir vor, wie sich ein einfacher Metzger vom Land, ähnlich hilflos, wie es auch mir ergeht, in diesen Hallen fühlen muss. Ein armes Würstchen, dessen Zeit abgelaufen scheint.

Was mich innerlich aufwühlt, ist der Gedanke, wie wehrlos und ohnmächtig man als Einzelner dieser Übermacht von komplexen, auch weltweit längst gefestigten Strukturen gegenübersteht. Was mich gleichzeitig beeindruckt, ist, wie viele Gewerke mit Spezialprodukten in der Peripherie an der Fleisch- und Wurstfabrikation beteiligt sind. Ich durchwandere Stände, an denen Sterilisierungsapparate präsentiert werden, Reinigungsmittel, Spezial- und Berufskleidung, Stechschutzschürzen, Kettenhandschuhe, rutschfeste Unterlagen und Gummistiefel, Kühlfahrzeuge von allen großen Autokonzernen, Clipverschließmaschinen, Druck- und Etikettiermaschinen, Öfen, Kessel, Herde, Töpfe, Messer- und Schleifapparaturen. In anderen Hallen treffe ich auf die großen Hersteller von Gewürzen, natürlichen wie künstlichen Aromastoffen, Schinkenspritzmitteln, Geschmacksverstärkern und Lebensmittelchemieprodukten aller Art. Dazu kommen Hygieneheizkörper, Bodenbeläge für die Fleischwarenindustrie, Anlagen und Produkte aus dem weiten Feld der Entkeimungstechnologie, Einkaufstüten, Schweißapparate und Vakuumierungsmaschinen. Nicht zu vergessen natürlich die ganze Logistik- und EDV-Technik. Große Leuchtreklamen, alles blinkt und glitzert, Computeranimationen, Filme, dann plötzlich ein Motorrad, auf dem sich ein Model, wie aus einem Pin-up-Kalender entsprungen, wie ich sie auch aus manchen Hinterzimmern von Fleischereibetrieben her kenne, rekelt. Sie verkörpert und versinnbildlicht mit ihrer Maschine einen heißen Ofen, und tatsächlich bewirbt sie einen Weltkonzern zur Herstellung von Räucherspänen. Als sie meine Kamera bemerkt, fängt sie sofort an zu posen und geht dabei ins Hohlkreuz, um ihrem Busen und Po noch mehr Kurven zu verleihen. Welch ein Kontrast, endlich ein Bezug zu Fleisch!

Der früher so mächtige Verband des Deutschen Fleischerhandwerks, der in Frankfurt seinen Hauptsitz hat und auf eine mehr als 800 Jahre alte Tradition zurückblicken kann, ist natürlich auch auf der Messe vertreten. Im Verhältnis zur übermächtigen Industrie herrscht hier Bescheidenheit. Die Fleischerschulen präsentieren mit kunstvoll gestalteten Pasteten und Wurstarrangements die handwerklichen Fähigkeiten ihres Nachwuchses; zum Abschluss der Messe wird hier auch eine Siegerehrung für die Gewinner der im Vorfeld abgehaltenen internationalen Leistungswettbewerbe in den unterschiedlichsten Kategorien abgehalten. Es herrscht eine spürbare Spannung in der großen Schar der versammelten Wettbewerbsteilnehmer, und jedes Mal bricht Jubel aus, wenn die Sieger auf die Bühne gerufen werden und ihre Pokale und Urkunden in Empfang nehmen. Es dauert lange, denn viele Pokale sind zu verteilen. Langweilig wird mir dennoch nicht, im Gegenteil, ich bin emotional berührt, denn hier erkenne ich noch einen Rest von Individualität, Tradition und Handwerk – Aspekte, die bei der Messe nur noch eine Nebenrolle spielen. Die Interessen der Wirtschaft, der Maschinenbauer und der Chemie- und Pharmaindustrie, die Technisierung und Automatisierung der Arbeitswelt beherrschen das Feld. Es gibt kaum einen Zweig, der nicht an den Milliardenumsätzen der Fleischindustrie partizipieren will. Die Entfremdung von der Natur und letztlich auch vom Menschen ist schon vollzogen. Das Handwerk scheint mir demgegenüber chancenlos dem Untergang entgegenzueilen. Was mich traurig stimmt, ist, dass sich bei den Betroffenen viel zu wenig Widerstand regt. Mehr noch, dass die Probleme zwar bekannt sind, aber trotz aller, auch immer wieder von den Medien öffentlich artikulierter Kritik die Vertreter der Politik, geschweige denn die Verantwortlichen der Industrie und der von ihr bezahlten Lobbyisten und Experten nicht zu einem Umdenken bereit sind. Es gibt noch ein weiteres Moment, das dieses Phänomen begünstigt. Jeder möchte technisch auf der Höhe der Zeit sein, nicht als Hinterbänkler erscheinen. Immer wieder bemerke ich in meinen Gesprächen mit den Vertretern des Handwerks, wie sie unterschwellig doch von den neuen Techniken, die ihnen angeboten werden, fasziniert sind. Wie leicht lässt man sich von dem Neuen blenden, ohne dabei zu bemerken, wie schleichend sich dieser Prozess umkehrt und sich gegen die eigenen Interessen richtet. ¶

Qualität statt Masse in Langen: *Metzgerei Breidert*

2015 erhielt die südlich von Frankfurt in Langen ansässige Metzgerei Breidert die begehrte Goldmedaille für Hessens beste Fleischwurst. 158 Metzger hatten sich an diesem Wettbewerb beteiligt, und es ist schon etwas Besonderes, hier als Sieger hervorzugehen. Ich mache mich auf den Weg, um die Wurst, ihren Schöpfer und ihre Geschichte kennenzulernen. Langen ist ein mittelgroßes Städtchen, und die alteingesessene Metzgerei Breidert gilt im

Ort als Institution. Seit 1876 ist sie in Familienhand und wird heute von Tobias Breidert und seinem Vater Georg geführt.

Zur Einstimmung unseres Gesprächs bekomme ich gleich die ausgezeichnete Fleischwurst vorgesetzt. Ihre Farbe, die Konsistenz ihres Fleisches und das dezente und doch würzige Aroma sind ein wahrer Genuss. Mir wird erzählt, dass sie bis heute nach einem alten Familienrezept hergestellt wird, doch welche Gewürze außer Pfeffer und Salz den besonderen Geschmack ausmachen, bleibt ein Familiengeheimnis. Lächelnd fügt Tobias Breidert hinzu, jeder versuche natürlich, seiner Fleischwurst einen persönlichen Stempel aufzudrücken, sonst würden ja alle gleich schmecken. Nach weiteren Nachfragen verrät er mir immerhin, dass seine Fleischwurst aus Rind- und Schweinefleisch besteht, das zunächst zerkleinert wird und anschließend mithilfe einer ganz speziellen Holzsorte sein besonderes Raucharoma erhält. Das Fleisch kaufe er ausschließlich von Bauern aus dem nahe gelegenen Odenwald, bei denen er, der auch studierter Ernährungswissenschaftler ist, sich darauf verlassen könne, dass die Tiere artgerecht gehalten und gefüttert wurden. Zur Auswahl fahre er sogar persönlich nach Brensbach. Auf dem Weg über die Dörfer erfasse ihn immer eine gewisse Traurigkeit, nirgendwo seien mehr Einzelhandelsstrukturen vorhanden. Am Ortseingang stehe oft ein Großmarkt, aber in den Orten selbst gebe es generell keine kleinen Läden mehr, sogar die Lokale sterben aus. Dabei seien handwerkliche Betriebe doch Teil der Kultur und wichtig für die Lebensqualität eines Ortes. Auch in seinem Umfeld hätten sich seit den 1960er-Jahren alle Strukturen ähnlich gewandelt. Mir waren schon bei meiner Ankunft die extremen Kontraste aufgefallen, die Brüchigkeit des Nebeneinanders von anonym erscheinenden Hochhäusern und kleinen, idyllischen Fachwerkgebäuden. Tobias Breidert ist überzeugt, dass die dezentrale Platzierung der

Die Spezialität von Tobias und Georg Breidert ist die Fleischwurst, die durch einen Räuchervorgang ihr spezielles Aroma erhält.

großen Discounter an den Ortsrändern weitreichende soziale Folgen hat. Gerade ältere Leute, die nicht mehr Auto fahren, könnten diese gar nicht erreichen. Seine Kritik am Strukturwandel macht er auch in seinem entschiedenen Eintreten gegen die Massentierhaltung deutlich, weil da auch »zu viel weggeworfen und falsch verarbeitet wird«. Er plädiert dafür, das Ganze wieder auf ein normales Maß zurückzuführen, dann würde auch das Metzgerhandwerk wieder eine bessere Existenzgrundlage haben. Als seine Fleischwurst den Preis erhalten hatte, sei die Nachfrage so rasant gestiegen, dass er an die Grenzen seiner Kapazitäten gekommen sei. Aber so sehr ihn die große Resonanz gefreut habe, so sehr sei er doch seiner Prämisse »Weniger ist mehr« treu geblieben und habe der Versuchung, die Produktion auf eine andere Dimension umzustellen, widerstanden. ❡

Die Bessunger Würste aus Darmstadt: *Metzgerei Krug*

Die Herkunft des Namens Darmstadt ist unsicher. Angeblich hat er nichts mit Darm oder gar mit den guten Würsten, die hier produziert werden, zu tun, aber vielleicht will man nur nicht damit in Verbindung gebracht werden. Ich, der momentan ganz Deutschland durch die Brille der Wurst betrachtet, assoziiere natürlich in diese Richtung und fahre nach Darmstadt, um die mir noch unbekannte »Bessunger Runde« kennenzulernen, eine Spezialwurst der Metzgerei Krug. Doch das Geheimnis dieser Wurst ist gar nicht so spektakulär, wie ich erwartet habe; die Inhaberin Silke Krug erklärt mir, dass sich die Namensgebung nur auf die Form der Wurst und den Ort ihrer Herstellung beziehe. Bessungen sei zwar ein Stadtteil von Darmstadt, aber viel älter und im Mittelalter sogar bedeutender gewesen. Und hinter der »Bessunger Runde« verberge sich einfach nur eine nach alter Familientradition hergestellte salamiartige Wurst. Dazu geselle sich noch die »Bessunger Schrumpel«, eine Art Kabanossi.

Das Geschäft gibt es seit 1897, Generationen von Bessungern wurden groß mit den Würsten der Metzgerei Krug, die seit ihrem Bestehen mit den gleichen Rezepturen arbeitet. Zu den alten Klassikern zählt auch die

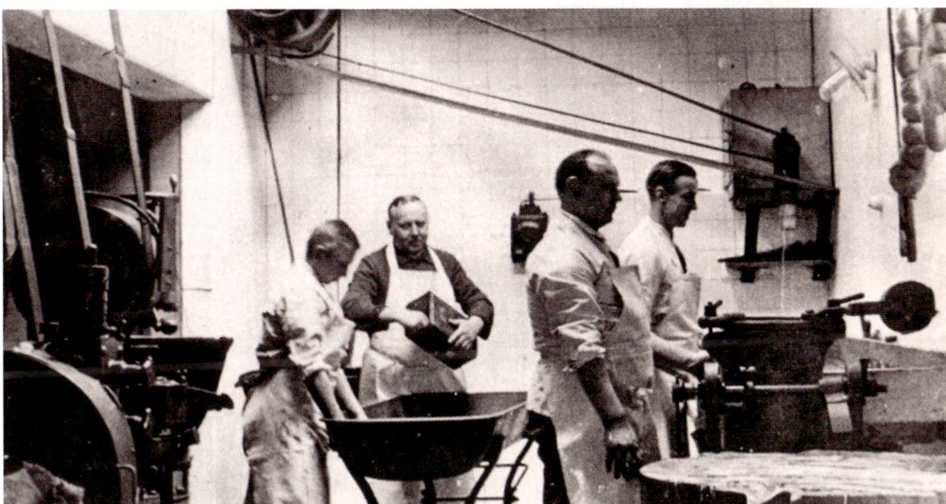

Die Metzgerei Krug im Wandel der Zeit – als 1897 der erste Laden eröffnet wurde, waren Pferdefuhrwerke die Fleischtransporter. In der Wurstküche sieht man, dass damals schon einige Maschinen die Arbeit erleichterten. Das meiste musste aber in Handarbeit erledigt werden. Zu den Klassikern, die die jetzige Inhaberin Silke Krug noch immer im Sortiment hat, gehört die »Mengwurst« aus Blut- und Leberwurst.

»Mengwurst«, deren Name daher rührt, dass sie aus einem Gemisch von Blut- und Leberwurst besteht. Früher sei bei ihnen immer am Dienstag Blut- und Leberwursttag gewesen, weshalb es an diesem Tag auch immer frische Mengwurst gab. Inzwischen werden drei Varianten angeboten: eine geräucherte, eine mittelfeste und eine feste. Manche Kunden wollten sie sogar noch fester haben, erzählt Silke Krug, für sie ließe sie die Wurst dann extralange hängen. Solche Kundenwünsche individuell erfüllen zu können sei halt auch das Besondere, das sie von den Einheitswürsten bei den Discountern unterscheide.

Metzgermeister Peter Köhler stammt aus einer Fleischerfamilie; nach Jahren der Wanderschaft arbeitet er inzwischen seit acht Jahren in der Metzgerei Krug.

Ich habe großen Respekt vor Silke Krug, die mit Ruhe und Umsicht diesen doch großen Betrieb führt, deren Arbeitstag täglich um vier Uhr morgens beginnt und erst gegen sieben Uhr abends, oft auch noch später, zu Ende geht. Sie könne leicht mehr Leute beschäftigen, aber es sei immer schwerer, Personal zu bekommen. Glücklich sei sie aber, dass bei ihr die Fluktuation nicht so groß sei wie bei anderen, ihr wichtigster Metzgermeister Peter Köhler arbeite schon seit acht Jahren für sie. Bei der Führung durch die Produktionsräume lerne ich ihn auch kennen. Köhlers Werdegang ist interessant. Er kommt aus der Südpfalz und entstammt einer Fleischerfamilie. Seinen Meister hat er in Landshut gemacht, dann ist er in den Schwarzwald gegangen, später hat ihn die Arbeit nach Nürnberg, Hessen, nach Baden-Württemberg aufs Land und schließlich nach Stuttgart in die Stadt verschlagen. Gemäß der alten Tradition der Wanderjahre ist er nirgends länger geblieben als ein Jahr. So manche Produkte, wie der Pfälzer Saumagen, tragen seine persönliche Handschrift. Hier fließt all das ein, was er bei den vielen Stationen gelernt hat – auch wenn im Zentrum seines Schaffens natürlich die »Bessunger Würste« und die alten Familienklassiker stehen, die allesamt dem Leitspruch folgen: »Es muss etwas Gescheites in der Wurst drin sein, damit auch etwas Gescheites herauskommt.« ❡

Die größte geplatzte Wurst der Welt

1968 fuhr ich von Nürnberg zur documenta IV nach Kassel. In Nürnberg hatte ich gerade bei jener Aktion des in New York lebenden deutschen ZERO-Künstlers Otto Piene mitgeholfen, bei der aus dem Oberlichtfenster über dem Hauptportal des Künstlerhauses riesige luftgefüllte, wurstförmige Polyethylenschläuche quollen. Es bildete sich ein eindrucksvolles Spannungsfeld zwischen den organischen, an Würste und Gedärme erinnernden Gebilden und der streng tektonischen Architektur und Stadtlandschaft.

Es war die Epoche der »Sky-Art«, und kaum in Kassel angekommen, wurde ich gleich wieder mit einer Luftskulptur konfrontiert. Christo und Jeanne-Claude hatten ein Werk mit dem Titel »5600 cubicmeter package« geschaffen, das im Volksmund sofort den Namen »Christo-Wurst« erhielt. Es war das spektakulärste und auch umstrittenste Wahrzeichen dieser inzwischen legendären documenta. Die Installation erwies sich als äußerst schwierig. Drei Versuche, dieses 85 Meter hohe Riesengebilde aufzurichten, schlugen fehl. Die Wurst hielt dem Druck nicht stand, immer wieder platzte die Haut auf einer Länge von über 20 Metern auf, und höhnisch titelte eine Zeitung: »Christos Bockwurst platzte.« Schließlich musste aus Amerika eine neue Spezialfolie geholt werden, mit der es gelang, diese Wurst aufzurichten. Nach meiner Erinnerung hielt sie dennoch nicht die hundert Tage bis zum Ausstellungsende durch, da Kassler Bürger immer wieder mit Luftgewehren diesen Riesenphallus beschossen, der vor der Orangerie in der Karlsaue stadtbeherrschend emporragte.

Es war die größte und teuerste geplatzte Wurst der Welt, die es je gegeben hat. Fotos dieser Wurstkatastrophe gingen damals rund um die Welt, und seither beschäftigen sich immer wieder von Neuem die Medien mit der Frage, warum selbst kleine Würste immer nur der Länge nach platzen. An der Technischen Universität in Darmstadt wurden dazu sogar Studien angestellt. Und tatsächlich liefert die »Kesselformel« eine physikalische Erklärung. Diese Berechnungsformel aus der technischen Mechanik spielt bei Dampfkesseln und Rohrleitungen eine ebenso wichtige Rolle wie bei Dosen und Würsten, weshalb eine ihrer Varianten auch »Bockwurstformel« genannt wird. Verkürzt geht es darum, dass die Spannung der Wurst in der Längsrichtung immer doppelt so hoch ist wie in der Querrichtung. Die Wurst besteht aus Fleisch, Wasser und Luftbläschen. In heißem Wasser dehnen sich die Luftbläschen und der Fleischanteil aus, weil das Wasser in die Dampfphase übergeht. Um das Aufplatzen von Würstchen zu vermeiden, sollte man sie daher eigentlich nur bis etwa 80 Grad erhitzen.

All die vielen anderen Ratschläge zum Verhindern des Platzens sind obsolet, wenn man dies beherzigt. Sehr verbreitet ist beispielsweise der Tipp, Salz ins Wasser zu geben. Oft steht sogar geschrieben, dass der Salzgehalt des Wassers genauso hoch sein solle wie jener der Wurst, ohne einen Hinweis anzufügen, wie man deren Salzgehalt messen könnte. Zwar ist der Siedepunkt von Salzwasser etwas höher, aber so weit sollte man es ohnehin nicht kommen lassen. Auch finden sich Empfehlungen, dass man die Wurst erst ins kalte Wasser legen und langsam erwärmen müsse, weil sie sonst vor Schreck platzen würde. Um das zu verhindern, solle man die Wurst ähnlich dem Eierpieksen vor dem Erwärmen unbedingt anstechen.

In Bayern gibt es, um das Platzen von Weißwürsten zu verhindern, die heiß diskutierte »Opferwurst«. Die Frage »Was ist eine Opferwurst?« taucht häufig bei Quizsendungen auf und wird auch immer wieder gerne in Zeitungen aufgegriffen, wenn es sonst nichts Wichtigeres zu berichten gibt. Alfons Schuhbeck kommentierte die Diskussion mit den Worten: »Ich persönlich esse meine Weißwurst lieber, als dass ich sie opfere.« Doch es gibt immer noch Leute, die unerschütterlich an die Notwendigkeit des Wurstopfers glauben. Sie berufen sich dabei gerne auf die wissenschaftlich so überzeugende Argumentation des österreichischen Physikers Werner Gruber, der diese Methode zur Verhinderung des Geschmacksverlustes von Kochwürsten theoretisch untermauert hat. Seine Grundthese ist Folgende: Wenn man eine von mehreren Würsten zerkleinert dem Siedewasser beigebe, komme es durch Osmose zu einem Gleichgewicht von Salz, Aromen und Fett zwi-

Verpackungskünstler Christo in Kassel

Als „die Wurst" in Kassels Himmel stieg

Christo schuf 1968 ein spektakuläres documenta-Kunstwerk

Das Thema

1,2 Millionen Menschen liefen über die schwimmenden Stege des Verpackungskünstlers Christo auf dem italienischen Iseo-See. Der Künstler nahm 1968 mit einem spektakulären Projekt an der documenta 4 in Kassel teil. Wir erinnern an „die Wurst".

Von Marcus Janz

KASSEL. Lange vor dem verhüllten Reichstag (1995) und den Floating Piers vom Iseo-See hatte auch Kassel sein Christo-Kunstwerk. Der bulgarische Künstler, der seit 1964 mit seiner Frau Jean-Claude in New York lebte, schuf 1968 ein spektakuläres Kunstwerk: Die „verpackte Luft", die 85 Meter in den Himmel ragte, wurde zum Wahrzeichen der documenta 4 und begründete Christos Weltruhm mit.

Der Volksmund und die Hessische Allgemeine hatten viele Namen für die außergewöhnliche Plastik, die offiziell „5600 Cubicmeter Package" (5600-Kubikmeter-Paket) hieß: Monster-Zigarre, Super-Salami, Aue-Spargel, Windbiedel oder einfach nur „die Wurst". Sie zog schon während der Vorbereitungen für die documenta die Aufmerksamkeit auf sich. Doch das Kunstprojekt auf der Karlswiese drohte gleich mehrfach zu scheitern.

Gleich zweimal misslang der Versuch, „die Wurst" pünktlich zur Eröffnung der Weltkunstausstellung am 26. Juni 1968 zu errichten. Immer wieder platzte die Plastikpelle, und der Schlauch sackte in sich zusammen. Auch eine neue Spezialhülle aus den USA hielt dem Druck nicht stand.

Hilfe aus der Region

Doch der damals 33 Jahre alte Christo gab nicht auf und holte sich Hilfe in der Region: Die Kaufunger Firma Wülfing und Hauck entwarf in Windeseile einen Textilschlauch aus Trevira. Der hielt und richtete sich am Morgen des 3. Augusts endlich auf – 85 Meter hoch und nur mit Luft gefüllt, wie es Christo erdacht hatte.

Dafür brauchte es ein Großaufgebot an Helfern, darunter die Kasseler Berufsfeuerwehr und die britische Rheinarmee: Die Soldaten legten auf der nach mehreren Fehlversuchen stark lädierten Karlswiese Stahlmatten aus, auf denen sechs Kräne positioniert werden konnten. Sie hielten den gigantischen Schlauch in Position, ehe er – nur von Stahltrossen gestützt – vom Luftdruck selbst aufrecht gehalten wurde.

Fast drei Monate ragte das Wahrzeichen der documenta 4 in den Himmel über Kassel. Dann wurde „die Wurst" wieder abgebaut. Christo bot sie für 800 000 Mark an, doch es fand sich kein Käufer.

Erinnern Sie sich an Christos spektakuläres Kunstwerk? Haben Sie Bilder vom Wahrzeichen der documenta 4? Dann schicken Sie sie an kontakt@hna.de oder per Post an HNA-Lokalredaktion Kassel, Frankfurter Straße 168, 34121 Kassel

Wie geht's weiter: Künstler Christo (links) und seine Frau Jean-Claude beraten sich nach dem zweiten Fehlversuch, das Kunstwerk auf der Karlswiese aufzurichten.

Fotos zu diesem Thema gibt es auf **http://zu.hna.de/kschristo**

Aus unserer Zeitung

„Aus einem Kasseler Hotel mußte Christo ausziehen. Gäste hatten sich über die langen Haare des 1935 in Bulgarien geborenen und in New York lebenden Künstlers beschwert."
Aus einem Vorbericht zur documenta 4 (9. Mai 1968).

„Christos ‚Bockwurst' platzte. Füllung endete mit Knalleffekt – documenta ohne Wahrzeichen?"
Überschrift nach dem ersten Versuch, das Kunstwerk zu errichten (25. Juni 1968).

„Wie von Furien gehetzt umkreist Christo (33, in roter Jacke und brauner Hose) nervös das Gebilde. Mal in kurzen, dann in weiten Kreisen. Ihm geht es nicht schnell genug. (...) Und Frau Christo (in Netzstrümpfen und rotem Hütchen) drückt auf den Auslöser ihres Fotoapparats, wenn sie sich nicht auch wie ihr Mann gerade mit jemandem ‚in der Wolle hat'."
Bericht vom vierten, geglückten Versuch, das Kunstwerk aufzustellen (5. August 1968).

„Seit zweieinhalb Jahren lebt er in Kassel. ‚Eigentlich müßte ich Liechtensteiner sein, denn meine Eltern sind es beide. Ich wurde aber in Offenbach geboren', sagt der sympathische, junge Mann, der es für das Sinnvollste auf dieser Welt hält, sich mit 26 Jahren noch keine Sorgen darüber zu machen, wie der übernächste Tag aussieht."
Bericht über Udo Brandner, der das Kunstwerk bewacht hat (19. Oktober 1968).

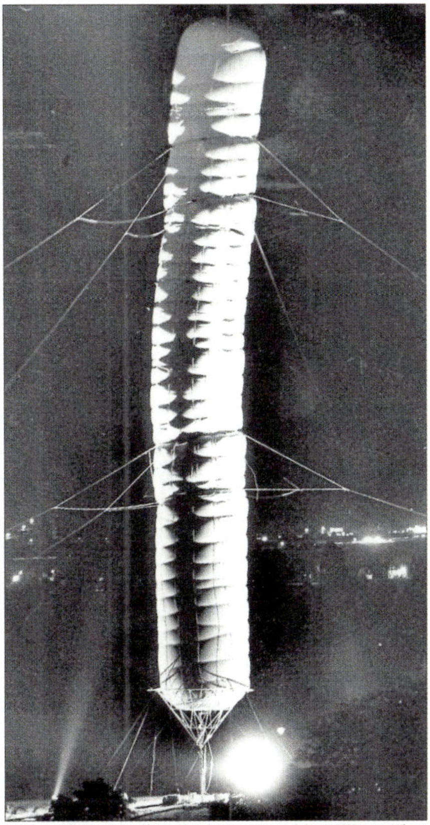

Endlich geschafft: Im vierten und letzten Versuch ist es am Samstag, 3. August 1968, gegen 4 Uhr gelungen, Christos Kunstwerk „5600 Cubicmeter Package" aufzurichten. Die 85 Meter lange „Wurst" aus verpackter Luft ragte über der Karlswiese in den Himmel und blieb bis 26. Oktober stehen.

Pralle Wurst: Auch der dritte Versuch, Christos Kunstwerk zu errichten, scheiterte. Die riesige Hülle riss auf 20 Metern Länge auf, und der Koloss aus verpackter Luft landete wieder auf der Karlswiese.

Archivfoto: Lengemann

»Christos Bockwurst platzt«, titelten die Medien, als die ersten drei Versuche, eine 85 Meter lange Riesenwurst bei der documenta IV aufzustellen, scheiterten. Später machten sich manche Kassler einen Spaß daraus, das Gebilde mit Luftgewehren zu beschießen.

schen zerschnippelter Wurst und Wasser. Die anderen, noch heilen Würste würden davon profitieren, weil sie so weniger Geschmacksaromen durch Abgabe ins Wasser verlieren würden. Die Frage nach der Sinnhaftigkeit der Opferwurst beim Weißwurst-Kochen schaffte es 2010 sogar in die regionale Ausscheidung des Wettbewerbs »Jugend forscht« in Baden-Württemberg. Die drei Schüler des Fürstenberg-Gymnasiums in Donaueschingen, die den ersten Preis abräumten, verpassten mit ihrem Untersuchungsergebnis später nur knapp den bundesweiten Sieg. Sie hatten ein aufwendiges Verfahren zur Messung der Diffusion der Geschmacksträger Salz, Fett und Proteine durch die Wurstmembran entwickelt und waren zu dem Ergebnis gekommen, dass die Opferung der Wurst sinnlos sei und man den gleichen Effekt erzielen könne, wenn man das Wurstwasser leicht würze. Schuhbeck hat also, so schön der fundamentale christliche Opfergedanke auch sein mag, recht, wenn er seinem Weißwurstwasser nur etwas Zitrone, Petersilie und Salz beigibt. ¶

»Ahle Worschd« und nordhessische Identität

In Kassel gibt es aber nicht nur Kassler und Luftwürste. Die documenta, dieses weltgrößte Kunstereignis, inspiriert auch manche ortsansässige Metzgerei zu kulturellen Produkten. Die Fleischerei Barthel macht Werbung mit der Wortschöpfung »Kasseler Kultwurst« und zeigt dazu eine herzförmige Scheibe »Ahle Worschd«, die mit dem Spruch von Aristoteles »Freude an der Arbeit lässt das Werk trefflich geraten« untertitelt ist. Beim Stichwort »Ahle Worschd« gerät ein Nordhesse ins Schwärmen und bekommt einen besonderen Glanz in den Augen. Jeder hat seinen Lieblingsfleischer und seine Lieblingswurst, die Kindheitserinnerungen und Heimatgefühl wecken.

Die »Ahle Worschd« gibt es in vielerlei Formen und Varianten mit ganz unterschiedlichen Benennungen. Manche sagen zu ihr »Ahle Rote« oder in Kurzform »Rote«, »Rohwurst«, »Runde«, »Dürre« und »Dicke«. Ist sie nicht gebogen, sondern gerade, wird sie »Stracke« oder gar »Hammerstiel« genannt, und im Eichsfeld heißt sie »Feldgieker«. Das Eichsfeld, dieses drei Länder umfassende historische Gebiet zwischen Harz und Werra, ist wurstmäßig noch mal etwas ganz Besonderes, obwohl die »Feldgieker« sich von der »Ahle Worschd« kaum unterscheiden. Der spezielle Name soll daher rühren, dass sich Bauern zur Feldarbeit gerne eine Wurst mitnahmen, die meist so groß

Kleine Galerie der großen »Ahle-Worschd-Familie«

und dick war, dass sie aus der Hosentasche heraushing, also aufs Feld gucken konnte. Für die »Feldgieker« verwendet man traditionell eine Kälberblase und für die »Stracke« einen mittelstarken Rinderdarm. Ist das Brät in die Pelle gefüllt, werden die Rohwürste unter Verwendung von Buchenholz leicht geräuchert, bevor sie ein bis sieben Monate in eine spezielle Lehmkammer zum Reifen gehängt werden. Durch diesen Trockenprozess wird die Wurst zu einer Dauerwurst, die umso besser schmeckt, je älter sie ist.

Die Besonderheit dieser »Ahlen-Worschd-Familie« liegt darin, dass sie nur aus Muskelfleisch und Speck von älteren Schweinen mit mindestens 150 Kilo Lebendgewicht besteht, wobei das Fleisch grundsätzlich noch wie früher schlachtwarm verarbeitet wird. Für die Gewürzmischungen hat jeder seine eigene Rezeptur, die einen nach exakt ausgewogenen Maßeinheiten, die anderen geben die Mischungen frei Schnauze bei und meinen, die Wurst schmecke dann besser. Fertigmischungen sind verpönt. Ganz speziell und auch geschmacksgebend ist die Wurstpelle. Bei der »Ahle Worschd« wird sie aus der zusammengenähten Haut des Rippenfells gewonnen und, ähnlich unterschiedlich wie die Würste selbst, mal als »Schmalzhaut«, »Flomen«, »Schmeerhaut« oder als »Blummenhudd« bezeichnet.

Die Qualität der »Ahle Worschd« liegt auch darin begründet, dass ihre Produktion noch viel handwerkliches Geschick erfordert und somit eine industrielle Fertigung ausschließt. Um diese regionale Tradition zu bewahren,

Schlachttag anno 1917: Hausschlachter Johannes Rehwald auf dem Gehöft der Familie Kaiser in Bebra. Nachdem diese Tradition fast ausgestorben war, haben erste Dorf-gemeinschaften in Nordhessen wieder damit begonnen, Schlachtfeste zu veranstalten.

wurde 2004 der »Förderverein Nordhessische Ahle Wurscht e. V.« gegründet, der in Bebra seinen Sitz hat. Als Konzession zur Verständlichkeit auch für Nichthessen einigte man sich bei der Vereinsgründung auf die Schreibweise »Wurscht«. Das Ziel des Vereins ist vor allem, öffentlichkeitswirksam den Erhalt der klassischen Produktionsform zu unterstützen. Die Basis ist eine Art informelle Ökonomie, die auch eine soziale Dimension hat. In dieser ländlichen Region war man auf Selbstversorgung angewiesen, fast jeder hatte ein Schwein, das mit den Hausabfällen gefüttert wurde. Und der Schlachttag war immer ein großes Fest, an dem Familie, Freunde und Nachbarn zusammenkamen. Es gab Hausschlachter, die an solchen Tagen von Hof zu Hof zogen, gemeinsam wurde gewurstet, wobei die Würste vorrangig für den Eigenbedarf bestimmt waren.

Neben handwerklichem Geschick bedarf es auch bautechnischer Voraussetzungen, die in heutigen Neubauten oder in all den Altbauten, die gemäß den neuen Wärmeschutzverordnungen gedämmt wurden, nicht mehr gegeben sind. Eine Kammer zum Reifen der »Ahle Worschd« benötigt eine ganz spezifische Raumtemperatur und konstante Luftfeuchtigkeit, wie sie am idealsten in den noch lehmverputzten Fachwerkhäusern auf natürliche Weise vorhanden war. Weitere Probleme der Neuzeit bestehen in den vielen Verordnungen, die eine traditionelle Tierhaltung und Hausschlachtungen wie früher fast verhindern. Zum Glück gibt es immer noch »Ahle Worschd«-Manufakturen, aber es sind notwendigerweise schon professionelle Betriebe, die nichts anderes machen. Die Schweine, denen in Nordhessen wegen dieser Wurst ein längeres Leben als sonstwo vergönnt ist, kommen aus dem regionalen Umfeld hierher zum Schlachten. Teils wird das eigene Fleisch verwurstet, teils können die Erzeuger auch die Hälften mit nach Hause nehmen, um dort noch hausgemachte Würste herzustellen. Doch der Festcharakter des Schlachtens und die damit verbundene soziale Dimension sind weitgehend verloren gegangen. Das Vergnügen hat sich in Arbeit verwandelt. Das Engagement des Vereins zeigt aber erste Früchte. Ein Dorf hat bereits begonnen, ein öffentliches Schlachtfest so wie früher zu inszenieren. Der Erfolg war so groß, dass diese Veranstaltungsform inzwischen jährlich wiederholt wird und erfreulicherweise immer mehr Nachahmer findet.

Thüringen

WURSTVIELFALT & IDENTITÄT

»Wenn es in Thüringen mal raucht,
wird nicht die Feuerwehr gebraucht.
Es liegt die Bratwurst auf der Glut
und ihr Geruch ist fein und gut.«

Obwohl Thüringen die Kernzelle der deutschen Kultur schlechthin darstellt – man denke nur an die Weimarer Klassik, das Bauhaus oder an Martin Luther und die Reformation –, verbindet man mit Thüringen vor allem die Bratwurst. Es genügt schon, wenn man »eine Thüringer« sagt, und jeder in ganz Deutschland weiß, dass damit nur eine Thüringer Bratwurst gemeint sein kann. Keine andere deutsche Wurst ist ein so starker Träger von kultureller Identität, und Thüringen ist sich dessen voll bewusst. Allerdings geht der Wurstreichtum Thüringens weit über die Bratwurst hinaus. Kein Wunder, denn die Thüringer stehen nicht umsonst auf Platz 1 in Sachen Wurstkonsum der Deutschen.

Die Vielfalt der Würste spiegelt gewissermaßen die wechselvolle Geschichte dieses so jungen, erst nach der Wende in seiner heutigen Form geschaffenen Freistaats. Die Herrschaftsgeschichte lässt sich sogar an den Würsten gut ablesen. So stand Erfurt lange unter dem Einfluss des Mainzer Erzbischofs, und andere Gebiete Thüringens waren immer wieder zwischen fränkischen, sächsischen, hessischen oder gar preußischen Herrschaftshäusern aufgeteilt. Die wurstmäßigen Hochkulturen von Hessen, Rheinland-Pfalz und Franken durchdringen bis heute die reiche Palette der Thüringer Wurstvielfalt. Und wie das immer so ist: Die Vermischung von unterschiedlichen Kulturen ist immer ein gesunder Nährboden für neue Entwicklungen und Innovationen. Thüringen liegt in der Mitte Deutschlands und versteht sich als Zentrum der deutschen Wurstkultur. Die Thüringer ist Herzstück der lokalen Identität. Nirgends sonst in Deutschland gibt es ähnliche Kulthandlungen rund um die Wurst wie hier. ¶

Erfurt und das große Grillfest

In der Hauptstadt Erfurt wird jedes Jahr im Frühjahr die Grillsaison mit einem großen Fest, dem »Angrillen auf dem Domplatz«, eröffnet. Seinen Ursprung hat diese Festivität im Jahr 2004, als man den 600. Geburtstag der ersten urkundlichen Erwähnung der thüringischen Bratwurst auf einer Rechnung des Arnstädter Jungfrauenklosters feierte: »1 gr vor darme czu brotwurstin« (ein Groschen für Bratwurstdärme). Der zweite Anlass war, dass 2004 – ähnlich wie es zwei Jahre zuvor schon der Nürnberger Bratwurstkonkurrenz gelungen war – auch die Thüringer Rostbratwurst EU-weit den Status eines geschützten Markenzeichens erhielt. Das Fest war so erfolgreich, dass man beschloss, es jährlich zu wiederholen. Immer sind Fleischereien aus ganz Thüringen mit Ständen vertreten, selbst bei schlechtem Wetter kommen mehr als 25 000 Wurstfreunde aus dem ganzen Land hier zusammen, immer gibt es einen Grillwettbewerb um die beste Thüringer Bratwurst, und immer wird die gesamte Altstadt in einen würzigen und rauchigen Dunstnebel gehüllt. Musikgruppen singen dazu von früh bis nachts Wurstlieder. Es gibt sogar ein Wurstrodeo. Politprominenz und Wurstmajestäten wechseln sich ab mit launisch-unterhaltsamen wie auch informativen Reden zum Lob und Preis der Thüringer Bratwurst.

Bei meinem Besuch herrschte eine ausgelassene Stimmung. Für einen Thüringer scheint es kein größeres Glück zu geben, als im Kollektiv Bratwürste zu essen. Schon in aller Frühe geht es los. Von Holzhausen, dem Sitz des »Ersten Deutschen Bratwurstmuseums«, starten Läufer mit einer Fackel in der Hand. Die Strecke beträgt etwa 20 Kilometer und führt über den legendären Rennsteig, den ältesten Wanderweg Deutschlands, bis ins Zentrum von Erfurt. Die Zeremonie ist ganz bewusst an das olympische

Vorbild angelehnt. Der Letzte der Läufer übergibt auf der Bühne die Fackel einer als Mönch gewandeten Figur, welche Johann von Siebleben repräsentiert, den Urheber der ältesten Erwähnung der Thüringer Bratwurst aus dem Jahr 1404. Unter dem Jubel der Menge und in Anwesenheit der hoch zu Ross sitzenden Durchlauchten – der amtierenden Thüringer Wurstkönigin und des amtierenden Thüringer Bratwurstkönigs – steigt dieser eine Leiter empor und entzündet mit der Fackel den größten Kamingrill der Welt. Die beiden Hoheiten bekommen eine extralange und eigens für diese Zeremonie hergestellte Bratwurst, die sie von beiden Seiten anbeißen. Böllerschüsse ertönen, und Hunderte von Luftballons tragen die frohe Botschaft übers Land: Die Grillsaison ist eröffnet!

Die drei Zinken der Spitztürme der Erfurter Domkirche wirken wie eine riesige überdimensionierte, in den Himmel ragende Gabel.

Natürlich dürfen auch andere thüringische Wurstspezialitäten auf dem großen Markt beim Angrillen nicht fehlen.

Tanz, Musik und Spiele unterhalten die Massen beim Wurstverzehr. Bei Goethe, dem großen thüringischen Dichter, findet man ja für jeden aktuellen Anlass passende Worte, so auch für diesen: »Doch fliehen uns die schweren, tönernen Gedanken, wenn nur die Bratwurst uns zum Munde lacht, die Mägden uns zum Hopsen reizen und in all der bunten Heiterkeit die Welt sich um uns dreht.«

Mir fällt es schwer, schon in der Früh Bratwürste zu essen, doch ein echter Thüringer hat damit offenbar keine Probleme. Mir scheint, er kann rund um die Uhr ununterbrochen Bratwurst essen. So einend die Liebe der Thüringer zu ihrer Bratwurst auch ist, so verschieden sind doch die Geschmäcker. Jeder Thüringer hat seine eigene spezielle Wurstvorliebe, in jedem Ort hat die Bratwurst eine ganz spezifische Note. Mal wird Kümmel als Ganzes, mal gemahlen beigemischt und an anderen Orten der Kümmel ganz weggelassen. Auch die Mischung der Kräuter variiert – Majoran, Thymian, Kümmel, Zwiebel und Knoblauch, Salz, Pfeffer, Ingwer und Muskat, manchmal kommt auch noch Branntwein hinzu. Blut, Speck, Innereien und Schwarten zählen zu den weiteren Grundstoffen, aus denen sich ein schier unendlich reichender Variantenreichtum schöpfen lässt. Im Norden Thüringens ist Majoran das vorherrschende Gewürz, im Westen zwischen Eisenach, Erfurt und Weimar Zitrone, im Osten um Jena und Gera Kümmel, und in Südthüringen ist es Knoblauch.

Tatsächlich schmeckt jede Wurst an jedem der sehr liebevoll und aufwendig gestalteten Stände etwas anders. Das Auge und der Geruchssinn lenken die Entscheidung, denn nicht jeder ist so sportlich wie der Japaner Takeru Kobayashi, der den aktuellen Weltrekord im Bratwurst-Essen mit einem Verzehr von 58 Würsten innerhalb von zehn Minuten aufgestellt hat. Zum Glück sind derartige Rekordversuche im Sportland Thüringen noch nicht wie etwa zur Römerzeit kanonisiert. Ich denke dabei an Senecas berühmte Kritik an der römischen Völlerei, der gesagt hat: »Sie speien, um zu essen, und sie essen, um zu speien.« Die Thüringer lassen sich mehr Zeit, sie sind Genießer. Groß und Klein, Männer wie Frauen essen bei diesem Wurstfest von Sonnenauf- bis Sonnenuntergang nichts als Würste. Und es erscheint mir, dass hier in Erfurt jährlich versucht wird, eine neue Bestmarke im Weltrekord des kollektiven Daueressens von Würsten zu setzen. Bratwurstessen ist nicht nur ein Sport, die Thüringer Bratwurst scheint rätselhafte Inhaltsstoffe zu haben, die sogar zu sportlichen Höchstleistungen verhelfen können. Die zurzeit schnellste Frau Deutschlands, Gina Lückenkemper, wurde nach einem Fabellauf in Erfurt nach dem Geheimnis ihres Erfolges gefragt, worauf sie offenbarte, dass sie sich vor den Wettkämpfen immer gerne eine Bratwurst einverleiben würde. »Heute war das eine richtige Sprinterwurst«, sagte sie lachend. Das machte in den Medien Schlagzeilen, und seither trägt die Läuferin den Beinamen »Bratwurst-Gina«. In jeder Thüringer Bratwurst steckt ja pure Energie, vielleicht wäre sie ein alternatives Wundermittel, um die lästigen Dopingprobleme endgültig aus der Welt zu schaffen. Thüringen gilt als deutsche Sporthochburg, das Geheimnis dieses Erfolges scheint nun gelüftet zu sein. ❡

Die Hauptstadt der Thüringer Bratwurst

Nicht Erfurt, sondern Holzhausen ist die eigentliche Hauptstadt der Bratwurst. Es ist ein kleines Dorf nahe bei Arnstadt, das zu Füßen der Veste Wachsenburg gelegen ist. Hier ist der Sitz des Thüringer Wurstarchivs und des Herkunftsverbandes »Thüringer und Eichsfelder Fleisch und Wurst e.V.«, dessen Geschäftsführer Uwe Keith auch Vorsitzender des Vereins »Freunde der Thüringer Bratwurst e.V.« ist. Ihm und seinem Stellvertreter Thomas Mäurer ist zu verdanken, dass Holzhausen eine solche Sonderstellung erreicht hat. Es gibt keinen Ort in Deutschland, wahrscheinlich sogar weltweit, der ähnlich wurstfixiert ist. Das zeigt sich auch am mehr in die Öffentlichkeit wirkenden Zentrums dieses Dorfes, dem großen Areal um das Thüringer Bratwurstmuseum.

Hier befindet sich auch das Bratwursttheater – in der größten begehbaren Bratwurst der Welt. Thomas Mäurer erzählt mir, dass sechs Millionen Thüringer Bratwürste in sie hineinpassen würden und dass sie ursprünglich für die Bundesgartenschau des Jahres 2007 im thüringischen Ronneburg gebaut wurde. Die BUGA hatte versucht, die Besonderheiten Thüringens erlebbar zu machen. Im Themengarten rund um die Thüringer Bratwurst befanden sich ein Schweinestall und verschiedene Gewürz-, Senf- und Getreidefelder, ähnlich wie sie es auch auf ihrem Museumsareal arrangiert hätten. Der Umzug dieser 25 Meter langen Bratwurst mit 3,50 Metern Durchmesser von Ronneburg nach Holzhausen, immerhin 100 Kilometer, war ein logistisches Meisterwerk. Das Landratsamt und mehrere Firmen hätten einen finanziellen Beitrag geleistet, um die größte Bratwurst der Welt in ein Theater verwandeln zu können. Jährlich präsentiert »Hans Wurst« hier eine Kriminalkomödie rund um die Bratwurst, zum Lutherjahr 2017 gab es das

In der größten begehbaren Bratwurst der Welt in Holzhausen befindet sich ein Bratwursttheater; würde man es nicht mit Besuchern, sondern mit Würsten füllen, würden ganze sechs Millionen Thüringer hineinpassen.

Stück »Martin und die Bratwurst des Schreckens«. Auch im Museum wird die Geschichte des angeblichen Zechprellers Martin Luther in einer mir bislang unbekannten Variante erzählt. Demnach soll Luther eine Bratwurst in einer Gaststätte bei Erfurt ohne zu bezahlen verzehrt haben, worauf an der Türe des Wirtshauses mit Kreide vermerkt worden sei, dass Luther seine Bratwurst nicht bezahlt habe. Von dieser Art, jemanden öffentlich an den Pranger zu stellen, soll die Redensart »jemandem etwas ankreiden« herrühren. Keine Zechprellerei scheint heutzutage so begehrt zu sein wie die von Martin Luther, denn die Wirtin vom »Goldenen Adler« in Wertheim nutzt heute die Legende als gewinnbringende PR-Story für ihr Lokal. Es ist offenbar nicht die einzige Wurstverfehlung des Reformators, denn es gibt ja auch noch die Geschichte, dass Luther in der Münchner Gaststätte »Koch in der Hölle« seine Bratwurst nicht bezahlt haben soll. Von Historikern wird dies heute kontrovers diskutiert und als Versuch der Gegenreformation, Luther zu diffamieren, interpretiert.

Das Gelände des Bratwurstmuseums bietet fast alles und gehört zu den Hauptattraktionen Thüringens. Von Thomas Mäurer, dem Leiter und Spiritus Rector des Museums, und seinem Sohn erhalte ich eine exklusive Führung voller spannender Anekdoten. Auf dem weiten Areal kann man alle möglichen Schweinerassen, vor allem imposante Rückzüchtungen und die so kuschelig anmutenden Wollschweine, lebend sehen, noch bevor sie verwurstet werden. Sehr geschickt finde ich, dass zwischen dem künstlerischen Kulturareal und dem natürlichen Schweinesuhlbereich ein großer Kräutergarten angelegt ist, dessen Wohlgeruch als osmische Barriere die animalischen Ausdünstungen übertönt. Ein Bratwurstdenkmal erhebt sich auf einem Hügel über dem Museumsareal, zu dem auch ein Bratwursttelefon, ein Bratwurstpostamt und eine Bratwurstscheune gehören.

Eindrucksvoll ist ein großes Bildwerk, das in Anlehnung an Leonardo da Vincis »Abendmahl« 13 Figuren vor einem reich gedeckten Tisch zeigt. Alle haben sich irgendwann einmal als Liebhaber der Thüringer Bratwurst geoutet, nur bei der heiligen Elisabeth von Thüringen ist dies eine reine Vermutung. Der Legende nach hat sie ihre Kornkammern für die Armen Thüringens geöffnet, und im Gemälde sorgt sie dementsprechend für die Brötchen zu den Würsten. Im Zentrum sitzt natürlich Goethe, flankiert von Herzogin Anna Amalia und dem strahlenden Wurstfreund Barack Obama im Ornat

Da Vincis »Abendmahl« auf Thüringisch – allerlei historische und politische Prominenz versammelt sich um den reich gedeckten Tisch und die Kanzlerin gibt die »Kloßmarie«.

des Thüringer Bratwurstkönigs. Neben Obama reihen sich Otto Dix, Elisabeth von Thüringen, Alfred Brehm, Angela Merkel als »Thüringer Kloßmarie« und Carl Zeiss. Zur Linken Goethes erscheint nach Anna Amalia eine ähnliche Mischung von bedeutenden historischen Persönlichkeiten, nämlich Lucas Cranach der Ältere, Friedrich Schiller, Johann Sebastian Bach, Martin Luther und Thomas Müntzer. Jeder Figur ist eine Thüringische Spezialität als Attribut zugewiesen. Auch der Berliner Künstler Arno Funke, der im Auftrag des Museums dieses Werk geschaffen hat, ist eine interessante Figur. Berühmtheit erlangte er vor allem durch seine Kriminalperformance in der Rolle des legendären Kaufhauserpressers »Dagobert«, der mit Witz und Kreativität jahrelang die Polizei foppte. Seine Strafe hat er längst verbüßt, als Teilnehmer des »Dschungelcamps« erschien er zuletzt im öffentlichen Rampenlicht.

Events wie das Bratwursttheater und die Bratwurstiade sind Besuchermagneten in Holzhausen.

Ganze Busladungen mit Besuchern erreichen tagtäglich das Museum. Nach dem Rundgang durch das große Areal gibt es Vorführungen zur Wurstproduktion, an der man sich aktiv beteiligen kann, um dann nach so viel appetitanregenden Stationen in der Bratwurstscheune endlich die verdiente Thüringer Bratwurst genießen zu können. Thomas Mäurer und sein Sohn entwickeln unermüdlich neue Ideen. In jährlicher Wiederkehr finden neben dem Bratwursttheater auch andere thematische Bratwurstfeste statt: ein Songcontest, ein Seifenkistenrennen für Kinder, ein Bratwurst-Bollerwagen-Wettbewerb, bei dem das schönste wurstdekorierte Gefährt ausgezeichnet wird. Ein weiteres Highlight ist die Bratwurstiade, bei der in historischen Kostümen auftretende Aktivisten zur Belustigung der Zuschauer geschichtlich ummantelte Geschicklichkeitswettbewerbe durchlaufen. Dies ist einer der Höhepunkte der Holzhausener Bratwurstfeste, bei dem jährlich vier- bis fünftausend Besucher das kleine 600-Seelen-Dorf an die Grenze seiner Aufnahmefähigkeit bringen.

Der Rundgang durch das Bratwurstmuseum vermittelt einen guten Einblick in die Komplexität der Wursterzeugung. Man erhält grundlegende Informationen über die Geschichte der Tierzucht vom Wildschwein zum Hausschwein, des Schlachtens und der Techniken der Wurstverarbeitung mit eindrucksvollen historischen Maschinen. Aber auch das Zunftwesen, die Feste, der Alltag rund um die Bratwurstkultur und die Rekorde werden beschrieben und mit Fotos dokumentiert. Ein eigener Bereich zeigt die Geschichte der Gewürze und die Praxis ihrer Anwendung. Breiten Raum nimmt natürlich auch die Historie der Bratwurst ein. Die ältesten Abbildungen von Wurst seien demnach in Ägypten, Syrien und China bereits in der Zeit um 5000 v. Chr. belegt. Besonders stolz ist man darauf, dass man in einer Handschrift des Arnstädter Jungfrauenklosters aus dem Jahr 1404 die bereits erwähnte älteste Bratwurstrechnung der Welt gefunden hat.

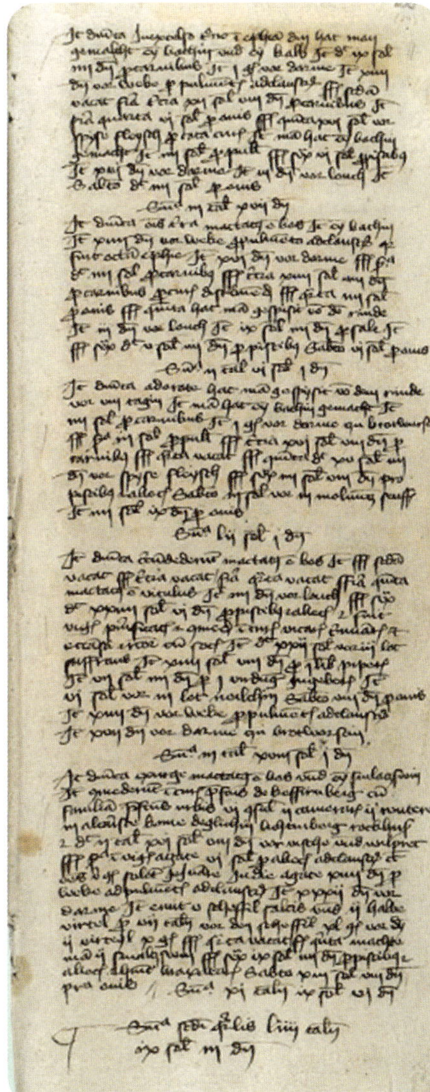

Die älteste Bratwurstrechnung der Welt stammt aus dem Jungfrauenkloster in Arnstadt und datiert zurück auf das Jahr 1404.

Historische Fundstücke

Im Museum gibt es auch wunderbare Stiche wie diesen zu einem frühen Wurstrekord.

Eindrucksvoll sind auch die Statistiken. So erfährt man zum Beispiel, dass jährlich 450 Millionen Thüringer Bratwürste konsumiert werden. Natürlich gibt es im Bratwurstmuseum auch eine Wurstwerkstatt, wo Workshops zur Bratwurstherstellung zu Hause unter fachmännischer Anleitung angeboten werden. Ich hatte das Glück, dass ich zusammen mit einer Journalistin, die gerade auf Einladung der thüringischen Landesregierung auf einer Forschungsreise zur Thüringer Bratwurst unterwegs war, einen exklusiven Meisterkurs geboten bekam. Es war schon ein alle Sinne ansprechendes Erlebnis: mit den bloßen Händen das Fleisch in den Wolf zu drücken, die stark duftenden Gewürze einzumengen und die eigene frisch geröstete Kreation schließlich zu verzehren.

Einmalig für Holzhausen ist auch, dass dort sogar eine Straße nach dieser Thüringer Spezialität benannt wurde. Das Museum kann man nicht verfehlen: Es liegt am Bratwurstweg 1. Von dort gehe ich nur wenige Hundert Meter und erreiche schon die nächste Bratwurstinstitution. Ein stattliches Gebäude, in dem der Verein »Freunde der Thüringer Bratwurst e. V.« residiert und das große Thüringer Wurstarchiv, das Bücher, Zeitschriften, Plakate, Urkunden, Fotoalben und allerlei historische Dokumente enthält. Es gibt Fachpersonal, und man ist dabei, den gesamten Bestand wissenschaftlich aufzubereiten und zu digitalisieren.

Im Obergeschoss treffe ich Uwe Keith, den 1. Vorsitzenden des Vereins und Geschäftsführer des Herkunftsverbands »Thüringer und Eichsfelder Wurst und Fleisch e. V.«. Mit Haut und Seele ist er nicht nur Experte, sondern auch leidenschaftlicher Freund und Verehrer der Thüringer Bratwurst. »Ein Leben ohne Thüringer Wurst ist möglich, aber sinnlos« ist sein Credo, und »Immer eine Handbreit weiß glühende Holzkohle unterm Rost« lautet die Grußformel seiner Briefe. Uwe Keith hat, wie er mir erzählt, Betriebswirtschaft studiert und als passionierter Wurstesser inzwischen sein Hobby zum Beruf machen können, zunächst als Vorsitzender des Vereins, bevor er 2010 dann auch die Geschäftsführung des Verbandes übernommen hat. Durch meine Recherchen wusste ich schon, dass er 2011 den vom Zentralverband Naturdarm so renommierten Innovationspreis »Wurst hat Zukunft« erhalten hatte. Mit dem Preis werden Persönlichkeiten ausgezeichnet, die gemäß den Statuten etwas mit einem »besonderen Knackeffekt« entwickelt haben, »der die Wurst als modernes Lebensmittel mit Kultpotenzial positioniert«. Im Gespräch mit Uwe Keith beeindruckt mich die Breite seiner Kenntnisse über die Geschichte und Rezepturen der unterschiedlichsten Bratwürste in aller Welt. Ich erhalte eine Lektion über den Unterschied zwischen Grillen und Braten. Das Grillen würde mehr durch Wärmestrahlung, das Braten mehr durch Wärmeleitung definiert. Für mich mag dies am heimischen Herd gelten, aber wenn ich eine Bratwurst auf den Rost lege, wird sie nach meinem Verständnis gegrillt. Letztlich sind mir solche begrifflichen Spitzfindigkeiten wurscht. Hauptsache, sie schmeckt – eine gute Rostbratwurst ist für mich eben auch eine gute Grillwurst! Uwe Keith möchte mir noch jemanden vorstellen. Er greift zum Telefonhörer und spricht »mit dem König«. Und tatsächlich, nach nur wenigen Minuten kommt Gerhard Herbst, der amtierende fünfte Bratwurstkönig Thüringens, vorgefahren. Ein Foto hatte ich von ihm schon in Erfurt beim Angrillen gemacht. Aber die persönliche Begegnung, noch dazu in dieser wurstlastigen Umgebung, ist natürlich etwas ganz Besonderes.

Durch das Fenster sehe ich, wie Herbst aus dem Auto steigt, die schwere Bratwurstkrone aufsetzt, trotz Hitze in die königliche Gewandung schlüpft und das Bratwurstzepter ergreift. Die Verwandlung ist komplett und überträgt sich auf seine gesamte Persönlichkeit, er schreitet würdevoll auf das Haus zu und behält auch im Gespräch mit mir die gebotene Distanz. Die Ernsthaftigkeit, mit der Gerhard Herbst seine Rolle erfüllt, macht auch mich zum Mitspieler eines spontanen Wursttheaters. Im Rückblick erscheint mir der Besuch von Holzhausen wie ein surreales Erlebnis, eine Reise in eine Fantasie- und Märchenwelt und auch ein Stück in die Vergangenheit. ❡

Luftgetrocknete aus Struth-Helmersdorf: *Metzgerei Frank*

Bei einer meiner Reisen zur Erkundung der Thüringer Wurstkultur steuere ich die Metzgerei Frank an, einen seit 1790 bestehenden Traditionsbetrieb mit eigenem Schlachthof und Gasthof. Die Metzgerei liegt am berühmten

Rennsteig in Struth-Helmersdorf, einem Ortsteil von Floh-Seligenthal. In der Nähe befinden sich Schmalkalden, der durch den Schmalkaldener Bund in der Geschichte der Reformationszeit so bedeutende Ort, und Oberhof, das große Wintersportzentrum, in dem nicht nur die Rodel-, sondern auch schon die Biathlonweltmeisterschaften ausgetragen wurden.

Seniorchef Walter Frank und sein Sohn Matthias, der die fünfte Generation repräsentiert, führen mich durch die großzügigen Schlacht- und Verarbeitungsräume und zeigen mir ihr eindrucksvolles Sortiment an Rotwürsten, die unter ganz unterschiedlichen Bedingungen in verschiedenen Kühlabteilungen, Reife- und Räucherkammern hängen. Darunter findet sich auch die Thüringische Rotwurst, die »Königin der Blutwürste« genannt wird. Ich probiere bei der Metzgerei Frank eine mir bislang unbekannte »Schlönker Rotwurst« und kann gut verstehen, warum dieser Titel seine Berechtigung hat.

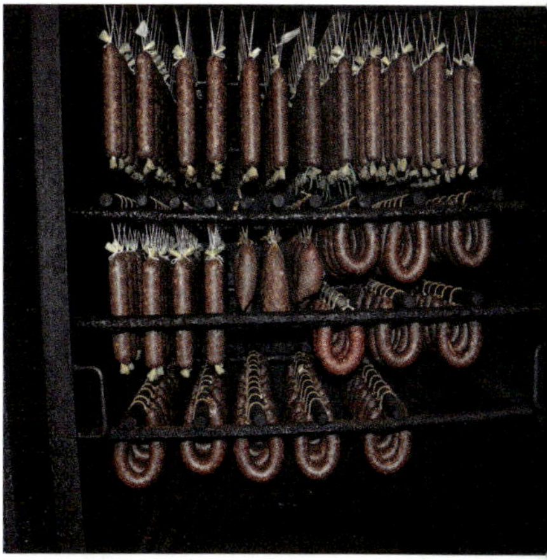
Rotwürste in der Räucherkammer

Walter Frank steckt voller Energie, er ist kaum in seinem Redefluss zu bremsen. Während der Sohn eher zurückhaltend, ruhig und verständlich nur Detailanmerkungen beisteuert, fällt es mir richtig schwer, das Hennebergisch, einen fast ausgestorbenen ostfränkischen Dialekt, seines Vaters zu verstehen. Wie er mir erklärt, und wie man unschwer erkennen kann, sieht man an jeder Wurst ihre handwerkliche Machart, keine ist von gleicher Form, auch gibt es Größenabweichungen und vor allem sehr unterschiedliche Endungen, mal spitz, mal stumpf, mal gebogen mit Aluclips oder Schnüren abgebunden. Die Salami nach italienischer Art trägt bis heute den Spitznamen »Ortolino«. Sein Großvater habe Ortl geheißen, wie mir Walter Frank erzählt, daher der Name.

Die Vielfalt an luftgetrockneten Würsten ist sehr imponierend, wie auch die in Kühlkammern gelagerten Varianten von Brühwürsten: Pilzwurst, Eierwurst, Römerbraten, Fleisch- und Kalbskäse, Pepperdu, Olivenwurst oder Kaiserjagdwurst. Fast in allen ist Schweinefleisch enthalten, selbst in den vielen Hirsch-, Rind- oder Wildschweinvarianten. Einzige Ausnahme seien, wie Walter Frank betont, die Würste für Gichtkranke und Muslime, die keinerlei Schweinefleisch enthalten, wozu natürlich auch alle Geflügelwürste zählen. Eine andere Besonderheit, die er mir zeigt, ist eine von ihm kreierte Hundewurst für nur 1,50 €, die er als vollwertiges Lebensmittel für Vierbeiner anpreist. Ein Leckerbissen für alle Floh-Seligenthaler Hunde und Kauerlebnis der besonderen Art, weil in diesen Würsten vor allem Knorpel und Sehnen enthalten sind. Einen Irrsinn findet er, dass er sie in einem separaten Raum herstellen müsse, weil das Veterinäramt gemäß einer EU-Verordnung dies so vorschreibe, denn Hundewurst gilt als Futtermittel und darf deshalb nicht mit Lebensmitteln in Berührung kommen.

Walter und Matthias Frank führen gemeinsam die Traditionsmetzgerei in der Nähe des berühmten Rennsteigs, die schon seit 1790 besteht.

Hier muss ich ihm nun wirklich beipflichten, denn die Zutaten seiner Hundewurst sind nichts anderes, nur wahrscheinlich noch appetitlicher und besser als manches, was in den meisten, jedoch viel feiner gekutterten industriellen Wurstprodukten enthalten ist. Überhaupt empfindet er die Fülle an Verordnungen und Vorschriften beklemmend und zitiert sogleich sinngemäß aus einem Buch von 1895, das ihm seine Mutter ans Herz gelegt hatte: »Wenn du ein Hoher bist, König oder Kaiser, sollst du so leben, dass deine Untergebenen nicht leiden. Und wenn du Staatsmann bist oder einen Posten bekleidest, musst du vorausschauend sein und Ahnung haben von den Sachen, du kannst nicht Gesetze machen, die nicht zur Lebenswirklichkeit passen.« Aus Sicht der Familie Frank passt so manches nicht mehr zur Lebenswirklichkeit. Geradezu existenzielle Ängste verbinden sich mit der Frage, ob man in Zukunft noch Lehrlinge finde, ob es sich noch lohne weiterzumachen und ob man der immer mehr um sich greifenden Fülle an Verordnungen und Auflagen auf Dauer standhalten könne. ❡

Duroc-Würste aus Langewiesen: *Fleischerei Gallwitz*

Bei der Suche nach der besten Bratwurst befragte ich oft zufällig mir begegnende Passanten, die mir mehrheitlich die Metzgerei von Michael Gallwitz in Langewiesen empfahlen. Tatsächlich wurde sie vom Blog »bratwursttest.de« 2017 auf den ersten Rang gewählt. Von den 234 getesteten Metzgereien stammten übrigens die meisten aus Thüringen. Die Biografie von Michael Gallwitz ist ein typisches Beispiel für Lebensschicksale der Wendezeit. Zu DDR-Zeiten war er noch als Bergmann tätig, doch nach dem Zusammenbruch der Montanindustrie war er arbeitslos und musste sich neu orientieren. Da sein Schwiegervater als Metzgermeister in einer großen volkseigenen Schlachterei tätig war, entschloss er sich, mutig einen eigenen Betrieb zu gründen, und durchlief eigens dafür eine Ausbildung zum Metzger mit allen Stufen vom Gesellen bis zum Meister. Entscheidend war die Gelegenheit, zu ungewöhnlich guten Konditionen eine komplette und qualitativ hochstehende Ausstattung zu erwerben. Sie stammte aus dem »VdgB-Ringberghaus«, einem Musterunternehmen der DDR. Die »Vereinigung der gegenseitigen Bauernhilfe« (VdgB) hatte in Suhl ein Landurlaubszentrum für verdienstvolle Bauern aus allen Gebieten der DDR errichtet. Es gab zu DDR-Zeiten kaum Kleinbauern, sondern riesige Agrargenossenschaften mit quasi industriellen Produktionsstrukturen. Über 900 000 Agrarar-

Michael Gallwitz verwendet vor allem das Fleisch des Duroc-Schweins, das wegen der Fetteinlagerungen besonders zart ist.

beiter waren damals auf diesem Sektor beschäftigt, heute sind auf dem Gebiet im gleichen Raum trotz erheblicher Produktionssteigerung nur mehr knapp unter 150 000 Menschen tätig. Im Vergleich dazu sind dies im Westen 2,9 und im Osten nur 1,6 Arbeitskräfte pro Hektar. Das ehemalige »VdgB-Ringberghaus« wurde mit einem neuen Konzept inzwischen unter dem Namen »Ringberghotel« wiedereröffnet. Inmitten der Idylle des Thüringer Waldes erscheint mir dieses Monster mit 270 Betten wie ein gigantischer Fremdkörper. Nach der Wende wurde der VdgB-Betrieb von der Treuhand verwaltet und war lange geschlossen. Für Gallwitz war es eine einmalige Gelegenheit, das gesamte Inventar der hauseigenen Metzgerei für einen symbolischen Preis erwerben zu können. Bis heute bildet dieser Gerätepark die Basis für seinen Betrieb. Der Schwiegervater brachte noch die alten Rezepte ein, und trotz der großen Konkurrenz konnte sich die Metzgerei Gallwitz so nicht nur etablieren, sondern entwickelte sich zu einem immer beliebteren Treffpunkt von Wurstliebhabern.

Das Geheimnis der Qualität seiner Würste liege, so verrät Michael Gallwitz mir, in der Besonderheit des Duroc-Schweins, das er vom Fleischmarkt Aschara beziehe. Das Fleisch dieser amerikanischen Rasse habe eine feine Marmorierung, also einen höheren Fettgehalt, was ihm ein besonderes Aroma verleihe. Einer der großen Mastbetriebe für Duroc-Schweine in Aschara hat gerade aufgrund von Missständen in der Massentierhaltung und überhöhtem Keimbefall Schlagzeilen gemacht. Michael Gallwitz versichert mir, dass der Fleischmarkt Aschara und seine Produktion davon nie betroffen waren, da seine Duroc-Schweine von Kleinbetrieben aus dem ganzen Thüringer Umfeld kämen. ❡

Wurst und Ostalgie in Viernau: *Fleischerei Albrecht*

Mich beschleicht, nun bald dreißig Jahre nach der Wiedervereinigung, noch immer ein seltsames Gefühl, wenn ich aus Bayern kommend die Grenze in die neuen Bundesländer überschreite. Noch immer empfinde ich bei meinen Reisen die Nachwehen der Vergangenheit der über vierzig Jahre währenden deutschen Spaltung, Isolation und Abschottung und richte mein Augenmerk auf Reminiszenzen dieser besonderen Geschichte. So lasse ich mich treiben durch die Landschaft und Dörfer und bevorzuge auf meiner Spurensuche immer kleine Straßen. Von Coburg aus komme ich auf diese Weise durch das am Westhang des thüringischen Waldes gelegene Örtchen Viernau. Die Geschäfte sind längst zu, im Abendlicht erblicke ich viele schöne Fachwerkfassaden. Mein Interesse weckt ein reich, in unkonventioneller Farbigkeit, verziertes Fachwerkhaus. In großen Lettern lese ich die aufgemalte Inschrift »Fleischerei Albrecht«.

Gruppenbild mit Würsten: drei Generationen der Familie Albrecht

Da ich Licht sehe und auch lebhaftes Stimmengewirr nach außen dringt, klingele ich in der Hoffnung, jemanden anzutreffen, der mir mehr zu dem Fleischereibetrieb erzählen kann. Spontan werde ich hereingebeten, man feiert gerade Geburtstag, die ganze Familie, Kinder, Großeltern, Verwandte und Freunde erfüllen das Haus mit Leben, und ein großes Büfett mit vielen schön dekorierten Wurstplatten wird gerade vorbereitet. Voller Stolz zeigt man mir alle Räume der Wurstfabrikation, und da ich eine Kamera umhängen habe, bin ich für sie in erster Linie ein Fotograf, weshalb sich alle spontan zu einem Gruppenfoto aufstellen. Im Gespräch erfahre ich allerlei über die Familiengeschichte, man sei bereits in der fünften Generation Metzger. Der Vater Horst Albrecht arbeite noch mit, habe aber die Leitung seiner Tochter Anja Blankenburg übertragen, deren Mann Heino ebenfalls gelernter Metzger ist. Eine ihrer Wurstbesonderheiten ist neben der »Viernauer Gefüllten« der bis heute so beliebte »DDR-Leberkäse«. Die Idee dazu hatte Anja Blankenburg. Sie habe eigentlich nur einen Leberkäse produzieren wollen, der genauso schmeckte wie früher, erzählt sie. Deshalb sei sie auch auf den Namen gekommen, ohne zu ahnen, welch mediale Aufmerksamkeit sie mit dieser

Reminiszenz an vergangene Zeiten auslösen würde. Der »DDR-Leberkäse« habe als Kultobjekt ideal zur gerade anbrechenden Phase der »Ostalgie« gepasst. Und da man sich schon zu Zeiten der Deutschen Demokratischen Republik um kleine Unterschiede und das größtmögliche Maß an Eigenständigkeit bemüht habe, so erzählt man mir mit einem Augenzwinkern, sei der Leberkäse der Metzgerei Albrecht auch nicht kastenförmig, sondern wurstförmig. Zum Abschied erhalte ich ein wunderbares Wurstpaket mit Delikatessen aus der eigenen Wurstfabrikation. Darunter natürlich auch ein Stück »DDR-Leberkäse«. ❡

In Rutha ist der Kunde König und wird von der Königin bedient

Es gibt übrigens auch kein Land mit vergleichbarer Wurstprominenz wie Thüringen. Das einzige männliche Geschlecht ist das der Bratwurstkönige, alle anderen Wurstrepräsentanten sind weiblich. In Gotha amtiert die besondere Herrschaftsdynastie der Zervelatköniginnen. Ein weiteres begehrtes Amt auf dem Feld der Diplomatie ist das der »Thüringer Bratwurst-Botschafterin«. Ihre Aufgabe ist es, die Thüringer Bratwurst in aller Welt bekannt zu machen, so zum Beispiel auf dem jährlich stattfindenden Bratwurstfestival in Bucyrus im US-Bundesstaat Ohio. Den wohl höchsten Rang in der Thüringer Wursthierarchie nimmt aber die »Thüringer Wurstkönigin« ein. Sie repräsentiert ja schließlich all die leckeren Würste des Landes.

2017 wurde Anne Sonntag, die in der Metzgerei Wohlgezogen arbeitet, für eine Amtszeit von zwei Jahren zur elften »Thüringer Wurstkönigin« gekürt. Ihr Großvater war Hausschlachter, und von klein auf, so erzählt sie, habe es ihr großen Spaß gemacht, ihm bei der Arbeit zuzuschauen und sogar beim Blutrühren mitzuhelfen. Das war auch Anlass für ihre spätere Berufswahl, und bis heute sind diese frühen Kindheitserinnerungen Grundlage für die Freude an ihrem Beruf, so wie sie mit Freude ihre nicht immer einfache Rolle als Wurstkönigin erfüllt. So stolz sie darauf ist, dass trotz vieler Mitbewerberinnen die Wahl auf sie gefallen ist, so anstrengend sind doch die vielen repräsentativen Verpflichtungen, denen sie kreuz und quer nicht

König und Königin vereint: Gerhard Herbst, der fünfte Bratwurstkönig von Thüringen, und Ihre Hoheit, die Thüringer Wurstkönigin Anne Sonntag, beim Grillfest in Erfurt. Natürlich beim Anbeißen einer Thüringer Rostbratwurst.

nur in ganz Thüringen nachkommen muss. Die Veranstalter machten sich manchmal wenig Gedanken darüber, oft reist sie auf eigene Kosten. Kürzlich, beim Brunnenfest in Nordhausen, musste sie eigens für dieses Fest kreierte Bratwurstkartoffeltaler vorstellen und bekam dafür nicht einmal einen einzigen Taler zum Essen angeboten.

Auf die Frage nach ihrer Lieblingswurst beginnt sie von der groben Thüringer »Roster« zu schwärmen, die ihr Chef nach der Rezeptur seines Großvaters herstelle und die ganz frisch verzehrt werden müsse, da sie Milch und Ei enthalte. Zum Abschied empfiehlt sie mir, doch mal donnerstags, wenn der große Grillrost aufgebaut werde, zum Probieren vorbeizukommen. Irgendwann, so hoffe ich, wird mich bei einer meiner nächsten Reisen durch Thüringen die Route an einem Donnerstag nach Rutha führen – und vielleicht werde ich dann bei einer guten Bratwurst auf einen Leser dieses Buches treffen.

"Himmelfahrt der Wurst" Laserausdruck auf Holz
Giacomo Tiepolo & Christopher Haley Simpson © 2014
Kunstsammlung Hannes Köhler Dresden

Sachsen

HIER KNACKT DIE WURST

»Winsel, winsel, Worscht,
mich hungert und mich dorscht.
Ich hab gebiert, ihr hot geschlacht',
und mir a Worschtel met gemacht.
Es de Worscht ne recht geroten,
so gaat a Stecke Schweinebroten.
Weiße Strimpe, schwarze Schuh,
brengt de gruße Worscht herzu.«

Diese sächsische Fassung des »Wurstwinsel-Liedes« geht auf das alte Brauchtum zurück, bei Schlachtfesten die gute Laune und Freigiebigkeit der Ausrichter dahin gehend zu nutzen, dass auch Außenstehende, vor allem Kinder und Gesinde, von der Wurstfülle etwas abbekommen. Ähnlich wie heute an Halloween war es nichts Verwerfliches, etwas zu erbetteln, sondern Teil des Festrituals. Die Sachsen sind ja bekannt für ihre sympathische Schlitzohrigkeit, und so gibt es eine Vielzahl von Abwandlungen dieser Sitte, die auch Ausdruck des sozialen Zusammenhalts innerhalb einer Dorfgemeinschaft war. Wenn irgendwer im Dorf schlachten wollte, ließ sich das nicht verheimlichen, und die jungen Burschen und Mädchen rotteten sich dann unter den Fenstern des Hofes zusammen, um laute Geräusche auszustoßen, zu winseln und zu stöhnen. Man nannte dies »um die Wurst stöhnen« oder »um die Wurst kreißen«. Im Zusammenhang mit Wurst versteht das heute kaum noch jemand, aber im Begriff »Kreißsaal« hat es sich erhalten. Innerhalb Sachsens gab es bei diesem Ritus regional zahlreiche Abwandlungen. Verbreitet war es, vor dem Haus, wo das Schlachtfest stattfand, ein Gefäß aufzustellen, in dem ein Bettelzettel in Gedichtform lag. Später holte man das Gefäß wieder ab, und wenn man Glück hatte, war es gefüllt mit Wurstsuppe. Je nachdem, ob dahinter befreundete oder fremde Kinder vermutet wurden, gab es großzügige Einlagen mit Fleisch und Würsten oder aber auch Wasser mit Asche und einem Stück Holz anstelle der Wurst. Ein Schabernack als Retourkutsche.

Sachsen ist das Land der Knackwurst, die als Besonderheit unbedingt auch Kümmel enthalten muss. In der Sächsischen Landesbibliothek fand man in einem Kochbuch aus dem Jahr 1550 eine der ältesten Wurstrezepturen Deutschlands. Thomas Keller, Inhaber einer alteingesessenen Fleischerei in Bautzen, versuchte eine Wurst gemäß den darin gemachten Angaben herzustellen. Es entpuppte sich als recht mühsam, mussten doch die historischen Maßangaben in heute gebräuchliche Einheiten umgerechnet werden; auch stellte sich heraus, dass die damaligen Gewürzmischungen in ihrer Intensität den heutigen nicht entsprechen. Nach langen Versuchen gelang es ihm, diese »Urknacker« zu rekonstruieren. In ihrem Anteil an Zimt, Ingwer und Nelken spiegelt sich in den Knackern geschmacklich die berühmte sächsische Stollen- und Pfefferkuchenkultur. ❡

Die »Bayerntöter« aus Aue: *Genussfleischerei Popella*

Die im Südosten gelegene Kleinstadt Aue ist heute vor allem durch ihren erfolgreichen Fußballverein »Erzgebirge Aue« berühmt. Vom 18. Jahrhundert bis zum Beginn des Zweiten Weltkriegs war Aue eine blühende Industriestadt und später, zu DDR-Zeiten, vor allem als Zentrum der Wismut-Werke von höchster Bedeutung; man baute die dortigen Uranvorkommen für die Sowjetunion ab. Seit der Wende schrumpfte die Stadt innerhalb von wenigen Jahrzehnten von 40000 Einwohnern auf Kleinstadtniveau mit gerade noch 16000 Einwohnern. Seitdem konzentrieren sich der gesamte Stolz und Lokalspirit auf die in der 2. Bundesliga spielende Fußballmannschaft.

In der öffentlichen Wahrnehmung rangiert gleich neben dem Fußballverein eine ungewöhnliche Fleischerei, die sich »Genusswerkstatt« nennt.

Manche ihrer Produkte, allen voran ein sächsischer Weihnachtsstollen aus Wurst, haben bundesweit Aufsehen erregt. Schon von Weitem erblickt man die hervorspringende Eingangsfront der in einem Gründerzeitgebäude untergebrachten Fleischerei. Der Betrieb existiert seit Generationen. Schon die Urgroßmutter der heutigen Chefin Christin Popella stand hier hinter der Theke, und hier lernte sie auch ihren späteren Mann kennen, einen gelernten Metzger aus Schlesien, der im sächsischen Aue eine neue Wirkungsstätte gefunden hatte. Christin Popella erzählt, dass es bei den beiden ganz schnell gegangen sein muss: verliebt, verlobt, um dann das weitere Leben gemeinsam im Laden zu stehen. Dabei hätten sich nicht nur zwei Menschen gefunden, sondern auch zwei große, traditionsreiche Wurstkulturen vereint – die berühmte schlesische und die erzgebirgische. Die Vermischung dieser beiden Kulturen bildet bis heute die Basis für ihre weit über Aue hinaus begehrten Wurstspezialitäten. An diesem Beispiel bestätigt sich einmal mehr, dass Fortschritt und Entwicklung seit jeher vor allem durch die Begegnung unterschiedlicher Kulturen zustande kommen. Was beide Wurstkulturen verbindet, ist die Vorliebe für weihnachtliche Gewürzmischungen, die sonst nur beim Plätzchen- und Stollenbacken verwendet werden. Die schlesische Weihnachtswurst beispielsweise erhält ihre besondere Raffinesse durch eine Gewürzmischung aus Zimt, Nelken, Koriander, Ingwer und dem Saft und Abrieb von Zitronen. Diese Mischung macht die Weihnachtswurst so unverwechselbar, aber vielleicht muss man schlesische Gene haben, um dieser eigenwilligen Komposition so viel Liebe entgegenbringen zu können. Äußerlich ähnelt sie einer bayerischen Weißwurst, nur kann man die Pelle der Schlesischen mitessen, und anders als die Weißwurst kann sie gebrüht oder gebraten werden. Christin Popella erzählt, dass über die Generationen

Durch August und Helene wurden die schlesische und die erzgebirgische Wursttradition vereint.

und alle Systeme hinweg stets zur Weihnachtszeit in ihrer Metzgerei diese besonderen schlesischen Weihnachtswürste produziert wurden. So wie andernorts der Christbaum ist die Weihnachtswurst am Heiligen Abend für alle Schlesier ein Muss. Das sei auch der Grund, warum die Kunden zum Teil mehrere Hundert Kilometer Anfahrtsweg in Kauf nehmen würden, um bei einer Metzgerei mit schlesischem Hintergrund an die richtigen Würste fürs Fest zu kommen. Diese Weihnachtswurst, so berichtet Christin Popella, habe sie zu dem Versuch inspiriert, einen Weihnachtsstollen aus Kalbsbrät herzustellen. Lange und aufwendige Experimente habe sie angestellt. Die Hauptschwierigkeit sei es gewesen, die Wurst ohne Haut in Stollenform zu bringen. Wie sie es am Ende geschafft hat, wollte sie mir aber nicht verraten. Sie ließ nur durchblicken, dass sie als Grundlage ein klassisches Pastetenbrät nehme, das sie mit gerösteten Mandeln, Cranberrys sowie Speck verfeinere und dazu ähnliche Gewürze wie bei der schlesischen Weihnachtswurst verwende. Die wie gepudert erscheinende äußere Haut und damit die authentische Optik eines klassischen Stollens erzeuge sie mithilfe von viel Mandelmehl und ausgelassenem Speck als Bindemittel.

Der Wurstweihnachtsstollen ist eine Erfindung des Hauses Popella – selbst die weiße Ummantelung der klassischen Dresdener Variante fehlt nicht.

Sie hätte nie geglaubt, welche gewaltige Medienresonanz ihr Stollen auslösen würde. Anlässlich des DFB-Pokalspiels 2005 wurde der Goliath der Bundesliga, der FC Bayern München, beim FC Aue erwartet. Anders als David hatte man keine Steinschleuder parat, sondern als kleine Provokation die heiligen Münchner Weißwürste passend zur Farbe des FC Aue lila gefärbt und ihnen den Namen »Bayerntöter« gegeben. Die Einfärbung der Würste sei recht kompliziert gewesen, erzählt Christin Popella, da sie ihrem Prinzip treu bleiben und auf künstliche Farben und Zusatzstoffe verzichten wollte.

Schließlich gelang es ihr, ein Verfahren zu entwickeln, das die Naturfarben hitzebeständig machte und das sonst übliche Verblassen verhinderte. Die Bayern gewannen mit einem ungewohnt mageren 1:0, womöglich hatten die »Bayerntöter« doch Schlimmeres verhindert. Im vergangenen Jahr, als der FC Aue wieder in die 2. Bundesliga aufgestiegen war, kreierte man für die Aufstiegsfeier eine lila Bratwurst, die den Namen »Wismut-Wurst« erhielt. Eine Reminiszenz an DDR-Zeiten, als der Verein noch »Wismut Aue« hieß.

Eine weitere Spezialität basiere auf einer 120 Jahre alten Rezeptur. Damals, als man kaum Kühlmöglichkeiten hatte und Glasbehälter nahezu unbezahlbar waren, mussten Alternativen gefunden werden, um den Leuten dennoch eine gute Wurst mitgeben zu können, ohne dass diese ungekühlt verdarb. Dies sei die Geburtsstunde der sogenannten Touristenblutwurst gewesen. Im Grunde sei das Rezept ganz einfach: Aus Blut, Speck, Gewürzen und etwas Chili werde eine Masse hergestellt, in Därme gefüllt und das Ganze dann luftgetrocknet. Seitdem können Touristen, die das Erzgebirge durchwandern, diese schmackhafte und haltbare Blutwurst als Proviant mit sich führen, daher auch der Name »Touristenblutwurst«.

Christin Popella sprüht nur so vor Ideen, und sie ist stolz auf die lange Metzgertradition ihrer Familie. Zu DDR-Zeiten hätten Frauen ganz selbstverständlich »ihren Mann stehen« müssen, auch der Beruf des Fleischers sei nichts Ungewöhnliches für eine Frau gewesen, sondern Ausdruck von Emanzipation und Gleichberechtigung. Für sie, obschon ein Kind der Wendezeit, sei es ganz natürlich gewesen, den väterlichen Betrieb zu übernehmen. Sie sei quasi in der Wurstküche groß geworden. Viele alte Rezepturen sind geblieben, ebenso die hohe Qualität und die Würste mit besonderer Note. Neu hinzugekommen ist seit einigen Jahren der Cateringservice; für einen Event gestaltete sie einmal ein

Drei Generationen der Familie Popella. Die Zukunft der Genussfleischerei scheint gesichert.

Schild mit der Aufschrift »Esst euch glücklich und genießt«. Dem ist nichts hinzuzufügen!

Wurstautos aus Limbach-Oberfohna: *Fleischerei Wagner*

VW produziert bekanntlich mehr Würste als Autos, aber noch eher unbekannt sind die Wurstautos der Fleischerei Steffen Wagner aus Limbach-Oberfrohna – obwohl ihre Abgaswerte wesentlich umweltfreundlicher sind als die der Autos aus Wolfsburger Produktion. Steffen Wagner hat geradezu ein Bioauto geschaffen, das man zum Fressen gernhaben kann, und Gerüchten zufolge tüftelt er inzwischen sogar an den ersten fahrbaren Wurstautos. Aber schon mit dem kleinen Modell erweitert er das Repertoire der zu Recht so gerühmten Volkskunst des Erzgebirges. Der Prototyp seines Wurstautos

Absolut emissionsfrei – das Wurstauto von Steffen Wagner

erzielte eine für ihn überraschende Nachfrage von Hamburg bis München. Die zugrunde liegende Botschaft ist ja auch genial: ein Auto mit einem die Deutschlandfahne schwenkenden Kaminkehrer als Fahrer, ein Auto zum Essen, zum Spielen, als Glücksbringer und Sinnbild deutscher Identität.

Steffen Wagner strotzt vor Kreativität und Erfindungsgeist. Auf meine Frage, wo dies herrühre, antwortet er, dass er sehr stark vom chinesischen Daoismus beeinflusst sei, es ihm aber unmöglich wäre, diese Geschichte auch nur andeutungsweise in Kurzform zu erzählen. Ich füge mich und widme mich der Frage seines Ansehens am Ort. Mir war zu Ohren gekommen, dass er zu DDR-Zeiten als »Prinz von Limbach-Oberfrohna« bezeichnet wurde. Lachend erzählt er mir, dass den Bürgermeister keiner kannte, nicht einmal namentlich, denn gutes Essen habe schon immer einen höheren Stellenwert gehabt als Politik. Bei den Älteren sei er bis heute der »King«, denn sein Laden zähle zu den wenigen noch verbliebenen Traditionsbetrieben am Ort. Nach der Wende habe es noch 14 Metzgereien gegeben, heute sei er, neben einem nur noch von Mutter und Sohn geführten Familienbetrieb, der letzte richtig praktizierende Fleischer in der 25 000-Seelen-Gemeinde.

Wagner ist Metzger in der dritten Generation. Er verwendet noch die alten Rezepturen aus den 1930er-Jahren und ausschließlich Naturgewürze, worin er auch das Geheimnis des besonderen Geschmacks seiner Würste vermutet, für die er schon mehrfach mit Goldmedaillen ausgezeichnet wurde. Von seinem Großvater stammt auch das 120 Jahre alte Rezept eines Bärenschinkens, den er zu imitieren versuchte, allerdings ohne Bärenfleisch, das in Sachsen inzwischen eine unerreichbare Rarität ist. Das Resultat sei eher eine Wurst als ein Schinken gewesen, und selbst für seine Stammkunden sei das doch etwas zu befremdlich gewesen. Ein Erfolgsschlager dagegen seien seine Wurststräuße und Wurstbouquets, aber auch seine Wurstpackungen »Gemütlicher Zweier« und »Flotter Dreier« sowie die »Kunz von Kauffungen-Wurst«, in der er zwei lokale historische Mythen verwurstet hat. Den Namen hat er von Kunz von Kauffungen entliehen, einem Ritter, der 1455 als Initiator des Altenburger Prinzenraubs in Freiberg hingerichtet wurde. Der zweite Mythos hat etwas mit der benachbarten Augustusburg zu tun, wo einst ein unschuldig zum Tode Verurteilter einen Lindenzweig umgekehrt in den Boden steckte und behauptete, wenn er Wurzeln schlage, sei seine Unschuld bewiesen. Gerade noch rechtzeitig – er hatte den Strick schon um den Hals – überbrachte ein Reiter die rettende Botschaft. Heute ziert der mächtige Baum das weitläufige Areal des Jagdschlosses. Weil sich mir nicht so recht erschließen will, was nun die Linde mit der Wurst zu tun hat, hake ich noch einmal nach: Die Besonderheit dieser so sagenhaften Wurst bestehe in Rum und viel Pfeffer, und als Reminiszenz an die Linde verwende er grünen Pfeffer! ❡

Endzeitstimmung in der DDR-Wursterei

Am Goethe-Institut in Athen gab es einen Honorarlehrer namens Patrick Hofmann, der mir wegen seines großen Interesses und seiner aktiven Teilhabe am Kulturprogramm des Instituts, für das ich ja verantwortlich war, aber auch als hochbegabter Übersetzer auffiel. Als ich ihn im Laufe der Zeit etwas näher kennenlernte, entdeckte ich noch weitere Qualitäten. Er hatte in Leipzig, Berlin, Moskau und Straßburg studiert, war eigentlich von Haus aus Philosoph und Germanist, schrieb seine Doktorarbeit über Edmund Husserl und schlug sich in Athen mit allerlei Jobs als Chauffeur, Journalist bis hin zum Goethe-Institut durch. Eines Tages übergab er mir ein Buch mit dem Titel »Die letzte Sau«. Hofmann hatte sein Erstlingswerk beim renommierten Schöffling-Verlag in Frankfurt unterbringen können und bat mich, es zu lesen. Ich gab ihm schon vorab zu verstehen, dass ich niemals gedenken würde, einen Mitarbeiter des Goethe-Instituts oder der Botschaft mit irgendwelchen kreativen Ambitionen als Repräsentant der deutschen Kultur in das offizielle Goetheprogramm zu integrieren. Würde ich das einmal anfangen, könnte ich mich kaum noch der Ansinnen von klavierspielenden Gesandten, dichtenden Deutschlehrern oder malenden Botschaftsgattinnen erwehren. Hofmann verstand und akzeptierte meine Bedenken, wollte aber dennoch mein ehrliches Urteil wissen.

Schon nach den ersten Seiten war ich hingerissen, denn niemals hatte ich eine trefflichere Studie des Milieus der untergehenden damaligen DDR zu lesen bekommen. Das Buch beschreibt die Kindheit des Autors auf dem Land in Sachsen, darin eingebettet die Geschichte der Schlachtung des letzten Schweines der Familie, die wegen der Erweiterung des Braunkohlereviers vor ihrer Umsiedlung steht. Ich war doppelt fasziniert, weil das Thema des Schlachtens und Wurstmachens und alles, was die neuen Bundesländer betraf, mich tief berührte und interessierte. Die Ex-DDR erschien mir in vielen Punkten fremder als die meisten viel entfernteren europäischen Kulturräume. Wir, als Mittler der deutschen Kultur, betraten hier Neuland und hatten viel Nachholbedarf. Unter Missachtung meiner eigenen Prinzipien gab ich Patrick Hofmann sofort die Zusage für eine Lesung im Rahmen des Programms des Goethe-Instituts. Um noch mehr Publikum anzulocken, inszenierte ich die Buchvorstellung in Form einer Begegnung zwischen ihm und dem in Griechenland sehr bekannten Autor Dimitris Generalis, der als Gesprächspartner und Moderator fungierte. Es war eine gelungene Veranstaltung, der Saal war voll, die Stimmung gut, und die lange und intensive Diskussion mit dem Publikum war Zeichen des Erfolges. Beim anschließenden Büfett gab es deutsche Würste und Kartoffelsalat.

In das Buch eingewoben sind auch Originalrezepturen von gängigen Wurstsorten, deren Bestandteile allesamt schweinischer Herkunft sind, z. B. Hüfte, Schwarte, Speckseiten, Bauchfleisch, Schmer, Zunge, After, Blase. Und immer wieder nutzt Hofmann Begriffe des Schlachtvorgangs für zweideutige Zoten und politische Anspielungen, wenn zum Beispiel auf die Frage »Wie, wie ist das nun mit den Därmen?« als Antwort zu lesen ist: »Bei den dünnen, für die Bratwurst, bleibt innen innen. Die anderen Därme werden umgekrempelt. Für den Darm ist die Wurst eine Revolution. (…) Also kommt nur die Bratwurst dort rein, wo vorher die Scheiße war.« Wenige Seiten später wird auf großartige Weise die Reinkarnation des Schweins zur Wurst erklärt: »Ich meine, das, was das Schwein angesetzt hat, das Fleisch, Fett, die Muskeln, was dadurch entstanden ist, gewachsen ist, dass es die ganze Zeit gefressen und verdaut hat im Magen, in allen dicken und dünnen Därmen, das kommt am

»Das ist, als ob sich beim Schlachten das Schwein selbst auffrisst. Am Ende steckt es gewissermaßen in seinem eigenen Darm und ist nicht wiederzuerkennen. Eine Art vollständiger Selbstverwurstung.«

Ende dort hinein, woraus es gewissermaßen erwächst. Das ist, als ob sich beim Schlachten das Schwein selbst auffrisst. Am Ende steckt es gewissermaßen in seinem eigenen Darm und ist nicht wiederzuerkennen. (…) Unter gewissen Umständen, wenn es sich nicht um Schweine handelt, könnte man so eine Art vollständiger Selbstverwurstung, wo das Selbst diesen ganzen Reichtum seiner Substanz zu durchdringen und zu verdauen hat, natürlich wie Hegel als das Absolute, das absolute Wissen ansehen. Dann ist es kein Zufall, dass die Deutschen so viele Philosophen und Würste machen. Die Wurst ist eine Meisterleistung. Und sie ist eine Meisterin aus Deutschland.«

Im Zentrum der Romanhandlung steht Diana, eine Schlachterin, zu DDR-Zeiten nichts Ungewöhnliches. Für den Leser erscheinen aber alle zotigen Doppeldeutigkeiten beim Schlachten und anschließenden Verwursten durch das Bewusstsein, dass eine Frau diese Handlung ausführt, noch einmal in einem anderen Licht. Immer wieder werden im Roman menschliche Attribute mit denen des Schweins beim Schlachtvorgang und Verwursten vermengt. Nicht nur biologisch, auch sprachlich ist das Schwein sehr menschenähnlich. Ähnliches äußerte der Subkulturtheoretiker Prof. Dr. Dr. Dr. Rolf Schwendter schon 1968 auf dem Internationalen Folklorefestival auf der Burg Waldeck. Aus heutiger Sicht erscheint mir sein Auftritt, noch weit vor Helge Schneider, als die Geburtsstunde von all dem, was heute unter dem Sammelbegriff »Trashkultur« als Kultur nicht mehr infrage gestellt wird. Dieser zottelige österreichische Hüne brüllte in demonstrativer Amusikalität, wild und chaotisch auf eine Kindertrommel einschlagend und in breitem Wienerisch, ein Schmählied über das schweinische Verhalten von Menschen, wo jede Strophe mit der Erkenntnis »Drum wissmas genau: Der Mensch is a Sau« endete. Wer einen Beleg für diese These suchen will, muss nur mit offenen Augen durch die Welt gehen. ¶

Deutsche Einheit von Kunst, Wurst und Bier

Der Brite Christopher Haley Simpson, der auch unter dem Künstlernamen »Sir Sidney Effing« auftritt, studierte an der Ruskin School of Art in Oxford. Die Vielseitigkeit des namensgebenden Romantikers John Ruskin, der gleichzeitig Schriftsteller, Maler, Kunsthistoriker und Sozialphilosoph war, ermutigte Simpson zu Aktivitäten auf ganz heterogenen Feldern. Durch ein Stipendium des British Council konnte er noch kurz vor der Wende ein Gastsemester an der Dresdner Akademie absolvieren. Es war die spannende Zeit des Umbruchs, und seine Freundschaft zu vielen aktiv an diesem Pro-

Von glühenden Würsten umgeben – das Martyrium des heiligen Laurentius in der Version von Christopher Haley Simpson. Von ihm stammt auch das Aufmacherbild zu diesem Kapitel, »Die Himmelfahrt der Wurst«.

zess beteiligten Künstlern, aber auch die Entdeckung der wildromantischen Landschaften der Sächsischen Schweiz mit dem Elbsandsteingebirge, die ihn dazu bewegte, dass er sich zum Bleiben entschloss und schließlich in Wehlen sesshaft wurde. In einem 60 Meter über dem Elbtal gelegenen historischen Schützenhaus, in dem angeblich schon Caspar David Friedrich häufig verkehrte, fand er die ideale Wirkungsstätte. Das Haus mit seinen vielen Terrassen, einem schattigen Biergarten und der fantastischen Aussicht auf das Städtchen Wehlen, das Elbtal und die Hügelketten des Sandsteingebir-

»Russische Nuklearwurst auf goldener Wurstpappe«

ges ist ein beliebter Rastpunkt für Wanderer auf dem historischen Malerweg durch die Sächsische Schweiz. Christopher Haley Simpson kam auf die Idee, hier zusammen mit Freunden einen besonderen Ort der Begegnung von Kunst, Bier und Wurst zu schaffen. Die Fertigung des entsprechenden Wirtshausschildes war schließlich auch Auslöser für die Idee, das kreative Potenzial der Wurst zu entdecken und mit der so profanen Wurst die hehre Kunst zu provozieren. Meisterwerke wie die Mona Lisa, die Venus von Tizian oder Leonardo da Vincis Abendmahl mussten dran glauben und bekamen Gesellschaft von Würsten. Die Wurstpappen, die im Biergarten sonst als Teller für die Bratwürste dienen, inspirierten ihn mit ihren rahmenartigen Randwülsten zu einer ganzen Kunstaktion. Analog zum Prinzip der Mail-Art forderte er Künstlerfreunde auf, sich an der Aktion zu beteiligen, die er statt »Coffee-to-go« »Kunst-to-go« nannte. Vorgabe war, dass sie auf der planen Fläche einer solchen Wurstpappe etwas Künstlerisches mit Wurstbezug schaffen sollten. Viele haben sich an der Aktion beteiligt, und inspiriert von der Wurst entstand ein großes Spektrum an originellen Einfällen, die Grundlage von Ausstellungen und weiteren Aktionen wurden. Ein weiterer beeindruckender Beleg dafür, dass die Wurst so viel bedeutet, dass es eigentlich zu schade ist, sie nur achtlos zu verschlingen. ❡

Hightech trifft Tradition in Meißen

Sachsen zählt zu den Bundesländern unter den »neuen«, in denen die Hochtechnologie auf dem Vormarsch ist und wesentlichen Anteil am wirtschaftlichen Aufschwung und Strukturwandel hat. Im schönen, alten Meißen, das vor allem durch seine weltberühmte Porzellanmanufaktur bekannt ist, entstand in diesem Zuge eine Fabrik für eine ganz besondere Komponente der Wurstproduktion. Während die Meißner Traditionsstätte selbst in einer Krise steckt, expandiert der neue Hightech-Hersteller, der sich auf einen Arbeitsgang spezialisiert hat, der in kleineren Betrieben noch per Hand durchgeführt wird. Die Rede ist von Maschinen, die vollautomatisch Würste aus Natur- und Kunstdarm an ihren Enden mit Clips verschließen. Das Geschäft boomt, in über vierzig Ländern in Europa und Übersee unterhält diese Meißner Firma inzwischen Vertretungen. Während das Porzellan nach dem Gebrauch eine Chance hat, in der Vitrine im Wohnzimmer oder – wenn es sich um besonders wertvolle Stücke handelt – später auch im Museum zu landen, landet dieses Meißner Produkt ohne jegliche Wertschätzung im Abfall. Nur wenige Menschen sind so umweltbewusst, dass sie sogar diese kleinen Metallclips aussondern und als Altmetall entsorgen.

In Meißen gibt es, bezogen auf die Größe der Stadt, noch eine erstaunliche Zahl von traditionell handwerklichen Wurstmacherbetrieben. Hier betritt man eine ganz andere Welt, in der solche Hightech-Clipautomaten wohl kaum Verwendung finden dürften. In der Altstadt gibt es, wie in so vielen historischen Städten, als Überbleibsel des alten Zunftwesens eine Fleischergasse. Früher gab es hier eine Fleischbank, wo alle Fleischer in direkter Konkurrenz ihre Waren zur Schau stellten und verkauften. 2011 hat mit der Fleischerei Nagel das letzte alteingesessene Geschäft in dieser Gas-

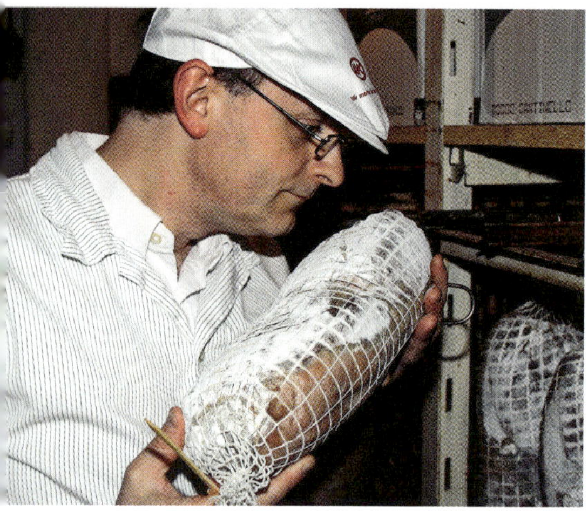

Die kleinen »Kellerkiesel« und die geräucherten »Kaminstumpen« stellen Sabine und Karsten Stolle für einige regionale Abnehmer noch her, den Ladenbetrieb haben sie inzwischen eingestellt.

se den Betrieb eingestellt. Nur der Name des Sträßchens erinnert noch an diese Vergangenheit.

Im Jahr 1994 hatte Roland Nagel das anno 1890 gegründete Familienunternehmen an seine Tochter Sabine Stolle übergeben. Sie hatte zunächst ein Ingenieurstudium absolviert und dann eine Ausbildung zur Fleischermeisterin abgeschlossen. Mit ihrem Mann Karsten, eigentlich ein Nachrichtentechniker, hatte sie immer wieder neue Wurstkreationen entwickelt, ihre Würste wurden mehrfach mit Preisen ausgezeichnet. Obwohl das Geschäft erfolgreich lief, träumten die beiden von einem radikalen Wechsel und der Gründung eines Kinderheims in Afrika. Neben ihren zwei eigenen Kindern adoptierten sie drei Kinder aus Äthiopien. Doch wie so häufig im Leben kam es anders. Zwar haben Karsten und Sabine Stolle den Ladenbetrieb eingestellt, aber statt nach Afrika zu gehen, machen beide gerade eine Ausbildung als Erzieher für verhaltensauffällige Kinder.

Für ihre Stammkunden und einige regionale Abnehmer produziert das Paar aber weiter, ausschließlich Wurst- und Schinkenprodukte. Mir gefallen wegen ihrer grob-rustikalen Formgebung besonders die »Meißner Kellerkiesel« und die »Meißner Kaminstumpen«. Die »Kiesel« sind Minisalamis, jede Wurst ein Unikat, ein kleines Kunstwerk, jede Einzelne noch von Hand abgefüllt, abgedreht und cliplos abgebunden. Die »Kaminstumpen« sind dagegen optisch vergleichsweise grobe Prügel und dennoch edle Delikatessen. Im Gegensatz zu den »Kellerkieseln«, die an der Luft reifen, erhalten die »Kaminstumpen« durch ein kompliziertes und langwieriges Räucherverfahren ihr einmaliges Aroma.

Die Fleischerei Richter wird wegen ganz anderer Spezialprodukte geschätzt. Hier kann man noch individuelle Wünsche äußern und sich Extrawürste bestellen, deren Größe, Aussehen und Geschmack den Kundenwünschen angepasst werden. Die eigentliche Besonderheit dieser Fleischerei liegt aber darin, dass hier noch das gute Fleisch des Meißner Landschweins die Basis für das wunderbare Aroma dieser Würste bildet. Die Geschichte dieser früher »Meißner Gebrauchsschwein« genannten Rasse ist bemerkenswert und wird im »Museum für ländliches Brauchtum« in Schleinitz anschaulich dokumentiert. Die allererste Zuchtgenossenschaft, die 1888 in Deutschland gegründet wurde, widmete sich dem Meißner Gebrauchsschwein, das trotz aller guten Eigenschaften auf Meißen beschränkt blieb und nach der Wende fast ausgestorben war. Nur noch ein Züchter im Mettelwitzer Elbtal verfügte über eine kleine Zahl von Tieren. Durch den Zusammenschluss mit einigen Bauern ist es ihm gelungen, das Aussterben dieser Schweineart zu verhindern und auch eine artgerechte Haltung sicherzustellen. Die Tiere haben viel Auslauf und bekommen Klee, Kartoffeln und Futtergetreide aus eigener Produktion. Herkömmliche Schweine werden nach 36 Wochen Mästung geschlachtet, während die Meißner Landschweine über ein Jahr lang ihr Schweineleben genießen können, bevor wir in ihren Genuss kommen. Wer in Meißen vorbeikommt, sollte also unbedingt in der Fleischerei Richter, in der Fleischerei Näcke, im »Domkeller« oder in der etwas außerhalb zwischen Meißen und Riesa gelegenen »Elbklause« die Spezialitäten vom Meißner Landschwein probieren. ❡

Das Fleisch des Meißner Landschweins hat ein ganz besonderes Aroma.

WIR EXPORTIEREN
IN VIELE LANDER DER WEL

Sachsen-Anhalt

FLEISCHGEWORDENE (N)OSTALGIE

»O sag, wie hat in Halle man den salz'gen Quell entdeckt?
Es hat ein Schwein vor Zeiten sich darein versteckt
und kam heraus und war mit Salz kandiert:
Das hat die Leute auf die Spur geführt.
Aus Dankbarkeit legt man das Schwein
noch jetzt in Salz und pökelt's ein!«
(August Kopisch, 1799-1853)

Für Sachsen-Anhalt, das achtgrößte Bundesland, in dem sich vier UNESCO-Kulturstätten befinden, sind wurstmäßig zwei Aspekte bemerkenswert: Kümmel ist das bestimmende Merkmal der regionalen Wurstküche, die passend dazu von Kümmelringen und Knackern dominiert wird. Wer keinen Kümmel mag, hat hier ein schweres Leben. Nur im Umfeld der Magdeburger Bördelandschaft wagt man es, die Knacker oder die ausgezeichneten Bördeleberwürste mit Senfkörnern anstelle von Kümmel zu verfeinern. Neben der Vorliebe für Kümmel kann man Sachsen-Anhalt auch als Mutterland der Konservierung mithilfe von Salz, Rauch und Dosen bezeichnen, wo sich sogar ein roter Faden von der Bronzezeit bis zur Neuzeit ziehen lässt.

Irgendwie muss der Dichter August Kopisch bei seinem oben stehenden Gedicht visionäre Einfälle gehabt haben, denn erst viel später entdeckte man im Zuge einer Grabung in der Nähe des Städtchens Köthen im Landkreis Anhalt-Bitterfeld eine Pökelfleischfabrikation aus der Bronzezeit, bei der Schweinefleisch, möglicherweise auch in Form von Würsten, mithilfe von Salz haltbar gemacht wurde. Man fand eine Gruppe von etwa zwanzig rechteckigen Herdgruben, die alle deutliche Spuren von großer Hitzeeinwirkung aufwiesen, und dazu Scherben von Gefäßen, die typischerweise für das Salzsieden verwendet wurden. Auch auf zahlreiche Schweineknochen stieß man, aus denen die Archäologen den Schluss ziehen konnten, dass hier auf zweierlei Weise Fleisch durch Pökeln oder Räuchern haltbar gemacht wurde. Alles, was in August Kopischs Vers formuliert wurde, hat sich somit bewahrheitet. Mit Fug und Recht kann man behaupten, dass in Sachsen-Anhalt erste Spuren vorindustrieller Wurst- und Fleischkonservierung schon in der Bronzezeit, also 2200 bis 800 v. Chr., nachzuweisen sind. Eigentlich eine Sensation, auf die über Sachsen-Anhalt hinaus ganz Deutschland stolz sein könnte, die aber noch darauf wartet, gebührend gewürdigt zu werden.

Dieses seit über 3000 Jahren bestehende Faible zur Konservierung von Lebensmitteln führte im Jahr 1883 in Halberstadt zur Gründung einer kleinen Wurstfabrik. Friedrich Heine, der sein Geld zunächst mit dem Straßenverkauf von Würstchen verdiente, hatte in Braunschweig Spargel in Dosen entdeckt und sich gefragt, ob man nicht vielleicht auch Würste auf diese Art konservieren könnte. Nach langen Experimenten setzte er 1895 dem Fürsten von Wernigerode, einem Freund und Feinschmecker, die erste Portion vor. Es heißt, der Gestank aus der Dose soll dem Fürsten den Atem verschlagen haben. Doch Heine ließ sich nicht unterkriegen, testete weiter und fand schließlich die richtige Mischung aus Blechstärke, Rauch, Temperatur und Festigkeit der Wurst, einen Weg, wie es funktionieren könnte.

Als ihm Kaiser Wilhelm II. den Auftrag erteilte, zur Einweihungsfeier des Kyffhäuserdenkmals 40000 Paar Würstchen zu liefern, wähnte sich Heine am Ziel seiner kühnsten Träume. Die Dosen waren die Voraussetzung, um überhaupt eine solche Menge herstellen und transportieren zu können. Doch wegen eines Unwetters fiel die Veranstaltung buchstäblich ins Wasser und Heine blieb auf dieser ungeheuren Menge an Dosenwürsten sitzen. Man kann sich kaum vorstellen, wie er sich gefühlt haben muss, nach dem unglaublichen Kraftakt der Herstellung diese Masse an Würsten der Vernichtung anheimgeben zu müssen. Aber wie durch ein Wunder erwiesen sich die Dosenwürste als überaus haltbar! Sie legten die Basis für Heines erfolgreiches Unternehmen, das schon 1901 jeden Tag 10 000 Würste in die Dose brachte, das bis heute floriert und den Ruhm der Halberstädter Würstchen begründete.

Im 90 Kilometer entfernten Halle gibt es eine weitere recht komplexe Geschichte, die wie bei den bronzezeitlichen Funden um Salz und Rauch kreist. Im »Thal zu Halle« gab es Salzstöcke, Grundlage des bis in die Neuzeit florierenden Kali- und Salzabbaus. Die historischen Wurzeln des Abbaus sind heute eindrucksvoll im »Halloren- und Salinemuseum« dokumentiert, das auf dem Fabrikgelände einer ehemaligen Saline in Halle eingerichtet wurde. Es galt einst die Gepflogenheit, beim Salzsieden in den Solpfannen Eier zuzubereiten. Die wunderbare, aber fast vergessene Delikatesse der »Soleier« basiert auf dieser Praxis. Durch das Salz werden die Eier konserviert, bleiben

Von Halberstadt in die Welt – Friedrich Heines Wurstfabrik, die schon 1901 täglich 10 000 Würste in die Dose brachte, begründete den Ruf der Halberstädter Würstchen.

Neujahrsempfang bei Königs und später bei Kaisers – immer dabei die »Halloren«, die eine mit Soleiern besteckte Salzpyramide und Schlackwürste überreichten.

mehrere Monate lang genießbar und haben einen ganz besonders intensiven Geschmack. Zugleich wurde der in den Salinen vom Rauch erfüllte Raum dazu genutzt, um Fleisch und Wurst zu räuchern. Dies entwickelte sich zu einer einträglichen Nebentätigkeit der »Hallburschen« oder »Bornknechte« von der »Salzwirker-Brüderschaft im Thale zu Halle«, denen Friedrich der Große 1704 sogar das besondere Privileg verlieh, die geräucherten Würste, den Speck und Schinken verkaufen zu dürfen. Allerdings musste als Gegenleistung und Ausdruck des Dankes allen Mitgliedern des Preußischen Königshofs und dem König selbst in Privataudienz zu jedem Jahreswechsel in Berlin eine ganz bestimmte Menge an frischen Schlackwürsten überreicht werden. Neun Tage waren die festlich gekleideten Sendboten nach der Neujahrsnacht damit beschäftigt, dieser Verpflichtung nachzukommen, um jedem der adeligen Empfangsberechtigten eine mit Soleiern besteckte Salzpyramide und einen Teller mit Schlackwürsten zu überreichen.

Diese Gabe der »Halloren«, wie die Salzwirker genannt wurden, erfolgte nach einem ganz speziellen Ritual, verbunden mit Glück- und Segenswünschen der »Brüderschaft im Thale«. Die Sitte hat sich übrigens noch lange erhalten: Nach dem Preußischen König war der Kaiser, später der Reichspräsident und als Letzter in einer langen Reihe Adolf Hitler Empfänger dieser kulinarischen Köstlichkeiten. ❡

Würste, Kümmel, Türken

Mein Münchner Physiotherapeut stammt aus Halle, der größten Stadt in Sachsen-Anhalt. Natürlich kamen wir schon bei unserem ersten Gespräch schnell auf das Thema Würste zu sprechen. Schließlich war mein übermäßiger Wurstkonsum ein indirekter Grund des Problems, weshalb ich seine Dienste in Anspruch nehmen musste. Knackwürste sind seine Lieblingswürste und wie zum Beweis brachte er meine maroden Gelenke unter seinen kräftigen Händen ziemlich schmerzhaft und lautstark zum Knacken. Das Thema wollte ich nicht weiter vertiefen und so fragte ich ihn nach den besonderen Wurstvorlieben in seiner Heimatregion. Er konnte mir keine bestimmte Sorte nennen, sondern fing an, so ziemlich alle gängigen Wurstarten aufzuzählen. Aber, so sagte er, Kümmel müsse immer dabei sein, das sei eigentlich die besondere Vorliebe der Sachsen-Anhalter.

Wenig später fragte er mich, ob ich wisse, woher das Wort »Kümmeltürke« komme. Ich meinte, dass es ein diffamierendes Schimpfwort sei, das sich auf Türken beziehe, da Kümmel vermutlich deren Lieblingsgewürz sei. Zur Untermauerung meiner These erzählte ich ihm, dass ich einen türkischen Klassenkameraden gehabt hätte, der immer sehr darunter litt, dass er von den anderen als »Kümmeltürke« gehänselt wurde. Mein Physiotherapeut klärte mich belustigt auf, dass der Begriff aus seiner Heimat Halle komme: Der sandige Boden im Umland eignet sich besonders für den Anbau von Gewürzen, und in Halle hatte man sich auf Kümmel spezialisiert, weshalb die Region »Kümmeltürkei« genannt wurde. »Türkei« deshalb, weil im 18. Jahrhundert im allgemeinen Sprachgebrauch ländliche und dünn besiedelte Regionen mit diesem Begriff bezeichnet wurden, weshalb der sächsische Landstrich um die Lausitz den herabsetzenden Beinamen »Hundetürkei« erhielt.

Der Kümmel fand auch Eingang in die Sprache der Hallenser Studentenschaft, wo die Versorgungspakete der aus dem Umland stammenden Kommilitonen »Kümmel« genannt wurden. Dies rührte daher, dass sie – neben Würsten und anderen haltbaren heimatlichen Lebensmitteln – als Würze des Ganzen auch Kümmel enthielten. Wenn man all das mal in Betracht zieht, dann war der »Kümmeltürke« in Achim von Arnims Theaterstück »Halle und Jerusalem« also ein Student aus der näheren Umgebung von Halle. Und ein wahrer »Kümmeltürke« ist nichts anderes als eine deutsche Landpomeranze. ¶

Die Reformation der »Ossi-Wurst«

Die Wandlung von Bedeutungen zeigt sich auch in der seit einiger Zeit zunehmenden DDR-Nostalgie. So gibt es eine vorwiegend im Internet agierende Metzgerei in Volkstedt, einem Ortsteil der Lutherstadt Eisleben, die mit schwarz-rot-goldenen Lettern als »Ossi-Wurst.de« firmiert und die ungebrochene Ost-Tradition als besonderes Qualitätsmerkmal anpreist. Übersetzt man Reformation mit »Rückformung«, wäre die »Ossi-Wurst« aus der Lutherstadt sozusagen ebenfalls eine Art Reformationsprodukt.

Viele zu Ostzeiten gebräuchliche Begriffe hatten ihren Hintergrund im Arbeitsalltag. Die Bergleute, die zur Verrichtung ihrer schweren Arbeit immer eine kräftige Brotzeit brauchten, gaben ihren Wurststullen ganz besondere Namen. Eine dicke Doppelschnitte wurde in Mansfelder Mundart »Bumme«, »Bemme« oder auch »Schachtwacke« genannt. Während solche Bezeichnungen kaum noch benutzt werden, zeichnet sich der nostalgische Hang zu »Ossi-Würsten« immer mehr ab. Das ist manchmal nicht leicht zu begreifen, zumal wenn ich lese, dass der Unterschied zwischen der Originalwiener und der »Ossi-Wiener« vor allem in der Haut begründet ist. Statt im Naturdarm, der auch die Krümmung verursacht, ist eine »Ossi-Wiener« gerade wie ein Lineal mit schrumpeligen Extremitäten, nur von Plaste und

Elaste umhüllt. Dieses »Ossi-Wienerle« ist ein Beispiel dafür, dass Fleischereibetriebe in den neuen Bundesländern – stärker als in Westdeutschland – bestimmte Marketingstrategien anwenden, um überregionale Kunden zu gewinnen. Nirgends gibt es so viele Onlineshops auch auf dem Gebiet des Wurstgewerbes. Ein Blick ins Gästebuch von »Ossi-Wurst.de« zeigt, dass die meisten Käufer heute über das ganze Bundesgebiet verstreut sind und der Kauf solcher Würste für sie ein Stück Verbundenheit mit ihrer alten Heimat signalisiert. »DDR-Wiener«, »DDR-Leberkäse« und »Ossi-Partyschmalz« tragen die Ostidentität gleich im Namen. Die Fresspakete, die von Volkstedt aus quer durch Deutschland gesandt werden, bestückt die Fleischerei Mansfäller Knätzchen. Martina und Andreas Kopf – er ist für den Versandhandel zuständig – hatten die richtige Idee zur richtigen Zeit. »Zunge und Nase mögen das Essen, mit dem man aufgewachsen ist. Der Start unseres Online-Unternehmens fiel zusammen mit der wiedererwachten Sehnsucht nach unverwechselbaren Geschmackserlebnissen aus Kindheit und Jugend. Selbst die Tomatensoße aus den DDR-Schulkantinen gibt es inzwischen wieder als Konserve zu kaufen.« ❡

Kerzengerade und im »gut abzulösenden geräucherten Kunstdarm«: die »Ossi-Wiener«.

Die Wurstfachverkäuferin von Coswig

Bei meiner Wurstreise durch mir bis dahin unbekannte Orte entlang der Elbe erblicke ich in der Ferne eine Stadt mit verschachtelten Häusern, aus denen immer wieder hohe Giebel, spitze oder behelmte Türme herausragen. Es entpuppt sich als das Städtchen Coswig in Anhalt. Südöstlich, unweit von Dresden und ebenfalls an der Elbe gelegen, gibt es noch ein anderes und viel größeres Coswig, das ich – ein Zeichen meiner mangelnden Kenntnisse der neuen Bundesländer – bislang immer für ein und dasselbe gehalten hatte.

Neugierig mache ich mich auf den Weg ins Zentrum und komme an einer knallroten Bratwurstbude vorbei, die offensichtlich zu einer Kette gehört, denn ähnliche Fremdkörper hatte ich auch in anderen Städten gesehen. Das schrille grellrote Design hat mich immer traurig gestimmt, nicht nur, weil die Buden ohne Rücksicht auf das historische Umfeld platziert sind, sondern für mich zu den trostlosen Orten der ohnehin nicht reich gesäten Begegnungsstätten zählen. Die vielen schönen alten Gasthäuser und Geschäfte sind dagegen vielerorts verwaist und teils dem Verfall preisgegeben. Später werde ich erfahren, dass auch dieser Wurstpavillon mehr als einmal existentiellen Gefahren ausgesetzt war. Einmal gab es einen spektakulären bewaffneten Raubüberfall und zwei Jahre später einen Brandanschlag.

Julia Zander von der Fleischerei Rozek, der letzten verbliebenen in Coswig; besondere Spezialität sind dunkle Rohwürste aus Wildfleisch.

Ich bin erfreut, als ich höre, dass es neben dieser Wurstbude im Ort doch noch eine gute, ganz normale Fleischerei gibt. Sie liegt am Rande des Zentrums versteckt in einer kleinen Seitenstraße, und so war die Verkäuferin auch ganz schön erstaunt, dass ein Münchner den Weg zu ihr gefunden hatte. Mir schien, mein Besuch war ihr eine willkommene Abwechslung. Und so erzählte sie mir gerne von ihrem Leben und wie sie dazu kam, den Beruf der Fleischfachverkäuferin zu erlernen. Sie wollte irgendetwas mit Verkauf machen, an Fleisch hatte sie dabei nie gedacht. Doch die einzige freie Lehrstelle, die sie finden konnte, war hier, in der Metzgerei Rozek. Nie habe sie diesen Schritt bereut, im Gegenteil, sie liebe ihren Beruf, auch wenn die Lehrjahre nicht einfach waren. Weil es in ihrer Heimatstadt Coswig keine Berufsschule gab, musste sie zunächst in das 40 Kilometer entfernte Bitterfeld ausweichen und im zweiten und dritten Lehrjahr in das noch weiter entfernt liegende Weißenfels fahren.

Gefragt nach ihrer Lieblingswurst, kommt wie aus der Pistole geschossen als Antwort »die Jagdwurst«. Nach einem Moment des Innehaltens deutet sie noch auf einen dicken, hinter ihr hängenden Wurstring. Diese Wurst zähle ebenfalls zu ihren Favoriten. Es sei eine Bratwurst mit Knoblauch, aber man könne sie nicht braten, sondern würde sie scheibchenweise aufs Brot legen oder auch schmieren. Viele würden sie sogar zu eher süßen Speisen wie Milchreis essen. Ich betrachte die Wurst genauer. Anderswo würde sie wohl als »Mettwurst« bezeichnet oder als »Schlackwurst« – es ist immer wieder erstaunlich, die gleiche Wurst mit so vielen Namen.

Zum Abschluss zeigt mir Julia Zander noch einige urig geformte, sehr dunkle Rohwürste und ergänzt, diese Wildwürste seien eine besondere Spezialität ihres Chefs. Im Umland gebe es noch große Bestände an Wildschweinen, Rehen und Hirschen. Die Jäger aus der Gegend brächten die erlegten Tiere zur Weiterverarbeitung in die Fleischerei. Vor Ort schlachten würden sie nicht mehr, allerdings würden die Schweine erst am Tag ihrer Weiterverarbeitung geschlachtet. Kurze Wege und Frische seien nun einmal Garanten für Qualität. ❡

Bodenständiges aus Darlingerode: *Landfleischerei Egler*

Schon Goethe zuliebe zog es mich bei meiner Wursttour immer wieder in die reizvolle Umgebung des Brockens, an dem sich drei Bundesländer begegnen. Hier besichtigte ich die burgähnliche Anlage des im Neorenaissancestil gehaltenen Schlosses Wernigerode. Zu DDR-Zeiten fungierte es als »Feudalmuseum«, um dem Volk nicht nur den Glanz, sondern auch das Elend früherer Jahrhunderte näherzubringen. Seit 1998 dient es als museales Zentrum für Kunst- und Kulturgeschichte des 19. Jahrhunderts, und einige alte Exponatbeschriftungen wie »Dem Fürsten das Prunkbett, den Untertanen der Strohsack« zeugen noch von der früher herrschenden Ideologie.

Die Eglers aus Darlingerode produzieren bodenständige Harzer Würste.

Der Nachbarort von Wernigerode trägt den schönen Namen Darlingerode; dort besuche ich die Landfleischerei von Dominik Egler. Gemeinsam mit seinem Bruder erzeugt er hier ganz bodenständige Würste. Es gibt wenig Spektakuläres, doch wie mich Dominik Egler aufklärt, liege die eigentliche Besonderheit ihres Wurstsortiments darin, dass es stärker in der ganz eigenständigen Harzer Tradition stünde, als in der von Sachsen-Anhalt.

Bei seiner Erläuterung des Sortiments erlebe ich einmal mehr die Begriffsverwirrungen bei der Wurst. Es liegt vielleicht an ihrem Wesen, dass in ihr alles Mögliche vermischt wird. Eine als »Harzer Leberkäse« ausgezeichnete Wurst enthält tatsächlich Leber und ist damit eine ganz andere Version des mir geläufigen Leberkäses. Die »harte Bratwurst« ist eigentlich eine geräucherte und abgehangene Mettwurst, aber dann doch wieder keine Mettwurst, wie man sie sich in Bayern vorstellt. Hauptsächlich unterscheiden sich Dominik Eglers Bratwürste durch die Gewürzbeigaben und ihre anschließende Behandlung. Das gleiche Brät, so erzählt er, vermenge er mit den unterschiedlichsten Gewürzmischungen, wodurch er viele ganz verschiedene Sorten herstellen könne. Auf meine Frage, wie viele Sorten er denn insgesamt produziere, sieht er sich kurz um und gibt die so trockene wie lapidare Antwort: »Der Laden ist voll, is jenuch.« ❡

Der Siegeszug der »Preußischen Dampfwurst«

Zu DDR-Zeiten empfand ich das Umfeld von Bitterfeld wegen der sichtbaren wie auch mit allen anderen Sinnen wahrzunehmenden Umweltbelastung als geradezu apokalyptisch. Ich erinnere mich noch an die Wälder und Felder, die mit einer dicken, weichen schimmelartigen Schicht überzogen waren. Doch schneller als ich erwartet habe, hat sich die Natur erholt, und die Spuren dieser schlimmen Zeit sind mittlerweile vollständig verschwunden. Einstige Giftseen und zerstörte Landschaften sind heute Erholungszonen; alte Traditionen leben wieder auf und werden Bestandteil der wiedergewonnenen Lebensqualität.

Klaus-Dieter Kohlmann, der amtierende Landesinnungsmeister des Fleischerverbandes Sachsen-Anhalt, ist in Greppin, mitten in diesem von Braunkohle und Chemiewerken bestimmten Revier, geboren. Lachend erzählt er mir, dass er in den Räumen des elterlichen Fleischereibetriebes auf die Welt kam, wo heute die Gewürze gelagert sind. Der Betrieb war im Jahr 1900 von seinem Urgroßvater gegründet worden und seitdem kontinuierlich weitergeführt. Auf die DDR-Zeiten ist er nicht gut zu sprechen. Noch immer kann er sich darüber aufregen, dass ein Lehrer ihn vor allen Mitschülern wie einen »Volksschädling« mit den Worten »Handwerker sind Restbestände des Kapitalismus« vorgeführt hat. Tatsächlich seien damals alle bürgerlichen Familienbetriebe des alten Handwerksgewerbes in die Defensive geraten. Ihr Arbeitsalltag sei von vielen Hindernissen bestimmt worden, nur »Volkseigene Betriebe« seien privilegiert gewesen. Die Wende 1989 erlebte Kohlmann als Befreiung, und beinahe gleichzeitig übernahm er den Betrieb von seinem Vater. Er liebt seine Arbeit, obwohl sie ihm nur wenig Freizeit lässt. Nach einem anstrengenden Tag sitzt er abends gerne noch auf seinem Lehnstuhl, und dann kommen ihm die besten Ideen. Er weiß, wie wichtig originelle Wortschöpfungen für seine Produkte sind: Der richtige Name, kombiniert mit guter handwerklicher Qualität, das zeige immer Wirkung, meint er. Weil er mit seinen Würsten auch seine Heimatverbundenheit ausdrücken wolle, erfand er die »Kadetten-Knacker«, »Greppiner Nackje«, »Saalegaster Schlanke« mit echtem Rum und die »Goitzschen Lümmel«, für die der nahe gelegene Goitzschesee Pate stand.

Etwas benebelt durch eine gute Zigarre und hochprozentigen Kümmel, sei ihm auch die Idee mit der »Preußischen Dampfwurst« gekommen, die er noch nach einer Rezeptur seines Urgroßvaters herstellt. Mit der Umbenennung der eigentlich »Berliner Dampfwurst« genannten Brühwurst habe er auch eine qualitative Wende verbunden. Denn die »Berliner Dampfwurst« habe eher ein Image als Arme-Leute-Wurst gehabt, weil sie nicht nur aus gekuttertem Schweine- und Rindfleisch bestand, sondern ein Anteil von Innereien – meist Lunge oder Bindegewebe – beigemischt wurde. Bei seiner preußischen Variante verzichtet Kohlmann auf diese Zugabe. Gleich geblieben ist dagegen die Art des Verzehrs: Die erst heißgeräucherte und dann gebrühte Wurst wird in heißem Wasser erhitzt und meist mit Senf und Brot als Imbiss serviert. In Berlin kommt die Dampfwurst manchmal statt der dafür eigentlich vorgesehenen teureren Brühwürste mit einer scharfen roten Sauce auf den Tisch, als Currywurst. Anders als bei ihrem etwas einfacheren Vorläufer ist Kohlmann überzeugt, dass seine »Preußische Dampfwurst« gehobeneren Ansprüchen genügt. Daher schickte er auch dem damaligen bayerischen Innungsmeister Georg Schlagbauer die Aufforderung zu einem denkwürdigen Duell. Der große letzte Kampf zwischen Preußen (vertreten durch die »Dampfwurst«) und Bayern (vertreten durch die Münchner Weiß-

Stilecht mit Pickelhaube und Uniform forderte Kohlmann mit seiner »Preußischen Dampfwurst« den Freistaat Bayern, vertreten durch die Weißwurst, zum Wurstduell.

Der stolze Pokalbesitzer inmitten von Würsten

wurst) fand 2014 auf der Grünen Woche in Berlin statt. Eine wirklich mutige Herausforderung, zumal der Kampf in der Bayernhalle und in Anwesenheit der Bayerischen Weißwurstkönigin ausgetragen wurde. Zum Glück war das Ende versöhnlich, es gab ein Unentschieden, das aber von den Preußen wie ein Sieg gefeiert wurde. Man ließ verlauten, die Dampfwurst sei »Sieger der Herzen« geworden. Um seine Heimatverbundenheit und preußische Identität auch sichtbar zu machen, schlüpfte Kohlmann bei dem Wettkampf medienwirksam in eine preußische Uniform und setzte sich sogar eine Pickelhaube auf. Das habe seiner Dampfwurst auch optisch den nötigen Vortrieb gegeben, meint er. Seither sind die »Preußische Dampfwurst« und Kohlmann als Vorkämpfer ihrer Interessen untrennbar vereint. Ein Kunde, der auf seinem Speicher einen großen frühbarocken Pokal der Fleischerzunft aus dem späten 16. Jahrhundert fand, machte ihm diesen zum Präsent – weil er nur ihn für würdig hielt, diesen Pokal zu empfangen.

Orte der Wurstkultur

Der Norden Deutschlands

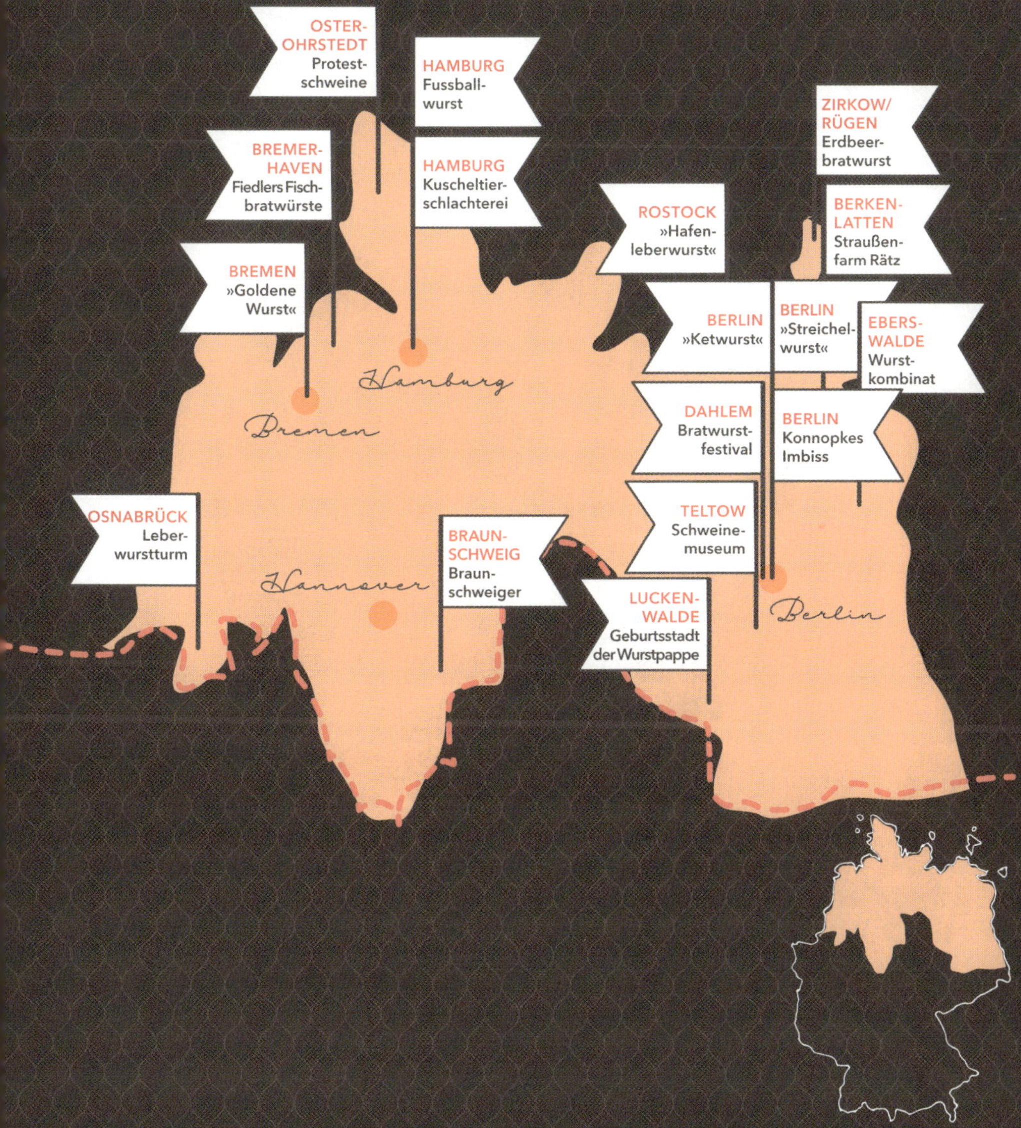

Und die Würste voll Gloria, Zuckerrüben und Cicho
Und Spargel dicker als ein Knie
Das ist Braunschweiger Industrie!
Braunschweig.
Burgplatz.

Niedersachsen

STÄDTISCHE WÜRSTE

»Welcher Würste denkt zu speisen,
die recht fein und niedlich sein,
dieser muss nach Braunschweig reisen,
denn da trifft es eben ein,
dass er sie mit großen Haufen
kann nach seinem Willen kaufen.«

Niedersachsen, das zweitgrößte deutsche Bundesland, ist ein relativ junges Kunstprodukt, das in seiner heutigen Form erst 1946 geschaffen wurde. Bis dahin waren Hannover, Braunschweig, Oldenburg und Schaumburg-Lippe selbstständige Länder. Wenig ist davon übrig geblieben, nur die verschiedenen regionalen Würste sind gewissermaßen letzte Zeugnisse dieser Vergangenheit. So ist Göttingen heute noch bundesweit durch eine Kochsalami bekannt, die man verkürzt nur »Göttinger« nennt. Schon der große Naturwissenschaftler und Aufklärer Georg Christoph Lichtenberg rühmte 1784 den Bekanntheitsgrad dieser Wurst: »Die Göttinger Würste müssen außerhalb in Kredit sein« und beschreibt, dass sein Freund, der Göttinger Verlagsbuchhändler Johann Christian Dieterich, nicht nur Bücher, sondern halbzentnerweise Würste nach Berlin schickte. Daran knüpfte er den Aphorismus: »Die literarischen Werke kommen zuweilen wieder zurück, aber man hat kein Beispiel, dass je eine Wurst zurückgekommen wäre.«

Während die Göttinger Kochsalami zum Grundrepertoire an heimischen Wursttheken gehört, sind die früher so bedeutenden Braunschweiger Wurstsorten hierzulande kaum noch verbreitet. Umgekehrt ist das in den USA: Dort sind nicht die Göttinger, sondern die Braunschweiger Botschafter der deutschen Wurstkultur. Dies kam daher, dass sich in Braunschweig, damals noch Hauptstadt eines eigenständigen, von Agrarkultur bestimmten Landes, schon früh eine Lebensmittelindustrie entwickelt hat. 1910 wurde sogar ein Loblied auf die Braunschweiger Wurstindustrie verfasst: »Die Würste sind vom besten Schwein, Zwiebel, Thymian kommt mit hinein. Ein Hölzchen am Endchen, zum Hängen ein Bändchen, doch Finnen und Trichinen nie: Das ist die Braunschweiger Industrie!«

Die »Braunschweiger Liverwurst« oder kurz »Brunswicker« vermittelte den Auswanderern nach Übersee ein Stück Heimat auf dem Brot.

Durch die in Deutschland erfundene Konservendose gab es die Möglichkeit, Würste haltbar und sogar weltweit versendbar zu machen. Bereits Anfang des 19. Jahrhunderts sollen auswärtige Messereisende, wenn nach dem Verkauf ihrer Waren die Laderäume ihrer Fuhrwerke leer waren, diese mit Braunschweiger Dauerwurstwaren gefüllt haben. Später verkauften sie diese dann in ihrer jeweiligen Heimat und leisteten damit einen wichtigen Beitrag für deren Verbreitung. Wegen ihrer Haltbarkeit wurden die Würste aus Braunschweiger Produktion auch schon früh nach Übersee versandt, wo sie den vielen deutschen Auswanderern ein Stück Heimat vermittelten. Die »Braunschweiger Liverwurst«, manchmal auch niederdeutsch »Brunswicker« genannt, ist heute die verbreitetste Streichwurst der USA. Doch diese Braunschweiger Leberwurst schmeckt nirgends so gut wie am Ort ihrer Entstehung. Ihr Geheimnis ist, dass sie so lange im Kaltrauch geräuchert wird, bis sie ihre schöne hellbraune Farbe angenommen hat. In ihr steckt ein hoher Anteil an fein gewolfter Leber, vermengt mit Bauchfleisch und Speck. Ihre besondere Würze erhält sie durch Pfeffer, Muskatblüte, Ingwer und Kardamom. Es gibt viele Abwandlungen: als Kalbsleberwurst oder gar als Sardellenleberwurst, bei der Heringe und entgrätete Sardellen der Wurstmasse beigegeben werden. Aber auch die Braunschweiger Mettwurst, Braunschweiger Knoblauchwurst und die Braunschweiger Zervelatwurst mit ihren ganz besonderen Rezepturen sind letzte Zeugnisse der ruhmreichen Braunschweiger Wurstgeschichte. ❡

Eine Lobpreisung der Braunschweiger Wurst

Im Zuge meiner Wurststudien stieß ich auf den Quellennachweis eines Werkes aus dem Jahr 1662, das mich stutzig machte. Es handelte sich um eine »Wurstologia et Durstologia« eines Autors mit dem schönen Pseudonym Marcus Knackwurst. Ich war mir sicher, dass hier jemand eine Parodie für Ernst genomen hat. Umso mehr war ich verblüfft, dass es dieses Werk tatsächlich gibt, es sich sogar als wahre Fundgrube von ganz konkreter Wurstwissenschaft erweist. Hinzu kommen der charmante Witz, die feinsinnige Selbstironie und die Gedankenspielereien mit der damals schon einmaligen begrifflichen Bandbreite von Wurst. Schon in der Titelei geht es saftig los, wenn der Autor von »edlen aufrichtig wohl und lieblich schmeckenden Braunschweigischen« Würsten spricht und als Verleger einen »Johann Wursthorn Stadtschreibern in den Westphalischen Schweinparadiese« nennt. Als Drucker gibt er einen »Hans Darm« an, gedruckt zu »Schweinfuhrt im Lande Wursten«.

Erstmals versucht Marcus Knackwurst eine Art Typologie der Würste zu entwerfen. Dabei unterscheidet er drei Hauptwurstsorten: erstens die Leberwürste, zweitens die Blutwürste und drittens die »Metwürste«. Ferner geht es nach den Därmen – Knackwürste, »Blasewürste«, »Sachwürste« und »Pottwürste« – hin zu einer topografischen Klassifizierung – die »Lüneburgische«, die »Wendische«, die »Jütländische«, die »Mechelburgische«, die »Markische« und die »Holsteinische«, bis schließlich eine Gliederung nach Herkunft des

VVURSTOLOGIA
ET
DURSTOLOGIA (5)
Nova & Aucta
Das ist:
Neuvermehrte/wahr und eigentliche Beschreibung der Edlen Aufrichtig wohl und lieblich-schmeckenden Braunschweigischen
Würste und Mumme/
Darbey vielerley Geschlechter und Nationes, anderer Sonder und Wunderbahren Mißgebuhrten/und ketzerischen Würsten/ wie auch seltzame Nahmen und Mißgebräuche deß Gerstensafftes benennet werden.
Allen der Recht: Redlich: Auffrichtig unverketzert-weitberühmt-hochnützlich-langdaurhafft-wohl und lieblich schmeckenden Braunschweigischen Würste und Mumme Liebhabern zu sonderbahren Gefallen/ Nutz/Trost und Warnung zum erstenmahl zum Drucke befördert durch
Den Ehrenvest-Achtbar-und Wohlgelahrten
Marcus Knackwurst/ H.S.L.NB A.
Jetzo aber auffs Neue übersehen/ vermehret/ verbessert und zum andernmahl an das Tagelicht gebracht durch
Johan Wurstshorn/Stadtschreibern in den Westphalischen Schwein-Paradiese.
Lustig zu lesen und nützlich zu gebrauchen
Cum Privilegio Farciminali & consensu Porcorum.
Gedruckt zu Schweinfuhrt im Lande Würsten durch Hanß Darm/
In Verlegung Neiß Pneiß/im Jahr 1661.

Die wunderbar gestaltete »Wurstologia et Durstologia« des Marcus Knackwurst

Fleisches folgt, zum Beispiel »Ochsenwürste«, »Gänsewürste«, »Schafwürste«. Dann listet er noch eine Rubrik mit Würsten von »Quacksalbern« auf, unter die etwa »Fuchswürste« und »Wolfswürste« fallen.

Die Probleme zu Zeiten des Herrn Knackwurst waren die gleichen wie heute, seine Polemik ist in vieler Hinsicht von ungebrochener Aktualität. Schon damals wurde getrickst, in Kapitel 5 beschreibt er zum Beispiel, wie in Würsten neben Blut und Butter zu viel Mehl beigegeben wurde, und er beklagt, dass eine Wurst mit diesem »Gemansche mehr kostet, als sie wert ist«. Einzig die Braunschweiger Würstchen überhäuft er mit Lobpreisung, um alle anderen umso mehr zu diffamieren. So wie heute bildete Profitgier den Antrieb für das Strecken von Würsten mit minderwertigen Anteilen. Besonders prädestiniert dafür waren die Grützwürste, sodass die Soldaten sie laut Marcus Knackwurst folgendermaßen charakterisieren: »Grütz oben, innen, Grütz außen, Grütz über Grütze (...) Grütz gesotten, Grütz gebraten.« Der anonyme Soldat kommt zu dem Schluss: »Die Grütze ist dem lieben Gedärm so feind (...), da ist Wurstketzerei in viele Provinzen eingeschlichen.« ❡

Statistische Daten und ein künstlerischer Selbstversuch

Hannover ist zwar die Landeshauptstadt und hatte mit der »Hannoveraner Bregenwurst« und der »Hannoverschen gekochten Mettwurst« auch ein gewisses Image als Wurststadt von überregionaler Bedeutung, doch nie konnte Hannover mit Braunschweig und Göttingen wurstmäßig auch nur annähernd mithalten. Gleichwohl laufen hier in der Landeshauptstadt die Fäden der Steuerung von Industrie- und Landwirtschaft zusammen. Und diese Industrie ist in Bezug auf die Agrarwirtschaft gewaltig: Im Verhältnis zu Fläche und Bevölkerungszahl hat Niedersachsen den zweifelhaften Ruhm, was Massentierhaltung und industrielle Wurstproduktion anbelangt, einen Spitzenplatz einzunehmen.

Die insgesamt über 360 Millionen Masttiere benötigen mehr Futter, als das Land selbst produzieren kann. Umgekehrt werden die Produkte, zu denen neben den Wurstwaren natürlich auch Fleisch zählt, in über 125 Länder exportiert. Leider gilt dies ebenso für die Gülle, die auf andere Bundesländer und das Ausland verteilt wird. Allein in dem an Cloppenburg angrenzenden Landkreis Vechta gibt es über 800 Schweinemastbetriebe, und auch das sonst so schöne Emsland ist in dieser Hinsicht voller Schweinereien.

Was den persönlichen Wurst- und Fleischkonsum anbelangt, liegen die Niedersachsen statistisch eher im unteren Feld. Da sind Bayern und Thüringer weit überlegen. Insgesamt gilt Deutschland als Land der Wurstesser mit dem höchsten Pro-Kopf-Konsum weltweit. Rund 60 Millionen Schweine werden jährlich nach Angaben des Statistischen Bundesamts vorwiegend in Würste verwandelt. Der Pro-Kopf-Verbrauch an Fleisch und Wurstwaren sinkt zwar seit einigen Jahren kontinuierlich, von 2011, wo er noch bei 62,8 kg lag, auf inzwischen knapp unter 60 kg, bleibt aber dennoch hoch. Schwankungen zwischen den Jahren sind, ähnlich wie das Wetter, oft signifikant. Ein regenreicher Sommer bedeutet schlechtes Grillwetter, was sich sofort im Verbrauch niederschlägt.

Statistiken sind für die einen ohne jeglichen Aussagewert, die anderen inspirieren sie zu philosophischen Überlegungen oder Kunstaktionen. So auch den bedeutendsten Hannoveraner Künstler der Gegenwart, Timm Ulrichs, der als einer der Begründer der sogenannten Ideen- und Totalkunst gilt, einer spezifisch deutschen Spielart der Konzeptart. Mit ihm stand ich viele Jahre in einem recht freundschaftlichen und produktiven Kontakt. In einer exakt ein Jahr dauernden Kunstaktion unternahm Ulrichs ein radikales Selbstexperiment. Vom 1. Januar bis zum 31. Dezember 1973 lebte er als »personifizierter statistischer Durchschnittsmensch«, aß, trank, rauchte und benutzte jeden Tag genau abgewogen und abgezählt alle vom Statistischen Bundesamt erfassten Konsumartikel, exakt nach den Mengenangaben, die von dieser Behörde als Pro-Kopf-Verbrauch angegeben waren. Es war eine ziemlich lange Liste, die er täglich abarbeiten musste und auf kulinarischer Seite ein schreckliches Gemenge von Süßem und Saurem, von heiß und kalt oder von alkoholischen Getränken und Säften jeglicher Art. Ich hatte Angst um seine Gesundheit und großen Respekt vor der Energieleistung und Konsequenz, mit der Timm Ulrichs diese Aktion einer,

»Europa auf dem Stier«, Fotomontage von Timm Ulrichs. Man könnte dazu auch schreiben, das Fleisch für die Welt kommt aus Niedersachsen, auch wenn es eher Schweinefleisch ist.

wie er sie nannte, »gelebten und materialisierten Statistik« durchführte. Und vor allem davor, dass er diese Tortur ein ganzes Jahr lang durchhielt. Würste standen natürlich auch auf seinem Speiseplan, zum Glück waren nicht alle 1500 Sorten differenziert erfasst. So blieb ihm wenigstens in dieser Hinsicht etwas Wahlfreiheit. Bezieht man den Aspekt mit ein, dass der männliche Fleisch- und Wurstkonsum bis heute ziemlich genau doppelt so hoch wie der von Frauen ist, war Ulrichs statistisch ein Zwitter. Oder mit seinen langen Haaren gewissermaßen eine Vorform der Conchita Wurst. ❡

Exkurs – Ein anonymes Kunstwerk als Anklage

Bei der Beschäftigung mit der Massentierhaltung und der industriellen Verarbeitung und den Gedanken an die erschreckenden Auswüchse des deutschen Exports von »Wurst für die Welt« tritt mir immer wieder ein Bild vor Augen, das ich in einer Fotoausstellung mit dem Titel »Atmen ohne Pause« gesehen habe. Es zeigte in düsteren Farben einen kegelförmigen Berg, der ausschließlich aus Ohrmarken bestand. Der Berg, Überbleibsel von nur einer Tagesproduktion eines Schlachtbetriebs, repräsentiert auch die letzten Spuren von Leben, die den Schweinen nach ihrer Schlachtung abgenommen werden. Auf den Ohrmarken ist die Identifikationsnummer eines jeden Tieres eingeprägt.

Die Identität des Schöpfers dieser Arbeiten bleibt im Verborgenen, er versteckt sich hinter dem Pseudonym K49814. Das war, wie ich später in Erfahrung bringen konnte, die Nummer der Ohrmarke einer Kuh, die aber, im Gegensatz zu den armen Schweinen von einem solchen Schicksal verschont, den Weg in Unversehrtheit und relative Freiheit gefunden haben soll. Natürlich ergibt sich schon alleine hieraus eine gewisse Information über den Schöpfer. Zum einen ist es sicher schwierig, die Genehmigung zu bekommen, derartige Szenen in einem Bild festzuhalten. Zuguteschreiben muss man K49814 auch, dass durch das Pseudonym gar nicht der Verdacht aufkommen kann, dass hier jemand als Trittbrettfahrer des Elends der Tiere zu Ruhm und Geld kommen könne. Meine Vermutung wird bestätigt, nachdem ich mit dem Pseudonym korrespondiert habe und einmal sogar kurz telefonisch ins Gespräch kam. Im Hintergrund ertönten das Schnattern von Gänsen und alle möglichen anderen Tierlaute, wie es nur in der freien Natur, nicht in einem Zuchtbetrieb, hörbar ist. Ein sehr sensibler und engagierter Mensch offenbart sich mir, und in allem bestätigt sich mir die Einheit von Werk und Person, die immer gegeben ist, wenn etwas gut ist. Es überrascht mich daher nicht, dass mein Gesprächspartner aus tiefster Überzeugung für das Tierwohl eintritt und die Tötung von Tieren in jeder Form ablehnt. Auf die Frage, warum die Ohrmarken in Schwarz-Weiß fotografiert wurden, er-

11 000 Schweineohrmarken, Überreste der Tagesproduktion eines Großschlachthofs

halte ich eine sehr differenzierte Antwort: »Die Grautöne lassen ein genaueres, langsameres Betrachten zu. Das Laute, kurzweilige Skandalöse, mit dem die meisten Schlachthofbilder agieren, wird vermieden. Die Bilder wollen das, was geschieht, sichtbar machen. Dazu braucht es eine gewisse Distanz als Sicherheit für den Betrachter. Vielleicht unterstützt ihn das Schwarz-Weiß auch dahin gehend.«

Die Menge der Ohrmarken von 11 000 Schweinen als Abfall eines einzelnen Schlachttages und nur eines einzigen der vielen industriellen Großschlachthöfe spricht für sich. Das Bild ist für mich eine stumme Klage gegen die Massentötung, gegen die dahinterliegende Profitgier dieses Industriezweiges, gegen die Massentierhaltung an sich und nicht zuletzt gegen die Entfremdung der Erzeugnisse von ihrem Ursprung, von der Natur und gegenüber den Konsumenten. ❡

»Vor dem Beginn der Metamorphose in Wurst«

Am 23. Februar des Jahres 1889 schrieb Wilhelm Busch dem »Münchner Malerfürsten« Franz von Lenbach einen Brief, in dem er seinem Freund ganz aufgewühlt von einem albtraumhaften Hörerlebnis berichtet. Wegen der darin zum Ausdruck kommenden hohen literarischen Qualität und der sensiblen Wahrnehmung Buschs sei diese Passage jenes Briefes aus Wiedensahl, geschrieben unter dem Eindruck des »Sehens mit den Ohren«, hier ungekürzt wiedergegeben:

»Aber am Harz bin ich gewesen, neulich, als so viel Schnee in Wirbeln herunterfegte und auch das Dörflein verhüllte, wo ich mich aufhielt. Es war grausam gemüthlich. Man fühlte sich so weich und sauber verpackt, wie eine Pflaume im Auflauf. Der Schlummer sanft und erklecklich. Zureisende Skrupel vermuthlich irgendwo festgeschneit. Nur mal, noch ganz in dunkler Früh, wurd ich aufgeschreckt und schmerzhaft horchend wach erhalten durch die Wehklagen eines der vielen Schweine, welche der Genusssucht alljährlich zum Opfer fallen. Jetzt wird's herausgezerrt aus dem lieben, duftenden Stalle; jetzt liegt's geknebelt; jetzt der Stich; Nothwehr geboten und heftig ausgeübt; Blutverlust fast beruhigend, scheint's; dann aber erst recht, dicht vor der Todesgewißheit, der höchste, gräßlichste Unmuth; dann röchelnde Entsagung; zuletzt Stille mit Nachdruck. Die Metamorphose in Wurst kann beginnen. Wahrlich! Gewiße Dinge sieht man am deutlichsten mit den Ohren. (grüß mir den Levi!) Und dann, nach der höchsten musikalischen Offenbarung, geht man doch wieder leichtfertig seiner animalischen Nahrung nach, als ob man nichts gehört hätte, und als ob's keine Nachwelt gäbe, die, sagen wir mal im Jahre 10889, über ihre kannibalische Vorwelt recht abfällige Ansichten äußert; vermuthlich.«

Dieses Erlebnis mag bei Wilhelm Busch ein Auslöser gewesen sein für die das ganze Werk durchziehende Kritik am Umgang des Menschen mit der geschundenen Kreatur. Gewissermaßen ist er ein ideologischer Vorreiter der heutigen Bewegung des Vegetarismus und einer dem Tierwohl verpflichteten Überzeugung. Der Eindruck der im Brief geschilderten Geschehnisse von Wiedensahl liegt sicher auch dem späteren Gedicht »Bis auf weiters« zugrunde, obwohl aus Reimgründen die Schweine hier nach Westfalen verlegt sind:

»Das Messer blitzt, die Schweine schrein,
Man muss sie halt benutzen,
Denn jeder denkt: ›Wozu das Schwein,
Wenn wir es nicht verputzen?‹
Und jeder schmunzelt, jeder nagt
Nach Art der Kannibalen,
Bis man dereinst ›Pfui Teufel!‹ sagt
zum Schinken aus Westfalen!«

Selber wursten in Bad Harzburg: *Landschlachterei Leiste*

Nicht nur bei Wilhelm Busch, vor allem durch das Drei-Länder-Gebiet stoße ich immer wieder auf den Harz als eine eigenständige, grenzüberschreitende Wurstkultur. Bad Harzburg ist eine Stadt mit 22 000 Einwohnern, und es gibt nur noch einen einzigen Schlachter, nämlich Harald Leiste. »Schlachter«

In der Landschlachterei Leiste gibt es viele Spezialitäten aus dem Harz, darunter »Harzer Stracke«, »Harzer Schmorwurst« und den »Gebirgsknippel« aus Wild- und Rindfleisch.

bedeutet in Niedersachsen nichts anderes als anderswo »Metzger« oder »Fleischer«, und entsprechend werden die Geschäfte »Schlachterei« genannt, obwohl, wie auch sonst in Deutschland, nur noch in Ausnahmen dort auch geschlachtet wird. Mir fällt es aber schwer, und ich bringe es nicht übers Herz, einen niedersächsischen Fleischer als »Schlachter« anzusprechen.

Harald Leiste entpuppt sich als ein Fleischer, der seinen Beruf mit Leidenschaft ausübt. Er habe, wie er mir erzählt, nicht nur wirtschaftliche Interessen, sondern sehe es vor allem als eine ethische Verpflichtung, dass es seinen Schweinen gut gehe. Er nennt seinen Laden »Landschlachterei«, weil er seine Schweine aus dem nahen ländlichen Umland bezieht. Dort arbeitet er mit einem Mäster eng zusammen, der ein besonders stressresistentes Schwein aus drei Rassen gekreuzt hat. Normalerweise werde ein Schwein schon mit 110 Kilo geschlachtet, weil sich danach das Wachstum verlangsame, erklärt Leiste. Er gönne »seinen Schweinen« aber ein längeres Leben, damit sie mehr Fett einlagern können, denn nichts sei leckerer als dieser Geschmacksträger. Erst wenn sie 170 Kilo erreicht hätten, kämen sie zum Schlachten.

Wie zum Beweis, dass man das gute Leben anschließend auch in der Wurst schmeckt, schneidet er mir von einer allein schon optisch hinreißend schönen naturgewachsenen Wurst ein Stück ab. Sie trägt den Namen »Harzer Gebirgsknippel« und ist eine Art Salami, die zu 30 Prozent aus Wildschwein- und Hirschfleisch und zu 70 Prozent aus Harald Leistes guten, dicken Hausschweinen besteht. In der Tat, es war ein wunderbares Aroma, das, verbunden mit dem Hintergrundwissen, noch eine ganz besondere Note bekam. Ich konnte nicht widerstehen, den »Gebirgsknippel« im Laufe des Gesprächs Stück für Stück niederzumachen. Die anderen Wurstspezialitäten ließ ich mir dann aber nur noch zeigen. Da gibt es viele regionale Spezialitäten: Harzer Schmorwurst, Hausschlachtmettwürste, deren Namen »Harzer Stracke« oder »Harzer Längliche« sich von ihrer Form ableiten, und eine Knackwurst, von der Harald Leiste stolz erzählt, dass sie eine Leberwurst ohne Leber sei und so gut schmecke, weil sie fast reines Fett mit viel Zwiebeln und Thymian enthalte.

Schließlich kamen wir auf einen Wettbewerb zu sprechen, der überregionales Aufsehen erregt hatte. Lachend meint der Landmetzger, es gebe sogar Überlegungen, ihn wiederaufleben zu lassen. Ihm wäre das nur recht, denn er würde schließlich für die Würste beider Seiten sorgen. Bei dem Wettstreit ging es darum, welcher Ort mehr Würste essen könne. Das letzte Aufeinandertreffen zwischen Bettingerode und Westerode hätte fast in Handgreiflichkeiten geendet. Kurz vor Ende, als Bettingerode turmhoch geführt habe, kaufte ein Westeröder 500 Würste, die allerdings nicht mehr verzehrt werden konnten. Er hatte bloß das Geld hingelegt und den Sieg für Westerode reklamiert. Das hatte sich Bettingerode natürlich nicht bieten lassen, weshalb Leiste schlichtend einschreiten musste. Ich merke an, dass es eigentlich zu schade sei, seine guten Würste in solch einem Wettbewerb einfach herunterzuschlingen, denn da gehe es ja kaum noch um Genuss. Leiste stimmt mir zu, hakt aber beim Thema Genuss ein. Die Leute würden sich wieder mehr für Wurst interessieren, vor allem für hausgemachte. Daher gebe er seit einiger Zeit auch Wurstseminare. Fleisch und Wurst seien seine Leidenschaft, und dies wolle er anderen gerne vermitteln. Es sei ja etwas archaisch, mit einem großen Messer zu hantieren, die Leute hätten einen Mordsspaß daran, noch dazu, wenn sie die Gewissheit hätten, dass es das Schwein in seinem Leben davor gut hatte. »Machen wir uns nichts vor: Es sind Nutztiere. Und würden wir sie nicht nutzen, würde es sie gar nicht geben.« Dann wird Harald Leiste geradezu philosophisch und meint, früher galt es, dass man bis zu einem gewissen Alter einen Baum gepflanzt, ein Haus gebaut und ein Kind gezeugt haben müsse. Heute sollte es ergänzend heißen, einmal im Leben sollte man auch eine Wurst gemacht haben. Nur dann wisse man zu schätzen, dass wirklich ein Leben in diesem Lebensmittel steckt. ❡

Die Rügenwalder Mühle, ein Kunstkonstrukt

Die »Rügenwalder Teewurst« ist, ähnlich wie »Tempo«, »Labello« oder »Pampers«, ein Deonym, weil im Sprachgebrauch der Markenname mit der Produktbezeichnung zusammenfällt. In ganz Deutschland wird sie seit über hundert Jahren unter diesem Namen gegessen. Die meisten vermuten, dass sich der Ort Rügenwalde auch da befinde, wo die Wurst hergestellt wird. Doch in dieser so alten Traditionswurst spiegelt sich die wechselhafte deutsche Geschichte. 1834 wurde von Carl Müller in Rügenwalde, einer schönen Hafen- und Residenzstadt der pommerschen Herzöge, die heute in Polen liegt und Darłowo heißt, eine Fleischerei gegründet. Sein Enkel Carl Wilhelm Gottfried Müller stellte 1903 zum ersten Mal eine Teewurst unter diesem Namen her. Interessant ist, in den alten Rezepturen zu lesen, wie die Wurst durch häufiges Abstreifen des Wiegemessers ihre vor allem aus Speck bestehende schmierbare Konsistenz erhält. Voraussetzung waren dafür nicht zu junge, also etwas

Der Ursprung des Unternehmens war eine Fleischerei in Rügenwalde, damals Pommern.

ältere und gut gemästete Schweine. Bemerkenswert ist die Erwähnung, dass sie vor dem Schlachtgang vollkommen ausgeruht sein sollten. Zwei Bedingungen, die bei der heutigen industriellen Massenproduktion sicher nicht mehr gelten. Da das Konkurrenzunternehmen Carl Schiffmann ein Schiff als Firmenlogo verwendete, kam Müllers Frau auf die Idee, aus dem Familiennamen abgeleitet, eine rote Mühle als Logo zu entwerfen – mit krummen Würsten, statt mit Flügeln.

Nach dem Krieg und der Vertreibung kam es zu einer Neugründung des Familienunternehmens im niedersächsischen Westerstede im Ammerland. Das Unternehmen wuchs schnell, und schon 1956 zog man nach Bad Zwischenahn in neue Fabrikationsstätten. Immer noch ist die Mühle Bestandteil des Logos, nur die alten Wurstflügel mussten echten Flügeln weichen. Um dem Kunstprodukt Authentizität und mehr Glaubwürdigkeit zu verleihen, ließ man 2012 eine echte rote Backsteinmühle errichten. Tatsächlich suggeriert der Name »Mühle« für das Produkt einen handwerklich-ländlichen Hintergrund. Doch heute werden wöchentlich über 400 Tonnen Wurst, Schinken- und Fleischprodukte sowie etwa 100 Tonnen Imitate wie die »vegetarische Mühlensalami« von der »Rügenwalder Mühle« produziert.

Lüneburg, eine fast »fleischereifreie« Stadt

Lüneburg zählt sicher zu den schönsten deutschen Städten mit einer großen geschlossenen Altstadt. Über 1300 Backsteinhäuser stehen heute unter Denkmalschutz, und sie sind bis ins kleinste Detail liebevoll restauriert. Meiner Devise folgend, da, wo die Welt noch so heil ist, müssen auch die Würste gut sein, schlendere ich durch die Altstadt, um völlig unvoreingenommen selbst fündig zu werden. Wider Erwarten treffe ich zwar auf unzählige Cafés, Bäckereien und Dönerbuden, aber weit und breit kann ich keine Fleischerei entdecken. So bleibt mir nichts übrig, als Passanten zu fragen, und ich kann kaum glauben, was ich zu hören bekomme. Alle jammern, es gebe in ganz Lüneburg keine Fleischerei mehr, nur die Rossschlachterei Anton Olma in der Oberen Ohlingerstraße habe überlebt. Bei einer Stadt mit

76 000 Einwohnern mit so großem Traditionsbewusstsein und voller Läden mit kunsthandwerklichen Produkten ist das schon eine Bankrotterklärung und ein kulturelles Manko. Brot gibt es reichlich, aber nicht mehr die dazugehörige Wurst. Schließlich erfahre ich von einem Einheimischen, dass die letzte Metzgerei zwar ihren Ladenbetrieb eingestellt hat, aber noch einen Bratwurstverkauf in einer Seitengasse betreibt. Ich mache mich auf den Weg und stehe vor einem eigenwilligen Bauwerk. Ein Schild mit der Inschrift »Jul. Meiers Bratwurst« über einem breiten, zur Straße geöffneten Raum, der mir wie eine ehemalige Großküche oder ein Kühlhaus erscheint. Alles ist weiß gekachelt und offensichtlich nun umfunktioniert. Hinter der Theke steht Stefan Meier. 2015 war er noch Inhaber der letzten »normalen« Fleischerei in der Lüneburger Altstadt. Er erzählte mir, er sei Traditionalist und Idealist, weshalb er den Lüneburgern nicht zumuten wollte, dass sie ganz auf ihre gewohnten Würste verzichten müssten. Darum habe er diesen Bratwursttreff aufgemacht, wo nach wie vor handgemachte Würste auf den Grill kommen. Sein Bruder Klaus-Julius, ebenfalls Metzgermeister, arbeite jetzt in der Landschlachterei Pröhl in Melbeck und würde sie für ihn fertigen. Neben den Bratwürsten würden sie besonders in der Spargelzeit am Stand auch noch ihren Heideschinken anbieten.

Während ich eine Wurst verspeise, höre ich immer wieder von Lüneburgern, die in der Schlange miteinander ins Gespräch kommen, diese Bratwürste seien das Einzige, das sie noch an früher erinnere. Die Tendenz des allgemeinen Metzgersterbens ist überall erschreckend, in Lüneburg ist das Ende fast schon erreicht. Ein Drama, das uns zum Nachdenken über die Ursachen und deren Bekämpfung animieren sollte, damit dieses Beispiel nicht Schule macht. ❡

Allerlei Wurstrekorde

Zur Verabschiedung eines führenden Mitarbeiters der Wolfenbüttler Firma MKN, die sich auf die technische Ausstattung von Großküchen spezialisiert hat, kam man 2010 auf eine ehrgeizige Idee. Man wollte den alten Weltre-

Auf drei geht's los: Die Riesencurrywurst von Wolfenbüttel wird auf den Grill gewuchtet, das Trumm wog über 175 Kilo und hatte eine Länge von rund 320 Metern.

kord der größten Currywurst-Portion, der 2008 vom benachbarten Wolfsburger VW-Konzern mit 150,07 Kilogramm aufgestellt wurde, übertreffen. Die Vorbereitung bedurfte vieler logistischer Überlegungen und zog sich über ein halbes Jahr lang hin. Man konstruierte eine gigantische Pfanne und einen entsprechenden Riesengrill von über 10 Quadratmeter Fläche. Später waren bei der Aktion 14 Personen nötig, alleine um die Wurst in die Pfanne zu heben. Der Rekord gelang, die Wurst wog am Schluss 175,2 Kilogramm und war circa 320 Meter lang. 1300 Portionen wurden von ihr verkauft und der Erlös ging an die Wolfenbütteler Tafel. Die Ausführung der Wurst lag in Händen der Braunschweiger Fleischerei Neubauer, und der Sternekoch Mario Kotaska verhalf ihr und der Veranstaltung zu der nötigen Würze.

Die Wolfenbütteler konnten die Wolfsburger Currywurst zwar übertrumpfen, doch VW hält nach wie vor einen ganz eigenen Rekord. Mit einer Jahresproduktion von über 10 Millionen Fahrzeugen ist Wolfsburg der Hauptsitz des größten Automobilkonzerns der Welt. Aber der Jahresabsatz von über 7 Millionen, insgesamt 850 Tonnen schweren, Currywürsten aus VW-Produktion übersteigt bei Weitem noch den seiner Autos. Nicht nur die Mitarbeiter kommen in deren Genuss, da sie in über elf Ländern auch als »VW Originalteil« im Handel erhältlich sind. Und selbstverständlich gibt sie als Stadionwurst Spielern und Fans des VfL Wolfsburg die nötige Energie.

Die größte Leberwurst der Welt steht in Osnabrück.

Osnabrück rühmt sich eines Wurstrekords von grundlegend anderer Bedeutung. In der großen Wurstfabrik Bedford gab es einen hohen Schornstein, der kurz vor dem Abriss stand. Da kam der Geschäftsführer Bert Mutsaers auf die Idee, den Schlot zu einer gigantischen Skulptur umzuwandeln. Was war da naheliegender, als die Gestalt einer Wurst zu wählen als ein weithin sichtbares Erkennungszeichen und offensives Bekenntnis zu der in die Defensive geratenen Wurst. Als eine dem Wurstcharakter am meisten entgegenkommende Lösung wurde die Umhüllung des Schlotes mit einer riesigen Pelle beschlossen. An der Umsetzung war kein Fleischermeister beteiligt, und auch kein einziges Tier musste sein Leben dafür lassen. Einem Ingenieurbüro und einem Fachunternehmen, die auch schon bei der Realisierung von Christos Reichstagsverpackung mitgewirkt hatten, wurde der Auftrag erteilt. Die über 20 Meter hohe dicke hellhäutige Leberwurst mit einer maßstäblich angepassten Banderole gilt als die wohl größte Leberwurstskulptur der Welt. 2008 wurde sie in einem großen Festakt eingeweiht, bei dem natürlich passend zum Ereignis reichlich Leberwurstbrote angeboten wurden. Sie schmeckten angeblich tierisch gut, während die große gefeierte Leberwurst von rein veganer Natur ist. ❡

Hamburg

FISCHE BEI DIE WÜRSTE

»Der Glaube macht selig,
der Metzger die Wurst,
der Pfarrer die Predigt,
der Hering den Durst.«

Als Hafenstadt ist Hamburg natürlich mehr nach Norden, zum Meer hin, orientiert als nach Süden. Daran mag es wohl liegen, dass die Hamburger Wurstkultur viel mehr Gemeinsamkeiten mit der von Schleswig-Holstein hat als mit der des niedersächsischen Umlands. Die beliebteste Wurstsorte ist die grobe Mettwurst. Sie besteht aus fein gewiegtem Rindfleisch und festem, mageren Schweinefleisch, wozu noch grob geschnittener Speck eingemengt wird. Dann wird sie vorgetrocknet, um anschließend im Kaltrauch eine goldbraune Farbe anzunehmen. Die Mettwurst gibt es auch in einer gekochten Variante, die Bestandteile sind dieselben wie bei der groben, doch ist ihre Herstellung insgesamt zeitaufwendiger. Vom Befüllen der Därme bis zur Reife vergehen schon mal drei Wochen. Die gekochte Mettwurst ist eine klassische Aufschnittwurst und wird kalt verspeist.

Weitere Klassiker sind die Hamburger »Grützwurst« und deren nahe Verwandte, die Hamburger »Semmelwurst«, bei der Semmeln beigemengt werden, und schließlich die früher so berühmte, aber nur noch selten erhältliche Ochsenwurst, die in Braunbier geschmort und mit Muskat und Nelken sehr fein abgeschmeckt wurde. Für Leute aus südlicheren Gefilden mag es überraschend sein, dass es auch eine Hamburger Weißwurst gibt. Sie gleicht äußerlich fast der Münchner, aber ihre Bestandteile sind gänzlich andere und an der Art ihres Verspeisens scheiden sich die Geister. In Hamburg gilt sie als

Delikatesse, ihr Geheimnis liegt in der Beigabe von Fischigem. Erfunden haben soll sie während der sogenannten Franzosenzeit der Jahre 1806 bis 1814 der Leibkoch des Marschalls Davout, der wegen seines strengen Regiments als Generalgouverneur den Beinamen »Robespierre von Hamburg« trug. Zu jener Zeit gingen den Fischern massenweise Störe ins Netz, was den Leibkoch auf die Idee gebracht haben soll, eine Luxusvariante aus Kalbfleisch und Kaviar zu kreieren.

Um ebendiese Luxusvariante gab es mehr als 200 Jahre später einen Eklat. Bei einem Empfang von Ole von Beust anlässlich des Besuches des damaligen bayerischen Ministerpräsidenten Edmund Stoiber wollte man der Münchner Delegation zeigen, dass auch die Hamburger delikate Weißwürste herstellen können. Wie einst der Leibkoch versetzte man das Weißwurstbrät mit Kaviar, eine besondere Ehre, denn nach dem Motto: »Es muss nicht immer Kaviar sein«, begnügt man sich in Hamburg heute mit der Beimengung von etwas Hering, um der Wurst eine heimatliche Prägung zu geben.

Einen Bayern in Hamburg mit einer Weißwurst zu empfangen, ist ja schon eine gewagte Sache. Zum Schrecken aller Anwesenden griff Stoiber nicht etwa fein zum Besteck, sondern mit den Fingern nach der Wurst, um sie zu zuzeln. Kaum hatte er den ersten Bissen verschluckt, verschlug es ihm – eher ungewöhnlich – die Sprache. Nicht einmal aus Höflichkeit brachte er ein Kompliment über die Lippen, er verweigerte schlicht jeglichen Kommentar. Weil er den Geschmack der Wurst als so befremdlich, die Wurst als Frevel oder gar als Provokation empfunden hat, lässt sich eindeutig nicht sagen. Aber vielleicht wäre es besser gewesen, wenn man ihm einfach eine fette Hamburger Kochwurst, in Kohl geschmort, vorgesetzt hätte. ¶

Die Hamburger »Sülzeunruhen«

Ein Blick in die Historie zeigt, dass eine Wurst nicht nur einen Skandal auslösen oder zu diplomatischen Verwerfungen, sondern sogar zu sozialen Unruhen führen kann. Vielleicht gibt es heute zu viele Skandale rund um die Wurst, vielleicht sind die bisher aufgedeckten Fälle aber auch nicht groß genug gewesen, als dass sie die Bevölkerung in Massen auf die Straßen hätten bringen können. Ganz anders war dies noch in der Frühzeit des 20. Jahrhunderts, als es in Hamburg zu Aufständen kam, die als »Sülzeunruhen« in die Geschichte eingingen. Auslöser dafür war, dass die Nachricht umging, dass verfaulte Kadaver zu Sülze verarbeitet und verkauft worden seien. Anlass für diese Meldung war eine Panne: Einem Fuhrwerk der in der Altstadt gelegenen Fleischwarenfabrik Heil war am 23. Juni des Jahres 1919 ein Fass vom Wagen gefallen und auf der Straße zerschellt. Aus den Trümmern quollen verdorbene Kadaver hervor. Passanten, die das sahen, waren empört. Schnell versammelte sich eine aufgeregte Menge, die das Fabrikgelände stürmte und dort auf weitere Kadaver von Ratten, Hunden und Katzen stieß. Was sie nicht wussten, war, dass in vielen Fleischfabriken Kadaver und Abfälle für die Leimfabrikation gesammelt wurden. Der Verdacht, dass Gammelfleisch und Schlimmeres der Sülze beigemischt worden sein könnten, wurde bestärkt durch viele äußere Anzeichen von Fleischpanscherei und grauenhafte hygienische Zustände. Der Fabrikbesitzer entging nur knapp der Lynchjustiz, er wurde in die Kleine Alster geworfen.

Ein früher Lebensmittelskandal führte 1919 in Hamburg zu massiven Protesten, die mit Gewalt niedergeschlagen wurden. Auslöser war der Verdacht, Sülze könnte Gammelfleisch enthalten.

In den folgenden Tagen stürmten aufgebrachte Bürger auch andere Fleischfabriken, und überall stießen sie auf Anzeichen von betrügerischen Machenschaften. Nicht nur die Fabrikbesitzer, sondern auch staatliche Stellen wurden der Komplizenschaft beschuldigt und attackiert. Es war die Zeit, als in München gerade die Räterepublik gewaltsam beendet worden war. Die politische Lage im Land war entsprechend angespannt. Am Hamburger Rathausmarkt kam es zu ersten Schusswechseln und zur Belagerung des Sitzes des Bürgerschaft. Als die Unruhen eskalierten, beauftragte Reichswehrminister Gustav Noske den Generalmajor Paul von Lettow-Vorbeck, gegen die Protestanten vorzugehen. Lettow-Vorbeck war im Ersten Weltkrieg Kommandeur der Schutztruppe für Deutsch-Ostafrika gewesen und hatte im April 1919 die Führung der Marinedivision übernommen. Obwohl die Unruhen schon am Abflauen waren, ließ der Generalmajor über 10000 mit Maschinengewehren bewaffnete Soldaten aufmarschieren, dazu Panzer und Minenwerfer. Das Militär ging mit äußerster Härte vor, über achtzig Menschen kamen dabei zu Tode, Arbeiterviertel, in denen man die Rädelsführer vermutete, wurden besetzt, viele Menschen verhaftet. Immerhin wurden danach strengere Fleischkontrollen eingeführt und der Fabrikant Heil wurde zu einer Geldstrafe von 1000 Reichsmark und drei Monaten Haft verurteilt. Nach seiner Entlassung gründete er sofort eine neue Fleischfabrik. An diesen frühen Lebensmittelskandal erinnert heute ein Wandbild der Künstlerin Hildegung Schuster an der Außenfassade der Hamburger Verbraucherzentrale. ¶

Der Kuscheltierschlachter

Die Hamburger sind ja auch sprachlich geradeheraus und haben kein Problem mit dem Begriff des »Schlachters«. Im Gegenteil, es schwingt fast etwas Genussvolles mit, wenn man sagt »Ich gehe zum Schlachter«. Jeder Fleischer nennt sich »Schlachter«, und ihre Geschäfte heißen immer noch »Schlachterei«, obwohl auch in Hamburg seit Langem nicht mehr außerhalb des Schlachthofs geschlachtet werden darf. Dennoch sorgte eine ganz besondere Schlachterei für heftige Debatten und jede Menge Wirbel.

In den Medien verbreitete es sich wie ein Lauffeuer, als 2013 in Hamburg in den Räumen einer ehemaligen Fleischerei und begleitet von irritierend martialischen Bildern eine Kuscheltierschlachterei aufmachte. Obwohl die zu Würsten recycelten, alten und abgenutzten Kuscheltiere rein vegan sind, verlagerte sich die Diskussion über das Für und Wider einer solchen Institution schnell auf die Probleme des Verhältnisses von Mensch und Tier. Dabei entspricht der Initiator Miroslav Menschenkind so gar nicht dem Bild des

Bärenwürste einmal anders – Miroslav Menschenkind rückt in seiner Kuscheltierschlachterei Teddybären zu Leibe.

bösen Schlachters, der dem lieben Teddy mit dem Hackebeil den Garaus macht. Er entpuppt sich als ein eher sensibler und sanfter Mensch, der mir von der Suche nach einem eigenständigen, alternativen Lebensweg getrieben scheint. Auf meine Frage, wie er auf den Namen Miroslav Menschenkind gekommen sei, meint er, vielleicht habe er den Namen unbewusst gewählt, weil er im Herzen, auch mit fast vierzig Jahren, immer noch ein Kind geblieben sei – sonst würde er auch keine Teddys zerschneiden oder anderen Schabernack treiben. Seine gesamte Kunst entwickle sich aus ihm selbst heraus, fliege ihm gewissermaßen zu, und so sei es auch mit dem Namen Menschenkind gewesen. Wenn ihn jemand frage, was er sei, dann sage er »Mensch«, wie solle er sich auch anders klassifizieren.

Für die Entscheidung, eine Kuscheltierschlachterei einzurichten, seien mehrere Faktoren ausschlaggebend gewesen. Sein Großvater sei Schlachter gewesen, von ihm hatte er noch einen Fleischwolf und andere Originalgerätschaften zu Hause. Dann bekam er eine Einladung, in der Galerie »xpon-art« mit seiner Fotokunst an einer Gruppenausstellung teilzunehmen. Deren Titel »aufhängen« und die Tatsache, dass sich in den Räumen der Galerie früher eine Fleischerei befand, hätten ihn auf die Idee gebracht, im weitesten Sinne etwas mit Fleisch zu machen. Dass schließlich Kuscheltiere dran glauben mussten, sei eine spontane Eingebung gewesen. Mit der Installation in der Galerie habe er die Menschen aufrütteln wollen. Obwohl er selbst Vegetarier

»Hier werden nur natürliche Kuscheltierzutaten verwendet, frei von Emotionen, durch Kinderhand geprüft« – der Künstler will aufrütteln und wirbt für ein neues Konsumbewusstsein.

sei, würde es ihm nicht um eine Agitation gegen den Konsum von Fleisch und Wurst gehen. »Früher wussten die Menschen noch, dass sie etwas auf dem Teller haben, was einmal gelebt hat. Heute ist dieses Bewusstsein aus den Köpfen vieler verschwunden, das abgepackte Fleisch in den Kühlregalen wird nicht anders betrachtet als eine Gemüsebeilage. Wenn ein geköpfter Teddy heftigere Reaktionen auslöst als Bilder von Massentierhaltung, dann sagt das doch schon alles über die menschliche Fähigkeit des Verdrängens.«

Trotzdem habe es ihn überrascht, was er mit der Kuscheltierschlachterei ausgelöst habe. Pressefotografen hätten ihn aufgefordert, neben Kuscheltierschinken und ausgeweideten Teddys mit dem Beil des Großvaters in der Hand als Schlachter zu posieren, und so habe sich das schnell verselbstständigt. Er sei sogar mit seiner »Fleischerei« in andere Städte eingeladen worden, mit einem Verkaufswagen stand er auf verschiedenen Festivals. Kinder konnten kommen und ihre Teddys bringen und schnell seien interessante

Gespräche entstanden. Immer seien es nur Erwachsene gewesen, die ihn attackiert, oft aufs Übelste beschimpft hätten, dass er Kinder traumatisieren würde und dergleichen mehr. »Die Reaktionen der Kinder sind da ganz anders, die sehen einen Teddy ohne Kopf und kennen dieses Bild vielleicht sogar aus dem Kinderzimmer selbst.« Einmal habe ein Kind sich ganz gezielt für einen kopflosen Teddy entschieden, und als die Mutter sagte: »Aber der hat ja gar keinen Kopf!«, meinte das Kind nur: »Das ist doch egal«. Auf die Kuscheltieraugen, die durch die Wursthüllen blicken, würden Kinder allerdings immer sensibel reagieren. Eines habe seine Mutter gefragt: »Mama, sind in der echten Wurst auch Augen drin?«, was diese richtig in Verlegenheit gebracht habe. Sie habe Angst gehabt, dass das Kind nie wieder Wurst essen würde. Doch genau um solche Dinge geht es Miroslav Menschenkind. Um eine bewusste Auseinandersetzung mit dem, was wir konsumieren.

Er erzählt noch von einer anderen Mutter, die zu ihrem Kind gesagt habe: »Siehste, Susi, wenn du nicht artig bist, dann kommt der Schnucki hierher und wird geschlachtet.« Daraufhin habe das Kind natürlich zu heulen angefangen, was ihm furchtbar leidgetan habe. Aber er habe auch tolle Eltern erlebt, die seine Installation zum Anlass genommen hätten, um ihren Kindern zu erklären, dass Wurst und Fleisch einen langen Prozess, ausgehend vom lebenden Tier, durchlaufen, bis sie in verarbeiteter Form im Kühlregal landen. Kindern, die mit ihren Kuscheltieren zu ihm kämen, würde er deshalb auch immer sagen: »Wenn du es nicht mehr magst, dann nehm ich es, aber wenn du es noch lieb hast, dann behalte es.« Ein Schild erklärt, dass hier nur »natürliche Kuscheltierzutaten« verwendet werden, »frei von Emotionen, durch Kinderhand geprüft«. Tatsächlich verwendet er in seinen Würsten nur das Innere der Teddys: Die alten waren noch mit Stroh gefüllt, dann kam der Schaumstoff, und die moderneren sind, so Menschenkind, mit »antiallergenem Wattekram« ausgestopft. Das Ganze wird klein gehackt und in einer Schüssel vermischt. Erste Versuche mit dem Fleischwolf waren schiefgegangen, das Füllmaterial der Kuscheltiere klemmte schnell fest. Das Fell der Teddys kommt nicht in die Wurst, die Pelze sammelt Menschenkind für befreundete Künstler, die daraus andere Kunstobjekte machen. Die transparente Wurstpelle, in die er sein »Brät« abfüllt, stammt einzig nicht vom Teddy, sondern aus einem Großhandel für Fleischereibedarf. Erst dadurch, dass die Wurst so echt wirke, könne er den intendierten Denkanstoß vermitteln. Er wolle niemanden von der Wurst abhalten, niemandem vorschreiben, wie und was man essen solle, nur möchte er, dass man darüber nachdenken und sich aller Konsequenzen bewusst sein sollte. Wer weiß, vielleicht hat ja André Kudernatsch unter dem Eindruck von Miroslav Menschenkinds Teddywürsten das folgende Gedicht verfasst:

»Bärchenwurst, oh Bärchenwurst
Wird von Kindern oft verachtet,
Bärchenwurst, oh Bärchenwurst
Weil man Teddys dafür schlachtet.« ¶

Wurstbildnisse aus Eimsbüttel: *Schlachterei Hans Wagner*

Wenn man Hamburger nach einem guten Schlachter fragt, wird man immer wieder an Hans Wagner in Eimsbüttel verwiesen. Hier sollen sogar die bekannten Sterneköche der Stadt Fleisch und Wurst beziehen, und entsprechend kommt auch die »normale« Kundschaft aus allen Ecken Hamburgs, um hier einzukaufen. Die Schlachterei Wagner blickt auf eine lange Tradition zurück. 1905 wurde sie gegründet, und Michael Wagner, mit dem ich mich treffe, repräsentiert bereits die vierte Generation in diesem Haus.

Die erste Blütezeit erlebte die Schlachterei in den 1920er-Jahren, als es neben Berlin, Köln und Dresden auch in Hamburg zur Fortbildung der Fleischer spezielle »Fachkunstkurse« gab. Die Wurstdekorationen des damals noch vergleichsweise jungen, aber schon erfolgreichen Betriebs müssen recht kunstvoll und elaboriert gestaltet gewesen sein; wie früher üblich, hätten sich seine Vorväter immer auch als Künstler gesehen, als Künstler der Fleischverarbeitung. Sein Vater, der inzwischen auf die achtzig zugeht, aber immer noch im Betrieb mitarbeitet, habe ihm erzählt, dass er früher zur Weihnachtszeit immer Harnblasen mit Leberwurst befüllte und sie anschließend außen verziert habe. Die Leberwurstkugeln hätten dann beispielsweise ausgesehen wie Äpfel und seien ins Schaufenster gehängt worden.

Ein wenig hat sich dieses Bild des Künstlers in Michael Wagner erhalten, dem es Spaß macht, nicht nur Würste zu kreieren, sondern mit dem Material gestalterische Experimente zu wagen. Er fertigt Gesichter oder Tiere, aber auch schon mal Porträts von Udo Lindenberg, Uwe Seeler oder Tim Mälzer, der einer seiner Kunden sei. Diese »Hackfresken«, wie er sie nennt, seien zwar sehr zeitaufwendig, aber die Leute würden sich immer freuen, so etwas zu sehen zu bekommen.

Früher war Hamburg nicht gerade berühmt für seine Esskultur, heute ist es ein Eldorado für Feinschmecker. Hamburg hat die Lust am Gaumen entdeckt, und die Namen der vielen neuen Etablissements stehen symbolisch für diesen Wandel: Die bekannte Kultkneipe »Spritzenklause«, die lange als Treffpunkt des »Vereins zur Förderung der deutschen Bratwurstkultur« diente, heißt plötzlich »Petit Amour« und gilt als exklusives Gourmetrestaurant. Dieses kleine kulinarische Wunder zeigt sich auch in den Produkten der Schlachterei Wagner. Zur Eröffnungsfeier der neuen Elbphilharmonie kreierten sie eigene Würste mit Hummerfleisch. Sie hatten eine liebliche Note, und Hummer sei, so Wagner, das passende Äquivalent zum edlen Ambiente dieses neuen architektonischen Meilensteins der Stadt. An der Ladentheke hingegen würde er sie nicht anbieten, dort seien Würste mit weißem Trüffel oder seine Sardellenwurst die Verkaufsschlager. Die Sardellenwurst sei sehr würzig, mit viel Ingwer, Kardamom und Muskat und natürlich einem Anteil an Leber. Auf die Zugabe von Sardellenöl, so wie früher, würde er verzichten, da dieses einen sehr fischigen Geruch verbreite, den seine Kunden nicht schätzten. Ganz anders verhalte es sich mit dem Geruch von Geräuchertem, dem irgendwie etwas Magisches anhafte. Die

»Hackfresken« nennt Michael Wagner seine essbaren Skulpturen aus Wurst.

Wagners räuchern noch selbst, und auch wenn es für ihn zum Alltag gehört, spürt man auch bei Michael Wagner die Begeisterung über die intensiven Aromen, die dabei entstehen, und den besonderen Geruch, der noch lange in den Kleidern hängen bleibt.

Genauso wichtig wie der Herstellungsprozess sei die Qualität des verwendeten Fleisches. Vieles davon, so erzählt Wagner, kommt vom eigenen Bauernhof in Wacken, etwa 80 Kilometer von Hamburg entfernt. Dort halten sie etwa sechzig Rinder, französische Limousin- und italienische Chianina-Rinder aus der Toskana. Sein Vater habe mehrere Tiere dieser ältesten Rinderrasse, die schon die alten Römer gezüchtet haben und die den Legionen als Zugochsen und gleichzeitig als Proviant dienten, selbst aus der Toskana nach Hamburg gebracht. Auf dem Hof würden die Rinder viel länger am Leben bleiben als sonst üblich, was dem Fleisch und seinem Geschmack sehr zugutekäme. Es ist nicht das erste Mal auf meiner Reise, dass ich diesen Satz zu hören bekomme. Jede besondere Qualität hat auch eine ganz besondere Geschichte. Und wenn man einmal die Überlegung anstellt, dass ein Rind oder Schwein Ausgangsprodukt für das Lebensmittel Wurst oder Fleisch ist, so ist es nur naheliegend, dass sich das Leben dieses Tieres, die Art, wie es gehalten und mit was es gefüttert wurde, auch im Lebensmittel selbst widerspiegelt. ❡

Pferdewürste aus Eimsbüttel: *Rossschlachterei Poggensee*

Nicht weit entfernt vom Hamburger Traditionsbetrieb Wagner liegt die Rosschlachterei Poggensee. Sie wurde 1909 gegründet und kann auf eine fast ebenso lange Tradition zurückblicken, in der sich auch das wechselhafte Verhältnis der Menschen zum Pferdefleisch widerspiegelt. Rossfleisch zählt zu den ältesten Nahrungsmitteln der Menschheit, schon bei den eiszeitlichen Jägern war es ein beliebtes Beutetier und daran änderte sich bis zum Jahr 732 nichts. Doch dann befand Papst Gregor III., es sei schändlich, »unrein und verabscheuungswürdig«, wilde oder auch zahme Rösser zu verspeisen. Die Gründe für das abendländische Pferdefleischverbot sind nicht ganz klar, einige meinen, er habe im Zuge der Christianisierung ein Zeichen gegen vermeintlich heidnische Bräuche setzen wollen, andere glauben, er habe schlicht nicht gewollt, dass die so wichtigen Streitrösser in den Mägen der christlichen Kämpfer landeten. Erst im 19. Jahrhundert kam das Pferdefleischverbot zu Fall, begleitet von heftigen Protesten der traditionellen Schlachter und der vielen Pferdehalter aus Adel und dem besser situierten und einflussreichen Bürgertum. Heute sind es vor allem emotionale Gründe, die so manchen Kunden vom Kauf von Pferdefleisch abhalten.

Die beiden so unterschiedlichen Schlachtereien Wagner und Poggensee verband von Beginn an eine gut nachbarschaftliche Beziehung, woran sich bis heute nichts geändert hat. Wenn ein Kunde bei Wagner nach Pferdefleisch fragt, wird er zu Uwe Poggensee geschickt, und wenn dem einen mal ein Gewürz ausgeht, dann hilft der andere ganz selbstverständlich aus. Aufgebaut wurde der Betrieb von der Familie Reimuth, die 1970 einem Gesellen namens Thies den Betrieb überschrieb. Als später auch dessen Sohn gestorben war, wurde der jetzige Inhaber Uwe Poggensee gefragt, ob er sich vorstellen könne, die Rossschlachterei weiterzuführen. Man kannte sich, er arbeitete damals im Betrieb seines Vaters, der als Viehhändler und Inhaber eines Notschlachtungsbetriebs ein guter Geschäftspartner der Hamburger Rossschlachterei gewesen war. So kam es, dass er hier eingestiegen sei. Sein Bruder führt mittlerweile den väterlichen Betrieb weiter. Das sei auch eine ideale Konstellation, da die Tiere dort geschlachtet würden und er sie nur noch zerlegen müsse. Anfangs habe er sich noch etwas daran gewöhnen müssen, aber er habe sehr schnell festgestellt, dass Wurst und Fleisch von Pferden viel bekömmlicher und sogar hochwertiger seien als Erzeugnisse der üblichen Masttiere. Pferde hätten grundsätzlich ein besseres Leben und würden vom Menschen ganz anders betreut. Bei einem Pferd wisse man auch genauer, ob und welche Medikamente dem Tier im

Uwe Poggensee übernahm mit 27 die Rossschlachterei, eine der letzten in der Stadt.

Laufe seines Lebens verabreicht wurden; all das müsse in einen »Equipment Pass« eingetragen werden. Dieser Pferdepass sei für seinen Bruder und ihn entscheidend bei der Frage, ob ein Pferd zur Schlachtung und Weiterverwertung freigegeben werde oder nicht. Grundsätzlich verarbeiten sie nur Tiere von Privatbesitzern aus der näheren Umgebung.

Die Rossschlachterei Poggensee ist eine der letzten ihrer Art. In ganz Deutschland gibt es nur noch etwa siebzig Pferdemetzger. Das Fleisch galt lange Zeit für viele als Arme-Leute-Fleisch, was daher rührt, dass es bis in die Nachkriegszeit hinein viel mehr Pferde- als Rindfleisch gab. Poggensee schwärmt, dass sich aus Pferdefleisch exzellente Würste herstellen lassen, und er erzählt, dass viele seiner Kunden ganz genau wüssten, wie einmalig ein Sauerbraten oder ein Gulasch aus Pferdefleisch schmeckt. Die Älteren wüssten das noch von früher, aber auch immer mehr junge Leute würden diese Delikatesse wiederentdecken. Vor allem, wenn die klassische Fleischindustrie mal wieder in eine Krise schlittere. Zu Zeiten von BSE hätten sie in einer Stunde verkauft, was sonst an einem Tag über die Theke gehe.

Vermeintliche Abfallprodukte gebe es bei ihm kaum. Pferdefett sei als Naturheilmittel in der Medizin sehr gefragt, und für die Mähne habe er immer viele Abnehmer, besonders in der Vorweihnachtszeit, wenn Handwerker Schaukelpferde herstellen und kleine Karusselltiere. Das Pferd, sagt Uwe Poggensee, ist in vielerlei Hinsicht ein Begleiter des Menschen. Man muss es vom Anfang bis zum Ende mit Respekt behandeln. ❡

Fußballwürste aus Blankenese: *Fleischerei Meinert*

Es ist schon ein großes Erlebnis, die lange Elbchaussee entlangzufahren, vorbei an den großen Prachtvillen mit ihren parkähnlichen Gartenanlagen. Gegen Ende dieser Straße, im vornehmen Blankenese, stößt man auf ein altes, riedgedecktes Haus. Früher befand sich hier die Dorfschule von Dockenhuden, das längst von Blankenese eingemeindet wurde. Seit fast 120 Jahren ist das Gebäude schon Heimstatt der Schlachterei Meinert, die, etwas ungewöhnlich für Hamburg, sich mittlerweile den Namen »Fleischerei« zugelegt hat. Otto Meinert ist ein waschechter Hamburger, strohblond, groß und sehr wortgewandt. In Hamburg scheint er weithin bekannt zu sein, denn er zeigt mir eine Sammlung von Presseausschnitten, bei denen mir sofort einige Headlines ins Auge stechen. So lese ich im *Hamburger Abendblatt*: »Der Laden ist sein Fleisch und Blut«, auch über einen »Schinkenschneidewettbewerb« wird berichtet, und in der *Bild* steht neben einem Porträt von Meinerts Zuchtstier: »Ken, der schärfste Bulle von Blankenese. Warum stiert ihr mich so an? – Wir wollen ein Rind von Dir!« Dazu befragt, erzählt Otto Meinert mir, dass er eine eigene Rinderzucht betreibe, um seinen Kunden die beste Fleischqualität garantieren zu können. Sein schwarzer Zuchtstier, ein reinrassiges japanisches »Wagyu«-Rind, habe eigentlich »Ken Fuku« geheißen, inzwischen habe er ihn aber in »Obama« umgetauft.

Otto Meinert betreibt neben der Fleischerei eine eigne Rinderzucht.

Meinert hat nicht nur selbst für so manche Geschichte gesorgt, er erzählt mir auch allerlei Hamburger Wurstgeschichten. Etwa, dass die Sardellenwurst früher »Gesellenwurst« genannt wurde, weil alle Gesellen bei der Prüfung eine Sardellenwurst zubereiten mussten. Außerdem berichtet er von den Grützwürsten, die, ganz typisch für Norddeutschland, Pfeffer, Salz, Zimt, Zucker, Rosinen und Hafergrütze enthalten würden. Ursprünglich seien sie in Rinderkranzdärmen zu kleinen Schleifen geformt worden, heute nehme man aber Schweinedärme, weil Rinderkranzdärme sehr teuer geworden und eine Zeit lang auch ziemlich knapp gewesen seien. Traditionell würde man in Hamburg die Grützwurst entweder gebraten oder im Wasser gebrüht mit Apfel- und Kartoffelmus verspeisen.

Der umtriebige Fleischer kennt sich nicht nur mit klassischen Rezepturen und Gerichten aus, er ist auch offen für Experimente. Als die WM 2014 in Brasilien stattfand, hatte die Fleischerinnung die Idee, junge Feuerwehrleute aus dem Gastgeberland einzuladen und mit ihnen gemeinsam eine »Bratwurst Brasil« zu kreieren. Die Entscheidung, für diesen Versuch Feuerwehrleute auszuwählen, war mit der leisen Hoffnung getroffen worden, dass sich jemand von ihnen für den Fleischerberuf entscheiden würde, stehen Feuerwehrleute doch in dem Ruf, handwerklich geschickt zu sein. Meinert beteiligte sich mit fünf brasilianischen Feuerwehrleuten an dem Wettbewerb und entschied sich für ein Rezept einer brasilianischen Linguiça (zu deutsch »Zungenschnalzer«) mit frischer Zwiebel und Zimt. Er war wegen dieser Zutaten ein wenig skeptisch, da frische Zwiebel gärt und er die Beigabe von Zimt nur von einer Grützwurst mit Rosinen kannte, nicht aber bei Bratwurst. Seine Bedenken wurden durch einen glücklichen Zufall ausgeräumt: Ein Mann mit einem langen weißen Rauschebart kam in den Laden und fragte, ob er ihn noch erkenne. Da ihm die Stimme bekannt vorkam, sagte er: »Es gibt nur zwei Möglichkeiten. Entweder bist du der Weihnachtsmann oder Peter Eggers!« Eggers war früher als Lehrling bei seinem Vater tätig gewesen und dann nach Brasilien ausgewandert. Er war gerade zu Besuch in seiner alten Heimat, da durfte auch ein Abstecher zu seiner einstigen Lehrstelle nicht fehlen. Meinert sprach mit ihm über das Linguiça-Rezept und erklärte seine Bedenken. Eggers fand das Rezept völlig in Ordnung, nur sollte er tatsächlich die rohen Zwiebeln und den Zimt weglassen. Die Rezeptur wurde entsprechend abgeändert und die Feuerwehrtruppe um Meinert gewann den Wettbewerb. Seither sei die »Bratwurst Brasil«, eine sehr kräftige und scharfe Wurst, die sich wunderbar zum Grillen eignet, nicht nur bei ihm, sondern in ganz Hamburg beliebt, denn er habe das Rezept über die Innung allen Kollegen freigegeben.

Wie stark Wurst und Fußball in Beziehung stehen, zeigt sich auch in der Tatsache, dass in Hamburg ein »Verein zur Förderung der Bratwurstkultur auf dem Fußballplatz« existiert. Als Geschäftsführer dieses Vereins fungiert Florian Renz, der in Hamburg lebt und Sympathisant des FC St. Pauli, aber auch des VfB Stuttgart und des 1. FC Nürnberg ist – wohl weil in den Stadien dieser Vereine besonders gute Würste die Fans stärken. Renz ist zudem Autor eines Buches, das vom Hamburger Verlag »Edition Bratwurst« herausgegeben wurde. Der Titel lautet »Auf der Suche nach der perfekten Stadionwurst. Von Hamburg bis Phnom Penh«. Es ist eine Art Tagebuch mit einer subjektiven Bratwurstwertung von eins bis fünf Sternen. Interessant, dass im internationalen Vergleich die deutsche Stadionwurst allen anderen weit überlegen ist. Bei Renz kommen die Hamburger Würste sehr gut weg. Bei einer bundesweiten Fanumfrage dagegen war die Nürnberger Stadionwurst, obwohl sie nicht vom lokalen Platzhirsch unter den Bratwurstfabrikanten, Uli Hoeneß, hergestellt wird, als Siegerin hervorgegangen. ¶

Currywurst hanseatisch – vom Krieg zur Party

Zu den hanseatischen Tugenden zählen Fairness, Toleranz, Sachlichkeit und Ehrlichkeit. Man pflegt eher das Understatement und stellt sich nicht gerne ins Rampenlicht. Ein wenig trifft dies auch auf jene Hamburger Imbissbudenbesitzerin namens Lena Brückner zu, die schon 1946, fast drei Jahre früher als die in Berlin dafür gefeierte Herta Heuwer, die Currywurst erfunden haben soll. So jedenfalls will es uns der in Hamburg geborene Autor Uwe Timm glauben lassen, der dieser Frage nachspürend die schon ergraute Lena Brückner besuchte. Das Gespräch über ihr Leben und ihre Lieben machte Timm 1993 zur Grundlage seiner Novelle »Die Entdeckung der Currywurst«.

Von Timm darauf angesprochen, ob er »das richtig in Erinnerung hätte, dass sie kurz nach dem Krieg die Currywurst erfunden habe«, kommt als Antwort: »Nee«, sie habe »nur 'nen Imbissstand gehabt.« Erst im letzten Kapitel dieses spannenden Zeitdokuments kommt schließlich doch heraus, wie sie durch ein Missgeschick die Currywurst erfunden hat: Als im Treppenhaus auf dem Weg zu ihrer Wohnung plötzlich das Licht ausging, stolperte sie, beladen mit einem Karton voller Ketchupflaschen und einer offenen Dose mit Currypulver. Drei Flaschen gingen dabei zu Bruch und deren Inhalt vermischte sich mit dem Currypulver. Als sie den roten Matsch entsorgte, schleckte sie einen ihrer verschmierten Finger ab und war von dem »fruchtigfeuchtscharfen« Geschmack überwältigt. Und weil sie noch nichts gegessen hatte und hungrig war, schnipselte sie ein paar Scheiben einer hautlosen Kalbsbratwurst in eine Pfanne und gab anschließend etwas von der »Pannensauce« darüber. Was sonst so »dröge und labberig schmeckte, war fruchtigfeucht mit diesem fernen, unbeschreibbaren Geschmack«, heißt es bei Uwe Timm. An ihrem Stand bot sie fortan Kalbswürste mit einer Soße aus Curry und Ketchup an. Die »Currywurst«, diese Hamburger Erfindung, wurde zum Verkaufsschlager. So jedenfalls nach der Fiktion und Wirklichkeit vermischenden Version von Uwe Timm.

Die Erfindung der Berliner Currywurst durch Herta Heuwer ist historisch anders belegt und sogar seit 1959 durch das Deutsche Patentamt als Markenname geschützt. Vielleicht irritiert durch Timms Novelle, ließen die Berliner am ehemaligen Standort des ersten Heuwer'schen Imbisses eine Gedenktafel mit folgender Inschrift anbringen: »Hier befand sich der Imbissstand, in dem am 4. September 1949 Herta Heuwer – geb. am 30. Juni 1913 in Königsberg, gest. am 3. Juli 1999 in Berlin – die pikante Chillup-Sauce für die inzwischen weltweit bekannte Currywurst erfand. Ihre Idee ist Tradition und ewiger Genuss!«

1,5 Liter Ketchup müssen in den Brunnen, damit er sprudelt.

Der »Currywurst Club Hamburg« hat hingegen die Romanhandlung von Timm als so glaubwürdig empfunden, dass er auch in Hamburg eine Gedenktafel installierte, um »der Dreistigkeit der Berliner Geschichtsfälscher beherzt entgegenzutreten«: »Auf dem Großneumarkt stand die Imbissbude, in der im Dezember 1946 Lena Brückner die legendäre Sauce zur heute weltweit bekannten Currywurst erfand. Wir Hamburger würdigen ihren kulinarischen Geniestreich bis in alle Zeiten.« Die Medien machten daraus gleich einen »Currywurst-Krieg« zwischen Hamburg und Berlin, und Uwe Timm konnte sich zehn Jahre nach Erscheinen seines Buches nochmals über eine große Resonanz freuen. In einem Interview hat er das Ganze als ein literarisches Spiel mit einem Alltagsmythos bezeichnet und dabei angemerkt:

»Diese Frau mit der Imbissbude am Großneumarkt, die gab es wirklich – alles andere ist Fiktion.« Schon im Oktober 2003 wurde die Hamburger Gedenktafel eines Nachts abmontiert. Ihr Verbleib konnte nie geklärt werden, auch nicht, wer dies veranlasst hatte. So bleibt noch ein Hauch von Mythos erhalten.

In der Hamburger Marktstraße gibt es eine Neuinitiative, um der Dominanz der Berliner in Bezug auf die Currywurst etwas entgegenzusetzen. Rüdiger Busche gründete hier ein Lokal mit dem Namen »Currywurst-Party«. Zuvor hatte er ein Buch mit dem Titel »Die Manndiät« verfasst, in dem er beschrieb, wie es ihm gelang, durch den Verzicht auf Kohlehydrate über 40 Kilogramm abzunehmen und trotzdem nicht auf seine geliebten Currywürste verzichten zu müssen. Dazu musste er aber einen eigenen Low-Carb-Ketchup ohne Zucker entwickeln. Aus der kleinen Idee mit dem Low-Carb-Ketchup entwickelte sich zunächst die Geschäftsidee für einen Partyservice. Dann ergab sich die Gelegenheit, die Winterpause einer Eisdiele zu nutzen, um in dem sonst über Monate verwaisten Geschäft Currywürste anzubieten. Busche wollte sich allerdings von den üblichen Imbissbuden abheben und den Verzehr mit einem besonderen Erlebnis verbinden. Ein Freund habe ihm erzählt, dass er irgendwo einen zum Currysoßenbrunnen umfunktionierten Schokoladenbrunnen gesehen habe. Das habe er sofort aufgegriffen, um seine Low-Carb-Soße besser präsentieren zu können.

Im Gespräch betont Rüdiger Busche ausdrücklich, dass er nicht der Erfinder des Currywurstbrunnens sei, sich der Erlebnischarakter seines Imbisses aber unheimlich schnell herumgesprochen habe. Viele Hamburger würden bei ihm Geburtstage und Feste feiern, auch der Standort habe sich als ideal erwiesen. Im Karolinenviertel gebe es eine illustre Mischung an Läden und Kneipen, es sei ein beliebter Treff für junge und kreative Leute. Ich war durch die Medien auf den Currywurstbrunnen aufmerksam geworden, die ihn als große Sensation anpriesen, und war daher anfangs etwas irritiert, als ich die doch relativ kleine Brunnenstube betrat. Für mich ist es ein Indiz, wie sich mit einer guten Idee eine große Wirkung erzielen lässt. ¶

Schleswig-Holstein

RÄUCHERKATEN & PROTESTSCHWEINE

»Eenmol kummt de Dag,
wo een Urlaub maakt in'n Holsteenland.
Dor warrt de Söög al slacht! De Söög!
Dor warrt de Wüst al maakt! De Wüst!
I'n schöönen, grooten Holsteenland!«
(Schleswig-Holstein-Lied)

Schleswig-Holstein bestand ursprünglich aus den drei Herzogtümern Holstein, Schleswig und Lauenburg. Bis 1864 markierte der Fluss Eider die Grenze zwischen Schleswig und Holstein, davor fungierte er als Grenzfluss zwischen Deutschland und Dänemark. Bis 1900 galt in Schleswig auch noch dänisches Recht. Wurstmäßig unterscheidet sich dieses Bundesland nur wenig von Hamburg, was vor allem daran liegt, dass es das natürliche Hinterland für die Stadt bildet. Denn ähnlich wie es die Münchner nach Süden zu den Bergen zieht, lockt es die Hamburger nach Norden ans Meer, wo die Nord- und die Ostsee nur durch einen schmalen Landstreifen voneinander getrennt sind. Von der Mitte dieses Korridors aus ist man in 20 Minuten an der Nordsee und kann dort Wattwanderungen unternehmen, und genauso schnell gelangt man an die Ostsee, wenn man lieber schwimmen gehen will, dafür aber eher eine ruhige See schätzt.

Die Vorstellung, dass Schleswig-Holstein nur aus Tiefland besteht, muss man revidieren, wenn man in die Region der Holsteinischen Schweiz fährt. Hier erscheinen die kleinsten Hügel riesenhaft, blanke Felsen und tiefe Täler, Wälder und Seen vermitteln einem fast das Gefühl, im Voralpenland zu sein. Immerhin, der höchste Punkt, der Bungsberg bei Schönwalde, ragt stolze 168 Meter über den Meeresspiegel und verfügt sogar über einen Skilift. Wenn man durch Schleswig-Holstein fährt, ob in die wunderschöne Hansestadt Lübeck oder in das weitläufige grüne Kiel, immer ist das Wasser oder das Meer der Bezug zur großen weiten Welt. Man kann sich heimisch fühlen, solange die Menschen Hochdeutsch sprechen, doch wenn sie unter sich sind und auf Platt schnacken, fühlt man sich wie auf einem anderen Stern. Der Eindruck wird dadurch verstärkt, dass man in Schleswig-Holstein auch mit vielen dänischen Wörtern und Namen konfrontiert wird. Dänisch ist an vielen Schulen Pflichtfach, es gibt eine dänische Minderheit mit etwa 100 000 Zugehörigen, deren Einfluss sich auch in Sachen Wurst niederschlägt.

Schleswig-Holstein ist Agrarland. Es ist bekannter durch das Holsteinische Fleckvieh und den Katenschinken als durch seine Würste. Für den Schinken gab und gibt es hier beste Voraussetzungen: Das typische reetgedeckte holsteinische Bauernhaus bestand ursprünglich ausschließlich aus Eichenfachwerk, luftdurchlässigen Lehmwänden und gestampften Lehmböden. Es bot ideale Klimabedingungen zum Räuchern von Schinken und auch von Würsten. Heute wird in den wenigsten Bauernhäusern noch geräuchert, aber man stößt vielerorts auf Räucherkaten, die in der Bauart den alten holtsteinischen Bauernhäusern ähneln. Sie dienen ausschließlich der natürlichen Reifung und Räucherung des zart-milden Katenschinkens und der herzhaften holsteinischen Würste. Das besondere Aroma entsteht durch Kaltrauch mittels Buchenholz und wird verstärkt durch den stetigen Wind und die Seeluft, die mal kalt, mal warm, mal feucht oder trocken durch die Kate zieht. Die Räucherkaten werden in erster Linie mit Katenschinken vollgehängt, der in ganz Deutschland als besondere Delikatesse gilt. In Konkurrenz zum Schinken werden auch Aale in den Katen geräuchert, und wenn Platz ist, werden schon mal Würste neben den Fischen in den Rauch gehängt. Der Name »Aalrauchmettwurst« rührt daher, was für Fremde irritierend ist, denn diese Wurst enthält keinerlei Aalfleisch.

Neben Mettwürsten sind auch Blutwürste und die »Bregenwurst« beliebt. »Bregen« ist plattdeutsch für Hirn, und tatsächlich war noch bis vor

Ausbruch der BSE-Krise Rinder- oder Schweinehirn ein Hauptbestandteil dieser Wurst. Da dies infolge des Skandals verboten wurde, entspricht sie heute eher einer groben Mettwurst mit großen Fettstücken. Und auch wenn sie inzwischen hirnlos ist, wird sie immer noch unter dem Namen »Bregenwurst« verkauft.

Die Kultur und Tradition der dänischen Minderheit wird in Schleswig-Holstein gepflegt. Die bedeutendste Wurst der Dänen ist die »Rote Wurst«, die »Røde Pølse« genannt wird. Für unser optisches Empfinden ist sie etwas ungewohnt, da sie mithilfe von Lebensmittelfarben wie Karmin leuchtend rot eingefärbt wird. Da in Deutschland die Verwendung von künstlichen Lebensmittelfarben verboten ist, behilft man sich zum Färben mit Roten Beeten, welche die deutschen »Røde Pølser« im Gegensatz zu den dänischen Originalen eher leicht erröten lassen. Die »Sur Rull« ist eine andere regionale Besonderheit. Es ist eine Brühwurst, die äußerlich einem Saumagen ähnelt. Das Innere ist eine Mischung aus grob gewolftem und in kleine Streifen geschnittenem Rindfleisch. Sie wird mit Salz, Pfeffer und Nelken gewürzt und in großkalibrige Rinderpansen abgefüllt. Die Seiten werden zugenäht, die Enden abgebunden und das Ganze dann gebrüht. Im Anschluss wird die Wurst entweder in Essig, manchmal auch in Molke, etwa 14 Tage eingelegt. Beliebt ist auch die Kohlwurst, wobei angemerkt sei, dass die Adenauerwurst und die holsteinische Kohlwurst in keinerlei Beziehung stehen. Und wer bei der weichen und fetten Kohlwurst an Helmut Kohl denkt, liegt ebenfalls völlig daneben. Dessen Wurst war ja bekanntlich der Saumagen. Die Kohlwurst trägt ihren Namen, weil sie ähnlich wie Pinkel zusammen mit Kohl verspeist wird. Ein typisches Winteressen an den windig-kalten Tagen im deutschen Norden zwischen Ost- und Nordsee. ❡

Ein großer Betrieb im kleinen Rieseby: *Fleischerei Holst*

Auf der Halbinsel Schwansen an der Schlei liegt Rieseby, ein wunderschöner kleiner Ort mit einer großen alten Mühle, in der das Heimatmuseum untergebracht ist. Doch auch im Umfeld gibt es noch viele imposante historische

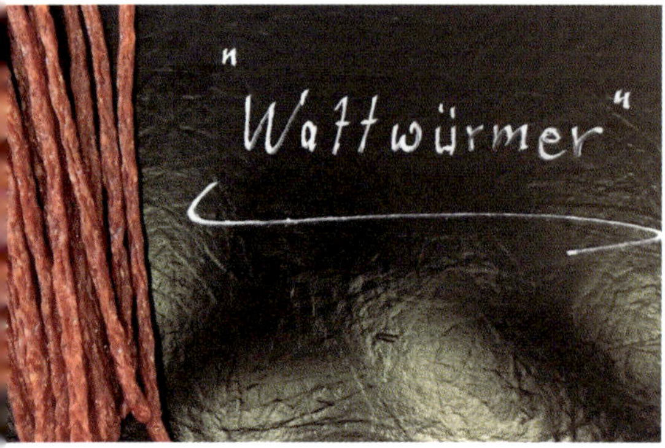

Diese schmackhaften Salamisticks namens »Wattwürmer« gibt es in Rieseby, wo Jens Holst das »Haus der Köstlichkeiten« führt.

Gutshöfe mit Schlosscharakter, die man teils durch mächtige Torhäuser betreten muss. Das Rittergut Saxtorf ist wohl das bekannteste, weil es immer wieder als Kulisse für Fernsehfilme diente.

In Rieseby stoße ich auf einen überraschend großen Fleischereiladen mit einer langen Schaufront und dem sich über die ganze Hausfront ziehenden Schriftzug »Fleischerei Holst, das Haus der Köstlichkeiten«. Jens Holst, der Inhaber, erzählt mir, dass sich sein Betrieb seit 1896 ununterbrochen in Familienhand befinde und er froh sei, dass sein Sohn, der gerade Abitur gemacht habe, ebenfalls in die Fußstapfen der Vorfahren treten wolle. Ich frage ihn nach der Herkunft des Namens »Rieseby«, weil mir aufgefallen war, dass alle Ortsnamen der näheren Umgebung mit »-by« endeten. Holst erläutert mir, dass das »by« dänisch sei und schlicht »Dorf« bedeuten würde.

Mich erstaunt, dass Holst in diesem 2600-Seelen-Ort einen so großen Betrieb mit über 23 Mitarbeitern führen kann, der immerhin die stolze Zahl von über achtzig verschiedenen Wurstsorten produziert. Der Fleischer erzählt, dass viele Kollegen ihre Läden schließen mussten, er aber glaube, dass die Talsohle langsam durchschritten sei. Sein Einzugsgebiet schließe auch Eckernförde ein, außerdem kauften die vielen Touristen, die ihre Zelte auf den Campingplätzen rund um den Fjord und entlang der nahen Ostsee aufschlagen, bei ihm ein. Genau wie die vielen Segler, die hier Station machen, um Proviant zu besorgen, würden auch die meisten Touristen nicht 100-grammweise Aufschnitt verlangen, sondern sich immer ganze oder zumindest größere Stücke von einer länger haltbaren Wurst abschneiden lassen.

Holst senior kommt mit seinen 87 Jahren häufig im Laden vorbei, um zu sehen, ob der Sohn auch alles richtig macht. Der produziert eine Weißwurst, die genauso schmeckt wie in Bayern, wo sein Vater an der Landshuter Fleischerschule gelernt hat. Die Blutwürste und die »Rieseby-Würstchen« werden ebenfalls noch nach einem alten Familienrezept hergestellt; die Dorfbewohner seien mit deren Geschmack von Kindesbeinen an vertraut, daher könne er sie gar nicht anders zubereiten, ohne einen Sturm der Empörung zu ernten. Ein anderer Klassiker sei einst aus der Not geboren worden: Während des Krieges und der Zeit danach, als Lebensmittel, vor allem Fett, so rar waren, hätten sie ihre Mettwurst mit Kartoffeln angereichert, weshalb sie auch den Namen »Kartoffelmettwurst« bekam. Heute sei sie der Renner, gerade weil sie weniger Fett enthalte und besonders mager sei, was den neuen Kundenbedürfnissen entgegenkomme. ❡

Von Protestschweinen und einem neuen »BeWurstsein«

Irgendwann stieß ich bei meinen Wurstrecherchen in Berlin auf den Namen »Protestsülze« und dann noch auf die »Protestleberwurst«. Zunächst dachte ich an den typischen Berliner Revolutionsjargon, nicht an essbare Würste. Doch weit gefehlt: Die »Protestleberwurst« und die »Protestsülze« stammen von »Protestschweinen« aus der Gegend von Husum. Die »Protestschweine« selbst sind Ergebnis einer Zucht des 19. Jahrhunderts. Und die dahinter verborgene Geschichte ist durchaus erzählenswert. Das heutige Schleswig-Holstein gehörte früher zum dänischen Königreich und geriet erst nach dem Einfall der Preußen 1876 in deren Hoheitsbesitz. Streng verboten war von da an das Hissen der dänischen Flagge, des »Dannebrog«. Dänischen Bauern gelang es allerdings, durch Kreuzung von schwarz-weißen Hausschweinen mit einer rotbunten englischen Schweinerasse ein Schwein zu züchten, mit dessen Fell die Farben der dänischen Flagge gezeigt und somit das Verbot umgangen werden konnte. Diese neue Rasse nannten sie »Protestschweine«. Sie ist heute beinahe ausgestorben, doch in Oster-Ohrstedt gibt es einen ökologisch orientierten Betrieb, der begonnen hat, die »Protestschweine« wieder zu züchten. Der Bauer Jasper Metzger-Petersen, ein studierter Agrarwissenschaftler, erzählt mir, dass sie ursprünglich einen reinen Milchviehbetrieb gehabt hätten und dass noch heute die Zubereitung von Käse ihr Spezialgebiet sei. Die Idee, sich auch der Schweinezucht zu widmen, sei

Die Husumer Protestschweine zeigen das Rot-Weiß-Rot der dänischen Flagge.

relativ neu. Die zwanzig Mitarbeiter würden gerne zum Mittagessen mal ein Schnitzel oder Schweinekotelett haben, und weil dies ökologisch einwandfrei sein sollte, beschloss man, sich ein paar Schweine zum Eigenverbrauch anzuschaffen. Die Voraussetzungen dafür waren ideal, denn das auf sandigem Boden so gut gedeihende Kleegras ist sowohl für Rinder wie auch für Schweine ein einzigartiges Futtermittel. Geschlachtet wurden die Schweine in der benachbarten Landschlachterei von Roland Lausen in Silberstedt. Die Edelteile vom Schwein wurden selbst verzehrt oder über den Hofladen an den Kunden gebracht. Aus dem Rest wurden Hackfleisch oder Würste gemacht, wie die wunderbare »Deichkäsebratwurst«. Aber als Jasper Metzger-Petersen in Kontakt mit der Initiative »Meine kleine Farm« kam, begann er, in größeren Dimensionen zu denken. Durch das Zusammenspiel ergab sich eine ideale Konstellation, um alles, was vom Schwein verwertbar ist, zu Wurstprodukten verarbeiten und vermarkten zu können. Das Konzept, dass sich der Verbraucher bewusst mit seinem Fleischkonsum auseinandersetzen solle, habe ihn überzeugt. Weil damit eine höhere Wertschätzung für das Produkt verbunden sei und sich auch für kleine Produzenten und Familienbetriebe die Möglichkeit eröffne, genug Geld zu verdienen – trotz eines deutlich kleineren Viehbestands. Auf den Etiketten der Wurstkonserven stehe nicht ohne Grund »Das neue BeWurstsein«.

Und um den Käufern zu vermitteln, dass sie hier ein Tier, ein ganz individuelles Lebewesen als Lebensmittel verspeisen, wird jedes Schwein fotografiert, sein Portrait erscheint auf der Banderole der Konserve oder der Wurst. Insgesamt gehören neun landwirtschaftliche Betriebe zur Gemeinschaft von »Meine kleine Farm«. Jeder leistet entsprechend seinen Talenten und Voraussetzungen einen Beitrag. Pierre Johannes, ein studierter Politologe, hat sich auf die Vermarktung der Wurst spezialisiert. Die Porträtfotos der Schweine macht er immer selbst. Er möchte, dass die Leute sich Gedanken darüber machen, was sie essen, und sich dabei sicher sein können, dass das Fleisch von glücklichen Tieren aus bäuerlichen Betrieben und von handwerklich arbeitenden Produzenten stammt. Er persönlich glaube, dass damit die Welt ein kleines Stückchen besser gemacht werden könne.

Da ich die Erfahrung gemacht habe, dass das Bewusstsein einen starken Einfluss auf das Geschmacksempfinden ausübt, komme ich angesichts der wunderschönen, geradezu zum Liebhaben aussehenden Schweineporträts schnell auf den Gedanken, wie verlogen wir Menschen uns gegenüber den Tieren verhalten. Und auch, wie entfremdet wir gegenüber der Natur sind. Hühner, die nur gackern und nicht einmal zwitschern können, essen wir ohne Skrupel und verdammen die Italiener, weil sie Singvögel als Spezialität verspeisen. Auf den Banderolen der Produkte von »Meine kleine Farm« sieht man, wie hübsch das Schwein war, das man nun als Metamorphose in Wurstform vor sich hat und zu verspeisen gedenkt. Die Überwindung, das tatsächlich zu tun, setzt gewissermaßen einen aufklärerisch-emanzipatorischen Akt voraus. Ein »BeWurstsein«, das wirklich zu mehr Achtung und zu einem anderen Kaufverhalten führen könnte. ❡

Mit Produkten wie dieser »Bio-Protestsülze« wollen die Macher der Kleinen Farm beim Käufer ein neues Bewusstsein schaffen.

Bremen

ROCKWURSTSTARS & FEINE PINKEL

»Etwas Besseres als den Tod finden wir überall!,
denken sich Esel, Hund, Katze und Hahn,
nachdem man beschlossen hatte, die alternden Tiere zu töten
und den Hahn zu Wurst und Suppe verarbeiten zu lassen.
Sie flüchten in die Freiheit und suchen fortan
ihr Glück als Stadtmusikanten in Bremen.«

Bremen ist das kleinste deutsche Bundesland, aber in mancher Hinsicht Vorreiter. Seit einigen Jahren nennt sich Bremen »BioStadt«. Schon 2010 wurde hier ein »Veggieday« eingeführt. Immer donnerstags wird auf Fleisch- und Wurst verzichtet und darauf verwiesen, dass, wenn alleine 500000 Bremer einen Tag pro Woche auf Fleisch verzichten würden, die Belastung der Atmosphäre um die Jahresemission von 40000 Pkws verringert würde. Das Bemühen, eine »BioStadt« zu werden, spiegelt sich auch im Wandel des Wurstangebots in Bremer Fleischereien. Immer häufiger bieten selbst die traditionellen Metzger die fetten Bremer Pinkelwürste in vegetarischer Form an und versuchen auch sonst, ökologisch saubere Ware zu produzieren.

Die Pinkelwurst ist die berühmteste Wurstsorte Bremens. Die Herkunft ihres Namens ist umstritten. Im »Grimmschen Wörterbuch« gibt es eine »Kinkelwurst«, weil früher mit »Kinkel« Fettstückchen bezeichnet wurden. Dann wieder soll der Name daher rühren, dass diese fetten Würste, wenn sie nach dem Räuchern zum Lufttrocknen an die Decke gehängt werden, noch eine Zeit lang Fetttröpfchen auf den Boden »pinkeln« würden. Auf Friesisch wird mit »Pink« auch der Finger oder gar der Penis bezeichnet. Vielleicht spielt ja alles zusammen – für die Bremer ist der Name jedenfalls in keiner Weise abschreckend oder befremdlich. Die Pinkelwurst ist eng verwandt mit der »Knippwurst«, nur etwas kürzer und dünner. Pinkel besteht hauptsächlich aus Speck, Hafer- oder Gerstengrütze, Rindertalg, Schweineschmalz, Zwiebeln, Salz, Pfeffer und Gewürzzugaben, die jeder Metzger eigenständig kreiert. Durch den hohen Fettanteil ist es eine ausdrückliche Winterwurst, da der Mensch, wenn es kalt wird, mehr Energie und Fett benötigt. Ein oft übersehener Aspekt ist der, dass im Dezember nicht nur wegen des höheren Fleischbedarfs an Weihnachten am meisten geschlachtet wird, sondern auch aus ökonomischen Gründen, weil damit die Phase der Monate, in der die Tiere teuer durchgefüttert werden müssen, verkürzt wird. Da in dieser Zeit also mehr Schlachttiere vorhanden sind, lassen sich auch mehr Würste machen. Zusammen mit Grünkohl bildet Pinkel das Bremer Nationalgericht; da auch der Grünkohl erst im Herbst geerntet werden kann und zu den typischen Wintergemüsen gehört, ist das eine ideale Kombination für wettermäßig ungemütliche Tage. Für viele Bremer ist der beste Kohl der braune, wenn er schon etwas Frost abbekommen hat.

Eine weitere Spezialität ist die »gekochte Bremer Mettwurst«. Sie besteht aus überwiegend Rindfleisch, in das mit Fett gut durchwachsenes Schweinefleisch eingemengt wird. Die besondere Note erhält sie durch die Gewürzmischung, in der die Muskatblüte den Ton angibt. Eingefüllt in runde Rinderdärme, wird die Wurst erst vorgetrocknet und anschließend in warmem Rauch hellgelb geräuchert. Nach dem Räuchern wird sie kurz gekocht, und bevor sie zum Trocknen aufgehängt wird, nochmals mit heißem Wasser abgebrüht.

Nicht essbar, aber nicht minder interessant, ist eine Wurstvariante, die es nur in Bremen gibt: die »Goldene Wurst«. Sie ist der alljährliche Höhepunkt eines in der Stadt veranstalteten Wettbewerbs zur Krönung der besten Musikvideos. Statt eines »Grammys« erhalten Filmemacher und Musiker als Preis die »Goldene Wurst«, die zumindest in der Bühnendeko aufgrund ihrer Farbe und Krümmung

Logo der Kneipe »Rock & Wurst«

Für das beste Musikvideo des Jahres bekommt man in Bremen die »Goldene Wurst«.

ein wenig an eine Banane erinnert. Um Musik und Wurst geht es auch in einer Bremer Kneipe mit dem Namen »Rock & Wurst«, der darauf anspielt, dass die Inhaber Rockstars aus aller Welt im Rahmen des »Hurricane Festival« im Backstage-Bereich mit Currywürsten versorgt haben. ¶

Die lange Reise eines Wurstpavillons

In Bahnhöfen gab es schon immer einen Bratwurststand, denn eine Bratwurst ist der ideale Energiespender, um sich trotz Hektik und Zeitmangel schnell stärken zu können. In Bremen entstand in den frühen 1930er-Jahren ein Kiosk, der heute denkmalgeschützt zum Inventar des Bremer Focke-Museums gehört. Der Gastronom Otto Kiefert hatte hier am Bahnhofsvorplatz eine Trinkhalle eröffnet, in der aber auch Blumen und Obst verkauft wurden. Entworfen hatte diesen Verkaufspavillon der Bremer Architekt Eberhard Gildemeister, der das Design an den Ort anpasste und alle Eckkanten wie bei einem Straßenbahnwaggon abrundete. Der Aufbau, die schmale, lange Form mit der durchgehenden Fensterzeile, erinnert ebenfalls mehr an ein Verkehrsmittel als an ein festes Gebäude. Durch das auskragende

Ein Pavillon geht auf Reisen – siebzig Jahre stand Kieferts Wurststand auf dem Platz vor dem Bremer Hauptbahnhof.

Schirmdach, die umlaufenden Dekorstreifen aus Messing, die Farben- und Materialkontraste bekommt alles eine gewisse Eleganz, erscheint wie ein riesenhaftes Art-déco-Objekt. Im Zweiten Weltkrieg wurde der Pavillon zerstört, doch 1949 ließ Martin Kiefert, der Sohn des mittlerweile verstorbenen Gründungsvaters, ihn rekonstruieren und verwandelte ihn zu einer Wurstbude, die sofort florierte und zu einer Bremer Institution wurde. Als Logo erfand er eine diagonal ausgerichtete, dreizinkige Gabel mit einer aufgespießten Bratwurst. »Sie sind am Ziel!« lautet die Headline eines weithin sichtbar über die Gesamtfläche eines Fenstersegments angebrachten Posters. Darunter ist neben der aufgegabelten Bratwurst zu lesen: »Wir haben auf Sie gewartet: Ihre Krakauer, Rost-Brat-Bock- und Currywurst. Guten Appetit!«

Siebzig Jahre lang war dieser elegante Pavillon auf dem Vorplatz des Bremer Hauptbahnhofs das zentrale Schmuckstück. Doch dann musste sich die so mobil wirkende Architektur wirklich in Bewegung setzen, Umbaupläne der Verkehrsbetriebe sorgten dafür, dass die Wurstbude von ihrem Stammplatz weichen musste. Eine wahre Odyssee folgte: 1998 wurde sie auf ein kommunales Grundstück in die Bremer Neustadt verbannt. Dann ging sie durch einen auf Wurstpappe geschriebenen Schenkungsvertrag in den Besitz der Bremer Straßenbahn AG über und gelangte auf einen ihrer Betriebshöfe. Schließlich signalisierte das Focke-Museum für Kunst und Kulturgeschichte Interesse und bekam den Pavillon übereignet. Zuvor bedurfte es einer gründlichen, kostspieligen Renovierung. Dafür fand sich ein Sponsor, der als Gegenleistung den Pavillon für sieben Jahre nutzen darf. Seit 2016 steht er nun als Attraktion im Lichthof der neuen Markthalle Acht, als Aperitivo-Bar im italienischen Stil, in der es Drinks und kleine Snacks gibt. Kaum ein Gebäude in Deutschland ist wohl so weit gereist wie dieser Pavillon, der hoffentlich bald sein endgültiges Ziel im Museum erreichen wird. ¶

Fiedlers Fischbratwürste

Es ist naheliegend, dass in Norddeutschland immer wieder Überlegungen und Versuche angestellt werden, aus Fisch auch Würste zu machen. In der Nachkriegszeit, als Fleisch im Gegensatz zu Fisch knapp und teuer war, wurden in Bremerhaven industriell in großen Mengen Fischwürste produziert. Doch richtig gut geschmeckt haben sie wohl nicht, und mit echten Würsten konnten sie schon gar nicht konkurrieren. Mit dem beginnenden Wirtschaftswunder griff man dann wieder zu den richtigen Würsten, und die Fischwurst geriet schnell in Vergessenheit.

Der Bremerhavener Fischhändler Hans-Joachim Fiedler hat, anknüpfend an die alten Fischwurstzeiten, versucht, mit Lachs als Ausgangsmaterial Würste zu erzeugen. Das Ergebnis war ein »Lachsknacker«, der durch das Räucherverfahren und sein bockwurstähnliches Äußeres an eine Wurst denken lässt, aber dann doch nur nach Fisch schmeckt. Den Lachsknacker soll man auch nicht braten oder sieden, sondern kalt genießen. Als durch den BSE-Skandal die Wurst- und Fleischproduktion in eine existenzielle Krise stürzte, wollte Sohn Patrick Fiedler die Fischwurstexperimente seines Vaters weiterentwickeln. Sein Ziel war es, eine Fischbratwurst zu kreieren, die sowohl von der Konsistenz wie auch geschmacklich dem Original gleichkommt. Zugute kam ihm bei seinen Versuchen, dass er nicht nur auf die Erfahrungen seines Vaters zurückgreifen konnte, sondern dass das Unternehmen mit seinem geschlossenen Kreislauf von der Produktion über den Handel bis zum eigenen Restaurantbetrieb über ideale Voraussetzungen verfügte, um die Akzeptanz seines neuen Produktes gleich überprüfen zu können. Sechs Jahre lang experimentierte er mit allen möglichen Fischarten und Räucherverfahren, bis er auf den Humboldt-Kalmar stieß. Aus dessen Fleisch ließ sich tatsächlich, in Verbindung mit Lachs und ganz speziellen Gewürzen, eine Bratwurst schaffen, die optisch, geschmacklich und von ihrem Biss her von einer echten Bratwurst kaum zu unterscheiden ist.

Patrick Fiedler erzählt mir, dass er einmal eine Blindverkostung durchgeführt habe, bei der etwa 50 Prozent der Esser den Fisch vom Fleisch nicht unterscheiden konnten. Er sei sich schon sicher gewesen, alles richtig gemacht zu haben, da sagte ein Kunde zu ihm: »Warum soll ich denn eine Fischbratwurst essen, wenn sie gar nicht nach Fisch schmeckt?« Das habe ihn so nachdenklich gestimmt, dass er noch einmal in die Versuchsküche gegangen sei, bis die Würste wieder eine leichte Fischnote hatten. Er verwendet ausschließlich Naturgewürze, auch auf Geschmacksverstärker verzichtet er. Seine Fischwurst mit ihrem minimalen Fettanteil sei viel gesünder als die fleischlichen Originale.

Den Humboldt-Kalmar beziehe er aus Peru, der Fang würde für viele Fischer in der armen Küstenregion eine Existenzgrundlage schaffen. In den letzten Jahren hätten sich die Kalmare dort zu einer regelrechten Plage entwickelt. Die Gründe dafür liegen laut Fiedler in ihrem extrem schnellen Wachstum – sie erreichen schon nach kurzer Zeit eine Länge von bis zu 2,50 Metern und ein Gewicht von etwa 50 Kilogramm –, in ihrer Gefräßigkeit und darin, dass diese hochintelligenten Tiere in Gruppen jagen und fast keine natürlichen Feinde haben. Bei Gefahr würden die Kalmare sogar psychologische Mittel einsetzen und farbig zu leuchten und zu blinken beginnen. Da Taucher von ihnen attackiert und getötet worden seien, würden sie in Peru auch »diablo rojo«, roter Teufel, genannt. Gefischt würden sie mit Schleppnetzen und speziellen Angeln. Der Ertrag sei riesig und die Fangmethode relativ einfach. Es seien viele Hunderttausend Tonnen, die jährlich ins Netz gingen. Interessant war für mich die Information, dass aus Kalmaren auch all die vielen tiefgefrorenen Tintenfischringe bestehen. Ich hatte immer angenommen, dass sie nur in Scheiben geschnittene Tuben von Tintenfischen seien, doch nun berichtete mir Patrick Fiedler, dass diese Ringe aus den großen Tubenflächen der Kalmare herausgestanzt werden. Das Fleisch des Stanzloches sei gewissermaßen ein Abfallprodukt, das wiederum die Basis für seine Würste abgäbe. In dieser Hinsicht erfüllten seine Fischwürste daher auch das Kriterium der Nachhaltigkeit.

Mich beeindruckt diese Fülle an Argumenten für diese Fischbratwurst, zumal ich auch gerne Fisch esse. Nach meiner Einschätzung könnte seine Erfindung sogar bald, ähnlich wie Currywurst oder Döner, ganz Deutschland erobern. Hier allerdings wiegelt Fiedler ab: Die Fischbratwurst müsse anders und mit viel mehr Feingefühl zubereitet werden und sei daher für einen Schnellimbiss ungeeignet. Dort würde man alles vorbraten, um bei einem möglichen Ansturm die Kunden schnell abzufertigen. Das ginge bei den Fischwürstchen nicht, sie müssten frisch aufgesetzt werden, zuerst kurz bei hoher Hitze, und dann müsse man sie sehr sensibel im Auge behalten, damit sie nicht zusammenfallen. Die Ursache für einen solchen möglichen »Kollaps« der Wurst liege darin, dass Fisch viel mehr Wasser enthalte als Fleisch. Außerdem, so meint er, bedürfe es eines gigantischen Marketings, um ein ungewohntes neues Produkt im ganzen Land erfolgreich platzieren zu können. Nach Verzehr meiner ersten Fischbratwurst wäre ich mir da nicht so sicher. Vielleicht überzeugen die vielen Vorzüge dieser neuen Kreation die immer größere Zahl von Menschen, die den herkömmlichen Würsten wegen all der kritischen Begleitumstände skeptisch gegenüberstehen. Der kluge Kalmar könnte dem nicht minder klugen Schwein zum ernsthaften Konkurrenten erwachsen, ohne dass es einer Massentierhaltung bedarf. ❡

Fischbratwurst aus Kalmar und Lachs; anders als die früheren Varianten kann man sie auch grillen.

Mecklenburg-Vorpommern

WÜRSTE & MEER

»Grad wie bei uns zu Land
Hängt man die Wurst auch an die Wand!
Denn die nach fremden Würsten hinken
Verlieren dann die eignen Schinken.«

Mecklenburg-Vorpommern ist ein junges Land. Erst 1945 wurde es von der sowjetischen Besatzungsmacht aus dem ehemaligen Land Mecklenburg, den Deutschland noch verbliebenen Gebieten des ehemals so großen Pommernlandes und dem hannoverschen Amt Neuhaus zusammengesetzt. Mit »Amt« werden noch heute im Nordosten Deutschlands zusammengelegte regionale Verwaltungseinheiten bezeichnet.

Nicht nur bezogen auf die große Vielfalt von jeweils nur lokal bekannten Wurstsorten, auch sonst gibt es viele Wissenslücken über die jeweiligen regionalen Besonderheiten dieses Bundeslandes. Wer weiß denn schon, dass der eher dünn besiedelte Landkreis Mecklenburgische Seenplatte mehr als doppelt so groß ist wie das ganze Saarland und er zugleich der mit Abstand größte deutsche Landkreis ist. Dann hat Mecklenburg-Vorpommern mit 2000 Kilometern noch die längste Küste, mit 2028 Seen die meisten stehenden Gewässer und mit Usedom und Rügen die beiden größten Inseln Deutschlands auf der Habenseite. Imposant und zugleich prägend für das Landschaftsbild sind zudem die vielen Flüsse und Kanäle mit einer Gesamtlänge von 26000 Kilometern. Mit seinen knapp 1,6 Millionen Einwohnern zählt es aber eher zu den weniger dicht besiedelten und daher ländlich geprägten Gebieten Deutschlands. Alte, historisch gewachsene Dörfer fügen sich ins Landschaftsbild, oft gruppiert um stattliche Gutshäuser, und immer wieder stößt man auf imposante Zeugnisse der Backsteingotik, wobei die mächtigen Kirchtürme heute sowohl an Höhe wie auch zahlenmäßig von den viel schlankeren Windkraftanlagen übertroffen werden.

Ernst Moritz Arndt, der Dichter des von den Nationalsozialisten so missbrauchten deutschen Vaterlandslieds, ist auf Rügen geboren. Ich bin froh, dass deutsche Männer heute nur noch beim Grillen mit Eisen und Spieß auftreten und nicht mehr so, wie es in der ersten Strophe dieses Liedes heißt: »Der Gott, der Eisen wachsen ließ, der wollte keine Knechte, drum gab er Säbel, Schwert und Spieß dem Mann in seine Rechte.« Der wie Caspar David Friedrich in Greifswald geborene, ganz anders gelagerte Schriftsteller Mecklenburg-Vorpommerns, Hans Fallada, hat in seiner Erzählung »Das Wunder des Tollatsch« einem Nationalgericht ein Denkmal gesetzt. Tollatsch ist eine Art Knödel, der aus einer Masse von Blut, Rosinen, Zucker, Mehl und allerlei Gewürzen besteht. Als pommersche Spezialität gibt es ihn auch als süße Blutwurst. Die Tollatsch-Masse wird bei ihr nur in etwas flüssigerer Form in Naturdärme abgefüllt. Die beste süße Blutwurst, so erfahre ich immer wieder, gebe es bei dem Usedomer Fleischermeister Jens Wollin. Das liege daran, dass er noch selber schlachten und wie früher noch die alten Rezepturen ohne irgendwelche Zusätze anwende. In Rostock gibt es eine nur dort erhältliche lokale Spezialität, die Rostocker Hafenleberwurst. Der Name rührt daher, dass sie ursprünglich exklusiv für die Verpflegung der Seeleute und Hafenarbeiter im Rostocker Überseehafen hergestellt wurde. Das besondere Aroma, das sie von all den vielen deutschen Leberwürsten unterscheidet, liegt in der bis heute streng geheim gehaltenen Würzmischung. ❡

Wie man auf Rügen Wurst kauft: *Fleischerei Druckrey*

Rügen ist die bevölkerungsreichste und flächenmäßig größte Insel Deutschlands. Das Gefühl, auf einer Insel zu sein, verliert man sehr schnell, sobald man die über vier Kilometer lange Brücke, die von Stralsund aus das Festland mit der Insel verbindet, hinter sich gelassen hat. Die schnurgeraden Straßen sind von Alleen gesäumt, man kommt durch Waldgebiete, hügeliges Gelände, es gibt Binnenseen und den sogenannten Bodden. Mein erstes Ziel ist die Fleischerei Druckrey in Bergen, der größten Stadt und gleichzeitig Mittelpunkt der Insel. Nach dem Krieg gab es allein in Bergen noch sieben Fleischereien, nach der Wende blieben nur noch sieben auf der ganzen Insel zur Versorgung der fast 80000 Einwohner übrig, zu denen in den Ferienzeiten noch ein Vielfaches an Touristen hinzukommt. Heute ist die Fleischerei Druckrey der letzte noch verbliebene Traditionsbetrieb, wenn man von Marcus Bauermann, der eher überregional und im Gourmetsegment anzusiedeln ist, einmal absieht.

Der Urgroßvater des jetzigen Inhabers Torsten Druckrey gründete das Geschäft 1925 zunächst in Posen, vier Jahre später zog er nach Bergen, wo sich bis heute das Wohn- und Geschäftshaus der Familie befindet. Als ich ankomme, ist der Chef gerade zu beschäftigt, um mir viel Zeit zu widmen, daher gönne ich mir erst einmal ein paar Probewürste im Imbissbereich. Ich erlebe, wie vertraut das Verhältnis zwischen der Bedienung und ihren Kunden ist. Man nimmt sich Zeit für einen Plausch und tauscht Neuigkeiten aus. Ein schon etwas älterer Herr reicht der Verkäuferin sein Portemonnaie und sagt, er wolle ein Stück von »der Dünnen«. Es scheint ein vertrautes Ritual, sie weiß Bescheid und schneidet ihm ein gutes Stück von einer Leberwurst ab, die erheblich dünner ist als die anderen Leberwürste der Wursttheke. Nach dem Abwiegen zieht sie einen Schein aus der Geldbörse, gibt das Wechselgeld wieder hinein und reicht den Geldbeutel nebst Einkauf zurück über die Theke. Außerdem fällt mir auf, wie anders die Kunden hier auf der Insel doch einkaufen: Man bestellt offenbar nicht nach Gewicht, sondern benennt die Zahl der Scheiben. Jede Scheibe wurde einzeln abgewogen und sorgfältig mit einer Lage Papier dazwischen verpackt. Nicht nur das Volumen, sondern auch der Zeitaufwand, den ein Päckchen mit hundert Gramm Wurst erforderte, waren bemerkenswert.

Als einmal keine Kunden im Laden sind, ergreife ich die Gelegenheit, mit der Verkäuferin ein Gespräch zu führen. Silke Zahn ist schon seit über zehn Jahren als Fachverkäuferin auf Rügen tätig. Sie erzählt, dass sie noch

Silke Zahn von der Fleischerei Druckrey

zu DDR-Zeiten – von 1982 bis 1984 – eine Lehre in Bergen gemacht und mit Auszeichnung bestanden habe; wegen guter Leistung habe sie die Lehre verkürzen können. Bis 1986 arbeitete sie dann in der Wurst-abteilung des »Konsum« in Glove als »Verkäuferin für Waren des täglichen Bedarfs«, danach sei sie nach Bergen gezogen, wo sie eine Anstellung beim »VEB Fleischkombinat Bergen« erhalten habe. Gefragt nach dem wesentlichen Unterschied zwischen damals und heute, erzählt sie mir, dass früher alles frisch am Stück verkauft worden sei und es im Gegensatz zu heute praktisch keine abgepackte Ware gegeben habe. In dieser Hinsicht sei man früher umweltfreundlicher gewesen.

Als Silke Zahn hört, dass ich aus Bayern komme, erzählt sie sichtlich voller Stolz, dass sie auch ein Käsediplom besitze und dafür einen Lehrgang in Kempten besucht habe. Die Berge hätten ihr sehr gefallen, aber letztlich sei sie eben doch ein Nordlicht. Fachkundig erläutert sie mir das reichhaltige Wurstangebot ihrer Theke. Auffallend groß ist die Vielzahl von Salamisorten, dazu gibt es allerlei Wildprodukte, ganz besondere Wildleberwürste und die »Lungwurst«, die äußerlich einer Bockwurst ähnelt und tatsächlich Lunge enthält. Zur »Rügener Riesenbratwurst« erklärt sie mir, diese werde seit 87 Jahren nach der gleichen Rezeptur hergestellt und habe einen hohen Schinkenanteil. Es ist eine Freude, ihr zuzuhören, man merkt in jedem Wort die Hingabe, mit der sie ihren Beruf ausübt. ❡

Kultwürste aus Parchtitz: *Rügener Landschlachterei*

Mein nächster Zwischenstopp auf Rügen gilt der legendären Wurstproduktion von Marcus Bauermann. Es ist gar nicht so einfach, den Ort und dort die richtige Adresse zu finden, weil der Betrieb etwas versteckt von der Straße liegt. Man bemerkt sozusagen schon von außen, dass Bauermann kein normaler Dorfmetzger ist. Er ist kein alteingesessener Rügener, kommt eigentlich aus Sachsen und weiß, dass man als Fremder auf der Insel nie ganz dazugehören wird. Er scheint mir von daher auch gar nicht sonderlich ambitioniert zu sein, mit seinem Laden den alltäglichen Wurstverbrauch der Einheimischen zu bedienen. Alles, was er macht, ist das Feinste vom Feinsten, Wurstkultur pur. Über das Internet und die exklusive »Manufactum«-Kette bedient er die Fans seiner Würste. Die Ladentheke in dem unverputzten, modern, aber irgendwie recht rustikal gestalteten Raum ist daher relativ klein, die größte Fläche des Raumes ist freigehalten. Aus einigen Imbisstischen und an der Wand gruppierten historischen Wurstmaschinen lässt sich vermuten, dass öfters Reisegruppen kommen, um hier Station zu machen. In einer klimatisierten Vitrine liegen edle weißhäutige Würste, und durch ein Fenster kann man in die Reifekammer blicken: Hier hängen sie dicht an dicht, die Schätze, wie in einem Tresor.

Leider war Marcus Bauermann auf Reisen, als ich in seinem Betrieb vorbeischaute. Überhaupt scheint er mir ein Lebenskünstler zu sein, der seinen ganz eigenen Weg geht. In der Winterzeit reist er oft samt Hund und Kegel in seinem luxuriös ausgebauten 17 Meter langen Wohnmobil durch die Lande, und auch sonst ist er als gern gesehener Gast für exklusive Präsentationen auf Gourmetmessen oder in Fernsehshows viel unterwegs. Gut, dass er sich auf seine vier Mitarbeiter verlassen kann. Es ist ein eingeschworenes Team, wo alle an einem Strang ziehen im Bemühen, immer

Nach dem Einfüllen des Bräts und dem Abschnüren kommen die Würste in die Reifekammer. Dort setzen sie weißen Edelschimmel an.

verfeinerterte und veredeltere Produkte aus dem Schwein herauszuzaubern. Seine Philosophie hat Bauermann bereits in einem sehr aufwendig gestalteten Buch mit vielen Rezepten und wunderbaren Abbildungen dargelegt. Daher war ich gar nicht so enttäuscht, als ich hörte, dass der Meister nicht da war, denn das Buch mit seinen Leitgedanken, meine anschließende Wurstprobe, die Führung durch die Betriebsanlagen und die Wurstküche und das abschließende Gespräch mit den Mitarbeitern verhalfen mir zu Einsichten aus unterschiedlichen Blickwinkeln.

Die feinen Würste von Marcus Bauermann können auch online bestellt werden, seine Fangemeinde in der ganzen Republik ist beachtlich.

Das Highlight war aber die Verkostung. In hauchdünnen Scheiben wurden mir köstliche Würste gereicht, eine geschmackliche Sensation, die im wahrsten Sinne unbeschreiblich ist. Los ging es mit der Leberwurst. Jens Andres erklärt mir, dass deren Bestandteile ganz normal seien: Schweineleber, Schweinebauch, frisch geschälte Zwiebeln, Natursalz und allerlei Naturgewürze, wie thüringischer Majoran. Die Qualität komme vom Tier, wie es gehalten, mit was es gefüttert und vor allem, ob es stressfrei geschlachtet worden sei. Gleiches gelte natürlich auch für die luftgetrockneten Schinken und Salamis. Jede dieser Würste habe eine ganz individuelle Form, was an Unregelmäßigkeiten der Därme liege, in denen sich gewissermaßen das Leben widerspiegele. Hier sieht man das Handwerk noch, im Gegensatz zur entindividualisierten, alles nivellierenden industriellen Wurstproduktion. Fast alle Würste sind äußerlich, wie die berühmten Kreidefelsen von Rügen, mit einer stumpfen, wie Puder erscheinenden weißen Schicht bedeckt. Darauf angesprochen, erklärt mir Jens Andres, dass die Würste keineswegs Kreide enthielten, sondern dass die Farbe Ergebnis eines ganz natürlichen Prozesses bei der Bildung von Edelschimmel sei.

Später habe ich doch noch Gelegenheit, ausführlich mit Marcus Bauermann zu sprechen, und bin überrascht, wie kritisch und detailliert er seine Arbeit reflektiert, und vor allem, wie er mir fast wissenschaftlich all die chemischen Vorgänge der Verwandlung vom Schwein in Wurst beschreiben kann. Das große Geheimnis sei, dass jedes Lebewesen in all seinen Muskelzellen Zucker speichere; bei Tieren aus Massenhaltung gehe dieser Gehalt allerdings gegen null. Für Bauermann ist es von elementarer Bedeutung, dass er selbst schlachtet. Nur so könne er sicher sein, dass das Tier dabei nicht leiden müsse und das Fleisch auch nachweisbar seinen natürlichen Zucker beibehalte, was eben den besonderen Geschmack ausmache. Ganz drastisch bringt er es so auf den Punkt: »Wenn ein Tier scheiße ernährt und scheiße geschlachtet wird und dann noch künstlicher Scheißzucker und allerlei Chemie hinzukommen, was kann da anderes herauskommen als eine Wurst, die nur noch scheiße schmeckt?« ❡

Eine künstliche, heile Welt

Die Sehnsucht nach der noch heilen Welt, als die handwerklichen Tätigkeiten und die Arbeit der Bauern noch Mittelpunkt aller Lebensgrundlagen waren, ist Ausdruck der in unserem Alltagsleben verloren gegangenen Beziehung von Mensch und Natur. Die Vermarktung dieses Bedürfnisses ist der Karls Markt OHG auf eindrucksvolle Weise gelungen. Angefangen hat es 1921. Aus dem ursprünglich noch kleinen Bauernhof erwuchs nach dem Zweiten Weltkrieg zunächst ein auf Erdbeeranbau spezialisiertes Gut. Nach der Wende, als die Großabnehmer ihre Erdbeeren billiger in Osteuropa einkaufen konnten, kam die Idee des Erdbeerdirektverkaufs mithilfe von Verkaufsbuden in Erdbeerform auf. Der Erfolg war riesig, bald folgten Hofläden mit Kaffee, Kuchen und Würstchen, und daraus entwickelten sich erst einer und darauf folgend immer mehr Bauernmärkte bis hin zu den neuen Erlebnisparks. Inzwischen gibt es fünf Erlebnisdörfer. Das Zweitälteste gilt inzwischen als eine der Hauptattraktionen auf Rügen. Der Beschilderung folgend, lande ich auf einem Großparkplatz, der schon etwas von der Dimension erahnen lässt, die irgendwo im Widerspruch steht zum erwarteten Erlebnis einer Dorfidylle. Es ist ein unglaubliches Treiben: Wasserspiele, Ferkelexpress, Hüpfklangspiele, Ponyreiten, eine automatische Traktorbahn, eine Rübenrutsche, Strohhopsen und ein fliegender Kuhstall gehören zum Parcour. Alle genießen aktiv wie passiv das reiche Angebot an spielerischem Nachvollzug der Lebensmittelproduktion, die ganz nebenbei die Konsumbereitschaft fördert. Wer beim Brotbacken, in der Bonbon- oder der Wurstmanufaktur mitgemacht hat, kauft dann auch voller Glück das frisch geschaffene Produkt. In einer riesigen Scheune mit einem reichen Angebot an kunsthandwerklichen und essbaren Erzeugnissen beeindrucken die hohen Wände, die bis zur Decke dicht an dicht mit Kaffeekannen ausgefüllt sind. Mit 70000 an der Zahl ist die Kaffeekannensammlung als die weltgrößte deklariert. Im Zentrum und gleichzeitig als Verweis auf den Ursprung steht aber die Produktion von Erdbeermarmelade und allem, was sonst noch mit Erdbeeren zu tun hat. Dementsprechend gibt es auch eine Erdbeerbratwurst, die reißenden Absatz findet. Mich kostete es etwas Überwindung, doch ich muss dem Metzger, dem es gelungen ist, diese beiden komplementären Komponenten zu verbinden, ein Lob aussprechen. ❡

Weil 1921 alles mit Erdbeeren begann, darf eine Erdbeerbratwurst nicht fehlen.

Die größte Sau ein Eber

Mein nächstes Ziel führt mich in den westlichen Teil Rügens, nach Lieschow, zu Bauer Thomas Lange. Auch auf seinem Erlebnisbauernhof kann man Traktor fahren, Tiere streicheln, im Stroh toben oder gar auf einem Heuwagen übernachten, doch alles ist noch wesentlich kleiner, familiärer und authentischer. Die ganze Initiative firmiert nicht nur unter dem Namen »Bauer

Der Hof von Bauer Lange im idyllischen Lieschow, im Westen der Insel Rügen. Hier kann man jede Menge erleben, aber doch etwas naturnaher und vor allem näher dran am Tier und den Produkten, die Lange aus ihnen macht – etwa eine ausgezeichnete Bärlauchsalami.

Lange«, er steht auch selbst im Mittelpunkt. Überall ist er anzutreffen, alle kennen ihn persönlich und bereitwillig steht er für alle Fragen zur Verfügung. Es scheint ihm sichtlich Spaß zu machen. Sein größter Stolz ist der Besitz der größten Sau von Rügen, die auf den Namen Rudi hört. Ein Schild mit der Aufschrift »Schweineshow« führt in den Schweinestall, auf dessen Fassade ein riesiges Wandbild in kindlicher Malweise prangt, auf dem ein helles, Rosi genanntes Schwein, und ein schwarzes, Rudi genanntes Schwein sich liebevoll Rüssel an Rüssel gegenüberstehen. Ein großes rotes Herz mit der Umschrift »Echte Landliebe« ist der augenfällige Kommentar. Tatsächlich war ich hingerissen von diesem Riesenschwein, vor allem als ich sah, wie mühsam und doch geschickt dieses unglaubliche Urvieh mit seinen dichten, strubbeligen schwarzen Borsten seinen gewaltigen Leib beim Aufstehen in die Höhe wuchtete. Durch eine Luke trottete es aus dem Stall, um sich im Außenbereich im Schlamm zu suhlen. Von hinten beeindruckte mich die Ansicht seines imposanten Hodens, viel größer als ein Fußball. Rudi ist also doch nicht die größte Sau von Rügen, sondern eindeutig ein Eber.

Später unterhalte ich mich mit Bauer Lange, der währenddessen den Grill für das allabendliche Highlight, die frische Grillwurstverköstigung aller Be-

Nicht nur für Besucher, vor allem für die Schweine ist der Hof von Thomas Lange ein Paradies. Neben Ställen mit reichlich Stroh können sie sich jederzeit draußen im Schlamm suhlen.

sucher, vorbereitet. Seine Frau und seine ganze Familie, Freunde und Helfer aus dem nahen Umfeld sind eingespannt und voller Elan dabei. Er erzählt mir, wie er gemäß den Jahreszeiten immer neue Programme entwickle, im Sommer gebe es immer ein Maislabyrinth, dann je nach Saison Spargel-, Kohl- oder Bratkartoffelessen im Hofcafé. Alles stamme aus eigener Produktion, auch Würste, Butter und Schnaps würde er noch selbst herstellen. Die Schweine sind seine erklärten Lieblingstiere. Rudi, sein Eber, sei von der Rasse her ein Large Black bzw. Cornwall-Schwein, Rosi dagegen ein Duroc-Schwein, eine amerikanische Rasse. Seine Schweine hätten ein glückliches und langes Leben, sie bekämen nur bestes Futter, nichts Künstliches und könnten sich auch noch richtig suhlen. Ein Kind habe kürzlich, als es Rudi im Schlammbad erblickte, sogar ausgerufen: »Mama, schau mal her! Da ist ein großes Nilpferd!«

Auf dem Hof herrscht eine ganz andere Atmosphäre als in dem großen Erlebnisbauerndorf, das ich zuvor besucht habe. Alle Besucher scheinen mir glücklich und zufrieden, man braucht also keine riesige Unterhaltungsmaschinerie, im Gegenteil, die einfachen Dinge, das Zusammenspiel von Mensch und Natur zu erleben, bleibt in der Erinnerung noch viel intensiver haften als die große, laute Vielfalt. ❡

Kunst und Handwerk in Stralsund: *Fleischerei Zahlmann*

Auf meiner Reise durch Rügen bin ich gleich zweimal auf die Fleischerei Zahlmann in Stralsund aufmerksam gemacht worden: einmal durch die Erdbeerbratwürste auf dem Agrar-Freizeitpark Karl und zum anderen beim alternativen Erlebnisbauernhof Lange, der seine Bratwürste ebenfalls bei Zahlmann herstellen lässt. Karl-Heinz Zahlmann ist ein Mann im besten Alter mit sehr wachen Augen, ein kritischer Analytiker von großer Eloquenz. Sein Entschluss, das Fleischerhandwerk zu erlernen, stand bereits in frühen Jahren fest. Wie in DDR-Zeiten üblich, machte er erst die Gesellenprüfung und ging anschließend auf eine Ingenieurschule für Fleischtechnik, die er mit 21 abschloss. Nach seiner ersten Tätigkeit als Berufsschullehrer für das Fleischerhandwerk in Stralsund übernahm er eine Stelle als Abteilungsleiter am dortigen Schlachthof. Sechs Jahre später machte er sich selbstständig, was zu DDR-Zeiten relativ schwer gewesen sei. In Stralsund bekam er keine Gewerbegenehmigung, erst auf dem Land, in Franzburg, sei ihm dies schließlich gelungen. Doch auch die nächsten Hürden seien nicht leicht zu überwinden gewesen: »Wenn ich nicht so viele Leute gehabt hätte, die mich unterstützten, hätte ich es unmöglich geschafft. Ich habe Schrottmaschinen gekauft, kaputte Teile bei Schlossern nachgießen lassen und alles, was an Grundausstattung nötig war, zusammengetauscht – zum Beispiel gegen Aale von befreundeten Fischern. Man hat sich gegenseitig geholfen, war solidarisch. Heute ist das undenkbar, das System verändert ja immer auch den Menschen und sein Handeln.« Zahlmann meint, die Banken würden heute einem jungen Menschen, der ohne Kapital einen neuen Handwerks-

Karl-Heinz Zahlmann machte sich noch zu DDR-Zeiten selbstständig. Ein Wagnis, das er nie bereut hat.

betrieb aufmachen wolle, niemals einen Kredit gewähren. Schon gar nicht für einen Fleischereibetrieb. Er glaube, dass es bald sowieso keine Fleischer mehr gebe, denn die Jugend kaufe alles beim Supermarkt, strebe ganz andere Berufe an und wolle auch mit dem alten Handwerk nichts mehr zu tun haben. Er deutet auf ein Bild, das ein Fahnenjubiläum in Stralsund im Jahr 1930 zeigt. »Schauen Sie«, sagt er, »hier waren etwa noch achtzig Meister, nur hier in Stralsund.« Heute sei er in der Stadt der Einzige, der noch produziere. Es gebe keinen Nachwuchs, und die Bürokratie sei so dominant geworden, dass immer mehr Kleine das Handtuch schmeißen würden. Da gebe es Verordnungen und Bestimmungen von Theoretikern, die von der Praxis keine Ahnung hätten.

Als ich ihm erzähle, dass ich auf Rügen schon eine Erdbeerbratwurst von ihm gegessen hätte, antwortet er lachend, dass er unheimlich lange daran rumtüfteln musste, bis er eine Methode entwickelt habe, um die passende Bindung erzielen zu können. Mit der Zugabe von frischen Erdbeeren sei das nicht so leicht gewesen. In seinem Stammgeschäft spiele diese spezielle Bratwurst aber keine Rolle. Hier sei vor allem die Aufschnittware gefragt, wie Bierschinken und Paprikawurst. Auch der Leberkäse gehe gut, bei dem im Gegensatz zum bayerischen aber echte Leber drin sei. Seine persönliche Lieblingswurst sei der »Norddeutsche Presskopf« aus abgekochtem Schweinekopf, der ein sehr interessantes Fleisch enthalte, aus dem man viel machen könne. Leider seien es vorwiegend nur noch die Alten, die solche traditionellen Produkte zu schätzen wüssten. So ganz ohne Bratwürste geht es dann aber doch nicht: Ich entdecke sie in der Theke unter der Bezeichnung »Schlappis«. Auf Nachfrage erzählt Zahlmann, für den Namen sei eine Kundin verantwortlich. Statt »frische Bratwürste« zu ordern, sagte sie: »Ich will welche von den Schlappigen haben« – und schon war der Name geboren, alle würden sie jetzt nur noch »Schlappis« nennen. Neben den »Schlappis« gibt es noch gebrühte Bratwürste ohne Darm, die als Äquivalent den Namen »Stralsunder Lümmel« bekamen, und schließlich noch ganz kleine Würstchen, die als »Pommernzwerge« verkauft werden. Für die Pommern mit ihrem trockenen Humor seien diese Namen immer wieder Anlass für manch anzügliche Bemerkungen …

In den Läden der Fleischerei Zahlmann fallen sofort die wunderbaren Wanddekorationen auf. Zahlmann verfügt über eine schöne Sammlung historischer Artefakte zur Wurstherstellung.

Die Betriebsstätte liegt etwas außerhalb. Das Besondere und schon von Weitem sichtbar ist das eigene Windkraftwerk, auf dessen Mast in großen Lettern der Name Zahlmann steht. Stolz erzählt er, dass er sich der Umwelt zuliebe für diese Investition entschieden habe, es sich aber langfristig auch lohne, denn bei einem Betrieb dieser Größe würden sonst extrem hohe Stromkosten anfallen. Nach dem Rundgang durch die Produktionsstätten zeigt er mir seine Läden, die sehr liebevoll eingerichtet sind. Eine gelungene Mischung aus Historismus und Moderne, Wände und Decken sind mit großen Kachelbildern mit Szenen aus der Geschichte des Fleischerhandwerks und schönen Ornamenten bedeckt. Dazwischen stehen große Vitrinen mit historischen Gerätschaften der Wursterzeugung. Die daneben präsentierten Würste erhalten dadurch eine unbewusste Wertsteigerung. Die Tradition der handwerklichen Qualität scheint in sie hineinzuschlüpfen. Als Zahlmann merkt, dass mich die alten Artefakte so interessieren, führt er mich noch in das Untergeschoss, wo weitere Objekte seiner Sammlung in sehr aufwendigen und gut ausgeleuchteten Wandvitrinen und Schaukästen ausgestellt sind. Über Jahre habe er immer wieder alles zusammengekauft, was mit dem Handwerk zu tun hat. Und da sich sein Sohn für diese Dinge interessiere und große Freude am Gestalten habe, ist er zuversichtlich, dass die Läden auch in Zukunft so außergewöhnlich bleiben werden. ❡

"Currywurst"
mit Pommes
Premium Quality
5,90 €
"Currywurst"
mit Pommes
Premium Quality

Berlin

HAUPTSTÄDTER ALLERLEI

»Meine Wurst is jut –
Wo keen Fleesch is – da is Blut –
Wo keen Blut is – da sind Schrippen –
An meine Wurscht is nich zu tippen!«
(Heinrich Zille, »Der Budiker«, 1916)

Die Berliner sind ja berühmt für ihre Marotte, allen möglichen Dingen auf assoziative Weise witzige und originelle Namen zu geben. So nannte man den früheren Palast der Republik »Erichs Lampenladen« und das neue Bundeskanzleramt wurde im Volksmund zur »Waschmaschine«. Aber auch so manche Würste bekamen in Berlin schon einen Deutungswandel verpasst. Als »Blutwurst« bezeichnete man Groschenromane, in denen es recht blutrünstig zuging, und mit »Blutwurst machen« wurde beim preußischen Militär auf makaber verharmlosende Weise die Durchführung eines bevorstehenden Gemetzels umschrieben. Überhaupt gab es beim Militär jede Menge Wurstbezeichnungen: »Wurstlafetten« waren lange Kanonen mit Rädern, auf denen rittlings mithilfe von angepassten Polstern, die »Würste« genannt wurden, die Kanoniere sitzen mussten. Nach ähnlichem Prinzip wurden aus Baumstämmen mit angesetzten Rädern einfache und schnell anzufertigende Transportmittel gefertigt, die sogenannten Wurstwagen, und im Winter mittels Kufen auf die gleiche Weise »Wurstschlitten«.

Die Berliner Sprachverwurstung macht natürlich auch vor Redewendungen nicht halt. So sagt man hier »Ick spieß dir mit 'ner Knackwurscht doot« und meint damit nichts anderes als andernorts »Rache ist Blutwurst«. Immerhin, es gibt auch ganz friedliche Würste, wie die »Gärtnerwurst«, die eine Salatgurke bezeichnet, und »Wurstkraut«, womit der Berliner Majoran meint. Die Berliner Vorliebe für kuriose Wortschöpfungen spiegelt sich auch in den Namen der Würstchenbuden der Stadt und bei dem jährlichen Bratwurstwettbewerb in Dahlem. An einem Online-Aufruf zur Namensfindung einer neuen Bratwurstsorte beteiligten sich über 200 Berliner. Hier eine kleine Auswahl ihrer Vorschläge: »Brat-Berater«, »Kracher«, »Hot Angel«, »Beißer«, »Lady Cracker«, »Stramme Bengel«, »Steinbeißer«, »Rockwurst«, »Brutzling«, »Engelbeißer«, »Feuerfänger«, »Beiß 07«. ❡

Wurstfantasien in der Domäne Dahlem

Die Domäne Dahlem ist wurstmäßig gesehen ohnehin einer der spannendsten Orte Berlins, vor allem für Familien mit Kindern. Auf diesem mitten in der Stadt gelegenen Gutshof mit weiten Feldern, Wiesen und Stallungen nebst Tiergehegen können Kinder noch erleben, dass die Milch, der Käse und die Wurst von lebendigen Tieren abstammen. Auch ein volkskundliches Museum gibt es dort. Im ehemaligen Gutshof werden das Fleischerhandwerk und in den Gesindehäusern die übrigen Gewerke, die im engeren und weiteren Sinne mit der Nahrungsproduktion zu tun haben, vorgestellt. Man kann Workshops besuchen und sich von Handwerksmeistern in die Geheimnisse bestimmter Techniken einweisen lassen.

Auf dem großen Freigelände findet jedes Jahr in Zusammenarbeit mit der Berliner Fleischerinnung besagter Bratwurstwettbewerb statt. Tausende Berliner kommen zum Genießen. Mit der Eintrittskarte erhält jeder Besucher einen Bewertungsbogen und kann von früh bis spät kostenfrei Bratwürste probieren. Beim Wettbewerb selbst gibt es verschiedene Kategorien, etwa die beste traditionelle Wurst und die beste kreative Wurst. Bei meinem Besuch 2016 hat mir gefallen, dass der Traditionspflege hier der gleiche Stellenwert eingeräumt wird wie kreativen Neuerfindungen. Über Lautsprecher wurden die jeweiligen Kategorien aufgerufen, dann an jedem Stand große Platten mit Wurststückchen zum Probieren aufgetischt. Wie ausgehungert stürzten sich die Massen auf diese Freiwürste. Unermüdlich wurde gegrillt und klein geschnitten, Nachwuchskräfte aus der Metzgerszunft balancierten große Platten durch die Mengen, um Kampfszenen an den Wurstständen zu vermeiden, dabei nicht verlegen um einen »Berliner-Schnauze-Spruch«, um die Gierigen zu zügeln.

Die Fleischerei Jörg Oppen präsentierte eine »Weißenseer Kräuter-« und eine »Mangold-Käsebratwurst«, die Fleischerei Otmar Ullrich eine »Bärlauchbratwurst« und eine für mein Empfinden vollkommene »Märkische Landbratwurst«. Am Stand der Fleischerei Michael Kluge gab es eine »Wiesenkräuter-« und eine originelle »Sushi-Wasabi-Bratwurst«. Die Fleischerei Burkhard Höhne präsentierte ihre »Oberlandgriller« und die Neukreation einer »Erdbeer-Ingwer-Bratwurst«, die auf mich beim ersten Biss noch etwas befremdlich wirkte. Bei der Fleischerei Genz bekam man eine Merguez und eine wunderbare »Liebstöckelbratwurst«, die später tatsächlich zur Siegerin in der Kategorie Tradition erklärt wurde. Die Fleischerei Epler stellte sich dem Wettbewerb mit einer »Kräuterbratwurst« und einer unkonventionellen Bratwurst namens »Cranby« mit einem etwas säuerlich-scharfen Geschmack durch die Beigabe von Cranberrys und Jalapenos. Die Fleischerei Jens-Uwe Bünger glänzte mit einer »Fränkischen« und einer »Salsiccia-Tirolese-Bratwurst«. Die Landfleischerei Bratke steuerte ihre »Hausbratwurst« und eine Wildbratwurst mit Gojibeeren und Datteln namens »Wilde Goji« bei. Die Geltower Fleischerei Bothe machte sich sogar intern Konkurrenz: Von Vater Horst kam eine traditionelle Currywurst ohne Darm und als Besonderheit eine Bratwurst namens »Berliner Luft«, Sohn Mathias steuerte eine »Tropical-Huhn-Bratwurst« bei. In der Regel werden die Rezepturen ja streng geheimgehalten, aber Alina, die Verkäuferin, verriet mir das Geheimnis: Die Wurst enthalte Aprikosen und Frischkäse, was dem Ganzen eine gewisse Süße verleihe. Die Bachhu-

Ein Paradies für Bratwurstliebhaber

ber-Kette war durch eine traditionelle Rostbratwurst und eine sehr eigenwillige »Meeresalgen-Chili-Bratwurst« vertreten. Ich probierte ringsum alle Würste, zu guter Letzt noch die guten Land- und Kräuterbratwürste der Spreewälder Landfleischerei Apel. Wie viele Würste ich mir an diesem Tag einverleibte, kann ich nicht mehr genau sagen. Es waren Unmengen, doch allen Besuchern schien es ähnlich zu gehen bzw. wurscht zu sein, Maßlosigkeit war das herrschende Prinzip. Bereut habe ich die Völlerei nicht, hat sie mir doch einen unvergesslichen Streifzug durch die klassische wie die kreative Berliner Wurstkultur ermöglicht. ❡

Treffpunkt für Wurstfreunde und -gegner

Eine ganz andere Form der kreativen Wurstkultur kann man im Stadtteil Friedrichshain erleben. Da Berlin ja als Mekka der kreativen Subkultur gilt, hatte es auch Silvia Wald hierher gezogen, die nach Abschluss ihres Studiums der Bekleidungstechnik 2008 ein Atelier für Schnittkonstruktion und Modellanfertigung eröffnete. Für ihre junge Firma hatte sie den Namen »Aufschnitt« gewählt. Aus der gewollten Doppeldeutigkeit des Wortes abgeleitet, produzierte sie ein Werbepräsent in Form eines kleinen textilen Ansteckwürstchens. Dieses kam so gut an, dass daraus eine Serie von immer verschiedenartigeren und größer werdenden Formen entstand. Am Ende bedurfte es nur noch eines kleinen Schrittes, um aus der zunächst nur als Werbegag gedachten Idee ein neues Geschäftsmodell zu entwickeln.

In Friedrichshain fand sie einen Laden, in dem sie ihre textile Wurstfabrikation im Originalambiente einer Fleischerei präsentieren konnte. Eine genähte Fleischerwaage, eine Originaltheke, Fleischerhaken und eine Vielfalt an Würsten vermitteln den Eindruck einer realen Fleischerei. Kinder kriegen hier aber keine Scheibe zum Probieren, im »Aufschnitt« bekommt man keinen Aufschnitt, nur Ganzes. Eine Wurstkette etwa, die man sich als Schal um den Hals wickeln kann, eine Wurst als Haarspange, Wurstkissen zum Kuscheln, allerlei Würste als Nackenrollen und Schinken, die sich von ihrer Form her erstaunlich gut an alle möglichen Körperteile anpassen lassen. Die

Silvia Wald mit ihren textilen »Aufschnittwaren« – es gibt Wurstkissen, Wurstschals, Wurstnackenrollen und vieles mehr, jedes Stück ist ein Unikat.

Assoziationsbreite all dieser textilen Wurstmetamorphosen ist ein Grund für die große Resonanz beim Publikum und in den Medien. Der »Aufschnitt« wird landauf, landab als typische Berliner Kuriosität gehypt.

Silvia Wald erzählt, dass ihre Kunden aus allen Schichten kämen und oft die kuriosesten Sonderwünsche an sie herantragen würden, die manchmal nur noch entfernt mit Würsten, aber doch meist mit fleischlichen Dingen zu tun hätten. So habe sich ein Kunde zwei brustförmige Kissen nach den Maßen und Formen seiner vollbusigen Frau fertigen lassen. Nicht selten ergäben sich recht lustige Gespräche. Ein junger Mann habe sie einmal gefragt, warum die kleinen, einen Schlüsselanhänger zierenden Würstchen so viel teurer seien als eine danebenliegende viel größere Wurst. Daraufhin habe sie ihm die feinen Knoten der kleinen Wurst gezeigt und ihm ohne Hintergedanken den Unterschied mit folgenden Worten erklärt: »Bei der kleinen Wurst kommt es auf die Technik an, nicht auf die Größe.« Im plötzlichen Bewusstsein der Doppeldeutigkeit seien sie beide in Gelächter ausgebrochen. Während meiner Anwesenheit im Laden kam ein etwas freakig aussehender junger Berliner herein. Ich hätte mich nicht gewundert, wenn er aus dem Angebot der Wursttheke das Demo-Set geordert hätte, bestehend aus einem täuschend echt aussehenden, aber kuschelig weichen Pflasterstein samt Schlagstock. Doch stattdessen erzählte er, dass seine Freundin in ein paar Monaten ein Baby bekäme, dem er zur Geburt gerne ein saftiges Steak schenken würde. Da die Sonderanfertigung sein Budget überstieg, entschied er sich letztlich für einen großen Serranoschinken. Angeregt durch diese Schinkenorder, kam ich auf die subversive Idee, meinem zweiten Enkel zur Geburt eine Wurst zu schenken. Ideal, so dachte ich mir, waren doch seine Eltern inzwischen überzeugte Vegetarier geworden. Ich wählte eine täuschend echt wirkende graue Leberwurst, die beim Hineinbeißen oder Drücken wie ein kleines Ferkelchen quietschte. Ich war gespannt, wie die beiden auf die Wurst reagieren würden, und erfreut, dass sie zur Entkrampfung unseres angespannten Verhältnisses in Sachen Wurst führte. Da die Quietschwurst durch und durch vegetarischer Natur ist, wurde mir plötzlich auch klar, welche wichtige Rolle den Produkten der Institution »Aufschnitt« beim friedlichen Dialog von Wurstliebhabern und -gegnern zukommt. In der Berliner Textilmetzgerei gibt es nur vegetarische Würste in materieller Transformation, ohne den Anspruch eines essbaren Imitats. Silvia Wald selbst ist praktizierende Vegetarierin, ohne daraus einen missionarischen Impetus abzuleiten, im Gegenteil: Sie hat die Wurst sogar zu ihrer Lebensgrundlage erhoben. ❡

Die »Streichelwurst« – Fetisch für Liebesgesten

Im Kulturbetrieb Berlins spielte die Wurst immer eine große Rolle. Angefangen bei Berlin-Dada über Rosa von Praunheims skurrile »Bettwurst«-Filme der 1960er-Jahre, die stets wiederkehrende Wurst bei der wild-anarchischen Gruppe »End-Art« bis hin zur neuen feministischen Bewegung rund um die »Streichelwurst«. Sie wurde 2010 geschaffen, Grit Hachmeister, Claudia Gülzow, Pauline Recke und Lysann Buschbeck waren die Initiatorinnen. Aus verschiedenen Fellen und Stoffen nähten sie ein gigantisches, weiches, wurstförmiges Gebilde, dem sie den Namen »Streichelwurst« gaben. Unter dieser Bezeichnung erscheint inzwischen in zeitlich loser Folge auch ein ganz eigenwilliges Magazin.

Die Wiener Künstlerin und Philosophin Elisabeth von Samsonow, die wie keine andere den philosophischen Gehalt der Wurst grundlegend erforscht hat, schuf mit ihren Reflexionen das theoretische Fundament für die Intention der »Streichelwurst-Zofenschaft«, wie sich die an diesem Projekt Beteiligten nennen. Für Samsonow ist die Wurst Ausdruck eines vollkommenen Körpers, weil ihr ursprünglicher Körper gänzlich zerlegt und zu einer neuen »stromlinigen« und glatten Form zusammengesetzt wurde. Die Wurst ist gewissermaßen die Inkarnation des Fleisches, in deren Form sich der ideale Leib ausdrückt. Ideal deshalb, weil dieser Leib »keine Organe mehr besitzt und alles, was Körper war an ihm, zu einem wundervollen gleichmäßigen Brei gemacht worden ist. Dann wurde dieser vollkommene Körper praktisch in seinen eigenen Darm gesteckt, das heißt, er hat ein Selbstverhältnis zu sich selbst. Und das nicht nur als Form, sondern auch als Höchstes, was Existenz gemäß der altchristologischen Devise erreichen kann, dass sie sich selbst als Speise anbietet.« Der sich am Problem des Leibes abarbeitenden Philosophie und Medizin ruft sie zu: »Die Wurst ist das Beste, was man als Körper sein kann.« Den Namen »Streichelwurst« empfindet sie als ideal, weil sich im Streicheln eine »Art von Liebesgeste gegenüber der Welt manifestiert. Das ist ein politisches Programm, bei dem nicht geschubst und geschossen, sondern gestreichelt wird.«

Die »Streichelwurst« aus Fell und Stoffresten ist bei allen Aktionen dabei.

Bei meinem letzten Besuch in Berlin war erstmals die genähte Streichelwurst mit anwesend. Man erzählte mir, dass sie bei jüngeren Leuten eher Irritationen auslöse; doch kürzlich, bei einem Auftritt im Berliner »Café Käse«, zu dem hauptsächlich Senioren zwischen sechzig und neunzig erschienen waren, sei zwar gerufen worden, »Ohhh, was ist denn das?«, dann sei aber schnell und ganz selbstvergessen gestreichelt worden. Die Streichelwurst wird zu allen Aktionen mitgenommen. Nachts darf sie mal bei der einen, mal bei der anderen der »Zofen« nächtigen. »Zofe der Streichelwurst« zu sein, ist etwas Besonderes, nur den Mitgliedern des zentralen Kollektivs steht dieses Privileg zu. Die anderen bilden das »Orchester«. Wer einen Beitrag für das Magazin schreibt, schlüpft für kurze Zeit in die Rolle der Streichelwurst und gibt seine eigene, mit allen möglichen Dingen belegte Identität ab. Die zugrunde liegende Idee des in der Inkarnation als Wurst verkörperten Kollektivs wird zum gelebten Leitmotiv. ❡

Das »Prinzip Wurst« in der Kunst

Bei meiner Arbeit am Haus der Kulturen der Welt gab es immer wieder Momente, wo ich Parallelen zwischen dem Prinzip Wurst und dem Prinzip der Kunst entdeckte. So war es zum Beispiel bei dem chinesischen Künstler Huang Yongping, der 1993 an einer großen Ausstellung teilnahm. Er kam mit der Idee, das in Buchform gesammelte deutsche Wissen zu Papierbrei zu verarbeiten. Mithilfe einer Betonmischmaschine mixte er unter Zugabe

Riesenwurst von Octavio Blasi

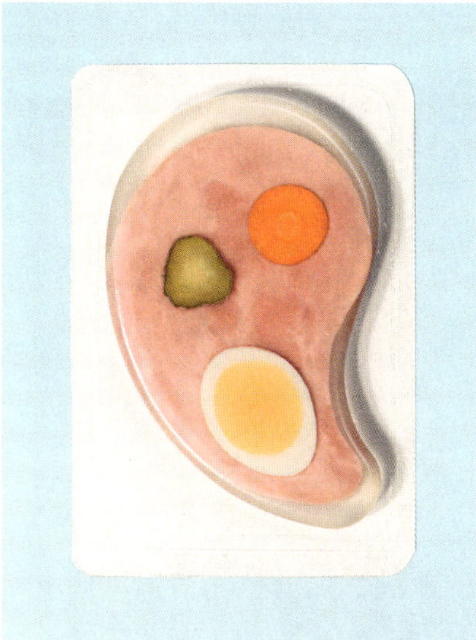

Der Fotograf Karsten Wegener erzieltes bundesweites Aufsehen durch seine Verwurstung der Kunst der Moderne; links Munchs »Der Schrei«, rechts van Goghs »Sonnenblumen«.

von Wasser etwa eine Woche lang über tausend Bücher zu einer Art Papiermaché. Mit diesem Wissensbrät verfremdete der Künstler dann die hohen und dicken Rundstützen aus Beton, die im Haus der Kulturen der Welt die gewölbte Dachkonstruktion tragen, welche die Berliner zu der Bezeichnung »Schwangere Auster« inspirierte. Die starren Rundpfeiler bekamen durch die Applikation mit den amorphen Breikugeln plötzlich etwas Lebendiges. Diese Arbeit von Huang Yongping kommt mir beim Schreiben immer wieder in den Sinn, weil seine Methode, das gesamte Wissen zu einem Brei zu vermengen, letztlich meiner Arbeitsweise an diesem Buch entspricht.

Zu jener Zeit wurden in der Studiogalerie »Künstler der Welt« in monografischen Einzelausstellungen vorgestellt. Ich hatte Octavio Blasi ausgewählt, einen Künstler aus Argentinien, den ich aufgrund eines riesigen, dreiteiligen Wurstgemäldes mit der Unterschrift »Ceci est de l'art« (Dies ist Kunst) und der dazu in Widerspruch stehenden Bezeichnung »Sauciflard«, einer französischen Wurstspezialität, entdeckt hatte. Dieses Wurst-Triptychon bilde-

»Frankfurter Würstchen: Frankfurter Sausage« und »Schlaraffenland: The Valley of Sausages« – Collagen von George Grosz von 1958

te nun auch das Zentrum der Ausstellung. Das graue deutsche Wissensbrät von Huang Yongping im Foyer bildete einen wunderbaren Kontrast zu Octavio Blasis farbiger Riesenwurst, von der ich zwei Kunstpostkarten fertigen ließ. Die eine zeigte den Anschnitt der Wurst, die andere den Rest. Wenn man die Karten aneinanderlegte, hatte man das Gesamtwerk vor sich. Die meisten Besucher kauften sie paarweise. Ich besitze leider nur noch einen kleinen Stapel von »Wurstenden«, womöglich, weil ich die Korrespondenz mit den Empfängern der Wurstanschnittskarten noch nicht beendet habe.

Auch in den Werken von George Grosz spielten Würste eine große Rolle, immer auf sehr deftige Weise: Metzger und Huren, Würste, Fleisch und Sexualität treten hier oft in einen engen Zusammenhang. Zwei weitgehend unbekannte Collagen des Künstlers empfinde ich als so bedeutsam, dass mir ihre Entdeckung zwingend geboten erscheint. Die beiden Collagen, die Grosz im amerikanischen Exil geschaffen hat, sind fast zeitgleich und ganz ähnlich unter Zuhilfenahme von amerikanischen Magazinen entstanden, wie die berühmte Collage von Richard Hamilton, die als Urbild der Pop-Art in die Kunstgeschichte eingegangen ist. Bei Grosz werden Würste ikonografisch zum Sinnbild der deutschen Identität gegenüber der fremden amerikanischen Kultur. Das arme, von einer zweizinkigen Gabel aufgespießte Frankfurter Würstchen über dem mit allerlei Wurst, Senf, Ketchup und Spaghetti gedeckten Tisch verkörpert letztlich den Künstler selbst, konfrontiert mit sexuellen wie fleischlichen Anspielungen. In der zweiten Collage wird hinter einer phallisch aufgestellten Barriere von Würsten der Blick frei auf eine Ideallandschaft der Rocky Mountains. Man könnte es aus dem zeitlichen Kontext und den Umständen heraus auch so interpretieren, dass die deutschen Würste Grosz den Zugang zur amerikanischen Idylle verwehren.

Von besonderer Ästhetik und Ausdruckskraft ist ein Gemälde von Wilhelm Trübner aus dem Jahr 1877, das innerhalb der Sammlung der Nationalgalerie zu den wohl kuriosesten Werken der vorimpressionistischen Epoche zählt. Es zeigt das Porträt einer stattlichen Dogge namens Caesar, die ein Nietenhalsband trägt und auf ihrer Schnauze eine Wurstkette balanciert. Das Motiv erinnert spontan an das Pawlow'sche Experiment zum Prinzip der klassischen Konditionierung, das allerdings erst 1905, also fast dreißig Jahre später, durchgeführt wurde. Der Fotograf Kurt Buchwald machte dazu in den 1990er-Jahren eine animalische Kunstaktion, bei der er wie ein Hund auf allen vieren mehrere Erkenntnisebenen durchlief, bis er am Ende bei einer dicken Wurst ankam. In der Konzepterklärung zu »Pawlowscher Hund« schrieb er: »Bild der Wurst/Wurst essen wollen/die Wurst wird nicht gegessen/sie ist ein Bild/ Ersatzhandlung Lecken/ein Ersatzstoff aufnehmen (Brei)/ nach der Ersatzhandlung: Bild löschen!!!«

Kunstaktion von Kurt Buchwald

Die Idee, einen Hund ins Zentrum eines Bildwerkes zu rücken, hatte außer Trübner höchstens noch Goya, dessen Gemälde »El perro« im Museo del Prado in Madrid hängt. Dieser Hundekopf war zwar zentral, aber doch recht klein im Verhältnis zu dem stattlichen Brustbild von Caesar. Ein Hund mit dem Namen Caesar war im 19. Jahrhundert vielleicht genauso provozierend wie zu unseren Zeiten die inzwischen verstorbene Dogge des österreichischen Aktionskünstlers Wolfgang Flatz, die den Namen »Hitler« trug. Es gibt ein Porträt, das die Dogge vor einem Fenster mit Weitblick und einem hängenden Tuch zeigt und das Flatz mit dem Titel »Hitler vor einer schweren Entscheidung« versehen hat. Trübner nennt sein Bild »Ave, Caesar, morituri te salutant«, »Heil dir, Caesar, die Todgeweihten grüßen dich«. Trübner zitiert damit einen Spruch, den angeblich Gladiatoren beim Betreten der Arena vor ihrem letzten Kampf ausgerufen haben sollen.

Trübner muss seine Dogge sehr geliebt haben. Er schuf eine ganze Serie von Porträts, die immer demonstrieren, wie willig, gehorsam und wohler-

Trübners Dogge Caesar mit Wurstkette und Flatz' Dogge »Hitler«

zogen Caesar war. Für einen Hund muss es ja fast eine Strafe sein, eine Wurst so nah an die Nase herangehalten zu bekommen wie auf dem Bild »Caesar am Rubicon«, das den Hund vor einer Schüssel mit Würsten zeigt. Wie viel schrecklicher muss es aber erst sein, eine Wurstkette auf der Nase balancieren zu müssen – es würde sogar mir schwerfallen, nicht hineinzubeißen. Wäre es mein Hund, würde sich in dieser Wurstentsagung der Dogge die höchste Form von Liebe gegenüber ihrem Herrchen ausdrücken.

Als ich Flatz von den Analogien erzählte, die ich zwischen seinem geliebten »Hitler«-Hund und Trübners Doggenbild mit Wurstkette ausgemacht hatte, bekräftigte er diesen Eindruck, indem er mir schilderte, wie auch er seinen Hund dazu gebracht habe, der Verführung durch Wurst zu widerstehen. Seine Hündin hatte eines Tages 13 Junge geworfen, von denen ein Welpe besonders herausstach: Er war schwarz und größer als die anderen, die er von den Zitzen der Mutter wegschob. Schon im Nest ein Diktator, weshalb Flatz ihn »Stalin« nannte. Die Irritation, welche die »Stalin«-Dogge verursacht hatte, brachte Flatz auf die Idee, einem weiteren schwarzen Welpen, den er für sich behalten hatte, den Namen »Hitler« zu verleihen und daraus das Projekt »Hitler, ein Hundeleben« zu machen. Bei seinen Recherchen stellte er fest, dass Hitler zwar einen Schäferhund hatte, aber die Dogge – früher auch als »Fleischerhund« bezeichnet – heute noch unter Züchtern als der »Arier unter den Hunden« gesehen wird. »Hitler wollte den Herrenmenschen züchten und der Mensch den perfekten Hund.« Schon kurz nach Beginn des Projekts »Hitler – Ein Hundeleben« habe er von Neonazis Morddrohungen erhalten, die die Benennung eines Hundes nach dem »Führer« als eine extreme Provokation verstanden. »Dich und deinen Köter erwischen wir schon noch«, solche und ähnliche Sprüche habe er mehrfach am Telefon zu hören bekommen. Darauf habe er den Hund sofort trainiert, dass er nichts von der Straße fresse oder von Fremden annehme: »Mit der Wurst hab ich ihn dazu gebracht, dass er – wenn er etwas hingehalten bekommt – stehen bleibt, und wenn jemand etwas näher kommt zurückweicht und zu knurren anfängt. Wenn so ein 80-Kilo-Hund vor dir steht und knurrt, weil du ihm eine Wurst vorhältst, dann ziehst du die Wurst wieder weg.« Ich fand diese Geschichte auch unter dem Aspekt bemerkenswert, dass ausgerechnet der sonst so blutrünstige Hitler Vegetarier war und Flatz' Hitler-Dogge sich ebenso wie ihr Namensgeber mit Würsten nicht verlocken ließ. Vielleicht sind die drei Hunde Caesar, Stalin und Hitler inzwischen alle in ihrem Hunde-Paradies angelangt und fressen als Freunde vereint gemeinsam nur die allerbesten Würste aus ihrem Napf. ❡

Kleine Berliner Wurstgeschichten

Auf dem traditionellen Rosenfest in Berlin-Britz gab es vor dem Krieg den Brauch des Wurstangelns. Köche hielten »Britzer Knublinchen« genannte Würste an langen Stangen hoch, und die Kinder mussten versuchen, sie hüpfend mit dem Mund zu erhaschen, was zur Belustigung aller Beteiligten nicht so einfach war. Die »Knublinchen« der Britzer Fleischwarenfabrik Efha waren bundesweit bekannt, mehr als 100 000 Paar sollen täglich hergestellt worden sein. Ihren würzigen Geschmack und ihre schöne, dunkle Farbe erhielten sie in Räucherkammern mit schwelenden Sägespänen. Das Geschäft war so florierend, dass man zum Rosenfest oft auch einen eigenen, reich dekorierten Wagen bereitstellte, von dem aus Würste in die Menge geschmissen wurden. Die Firma samt diesen Kultwürsten ist nach der Wiedervereinigung ein Opfer des harten Konkurrenzkampfes geworden. Nur im Museum der Domäne Dahlem kann man noch einen der speziellen »Knublinchen«-Aufwärmbehälter der Efha-Werke sehen.

Wurstmaxe Otto Kutschkau

Ebenfalls vom Aussterben bedroht sind die sogenannten Wurstmaxen, die bis in die Nachkriegszeit das Bild der Berliner Straßen prägten. An einem Schulterriemen trugen sie einen von unten beheizbaren Wasserkessel aus Metall vor sich her, aus denen heraus sie heiße Brühwürste verkauften. Seit dem Siegeszug der Currywurst ist diese Tradition fast ganz verloren gegangen. Nur eine Berliner Imbissbudenkette firmiert noch heute unter diesem Namen, und am Alex trifft man auf Wurstverkäufer, mit

Bauchladengrill und Sonnenschirm quasi eine Neuinterpretation des alten Wurstmaxen. Kaum jemand weiß heute noch, dass die Figur des Wurstmaxen auf eines der für das Berliner Volksleben so typischen Originale zurückgeht: Otto Kutschkau. Zu seinem Tod 1939 würdigte ihn Joachim H. Wohl in der *Berliner Illustrierten* mit einem wehmütigen Nachruf, der ihn zugleich trefflich beschreibt:

»Doch wie ick jestern kurz nach zehne
Vorbeikomm', kiek ick hin und her:
Ick sah dir nich, ick war alleene,
Und eener sprach: ›Er steht nich mehr!‹
Jemeinsam mit dem andern Kunden
Hab ick noch eenmal nachjespürt;
Doch du, Freund Maxe, warst verschwunden,
Du hattest dir verdünnisiert.
So mussten wir uff dir verzichten;
Die Schlummerwurscht blieb unjekaut.
Eens kann ick nur noch: Dir berichten,
Du hast dein' Laden abjebaut.
Vor keener andern Arbeit bange,
Hast du den Kessel abjedreht,
Und zwar, ick nehme an, so lange,
Wie't um ne andere Wurscht jetzt jeht.«

Es gibt viele Geschichten, die über Kutschkau kolportiert werden. Schon seine Erscheinung war außergewöhnlich. Er trug einen schwarzen Frack mit weißem Schlips und Einstecktuch, auf dem Kopf einen Chapeau-claque-Zylinder, im Gesicht ein Monokel und einen Zwirbelbart wie Wilhelm II. und an seinen Fingern steckten zwei Riesenbrillanten, die ihm angeblich von einem hochadeligen Vorbesitzer in Anerkennung für seine vorzüglichen Würste überreicht worden war. Im Kontrast standen dazu die übrigen Accessoires: eine weiße Schürze, ein bunter japanischer Sonnenschirm und der blitzende Wurstkessel. Berühmt und gleichermaßen berüchtigt war Kutschkau für seine Schlagfertigkeit und seinen unerschöpflichen Vorrat an

Anekdoten, garniert mit medizinischem Fachjargon vorwiegend aus dem Bereich der Gynäkologie. Er selbst bezeichnete sich auch gerne als »ewiger Akademiker der Medizin und Jurisprudenz«. Sein Leben war nichts als ein Theater, weder sein Kostüm noch seine Rolle hat er jemals abgelegt. Es muss anstrengend gewesen sein, tagein, tagaus bis zum Morgengrauen mit dem schweren heißen Kessel und dem nicht ruhenden Mundwerk die Berliner zu unterhalten. Die Energie dafür lieferte ihm vor allem der Alkohol. Dabei soll er schon mal den Spiritus seines Kochers mit dem aus der Schnapsflasche verwechselt haben, und als Bierwärmer nutzte er immer seine heißen Würstchen, wobei er verkündete: »Die Würschte werden dadurch nicht schlechter, sondern besser.« ❡

Eine Wurst, mit der man Kriege gewinnt

Es gibt Würste, die nicht wurstförmig sind, deren Inhalt aber deckungsgleich mit dem einer Wurst ist, wie beispielsweise der Leberkäse. Und es gibt im Zuge der Veggie-Bewegung immer mehr Würste, deren Inhalt nur noch geschmacksmäßig der jeweiligen Wurst, die sie imitiert, nachempfunden ist, bei der das mitessende Auge über die Form eine verstärkende Wirkung ausübt. Für einen richtigen Wurstesser wird sie nie zu einer ernst zu nehmenden Alternative, und ob sie tatsächlich gesünder ist angesichts ihrer vielen Zusatzstoffe und künstlichen Aromen, mag dahingestellt sein. Dagegen schmeckt die 1867 von dem Berliner Konservenfabrikanten Johann Heinrich Grüneberg erfundene Erbswurst geradezu himmlisch. Ihr Name ist rein von der Form abgeleitet, man kann sie weder grillen noch roh verspeisen. Eine einfachere und schnellere Zubereitungsform ist schwer vorstellbar: Etwas Wasser mit einer Scheibe Erbswurst erhitzen, umrühren, und schon ist die schmackhafte und cremige Suppe fertig. Im Grunde könnte man sie als Prototypen der Veggie-Wurst bezeichnen und in ihr zugleich eine Urform des heutigen Fast Food sehen.

Die Geschichte der Erbswurst zählt zu den spannendsten Wurstgeschichten überhaupt. Die Grundbestandteile dieser Grüneberg'schen Erfindung sind Erbsmehl, Salz, Zwiebeln, Gewürze, Gemüse und entfetteter Speck als Geschmacksverstärker. Zunächst füllte er diese Mixtur pulverisiert und gepresst in Wursthüllen, später wurden die Zylinderscheiben in Pergamentpapier gewickelt, an Ober- und Unterseite verzwirlt und ähnlich wie bei der Wurst mit einem Faden abgebunden. Der preußische Staat machte mit ihr Experimente, um herauszufinden, ob die Erbswurst als Proviant für seine Truppen einsetzbar sei, und führte einen ungewöhnlichen Test durch. Sechs Wochen lang mussten sich einige arme Kreaturen ausschließlich von Erbswurst und Brot ernähren. Nachdem sie es überlebt hatten, wurde Grüneberg das Patent für die sagenhafte Summe von 35 000 Talern abgekauft und seiner Fabrik der Auftrag für die Produktion der Heeresverpflegung im großen Stil erteilt: 1700 Mitarbeiter produzierten fortan täglich bis zu 65 Tonnen Erbswurst, die dann im Tornister der Preußen als Geheimwaffe im Deutsch-Französischen Krieg eingesetzt wurde. Der Siegeszug der Erbswurst gipfelte zunächst 1870 in der schicksalshaften Schlacht von Sedan, später avancierte sie zum idealen Proviant bei frühen Polarexpeditionen und Extrembergbesteigungen. In der Nachkriegszeit war sie schlicht das Standardgericht in Jugendherbergen und Berghütten und schließlich auch ein Klassiker in der aufkommenden Campingkultur. Die Portionsstückchen werden einfach zerdrückt, in kaltes Wasser eingerührt und anschließend einige Minuten aufgekocht. Klein geschnittene Wiener Würstchen dienen zur Verfeinerung und verwandeln die Suppe in ein schmackhaftes Gericht, das dem Namen Erbswurst erst so richtig gerecht wird. Angeboten wird sie bis heute in den Varianten »gelb« und »grün« von der Firma Knorr aus Heilbronn, die den Betrieb von Johann Heinrich Grüneberg 1889 übernahm. Der Erfinder selbst erlebte nur die Ansätze des Siegeszuges, den seine Erbswurst antrat. Er starb bereits 1872 in Berlin.

Die Erbswurst gibt es noch: seit 1889 wird sie von Knorr hergestellt.

Ein Ende mit Blutwurst

1993, während meiner Zeit am Haus der Kulturen der Welt, war ich entsetzt über die Absicht des Berliner Senats, das traditionsreiche Schillertheater liquidieren zu wollen. Verantwortlich dafür war der damalige Kultursenator Ulrich Roloff-Momin, den ich eigentlich als Kulturpolitiker sehr schätzte, weshalb es mir gar nicht so leichtfiel, mich der Protestbewegung gegen ihn anzuschließen. Es war ein ausgesprochenes Dilemma, in dem er steckte. Die öffentlichen Mittel reichten bei Weitem nicht zum Erhalt der gesamten fusionierten Berliner Theaterlandschaft, und er hatte nun die undankbare Aufgabe, unter Beibehaltung aller Osttheater die schmerzhafte Amputation dieses Gliedes der einstigen Westberliner Kultur vorzunehmen. All die Proteste und Appelle aus der gesamten städtischen und bundesweiten Kulturlandschaft glitten an ihm ab, er blieb bei seiner Entscheidung. Es kam zu einer letzten großen Solidaritätsaktion, bei der die ganze Prominenz der deutschen Theaterszene auftrat. Als Letzter kam der Megastar des Ensembles, der große Bernhard Minetti, auf die Bühne. In seiner so charakteristisch hohen, leicht krächzenden Stimmlage las er ohne weiteren Kommentar ein mir bis dato unbekanntes Märchen der Gebrüder Grimm vor, das er als das »Märchen von der Blut- und Leberwurst« vorstellte:

»Auf eine Zeit lebten eine Blutwurst und eine Leberwurst in Freundschaft, und die Blutwurst bat die Leberwurst zu Gast. Wie es Essenszeit war, ging die Leberwurst auch ganz vergnügt zu der Blutwurst, als sie aber in die Haustüre trat, sah sie allerlei wunderliche Dinge, auf jeder Stiege der Treppe, deren viele waren, immer etwas anderes, da war etwa ein Besen und eine Schippe, die sich miteinander schlugen, dann ein Affe mit einer großen Wunde am Kopf und dergleichen mehr. Die Leberwurst war ganz erschrocken und bestürzt darüber, doch nahm sie sich ein Herz, trat in die Stube und wurde von der Blutwurst freundschaftlich empfangen. Die Leberwurst hub an, sich nach den seltsamen Dingen zu erkundigen, die draußen auf der Treppe wären, die Blutwurst tat aber, als hörte sie es nicht oder als wäre es nicht der Mühe wert davon zu sprechen, aber sie sagte etwa von der Schippe und dem Besen: ›Es wird meine Magd gewesen sein, die auf der Treppe mit jemand geschwätzt hat‹, und brachte die Rede auf etwas anderes. Die Blutwurst ging darauf hinaus und sagte, sie müsse in der Küche nach dem Essen sehen, ob alles ordentlich angerichtet werde und nichts in die Asche geworfen. Wie die Leberwurst derweil in der Stube auf und ab ging und immer die wunderlichen Dinge im Kopf hatte, kam jemand, ich weiß nicht, wer's gewesen ist, herein und sagte: ›Ich warne dich, Leberwurst, du bist in einer Blut- und Mörderhöhle, mach dich eilig fort, wenn dir dein Leben lieb ist.‹ Die Leberwurst besann sich nicht lang, schlich zur Tür hinaus und lief, was sie konnte; sie stand auch nicht eher still, bis sie aus dem Haus mitten auf der Straße war. Da blickte sie sich um und sah die Blutwurst oben im Bodenloch stehen mit einem langen, langen Messer, das blinkte, als wär's frisch gewetzt, und damit drohte sie und rief herab: ›Hätt' ich dich, so wollt ich dich!‹«

Es bedurfte keiner weiteren Worte mehr. Mit der Blutwurst war natürlich der böse Kultursenator gemeint. Erst im Zeitalter des Internets fand ich dieses Märchen wieder, allerdings unter dem Titel »Die wunderliche Gasterei«. Es war nur bis zur zweiten Auflage 1810 in der Grimm'schen Sammlung enthalten und verdient eine Wiederentdeckung. ❡

Die »Ketwurst« – ein Stück DDR-Geschichte

Von einem anderen Ende, einem Neuanfang und einer ungewissen Zukunft handelt die nächste Geschichte. Bei einem meiner Besuche in der Hauptstadt war ich mit Thomas Stürmer verabredet, den die Medien bundesweit als Wiederentdecker der »Ketwurst« feierten. Sie ist eine Art Hot Dog des Ostens, die auf die Initiative einer DDR-Bürgerin zurückgeht. Im Urlaub in Ungarn war sie Hot Dogs verfallen, und wieder daheim regte sie an, doch eine in »Plaste- und Elaste«-Haut gehüllte DDR-Variante zu entwickeln. Am Alexanderplatz, dem Aushängeschild der spezifischen DDR-Identität, wo auch andere westlich dekadente Fast-Food-Volksnahrungsmittel unter der Regie des »Rationalisierungs- und Forschungszentrums Gaststätten« als vermeintlich neue, sozialistische Produkte auf den Markt geworfen wurden, nahm man den Auftrag an und erfand die »Ketwurst«.

»Ket« hat seine Wurzel in »Ketchup« und nicht, wie manche irrtümlich glauben, in dem Begriff »Kette«, der durchaus mit dieser Imbisswurst verbunden werden könnte. Der Name verkörpert gleichermaßen die Besessenheit der DDR zur Verdeutschung aller an den Klassenfeind erinnernden und für manche Ostbürger damals befremdlichen englischen Worte sowie den fatalen, an Militärsprache erinnernden Hang zu Abkürzungen. Eine ähnliche Abgrenzung versuchte man mit den »HO-Gaststätten-Goldbroiler« (das Pendant zur westlichen Wienerwald-Kette) und den »Grilletten«, der Ostvariante der Hamburger. 1979 wurden die Erfinder der Ketwurst auf der dritten »Bereichsmesse der Meister von Morgen« für ihre »Leistung um das Exponat Versorgungslösung Ketwurst« ausgezeichnet. Sie hätten dazu beigetragen, dass die immer zahlreicher auf den Alexanderplatz strömenden Besucher sich an Imbissständen ausreichend versorgen könnten und die Gastronomie am Platz entlastet würde. Nach dem Mauerfall drängten Fast-Food-Ketten aus dem Westen nach Ostberlin, die Ketwurst fristete einige Jahre lang nur noch ein Nischendasein. Bis Thomas Stürmer kam.

Auf die Heizstäbe im Hintergrund wird das Brötchen gesteckt, um es zu erwärmen. Ins Loch hinein kommt anschließend die Wurst.

Ich hatte mich mit ihm eigentlich an einer seiner in den Medien so gehypten Buden treffen wollen, auch, um ihn in »seinem Ambiente« fotografieren zu können. Ich hatte an den Alex gedacht oder den Bahnhof Friedrichstraße und war überrascht, dass er mich in ein Einkaufszentrum nach Schöneweide lotste. Erst später wurde mir klar, warum. Es war gar nicht so einfach, den Treffpunkt zu finden, und keiner, den ich fragte, konnte mir helfen. Fast schon außerhalb des Ladenbereichs im ersten Obergeschoss, kurz vor dem Übergang zum Parkhaus, fand ich endlich den grellgelb-roten Ketwurst-Stand. Thomas Stürmer erwartete mich schon. Ein stattlicher Mann mit wilden, bis zur Schulter reichenden Locken, fast wie Ludwig XIV., und mit einem eigenwilligen Spitzbart, ähnlich dem von Gustav Adolf oder gar dem seines Widersachers Tilly, die mir bartmäßig stets wie über einen Kamm geschoren vorkamen. Meine Tochter, der ich später ein Foto von Thomas Stürmer zeigte, meinte dagegen: »Der sieht doch aus wie Captain Hook!« Wie doch Assoziationen von Generation zu Generation unterschiedlich ausfallen. Zur äußeren Erscheinung von Stürmer passte die selbstsichere Art seines Auftritts, man spürte die Routine aus den vielen Interviews. Ich hatte gedacht, er sei selbst ein alter Ketwurstmacher mit entsprechender DDR-Vergangenheit, aber seine Biografie passte nicht so recht zu der eines Ketwurst-Ost-Nostalgikers. Seine Eltern waren Mediziner, er besuchte eine EOS (erweiterte Oberschule), wie man DDR-Gymnasien nannte, war langhaarig, spielte in einer Schulband und leitete den dortigen Jugendclub. Anstelle von drei Jahren Militärdienst hielt er es nur die halbe Zeit mit dem erzwungenen Kurzhaarschnitt aus. Den Plan, »Jugendclubleiter« zu studieren, verwarf er, weil es ihm politisch nicht in den Kram passte. In der DDR wurde diese Fachrichtung auch »Rotlichtstudium« genannt, weil es im Curriculum vor allem um die Vermittlung der richtigen Ideologie ging. In der Wendezeit brachte er es dann dennoch zu einem Jugendclub-Leiter, bevor er als Unternehmensberater in die IT- und Kommunikationsbranche wechselte.

Vorher muss natürlich noch Ketchup ins Brötchen, und auch die Wurst wird noch einmal ordentlich getunkt.

In dieser Phase sei die Idee zur Wiedergeburt der Ketwurst entstanden: »Ich war gerade auf dem Nachhauseweg vom Büro und hatte einen richtigen Heißhunger. Doch Döner, Pizza, Burger, das wollte ich alles nicht. Und dann dachte ich, Mensch, so eine Ketwurst, wie es sie früher gab, das wäre was! Dieser Moment wurde zur Grundlage meiner neuen Geschäftsidee. Es hat ewig gedauert, bis wir in Ostberlin einen Bäcker fanden, der in der Lage war, so ein Brötchen wie damals zu backen. Meine Würste werden von einem Ostberliner Fleischermeister nach Originalrezepturen, ohne künstliche Aromen und nach wie vor in einem Schäldarm aus Plaste hergestellt. In der DDR waren Saitlingsdärme eine Rarität, der Plastedarm eigentlich eine Notlösung. Die Rezeptur inklusive der speziellen roten Soße und dem Heiz-Spieß-Apparat, quasi den gesamten Herstellungsvorgang inklusive Geschäftsidee, habe ich 2003 beim Patentamt schützen lassen.«

Stürmer zeigte mir routiniert den Umgang mit seiner Wiederentdeckung. Das längliche Brötchen wird durchbohrt mit einem elektrischen Rundstab aus Metall mit kegelförmiger Spitze. Die heiß gebrühte Wurst wird in die rote Ketchupsauce getunkt und ähnlich, wie die Spanier ihren Rotwein traditionell mit der »Bota« aus größerer Distanz in den Mund laufen lassen, lässt Stürmer immer wieder seine knallrote Spezialsauce von der Wurst in einem langen, zähen und immer dünner werdenden Faden in das heiße Loch des Brötchens fließen. Kein Tropfen geht daneben, und wenn das Loch halb voll ist, wird die Wurst hineingesteckt. Für den Kunden besteht die Kunst nun darin, beim Essen keine Schweinerei zu veranstalten. Man muss ein wenig auf das Brötchen drücken, bis das eine Ende der Wurst zum Vorschein kommt. Wenn man zu stark drückt, dann ergießt sich die Sauce explosionsartig über Gesicht und Kleidung. Für jemanden, der wie ich einen Hang zur Selbstbekleckerung hat, ist der Verzehr einer Ketwurst eine Herausforderung. So ist mir denn auch das Prozedere stärker im Gedächtnis haften geblieben als das Geschmackserlebnis.

Beim Hineinbeißen ist höchste Vorsicht geboten.

Neben dem Ketwurststand entdeckte ich eine erleuchtete Litfasssäule, beklebt mit einer Fülle von Zeitungsausschnitten, ein Spiegel der deutschen Presselandschaft zur Renaissance der Ketwurst. Auch der an die Maggi-Werbung erinnernde Corporate-Identity-Auftritt des gesamten Ketwurst-Marketings, vom Poster bis zu mobilen oder festen Verkaufsständen, alles einheitlich in grell gelb-roter Farbigkeit mit comichaft flotter Handschrift und Sprechblasen designed, erscheint sehr professionell und wirkungsvoll. Die Idee, die Form der Umsetzung, die Marketingstrategie – Thomas Stürmer hat eigentlich alles richtig gemacht. Doch der Markt ist manchmal gnadenlos, braucht ständig neue Sensationen. Der auf Andy Warhol zurückgehende Spruch von »15 minutes of fame« ist heute längst nicht mehr nur auf Künstler, sondern auf nahezu die gesamte Produktwelt auszuweiten. Man denke nur an die ganze IT-Industrie, deren Produkte immer kürzere Haltbarkeitsdaten haben. Ein wenig scheint mir das Schicksal von Thomas Stürmer für dieses Phänomen symptomatisch zu sein. Er war schon ganz nahe an der Grenze zum großen Durchbruch, die Ketwurst hätte ideale Voraussetzungen sogar für eine internationale Erfolgsstory ähnlich wie die von Hot Dog oder Currywurst gehabt. Aber offensichtlich fehlte es am notwendigen Durchhaltevermögen und den finanziellen Voraussetzungen, um dem Moment des Medienhypes eine Dauerhaftigkeit zu verleihen.

Ich begann zu begreifen, warum er mich an diese unwirtliche, entlegene Stelle gelotst hatte. Die Stände am Bahnhof Friedrichstraße und auch die am Alexanderplatz musste er schon früh aufgeben, obwohl die Ketwurst in den Medien, vor allem im Internet, immer noch sehr präsent erscheint. Der Stand, an dem ich Stürmer besuchte, war ebenfalls wenig frequentiert. Die einzige etwas längere Unterbrechung unseres Gesprächs erfolgte, als ein Handwerkertrupp erschien und der Meister mit DDR-Erfahrung allen seinen Lehrlingen eine Ketwurst spendierte und von den guten Aspekten der früheren Zeit schwärmte. Dem Wiederentdecker bleiben nur noch die Rechte an der Ketwurst und die Erfahrung des kurzen Ruhms und zugleich des Scheiterns. Mittlerweile hat er auch den letzten noch aktiven Stand im Schöneweider Einkaufszentrum abgegeben. Einer seiner ersten Mitarbeiter, der alle Höhen und Tiefen der Ketwurst miterlebt hat, ist inzwischen der Inhaber. Auch André Wanzlik hat eine interessante Biografie, die ausführlich wiederzugeben aber den Rahmen dieses Buches sprengen würde. Nach einer Karriere als »Wasserkellner« im Palast der Republik, wo er alle Großen der Politprominenz von Erich Honecker, Erich Mielke, Günther Schabowski bis Egon Krenz meist mit Hochprozentigem versorgte und langen Jahren auf Kreuzfahrtschiffen für verdiente DDR-Bürger, die nach Kuba oder Leningrad schipperten, kaufte er sich in Rahnsdorf bei Berlin eine Currywurst-Bude in unmittelbarer Nachbarschaft zum Proberaum und Wohnsitz der legendären DDR-Rockband »Pudhys«. Ihr Frontmann Dieter Birr, der nur »Maschine« genannt wurde, sei ein absoluter Fan seiner Currywurst gewesen. 2007 holte ihn Thomas Stürmer dann in sein Team und übertrug ihm die Leitung des prominenten Ketwurst-Standes an der Friedrichstraße. Genau wie Stürmer war Wanzlik überzeugt, dass der Höhenflug von Dauer sein würde. Dass es anders gekommen ist, kann er sich nicht so recht erklären. Ziemlich sicher ist derzeit nur eines: Die Ketwurst wird als Begriff und Zeitphänomen im Zuge der DDR-Nostalgie-Welle und aller auch künftigen Reflexionen über die Kulturgeschichte der DDR eine Rolle spielen. Es könnte durchaus sein, dass irgendwann mal die Ketwurst wiederentdeckt, zu neuem Leben erweckt und vielleicht sogar als kurioses Produkt mit einer besonderen Geschichte doch noch ein Happy End erfahren wird. ❡

Der »Ostgrill« am Ostbahnhof

Jeder Berliner hat seine favorisierte Currywurstbude, die immer auch die Zugehörigkeit zum jeweiligen Kiez ausdrückt. Der eine schwört auf »Curry 36« in Kreuzberg, der andere auf »Konnopke« an der Schönhauser Allee, die älteste und traditionsreichste Imbissbude Berlins. Einige Buden bieten unvergessliche Besonderheiten, wie »Gold Körri« in Schöneberg, wo man gegen einen moderaten Aufpreis mit 23 Karat Gold verschönerte Würste verspeisen kann. Am Gendarmenmarkt bekommt man mit Currysauce verfeinerte Straußen-, Bio- oder gar Fischbratwürste. Andere schwärmen von den Currywurstbuden am Wittenbergplatz, wobei sich hier zwei typisch berlinerische Fangemeinden begegnen. »Ökos« bevorzugen die Biowürste bei »Witty's« an der Ecke zur Bayreuther Straße. Nachteulen und die schwule Fangemeinde stehen mehr auf die »Scharfe« mit den »geilen Pommes frites« von der in Regenbogenfarben gehaltenen Bude »Fritz & Co.«, Vegetarier und Veganer schwärmen von den Würsten mit hausgemachter Curry-Tomatensauce des »Frittiersalons« in Friedrichshain.

Bei meinem Streifzug entdecke ich hinter dem Ostbahnhof eine Bude, die mich schon von Weitem anlockt. Allein der Name »Ostgrill« und das gesamte Erscheinungsbild faszinieren mich. Alles scheint in sich stimmig zu sein,

ein typisches Bild des Berliner Alltags mit seinem Nebeneinander von Großstadtambiente, Ästhetik, Milieu und Zeichen des Verfalls. Der »Ostgrill« und seine Lage auf einer von der Stadtplanung nicht erfassten, frei gebliebenen Vorhaltfläche, wie sie für die hinter den Gleisen liegende Seite von Bahnhöfen üblich ist, verkörpert diese Situation der Vermischung. Es ist ein sozialer Treffpunkt der besonderen Art, wo viele Menschen sich eine kurze Auszeit nehmen und preiswert und schnell stärken können. Viele kennen sich, es ist ihre Heimat, das erweiterte Wohnzimmer außerhalb der entindividualisierten Wohnmaschinen. Das Umfeld um das schon etwas betagte Verkaufsmobil von Erika Erdmanns »Ostgrill« ist irgendwie rührend. Blumenkästen, Klappstühle, Tischchen und Sonnenschirme schaffen eine Idylle zwischen Camping und Schrebergarten. Entsprechend ist auch die Innendekoration mit alten sozialistischen Werbepostern, Deutschlandfahne, Club-Cola-Sticker und einer goldenen, glitzernden Hirschgestalt, die ganz unvermittelt zwischen Flaschen, Gläsern und gerahmten Familienfotos steht.

Spontan beschließe ich, hier eine Currywurst zu essen, und frage, ob die Wurst mit oder ohne Darm sei. Die Antwort lautet »normal«, und erst auf

»I love Currywurst« lautet das Motto von Erika Erdmanns »Ostgrill« – so liebevoll, wie die Wurst präsentiert wird, stimmt das auch.

meine Rückfrage, was denn »normal« sei, kommt ein »natürlich ohne Darm«. Detlef, der mir gegenübersitzt, mischt sich ein. Mit Currywürsten kenne er sich besonders gut aus. Er meint, dass die Herstellung von Würsten ohne Darm von einer Fleischerei in Altglienicke erfunden wurde. Diese Metzgerei würde auch die berühmte Currywurstkette von »Konnopke« beliefern und sei zu DDR-Zeiten vor allem dadurch berühmt geworden, dass Fidel Castro bei einem Berlinbesuch diese Würste so sehr geschmeckt hätten, dass er sogar welche nach Kuba mitnehmen wollte. Ich frage ihn, woher er all diese Informationen habe, und er deutet auf Zeitungsausschnitte, die im Wagen an der Wand hängen, außerdem gebe es Bilder, die Fidel Castro beim Currywurstessen zeigten. Dass die hautlose Wurst aus der Not heraus als Zeichen der Mangelwirtschaft der DDR geboren wurde, hält Detlef für eine Mär, die Wurst ohne Haut sei viel besser und feiner als die mit Haut. Tina Betten, die Verkäuferin, mischt sich ein und erzählt, sie habe in Lichtenberg schon mal welche mit Haut gegessen: »Das war so was von eklig, einfach Bockwürste und alles mit Darm.«

Ich bekomme meine Wurst ohne Darm liebevoll angerichtet auf einem knallgelben Plastikteller wie ein Smiley liegend, daneben zwei Schrippen und ein Halbbogen, bestehend aus zwei Gurken- und einer Tomatenscheibe und einem Häufchen Kraut, mit einem Hauch von klein gehackter Petersilie überstreut. Die Wurst ist mit roter Sauce bedeckt und mit orangefarbenem Curry überpudert. Ich mache Tina Betten ein Kompliment für die schmackhafte Sauce. Sie entgegnet trocken: »Gehört ja nicht viel dazu, Currysauce selber zu machen, aber das machen halt nicht mehr viele, die klatschen nur Ketchup und Currypulver drauf und das war's.« Als ich von meinem Buchvorhaben berichte, ruft sie ihre Mutter Erika Erdmann herbei, die sich zu mir gesellt und mir ihre Lebensgeschichte erzählt: »Ich betreibe den Stand seit 2011. Mein Mann und ich wollten 2010 eigentlich ein Lokal aufmachen. Nach dem Tod meines Vaters hab ich ein bisschen was

Schmackhaftes »Currywurst-Smiley«

Tina Betten, die Tochter von Erika Erdmann, mit einer frischen Currywurst. Das Geheimnis, davon ist sie überzeugt, liegt in der Sauce.

gekriegt, aber dann bekam mein Mann Probleme mit den Bandscheiben und konnte nicht mehr schwer arbeiten. Wir wollten nicht vom Amt leben, deshalb wollten wir uns selbstständig machen. Für ein Lokal hat das Geld aber bei Weitem nicht gereicht, nur für diesen dreißig Jahre alten Imbisswagen, den ich in Cuxhaven gefunden und hierher transportiert habe. Der Name ›Ostgrill‹ kommt daher, dass wir Currywurst und die ›Grilletta‹ anbieten, eben das, was wir früher im Osten hatten. 2012 ist mein Mann dann schwer erkrankt, von der Lunge hat er eine Seite wegbekommen. Seither konnte er gar nicht mehr mitarbeiten, ich musste die Familie alleine durchbringen. Als dann mein Sohn 2014 noch verstorben ist …«

Ich merke, wie sie mit den Tränen kämpft, und wage nicht, Näheres zu erfragen. Nach einer kleinen Pause fängt sie sich wieder und fährt fort: »Jetzt hilft meine Tochter zwischendurch mal mit, aber die hat ja ein Kind, weshalb das auch nicht immer geht. Man schlägt sich halt so durch. Morgens mach ich im Sommer um zehn Uhr auf, im Winter erst gegen elf. Es geht immer ohne Pause bis zum Abend, im Sommer, wenn richtig viel los ist, kann es auch mal sehr spät werden. Das ist auch gut, weil man was verdient. Aber wenn nicht viel los ist im Winter oder bei schlechtem Wetter, muss man die Miete für den Stellplatz trotzdem bezahlen. Im Winter haben wir Elektrostrahler im Wagen, das kostet zusätzlich. Eigentlich muss man im Sommer schon sparen, damit man im Winter überleben kann, aber im Endeffekt bleibt nicht viel hängen. Und dann brechen sie auch immer wieder bei uns ein. Ich frag mich, was die eigentlich glauben, was bei uns zu holen ist? Manchmal ist es zum Verzweifeln, aber es gibt auch schöne Seiten, vor allem die Stammgäste haben mir immer wieder Mut gegeben. Die kommen auch ohne Marketing. Wobei die beste Werbung sowieso die Qualität ist. Die Currysauce ist mein Geheimnis. Wie ich sie mache, kann ich nicht erzählen, sonst macht mir das jeder nach. Es ist schon lecker. Es wäre so schön, wenn wir mal im Internet eine Seite hätten, aber dafür braucht man auch Geld, das muss ja einer machen. Die Deko im Wagen und außenrum hab ich alles selber gemacht. Wir waren in so einem Ostladen, da konnte man sich Bilder aussuchen und ausdrucken lassen. Die Blumen mach ich, damit es hier schön aussieht, auch wenn hier sogar die Blumen von irgendwelchen Spinnern ausgerissen werden. Aber hier bin ich zu Hause, da soll es auch gemütlich und schön sein. Ich bin ja auch immer hier, seit 27 Jahren war ich nicht mehr im Urlaub. Nur einmal waren mein Mann und ich fünf Tage an der Ostsee. Mehr war nicht drin, aber auch, wenn in meinem Leben ein bisschen viel passiert ist – ich bin froh, dass ich den Imbiss habe. Und solange die Kraft noch ausreicht, mach ich das weiter.« ¶

Das Currywurstmuseum

Das Currywurstmuseum ist mit Abstand das bekannteste aller deutschen Wurstmuseen. Kein Wunder, denn die Lage könnte nicht besser sein: nur wenige Schritte von der Haupttourimeile am Checkpoint Charly entfernt, wo man die Geschichte der Nachkriegszeit und der Teilung Deutschlands nachvollziehen kann. Ein Muss für alle Berlintouristen ist ein Selfie mit verkleideten Grenzsoldaten. Unwillkürlich wird das Currywurstmuseum mit

Im Museum ist einfach alles Currywurst, sogar die Sitzmöbel.

dem davor geparkten, großen US-designten Wursttruck zum Teil dieser Erinnerungskultur. Es suggeriert den Siegeszug des westlichen Fast Foods mit seiner Coca-Cola-gesüßten Soßenmixtur über den Sozialismus, obwohl in der DDR fast gleichzeitig mit dem Mauerbau die Currywurst ohne Namensverfälschungen zu den wenigen grenzüberschreitenden und interkulturellen Gemeinsamkeiten zu zählen ist. In der berühmten Imbissbude von »Konnopke« am Prenzlauer Berg war die Currywurst mit leicht westlich-dekadenter Note ein Erfolgsschlager – Profitgier überwog auch zu DDR-Zeiten mitunter ideologische Bedenken. Wegen der Darmknappheit war die Ostwurst allerdings immer nur darmlos, und die Schrippen wurden bisweilen zum besseren Tunken der recht dünnflüssigen DDR-Soße durch geschmacksneutrale Toastscheiben ersetzt.

Beim Rundgang durch das Museum folgt man einer genaueren Choreografie mit allen gängigen museografischen Effekten. Es gibt Erlebnisbereiche für Kinder und Erwachsene, alle Sinne werden angesprochen, es gibt eine Geruchsorgel, eine begehbare Imbissbude und auf großen Wurstsofas kann man sich bequem multimedial unterhalten lassen. Wenn man alle Stationen zur Geschichte der Currywurst absolviert hat, erwartet einen zum

Draußen sorgt der Currywurstbus für die richige Einstimmung, drinnen kann man sich mit einer frischen Currywurst stärken.

krönenden Abschluss die im Eintrittspreis inkludierte Currywurst, und zu guter Letzt gelangt man leiblich wie mental gestärkt in den Shop mit einem breiten Angebot von Merchandisingprodukten rund um die Wurst. ¶

Ein Blick hinter die Kulissen

Das Herz der Berliner Fleischerinnung liegt in dem zu Recht auch »Bauch von Berlin« genannten gigantischen, über 330 000 Quadratmeter großen Gelände des Berliner Großmarktes in der Moabiter Beusselstraße. Der Umschlag aller Güter beträgt rund 600 000 Tonnen pro Jahr. Es ist eine Stadt für sich. Der Fußmarsch führte mich an schier endlos langen Hallen entlang, bis ich endlich den Sitz der Fleischerinnung erreichte. Ich kam mir total verloren vor, wie in einem Bienenstock nur von Sprintern und Lastzügen umbraust, die geschäftig und offensichtlich unter großem Zeitdruck ihre Ziele ansteuerten. Ich bin verabredet mit Martin Stock, dem Geschäftsführer der Berliner Fleischerinnung. Stock hat Politologie studiert, war als Journalist tätig und hatte eine leitende Position bei einer Gewerkschaft inne, bevor er 2009 die Geschäftsführung der traditionsreichen Berliner Fleischerinnung übernahm. Stock gibt mir eine kleine Einführung in die spannende Historie der Berliner Fleischerproduktion. Ein Meilenstein für diese Entwicklung war nach seinen Worten die schon 1810 beschlossene Einführung der Gewerbefreiheit in Preußen und Berlin. Das habe zur Folge gehabt, dass private Schlachthäuser eine Blütezeit erlebten. 1881 habe es bereits 250 Schlachtbetriebe in der Stadt gegeben, oft ohne Konzession und mit schrecklichen hygienischen Zuständen. Der Ausbruch einer verheerenden Rinderpest führte zur Planung eines zentralen und nach den modernsten Gesichtspunkten der Zeit ausgestatteten Schlacht- und Viehhofes.

Die Ausmaße des alten Viehhofs sind auch für heutige Maßstäbe immens. Das Schlachtvieh wurde per Bahn herantransportiert, allein auf dem Gelände gab es Gleisanlagen mit einer Gesamtlänge von über 15 Kilometern. Stock zeigt mir historische Fotos von fünf Viehrampen, an denen jeweils ein 400 Meter langer Zug entladen werden konnte. Eine eigene hochmoderne Desinfektionsanstalt ermöglichte das Säubern von fünfzig Waggons pro Stunde. Einen eigenen Gleisanschluss hatten die Kaldaunenwäsche, Talgschmelze, Darmschleimerei, Lederfabrik, Häutesalzerei und -trocknerei, sowie eine blutverarbeitende Albuminfabrik. Der Zentralviehhof war nicht nur eine Stadt in der Stadt, seine wechselnden Funktionen sind auch ein äußerst spannendes Spiegelbild der Geschichte: die Anfänge nach den verheerenden Seuchen, die Epoche der Gründerzeit, der Erste Weltkrieg, die Krise des Viehhofs während der Inflationsjahre, die gigantischen Erweiterungsmaßnahmen während des Booms der 1920er-Jahre und die weitgehende Zerstörung nach Bombenangriffen im Zweiten Weltkrieg. Bis 1948 nutzte die Rote Armee das Gelände als Sammelstelle für Reparationsgüter und Beutekunst, die von dort aus mit Zügen auf einem eigens gelegten Breitspurgleis direkt nach Leningrad verbracht wurden. Es folgten die Jahre des Wiederaufbaus und der Wiederinbetriebnahme während der DDR-Ära und schließlich die Neukonzeption nach der Wiedervereinigung. Heute sind die noch verbliebenen Funktionen auf den Westberliner Großmarkt verlagert und weite Bereiche des alten Geländes unter Denkmalschutz gestellt, auch wenn sie in Teilen langsam verfallen.

Die Bilder und Dokumente, die Martin Stock mir vorlegt, zeigen auf eindrucksvolle Weise die Widersprüche zwischen den gesellschaftlichen Klassen. Auf der einen Seite das hektische Treiben der anfahrenden Kutschen vor den palastähnlichen Komplexen der Viehbörsen und Auktionshallen und die ebenso reich dekorierte Herrschaftsarchitektur der Verwaltungsgebäude, des Kommandohauses und des von zwei Türmen flankierten zentralen Schauamts. Auf der anderen Seite Bilder von Viehauftrieben, die mich durch den krassen Kontrast der Natur vor der Kulisse der Industriehallen mit ihren an Krematorien erinnernden, qualmenden Schloten stark beeindrucken. Ganz ähnlich wie die armen Kreaturen erscheinen die Fotos der Arbeiter, die breitschultrigen Schlachter und ausgemergelten Gestalten der blutverschmierten Fleischergesellen mit breiten Gürteln und langen Messern. Die Arbeitsbedingungen waren aus heutiger Sicht unvorstellbar brutal. Für die unterste Klasse gab es weder Sonn- noch Feiertage, geschweige denn Urlaub. Um 1900 dauerte der Arbeitstag eines Fleischergesellen bis zu zwanzig Stunden pro Tag, bei einem Wochenlohn von gerade einmal 18 Mark. Das reichte nicht aus, um sich ein eigenes Zimmer zu mieten, geschweige denn eine Familie zu gründen. Als sogenannte Schlafburschen pendelten sie zwischen Kneipe, Bordell und Bett. Schwere Krankheiten und Unfälle durch Übermüdung und Alkoholexzesse waren an der Tagesordnung.

Künstler und Literaten waren mit die Ersten, die diese extremen Kontraste gleichermaßen aufgewühlt und inspiriert haben. In Alfred Döblins »Berlin Alexanderplatz« zum Beispiel gibt es eine berühmte Schlachthofszene, von Heinrich Zille, George Grosz bis Raoul Hausmann Milieustudien. Bei Lovis Corinth, Wolf Vostell und Norbert Tadeusz sind große Fleischstücke und Schlachtszenen ein immer wiederkehrendes Motiv. Und ein Foto, das einen Fleischer zeigt, der wie ein Priester mit einem kreuzförmigen Werkzeug den riesigen, geschundenen Kadaver eines gehäuteten Rindes auseinanderspreizt, erinnert mich an ein ähnliches Szenario mit Hermann Nitsch als Zeremonienmeister bei rituellen Opferhandlungen im Rahmen seines »Orgien-Mysterien-Theaters«.

Stock zeigt mir auch die Gesamtausgabe der *Allgemeinen Schlächter-Zeitung*. Die Unterzeile lautet »Organ für die Interessen der Schlachtkunst, des Viehhandels und der Viehzucht«. Mich fasziniert die mit reichem Rankwerk verzierte Titelvignette, die eine Szene von friedlich weidenden Nutztieren,

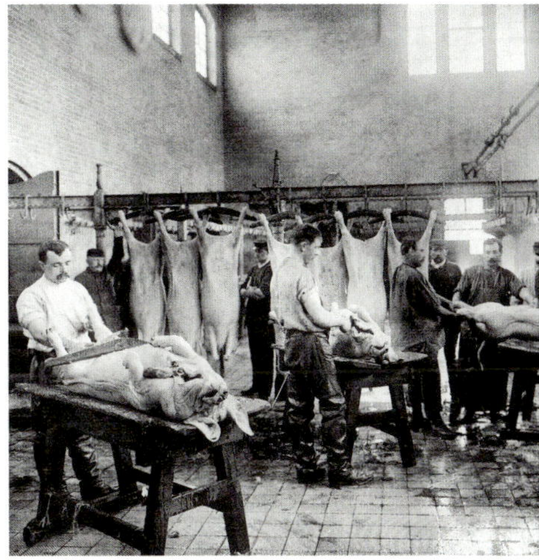

Die Ausmaße des Zentralen Vieh- und Schlachthofs waren gigantisch, eine Stadt in der Stadt. Der Prunk der Viehbörse (oben links) und der Verwaltungsgebäude kontrastiert mit dem unvorstellbar harten Alltag der Arbeiter, die bis zu zwanzig Stunden am Tag schuften mussten. Das Vieh wurde mit dem Zug gebracht, die Gleisanlagen allein innerhalb des Viehhofs umfassten 15 Kilometer.

Lovis Corinth schuf insgesamt 14 Werke, die sich mit dem Thema Fleisch beschäftigen. Das Gemälde »Im Schlachthaus« entstand 1893.

Schwein, Stier und zwei Schafe, zeigt. Im Vordergrund sind die Attribute des Schlachters zu sehen: Messer, Wiegeeisen, Hackebeil und Knochensäge, und im Zentrum erscheint ein bekröntes, von einem Hermelin umsäumtes kartuschenhaftes Wappenschild, das folgende Inschrift trägt: »Viel herb und hart ist Schlächters Art, der feinste Mann doch ohne ihn nicht leben kann.« Zufällig schlage ich den 4. August des Jahres 1875 auf, mit der großen Schlagzeile »An die Fleischer Deutschlands!« und dem Aufruf zur Abhaltung eines »Allgemeinen Deutschen Fleischer-Congreß« mit dem Ziel der »Gründung einer Fleischer-Vereinigung über das ganze Deutsche Reich«. Ich lese weiter und bin überrascht, wie sich schon damals der ganze Stand bedroht fühlte: »Unklare Reichs- und Staatsgesetze, Hand in Hand mit Regierungs- und Polizei-Verordnungen, haben in ihren strikten Ausführungen in einer von den Gesetzgebern nicht beabsichtigten Weise unsern seit Jahrtausenden hoch geehrten Stand schwer geschädigt, ja sogar einzelne Märtyrer unseres Gewerbes um Freiheit, Familienglück und ihre Habe gebracht.« Der Aufruf war erfolgreich und markiert die Gründung des inzwischen in Frankfurt residierenden Deutschen Fleischerverbandes.

Wie aktuell die damalige Diskussion ist, wird mir klar, als mir Stock einige statistische Daten zur zahlenmäßigen Entwicklung der Berliner Fleischereibetriebe präsentiert. Vor Ausbruch des Zweiten Weltkriegs waren es noch knapp 4800, nach 1945 gab es in Berlin 2500 eingetragene Betriebe, davon 1600 Fleischereien im Westsektor und 900 im Ostsektor. Zurzeit in die Handwerksrolle eingetragen sind nur noch etwa hundert Betriebe, gedanklich könne man, so Stock, einen großen Teil davon abziehen, da hier beispielsweise auch Zulieferfirmen für die Dönerindustrie und andere gelistet seien, die nicht dem klassischen Bild eines Fleischerfachgeschäfts entsprächen. So gesehen seien vielleicht noch sechzig Metzgereibetriebe in Berlin aktiv. Bedenkt man die Größe der Stadt, ist das erschreckend. Überall auf meiner Reise durch Deutschland war ich auf ähnlich bittere Zahlen gestoßen, und Martin Stock bestärkt mich in der Sinnhaftigkeit meines Unterfangens, diese massiv bedrohte handwerkliche Tradition zu dokumentieren und damit auch für ihren Erhalt einzutreten.

Für die große Zäsur im Metzgerhandwerk macht Stock nicht zuletzt die EU verantwortlich. Die Einheit von Schlachtung und Verarbeitung sei nur noch in wenigen Ausnahmefällen erfüllbar. Seit 2010 gibt es strenge Auflagen für den Schlachtbetrieb, die aber mit solch hohem finanziellem Aufwand verbunden sind, dass sie sich ein kleiner Handwerksbetrieb schlicht nicht leisten kann. Stock bemängelt zudem, dass er das Selbstbewusstsein in diesem Gewerbe vermisse. Anstatt erhobenen Hauptes und mit Stolz zu ihrer Tradition zu stehen, duckten sich Fleischer oft weg. Ihm wäre viel lieber, wenn sie offensiv für ihren Berufsstand werben und auch dafür einstehen würden. Wenn man gut und nicht nur vegetarisch essen wolle, müsse man dafür auch ein Tier töten. Das Fleischerhandwerk habe seiner Meinung nach ganz zu Unrecht einen schlechten Ruf: »Wir sind nicht nur die Tiertotmacher, wer ein guter Handwerker ist im Sinne der Tradition und nicht im Sinne der industriellen Massenproduktion, wird das Tier immer achten.«

Mit Vegetarismus an sich habe er aber keinerlei Probleme, er halte es da mit dem Alten Fritz: »Jeder soll nach seiner Façon selig werden.« Was er selbst esse, sei einzig seine private Angelegenheit, weshalb er weder mit missionarischem Impetus bekehren würde noch bekehrt werden wolle. Ich erzähle ihm von meinem Eindruck, dass ich bei den vielen Gesprächen mit Fleischern und seinen Verbandskollegen nie eine negative Haltung gegenüber dem Vegetarismus verspürt hätte und mir das insofern aufgefallen sei, weil sie umgekehrt gerade aus dieser Richtung häufig Angriffe unter der Gürtellinie erdulden müssten. Daher sei ich zu dem wissenschaftlich sicher nicht haltbaren, aber schönen Fazit gekommen, dass Fleischessen offenbar friedlicher macht als Vegetarismus. ❡

Die vergessene Blüte der Kunst im Fleischerhandwerk

Angesichts der Bedeutung des Fleischerhandwerks und der Wurst gibt es nur relativ wenig Literatur, die über technische Aspekte und Rezepturen hinausweist. Zufällig entdeckte ich ein Fachbuch, das meiner Idee, die Wurst aus der Perspektive der Kunstbetrachtung zu untersuchen, sehr entgegenkommt. Es ist ein schon äußerlich sehr schmucker Leinenband mit farbigen Prägedruck und dem Titel »Die Kunst im Fleischerhandwerk« von 1932, und darunter ist noch sehr präzise die Zielsetzung formuliert: »Ein Lehrbuch über die Anfertigung dekorativer Arbeiten und die rationelle Rouladenfabrikation«. Ich bin begeistert von den wunderbaren Farbabbildungen dieser frühen Versuche, nicht nur die Wurst schön und appetitlich zu präsentieren, sondern mit ihr und aus ihren Grundbestandteilen wie Fett regelrecht Kunstwerke in Form von Skulpturen, Environments und Einzelbildern zu schaffen. Viele Aspekte der Moderne erscheinen mir hier schon angelegt.

Vignetten und Schablonen mit Schwein.

Herausgegeben wurde dieser Prachtband von Heinrich Bohlender, dem Leiter der Praktischen Fleischer-Kunstfachschule Berlin, Walter Dobbertin, Leiter der Fleischer-Kunstfachkurse Hamburg, und Wilhelm Spröde aus Magdeburg. Herausragend ist die drucktechnische Qualität der 48 farbigen Tafeln des Berliner Fotografen Julius Hollos. Kein Wunder, Hollos gilt für jene Zeit als ein großer Pionier der Fotochemie und der farbigen Reproduktionstechniken. Die Art der Sachfotografie, entweder durch Freistellung oder durch neutralen, mit weichen Schatten versehenen Hintergrund die Wurstmotive ins Zentrum zu rücken, hat einen ästhetischen Eigenwert.

Das Buch beschreibt in detaillierter Ausführlichkeit die Techniken der Herstellung der Kunstwerke aus Wurst, Fett und Fleisch. Man war bestrebt, aus diesen Materialien echte Kunst zu fertigen, teils in Form von Verfremdung, indem Wurstscheiben zu Blumen umfunktioniert werden, teils durch naturalistische Nachahmungen von recht unkonventionellen Motiven. Es gibt Flugzeuge, Schiffe, Burgen, Kirchen, Tierskulpturen,

Figurinen, selbst ein aus totem Fleisch produziertes Kriegerdenkmal, aber auch Versuche von zweidimensionalen Malereien in Schmalztechnik. Außerdem gibt es abstrakte Arrangements im Geist von Art déco. Die meisten Produkte dienten ausschließlich der Dekoration. Sie waren ungenießbar, nicht der Verzehr war ihr Zweck, sondern die pure Demonstration des höchsten handwerklichen Kunstvermögens. Nur der Dekor der Plattenkunst sollte ästhetisch ansprechend und zugleich appetitanregend wirken.

Beeindruckend sind auch die Einführungskapitel zur Technik, mit exakten Beschreibungen aller Arbeitsschritte und der für heutige Verhältnisse unvorstellbare und unbezahlbare zeitliche Aufwand, der damit verbunden war. So verwundert es nicht, dass dieses Wissen und die Fertigkeiten fast völlig verloren sind. Die Vielfalt der zu beherrschenden Techniken ist enorm: Schablonenarbeiten, Speck-, Spritz- und Modellierarbeiten, die Herstellung der Garniermittel für Aspikarbeiten und Geleedekorationen, die Rouladenherstellung und die Konstruktion der verschiedenen Einlageformen, daneben noch die Rezepturen zur Zubereitung der weißen Rouladenfarce, der Blutfarce, sowie der weißen Galantinenfarce und die Galantinenherstellung.

Auffallend ist die besondere Formulierungskunst bei der Beschreibung der technischen Vorgänge, wobei die meisten Texte keinen Autor ausweisen und daher ähnlich anonym bleiben wie die Namen der Urheber der abgebildeten Werke. In der Regel sind einzig die beiden Schulen identifizierbar oder die Namen der Firmen, unter deren Regie diese animalischen Kunstwerke geschaffen wurden: die Firmen Robert Koschwitz & Co. und Heinrich Schmitz in Berlin, Karl Mörschner und Anton Sturm in Hamburg und die Firma Gebrüder Witte in Magdeburg. Nur in Ausnahmefällen sind die Namen der Schöpfer in dem Buch angegeben, und nur in einem Fall bin ich bei meinen Recherchen auf Nachfahren gestoßen, die heute noch im Berufsfeld des Fleischerhandwerks tätig sind. So betreibt der Enkel von Xaver Liebold eine Metzgerei in Haar bei München. Liebold ist in dem Buch mit zwei Talgskulpturen vertreten. Die eine zeigt einen Gedenkstein mit einer von einem Löwen bekrönten Säule – das realistische Abbild eines Kriegerdenkmals aus Eichstätt. Ein für die Schaufenstergestaltung einer Fleischerei aus heutiger Sicht doch recht ungewöhnliches Motiv.

Bei der Recherche im Archiv der Berliner Fleischerinnung entdeckte ich weitere spannende Dokumente. Wie groß und bedeutend die wirtschaftliche Potenz der Fleischerinnung in den 1920er- und 1930er-Jahren des letzten Jahrhunderts noch war, zeigt sich in der Tatsache, dass die in Berlin herausgegebene *Allgemeine Fleischer-Zeitung* als eine eigene Aktiengesellschaft firmierte. Diese AG gab auch jährlich ein Buch mit Schautafeln von gelungenen »Schaufensterdekorationen für das Fleischer- und Wurstmacher-Gewerbe« heraus. Im Vorwort ist zu lesen, dass alle abgebildeten Dekorationen in »einem von der Allgemeinen Fleischerzeitung Aktien-Gesellschaft veranstalteten Wettbewerb vom Preisgericht gekrönt worden sind« und sämtliche Bilder »in naturgetreuen Farben künstlerisch ausgeführt« sind. Die Bilder, insbesondere die Qualität der drucklackierten Farbreproduktionen, sind für ein Produkt jener Zeit auf dem höchsten technischen Stand. Auffällig sind die vielen liebevoll aus Talg geformten Schiffs- und Elefantenskulpturen und auch Leuchttürme und Windmühlen innerhalb der Wurstarrangements. Vielleicht kann man daraus schließen, dass die Hamburger Fleischer-Kunstfachkurse Urheber dieser Tableaus sind, zumal es sich um Kriegsschiffe und Ozeandampfer handelt, die Berlin auf der Spree nicht erreichen können. Die Texttafeln sind eine köstliche Synthese, verwursten die Bildbeschreibung mit Angaben zur technischen Herstellung und der Vielfalt von teils recht ungewöhnlichen Fachbegriffen wie Pressköpfe, Schlund- und Specksterneinlagen und Pariser Zunge. Die Beschreibung ist sehr trocken und konkret, bekommt aber durch die Benennung der Bestandteile eine köstliche Note.

Wie sehr sich der Zeitgeist in der Wurstproduktion, in der handwerklichen Beschreibung und in der Ästhetik der Produktpräsentation widerspiegelt, zeigt sich in der vierten Auflage des großen Standardwerkes »Das Fleischergewerbe in Wort und Bild«. Herausgeber und Verfasser war Willy Schmidt, Obermeister der freien Fleischerinnung in Hannover. Da es keine Datierung trägt, kann man dafür nur aus der letzten im Buch aufgenommenen Datumsangabe eine Zeit zwischen 1925 und 1930, wegen der darauf folgenden Veränderungen des im Anhang enthaltenen Abschnitts zum Berufsrecht, annehmen. Die Vorlagen für die Farbabbildungen waren handgemalt, von bemerkenswerter Qualität im Stil der Neuen Sachlichkeit.

Ein sehr originelles Schaustück, dessen Anfertigung Sinn für Humor und eine geschickte Hand voraussetzt. Als Grundlage dient eine Zigarrenkiste, deren oberer Teil mit glattem Stanniol belegt wird. Der Randbelag in Karomuster besteht aus ineinandergeflochtenen Speckstreifen. Die Vorderseite der Kiste ist mit Talg verkleidet. Alsdann werden die Ränder der Kiste wie auch die seitlichen Beläge mit der Spritze durch farbiges Schmalz dekoriert, die Schrift aufgespritzt und verziert. Auf der Kiste steht ein kleines aus Holz gefertigtes Sofa, das ebenfalls mit Talg verkleidet bzw. überzogen wird und dessen Ränder Spritzverzierungen verschiedener Färbung aufweisen. Das links sichtbare Kissen ist aus geflochtenen hell- und dunkelroten Speckstreifen hergestellt.

Die Figuren der beiden Micky-Mäuse sind aus entsprechend eingefärbtem Talg modelliert, was eine gewisse Kunstfertigkeit erfordert, denn von der guten Ausführung dieser beiden Figuren hängt die ganze Wirkung der Arbeit ab. Sind sie gut gelungen, so ergibt sich ein durch seinen Humor fesselndes, außerordentlich auffallendes und zugkräftiges Schaufensterstück.

Dieses Schaustück wurde von Schülern der Hamburger Fleischer-Kunstfachkurse gefertigt und ist im Lehrbuch wie folgt beschrieben:

»Nr. 1 Schwarz-weiß Pastete; Nr. 2 imitierte Wildschwein-Roulade
Nr. 3 imitierte Trüffel-Herz-Roulade; Nr. 4 Ein-Herz-Roulade
Nr. 5 Wellenschachbrett-Roulade; Nr. 6 Würfel- Roulade
Nr. 7 echte Wildschwein-Roulade; Nr. 8 Drei-Herzen-Roulade
Nr. 9 Rad-Roulade mit weiß-rotem Rand; Nr. 10 Schinken-Roulade
Nr. 11 Schachbrett-Roulade; Nr. 12 Gänseleber-Pastete
Nr. 13 Trüffel-Roulade; Nr. 14 Kreuzstern-Roulade
Nr. 15 Karree-Roulade; Nr. 16 Rad-Roulade, einfach
Nr. 17 Mosaik-Herz-Roulade; Nr. 18 Gänseleber-Pastete in runder Form
Nr. 19 Zungen-Roulade; Nr. 20 Würfel-Roulade«

Die Vielfältigkeit der Muster ist naturgemäß mit den hier dargestellten bei Weitem nicht erschöpft und bietet dem Geschmack und der Phantasie des Erzeugers den größten Spielraum. Bei sauberer Anfertigung sind die Rouladen immer ein sehr anziehender Teil der Auslage und wirken durch ihr gefälliges Aussehen auch für die anderen Erzeugnisse des Meisters empfehlend.

Diese Tafel zeigt eine ungewöhnliche Osterdekoration mit einem Elefant aus Schweinefett im Zentrum der Auslage, die ansonsten von Würsten und Fleischkarées dominiert wird.

Bei dieser Tafel werden erst bei genauerer Betrachtung manche Details sichtbar: »Die kräftigen Sauen, die im Vordergrunde liegen, kehren einander ihre ausdrucksvollen Köpfe zu. Auf ihrem Rücken tragen sie Gläser mit klarem Aspik und Würstchen. Zwischen den beiden Schweinen steht ein Elefant, auf dessen Rücken ein Kameruner aus Blutwurst sitzt und der ganz mit Würsten behängt ist.« Kulinarische Belege für die unglückliche Episode des Kolonialismus.

»Da das Schaufenster nicht tief ist, sind, um möglichst viel zur Schau bringen zu können, zwei staffelförmig aufsteigende Eckstücke gewählt, die mit kleinen leichten künstlichen Girlanden umgeben sind, um einen frischen Eindruck zu machen. Auf der linken Etage befindet sich von unten links nach rechts eine Platte Cervelatwurst, kleine Leberpasteten in Stanniol, eine Platte Presskopf, Zungenwurst mit gefüllter Schlund- und Speckstern-Einlage, darauf gelegt Kasseler Leberwurst, Pariser Zunge in Darm, Thüringer Leberwurst. In der zweiten Reihe liegen Lachsschinken, gerollte Rindsroulade (Flankenstück), Mettwurst, in der dritten: Lyoner Wurst, aufeinandergestellte Sülzchen in Glas, Mettwurst, in der vierten: Leberpastete in Stanniol, Galantine mit verschiedener Einlage (Schinken, Speck, Brieschen, Pistazien). Die Etage rechts ist ebenso aufgebaut, nur befindet sich in der Mitte eine Zungenwurst mit acht Schweinszüngchen, die je vier einen Stern bilden, so dass vier nach außen und vier nach innen sehen. Die Wände an den Eckstücken sind mit Landjägern verkleidet. Der Boden ist vorn am Schaufenster mit Stechpalmen und roten Blüten (weil haltbar) ausgelegt. Links und rechts sind Rollschinken, geräucherte Schinken, Zunge, dann kommen etagenförmig gestellte Sülzen in Glas, dazwischen viereckige Glasplatten (sogenannte Appetitplatten), gefüllt mit gesulztem Braten, Schinken, Geflügel mit Ei und Tomatenverzierung; ferner zusammengebundene Landjägerpaketchen. Das Mittelstück bildet eine Platte mit Kalbs- und Schweinsroulade, Zungenpresskopf und gewickelter Kalbsbrust. In der Mitte der Dekoration befindet sich eine große silberne Platte mit Rouladen, Galantinen in Presskopf, Zungenwurst, Mosaiken und als Abschluss ein ausgebeinter gefüllter Schweinsrücken. Am Gasarm hängen Salami und hartgeräucherte Schinkenwurst, im Weinlaub Trauben aus Blutwurstmasse.«

Bis heute ist dieses große Lehrbuch von Willy Schmidt unübertroffen, was die Komplexität und Vielfalt der abgehandelten Themen anbelangt. Leider ist es namenlose Kunst. Zwar führten die beiden Schulen in Berlin und Hamburg »Kunst« als Bestandteil ihres Namens, »Praktische Fleischerkunstfachschule Berlin« und »Hamburger Fleischer-Kunstfachkurse«, aber mit der Emanzipation des Künstlertums, wo seit der Renaissance das Werk mit dem Namen und damit dem Individuum des Künstlers eine untrennbare Einheit darstellt, war es noch nicht so weit. Nicht nur die schönen Plattendekorationen, sondern selbst die bildnerischen und skulpturalen Wurstkunstwerke, die nur noch in Buchabbildungen existieren, enthielten keine Hinweise auf ihre Schöpfer. Die Originale sind sicher inzwischen auch alle aufgegessen und samt den Schulen völlig vergessen. Mir ist es selbst in Archiven nicht gelungen, Näheres zu Standort und Trägerschaft ausfindig zu machen. Die Hamburger Fleischer-Kunstfachkurse waren offensichtlich nicht standortgebunden, sondern überregional an anderen Fleischerschulen in ganz Deutschland zu Gastseminaren eingeladen. Ein Indiz dafür fand ich bei der Entdeckung eines Gruppenfotos von einem solchen Kurs. Abgebildet waren weit über hundert Teilnehmer, darunter überraschend viele Frauen, die um eine große Tafel mit der Aufschrift »Fleischer Kunst Fach Kursus der Fleischerschule Hamburg in Nürnberg« gedrängt waren.

Der kunsthandwerkliche Stellenwert der Plattendekoration ist aber bis heute noch erhalten. Es ist immer noch ein wichtiger Bestandteil der Fachausbildung des Fleischerhandwerks. Immer noch vergibt die Innung auch Preise für die schönste Plattengestaltung und im neu entdeckten und immer wichtiger werdenden Geschäftszweig des Partyservices und den damit verbundenen Internetauftritten werden diese kreativen Herausforderungen der Präsentationsästhetik von Würsten mit einem Mal neu belebt. Wie für den Künstler die vom Rahmen begrenzte Leinwand liefert die Platte die Bildfläche für das Arrangement und die Kompositionen von Formen und Farben mittels Wurst. Die Tendenz, dass Handwerker das Selbstverständnis von Künstlern annehmen und Einzelne für ihre Arbeit so viel öffentliche Anerkennung erfahren, dass sie wie gefeierte Starkünstler als Individuum aus der Masse hervortreten und in ihrem Dunstfeld ihre ganze Zunft aufwerten und

Die hohe Kunst der Plattendekoration zeigt dieses Beispiel aus dem Lehrbuch von Willy Schmidt. Noch heute ist dies ein fester Bestandteil bei Innungsprüfungen.

mit sich ziehen, wie wir es im Friseurbereich, bei den Schneidern und in der Kochkunst schon ausgeprägt erleben, kommt vielleicht bald wieder auf das Fleischerhandwerk zu. Im Männermagazin *Beef* wurden längst auch Hendrik Haase von Kumpel & Keule in Berlin, der »Metzgerphilosoph« Jürgen Körber und Dry-Aged-Metzgerpapst Jürgen David zu Lifestyle-Stars gehypt.

Es gibt zwei gegeneinanderlaufende Bewegungen, die auch in der Wurstproduktion zum Ausdruck kommen. Zum einen ist die Wurst auf das Abstellgleis geraten, sie hat ihren Stellenwert als selbstständiges Abendgericht oder als Frühstücksbeilage fast verloren. Auch ist es gar nicht so einfach, Wurstgerichte auf Speisekarten von gehobeneren Restaurants zu finden. Dies ist Ausdruck einer Geringschätzung, zu der die Diskussion um das Tierwohl und die Auswüchse von Massentierhaltung, industrieller Massenproduktion und Schlachthofskandalen beitragen und die insgesamt ein Klima der Verunsicherung schaffen. Auf der einen Seite sind es die »Prolls«, die maß- und hemmungslos die preiswerte Discounter-Wurst konsumieren, auf der anderen Seite stehen »Feinschmecker« mit elitärem Bewusstsein, die an alle Produkte, die sie konsumieren, höchste Ansprüche stellen. Das Wissen um die Herkunft und die Kenntnisse über spezielle Herstellungsprozesse und Materialien des handgemachten »Manufactum«-mäßigen Produkts sind fast gleichwertig wie der gute Geschmack und notwendig auch zur Rechtfertigung des höheren Preises und höheren Bewusstseins. Die Verpackung und die Ästhetik des Ambientes spielen eine immer wichtigere Rolle, und die gesamte Marketingstrategie ist fast gewichtiger als die ursprüngliche handwerkliche Fertigkeit. Nicht anders funktioniert ja auch der gesamte Kunstbetrieb, oft liegen die Werte mehr in der Verkaufsstätte bzw. dem Image der Galerie begründet als im tatsächlichen Produktwert. Es ist ein ständiges Auf und Ab der Wertschätzung von Produkten; wie an der Börse gibt es auch bei der Wurst fallende und steigende Kurse, und gerade wenn sie fast schon totgesagt sind, kommt es immer wieder zu ihrer Auferstehung. ¶

Politik isst Wurst

Das Sujet eines wurstessenden Politikers, ob links oder rechts, spielt keine Rolle, zählt zu den erfolgreichsten Wahlkampfmitteln in Deutschland. Kein Wunder: Wurst vermittelt Glücksgefühle und signalisiert Volksnähe. Die Bratwurst ist das beliebteste Motiv, weil sie zwar geschmacklich sehr differenziert, doch äußerlich in ganz Deutschland einheitlich erscheint. Von keiner Politikerin gibt es so viele Wurstbilder wie von Angela Merkel. Vielleicht ist die Wurst das Geheimnis ihrer Beliebtheit und Erfolge. Bei Auslandsreisen sind oft Bratwürste mit im Gepäck. Das Land Thüringen, das als Einziges das Amt einer Bratwurstbotschafterin eingeführt hat, nutzt solche Gelegenheiten gerne für ihre Imagewerbung. 1400 Bratwürste gaben sie der Kanzlerin 2015 auf ihre Brasilienreise für einen Empfang mit ins Begleitgepäck. Während bei ihrem Vorgänger Schröder das Hantieren mit der Bratwurst mit Anzug und Krawatte irgendwie immer etwas steif und künstlich erschien, wirkt es bei Merkel völlig natürlich. Sie beißt sichtlich mit Genuss und nicht nur für die Fotografen in die Wurst. Alle Würste scheinen ihr zu schmecken, gerne gibt sie sich als Fan der unterschiedlichen regionalen Wurstspezialitäten. Bei den Sommerfesten der Landesresidenzen muss sich das rumgesprochen haben. Bei der Berliner Vertretung des Saarlandes posierte sie strahlend vor einer 135 kg schweren Riesenlyoner, in der hessischen Landesvertretung bekannte sie sich zur »Ahle Wurst«. Wahrscheinlich ist sie eine der größten Kennerinnen der deutschen Wurstvielfalt. Und wer weiß, irgendwann in ihren Memoiren könnte die Wurst eine große Rolle spielen.

Bratwurstessende Politiker – für die Medien immer ein gefundenes Fressen

Die Currywurst, vielleicht wegen des roten Ketchups, erscheint wie die SPD-Wurst, die Weißwurst ist natürlich die heilige Wurst der CSU, die FDP genießt mehrheitlich die Bratwurst genauso wie die Politiker der Grünen. Von Joschka Fischer und Renate Künast kursieren Porträts als glückliche Wurstesser, die gar nicht so wirken, als ob die Würste, in die sie beißen, vegetarischer Natur seien. Joschka Fischer ist schließlich Metzgersohn, genauso wie Franz Josef Strauß, der die enge Beziehung von Wurst und Politik begründet hat. Dies führte wohl dazu, dass Klaus Staeck, der heutige Präsident der Berliner Akademie der Wissenschaften, 1979 ein Poster mit dem Titel »Es geht um die Wurst« schuf, das Strauß zeigt, wie er von einer großen Salami mit der Aufschrift »Freiheit« Scheibchen für Scheibchen abschneidet. Es ist eines von vielen Beispielen, die belegen, wie sich Wurst auch zu Agitprop-Zwecken eignen kann. So wurde kürzlich auch der amerikanische Präsident Donald Trump im Rahmen einer Food-Art-Kampagne recht treffend porträtiert: mit verschiedenen aufgeschnittenen Wurstscheiben und einer Banane auf dem Kopf. Rund 30 Prozent der Deutschen sind übrigens Nichtwähler, vielen von ihnen scheint Politik ziemlich wurscht zu sein …

Brandenburg

BEI FERKEL & STRAUSS

*»Der Wurstmann machte die Würste nicht
und kam auch nicht nach Haus.
Kommt er nicht raus, kommt sie doch raus,
Und bringt mir eine Wurst heraus.
Nicht zu groß und nicht zu klein,
So, dass sie geht in den Kober hinein.«*

Brandenburg ist flächenmäßig das fünftgrößte Land Deutschlands, bezogen auf die Einwohnerzahl liegt es aber mit seinen rund 2,4 Millionen gerade einmal auf dem zehnten Platz. Ein Drittel des Landes besteht aus Naturparks, Wäldern und Gewässern. Mit über 3000 natürlichen Seen gilt es sogar als das gewässerreichste Land der Bundesrepublik. Vor allem aber ist Brandenburg einer der wichtigsten Fleischlieferanten für Berlin. Zu DDR-Zeiten hatte hier mit dem »Schlacht- und Verarbeitungskombinat Eberswalde/Britz« die größte Fleisch- und Wurstproduktionsstätte Europas ihren Sitz. Die Fabrikation arbeitete ausschließlich zur Ernährung der Ost-Bevölkerung, während der heutige Nachfolgebetrieb Eberswalder Würste in ganz Deutschland und Europa vertreibt. Über 3000 Mitarbeiter waren hier einst beschäftigt, aber noch eindrucksvoller ist aus meiner Sicht die Tatsache, dass im Kombinat insgesamt 1779 Lehrlinge ausgebildet wurden. Nach der Wende folgte der Zusammenbruch, 2002 wurde schließlich vom Konkursverwalter die bis heute bestehende »EWG Eberswalder Wurst GmbH« geschaffen. Das Personal wurde auf ein Minimum reduziert, nur noch 250 Mitarbeiter gibt es, aber mit einer Jahresproduktion von über 300 Millionen Würsten ist die Firma Spitzenreiter in Brandenburg.

Das Schlacht- und Verarbeitungskombinat Eberswalde/Britz kurz vor Ende der Bauphase im Jahr 1976. Es war der größte Betrieb dieser Art in Europa.

Im Umfeld des Werkes gibt es viele Schweinemastbetriebe, der größte befindet sich im südbrandenburgischen Tornitz mit über 62000 Tieren. Ein niederländischer Unternehmer wollte nun in Haßleben in der Uckermark einen Mastbetrieb mit 80000 Tieren aufbauen. Seine Planung musste er allerdings stark reduzieren, da eine Bürgerinitiative dagegen Protest einlegte. Sie hatten noch die Erfahrung aus der DDR-Zeit, wo an gleicher Stelle 136000 Tiere gehalten wurden, es unerträglich gestunken hatte und die Böden und Seen durch die Gülle mit Nitrat- und Medikamentenrückständen verseucht waren. Inzwischen formiert sich der Widerstand im ganzen Land, und ein erfolgreiches Volksbegehren führte dazu, dass nicht nur ein hauptamtlicher Landestierschutzbeauftragter eingesetzt wurde, sondern auch ein Verbot für das Kupieren der Schwänze bei Schweinen und der Schnäbel von Hühnern beschlossen wurde. ❡

Literatur und Wurst in Brandenburg

Eigentlich bildet Berlin den Mittelpunkt von Brandenburg, und die Verschmelzung dieser beiden Länder ist in Teilbereichen schon vollzogen. Dann bekommt Brandenburg seine bislang fehlende Mitte und Berlin das fehlende Umland, das schon jetzt für die Hauptstädter trotz Verkehrschaos an den Wochenenden das begehrte Ziel ist, um der schlechten Stadtluft entfliehen zu können. In Kurt Tucholskys Roman »Schloss Rheinsberg« bildet ein solcher Ausflug die Rahmenhandlung. Heute befindet sich im Schloss ein Kurt-Tucholsky-Literaturmuseum. Im Werk des Autors spielen Würste immer eine besondere Rolle, wenn es um Notzeiten geht. Dann werden sie zum begehrtesten und gleichzeitig entbehrtesten Gut. Den hungergeplagten Looser lässt Tucholsky angesichts eines vom großen Fressen schon »ächzenden Schlaraffen« seufzen, der zu Beginn seiner ausgiebigen Völlerei schon »eine Scheibe Wurst als hors und ein Scheibchen Sardelle als d'œuvre« verspeist hatte. Und im Zuge der 1926 beginnenden Massenarbeitslosigkeit schrieb er ein Lied, in dem eine Strophe lautet: »Sauf doch Wasser für den Durst! Spuck aufs Brot – dann hast Du Wurst!« Jede Strophe endet mit dem Refrain: »Und der Wind pfeift durch die Hose – Arbeitslose! Arbeitslose!«

Nichts geht aber über die wundervollen Beschreibungen dieses Landes in Theodor Fontanes literarischem Werk. In Kapitel 59 seiner »Wanderungen durch die Mark Brandenburg« findet sich auch eine kuriose Wurstepisode. Die Gräfin La Roche-Aymon war eine leidenschaftliche und sehr dem Französischen zugewandte Köchin, sogar der preußische König Friedrich Wilhelm IV. »kam nie nach Ruppin oder Rheinsberg, ohne der Marquise auf Köpernitz seinen Besuch zu machen«. Bei einem dieser Besuche servierte sie ihm eine mit Trüffeln verfeinerte Zervelatwurst, die dem König so gut schmeckte, dass er darum bat, mehr von diesen Würsten nach Potsdam mitnehmen zu dürfen. Ein Wunsch, den sie ihm gerne erfüllte.

Zum Weihnachtsabend bekam die Gräfin das königliche Gegengeschenk, ein Collier, bestehend aus goldenen Würstchen, begleitet von einem Anschreiben, das nur die Worte »Wurst wider Wurst« enthielt. Geschenk und Gegengeschenk wiederholten sich mehrere Male, dem Collier folgte zunächst ein Armband, dann noch ein Ohrgehänge und zuletzt eine »Tabatière in Form einer kurzen, gedrungenen Blut- und Zungenwurst, äußerst wertvoll, oben und unten mit Rubinen besetzt«. Doch als die Gräfin in der Zeitung las, dass einer der Hofschlächtermeister zu Potsdam, als Gegengeschenk für eine große Fest- oder Jubiläumswurst (und sogar unter Beifügung desselben Mottos: »Wurst wider Wurst«) in gleicher Weise durch eine

Tabatière beglückt worden war, stellte sie gekränkt ihre Wurstsendungen an die königliche Küche ein.

Der Leipziger Satiriker Wiglaf Droste erhielt im Jahr 2009 von der Stadt Rheinsberg ein dem Andenken an Tucholsky gewidmetes Stipendium als »Stadtschreiber zu Rheinsberg«. Droste verfasste zusammen mit dem schwäbischen Sternekoch Vincent Klink und dem Kölner Illustrator Nikolaus Heidelbach ein launiges Buch mit dem lapidaren Titel »Wurst«. Vorangestellt ist ein Zitat von Robert Walser: »Eine Wurst soll von Umglänztheit blitzen; die Haut muss das Fleisch stramm umsitzen.« Dieser Leitidee folgend, verwurstet Droste in einem Kapitel mit der Überschrift »Ein Biker, die Bockwurst im zarten Saitling« gleich mehrere Aspekte, indem er den Anblick »von schönen Fahrradfahrerinnen in schönen Kleidern, unter denen die Südsee zu Hause ist«, beim Verzehr von Würsten in »wurstpellenenger Kampfkleidung« beschreibt. Drostes Impression einer Wurst in Kampfkleidung mag vielleicht dem Erlebnis einer Demonstration gegen einen in Brandenburg geplanten Truppenübungsplatz namens »Bombodrom«, an der er teilgenommen hatte, entspringen. ¶

Die Wiege der Wurstpappe

Luckenwalde, sonst eher als Geburtsstadt von Rudi Dutschke bekannt, ist auch die Geburtsstätte der Wurstpappe. Der Buchbinder Hermann Henschel war 1867 auf die Idee zu diesem praktischen Einweggeschirr aus Pappe gekommen – aufgrund von hygienischen Überlegungen. Henschel fand es unappetitlich, wenn Verkäuferinnen Lebensmittel einfach nur in Zeitungspapier einwickelten. Ganz besonders abstoßend fand er es, wenn Bratwürste betroffen waren, da die Druckerschwärze sich beim Kontakt mit heißem Fett auflöst und mit der Wurst eine unselig bleihaltige Verbindung eingeht. Die von ihm entwickelte Pappe hatte einen Wulstrand, damit man sie besser anfassen konnte und als Schutz vor auslaufendem Fett. In Luckenwalde gibt es eine große Tüten- und Papptellerfabrik, die heute noch diese Erfindung von Hermann Henschel in originalgetreuer Form herstellt. Da sie aus recyceltem Altpapier besteht, kompostierbar und umweltverträglich ist, erlebt die Pappe derzeit eine Renaissance. In Deutschland werden Jahr für Jahr drei bis vier Milliarden solcher Pappteller produziert.

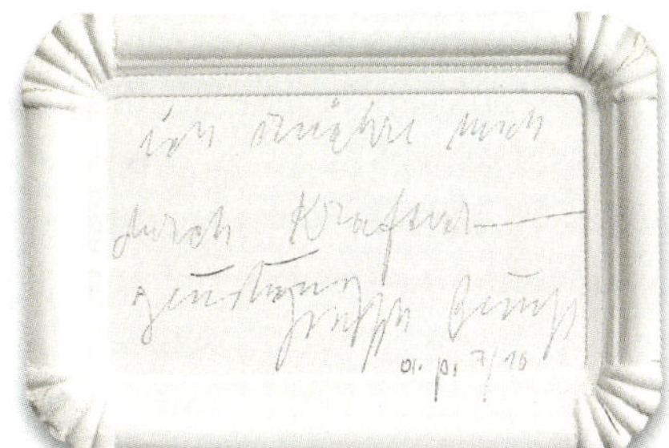

So sahen die Pappteller anno 1910 aus. Und so wurde die Wurstpappe knapp siebzig Jahre später von Joseph Beuys genutzt.

Weil die Pappen in ihrer charakteristischen Form an einen Bilderrahmen erinnern, nutzten viele Künstler sie als quasi vorgerahmte Bildfläche. Ein Beispiel konnten Sie bereits im Kapitel »Sachsen« sehen, doch das berühmteste stammt sicher von Joseph Beuys, der 1978 eine Wurstpappe signierte und mit der Inschrift »Ich ernähre mich durch Kraftvergeudung« versah. Dieses kleine Werk ist vielfach besprochen worden, da es einen christlichen Leitgedanken mit einer Selbstanalyse verband, die letztlich auch die Ursache seines viel zu frühen Todes vorwegnahm. ❡

Die Glücksschweine von Strausberg: *Fleischerei Höhne*

Beim großen Bratwurstwettbewerb in der Domäne von Berlin-Dahlem ist mir von all den vielen Fleischern aus Brandenburg besonders die Fleischerei Höhne aufgefallen. Ich mochte die Ausstrahlung des Meisters, wie er alles lenkte und moderierte und auch äußerlich die passende Statur hatte. Gerne folgte ich daher seiner Einladung, ihn in seiner Filiale in Strausberg zu besuchen. Strausberg ist unweit von Berlin in der Märkischen Schweiz gelegen, und ich nutze den Ausflug für einen kleinen Schlenker zum Buckower See und einen Spaziergang durch den schönen Wald zum Brecht-Weigel-Haus.

Schon beim Betreten dieses Ladens überrascht mich seine Größe. Er wird beherrscht durch seine große Theke, aber ungewöhnlich ist die lange Reihe von Tischen, die schon nicht mehr dem üblichen Imbisscharakter entspricht. Burkhard Höhne lädt mich ein, hier Platz zu nehmen, um eine kleine Auswahl seiner Würste zu probieren. Ich habe auf meiner Reise viele Metzger erlebt, die sehr wortkarg und zurückhaltend waren. Ganz anders Burkhard Höhne. Es sprudelt nur so aus ihm heraus, und gerne erzählt er über seinen Alltag – für mich ein Indiz, wie sehr er sich mit seiner Arbeit identifiziert und den Kontakt zu den Menschen liebt. Immer wieder unterbricht er unser Gespräch, um Kunden persönlich zu begrüßen. So ruft er einmal: »Hallo, Brigitte, wie wär's mit einem Käffchen? Du siehst fertig aus. Wir machen hier eine kleine Reportage, nimm doch auch einen Kaffee und setz dich dazu.«

Burkhard Höhne ist ein Metzger wie aus dem Bilderbuch. Den Schritt in die Selbstständigkeit hat er nie bereut.

Höhne erzählt, dass er beim VEB Fleischkombinat Eisenhüttenstadt gelernt hat, wo er eine sehr gute handwerkliche Grundausbildung durchlaufen habe. Sogar viele Rezepturen von damals würde er heute noch verwenden. Nach der Lehre sei er dann für den »Konsum« tätig gewesen, jene spezielle Handelskette der DDR zur Versorgung der Bevölkerung mit Lebensmitteln. Es gab auch Dorfkonsumgenossenschaften, die in den Städten als »Konsumkaufhallen« mehr als nur Lebensmittel anboten. In Westdeutschland und Österreich gab es ähnlich genossenschaftlich organisierte Handelsunternehmen, ebenfalls unter dem Namen »Konsum«, die später größtenteils in der »coop AG« aufgingen. Von seinem Meister beim »Konsum« habe er noch einmal viel gelernt, später, als dieser dann in Rente ging, habe er dessen Funktion übernommen. 1987 wagte er schließlich den Sprung in die Selbstständigkeit.

Unvermittelt fordert mich Höhne auf, eine Scheibe Bierschinken zu probieren und zu raten, was für ein Gewürz da drin sei. Für mich war der Geschmack neu und überraschend zugleich, aber worin sein Ursprung lag, konnte ich beim besten Willen nicht sagen. Mein Gastgeber verrät mir, dass Macis, die getrocknete Blüte der Muskatnuss, den typischen Geschmack aller Bierschinken des Ostens bestimme, während in der Jagdwurst mehr Knoblauch vorherrsche. Als Nächstes probiere ich einige Scheiben unterschiedlicher Salamis. Die Nusssalami konnte ich eindeutig identifizieren. Auch bei der Honigsalami, der Käsesalami und der Trüffelsalami gelang es schnell, die der Namensgebung zugrunde liegenden Ingredienzien herauszuschmecken. Bei den anderen tat ich mir da schon schwerer. Stolz erklärt mir Höhne die unterschiedlichen Gewürzmischungen; allein zwanzig verschiedene Sorten Salamis produziere er, dazu noch eine große Bandbreite an Würsten. Die Ansprüche der Kunden seien gewachsen, nicht nur die lokalen Spezialitäten, sondern viele Wurstsorten aus ganz Europa seien heute gefragt. Er glaube gehört zu haben, dass es in Deutschland mittlerweile 4000 Wurstsorten gebe, was vielleicht sogar noch untertrieben sei. Allein er mische die gleiche Wurst für seine Berliner Kunden mit Majoran, für Kunden aus anderen Orten mit Kümmel, und wieder andere bestünden auf Knoblauch. Je nach Saison würde er daher zwischen 120 und 150 verschiedene Wurstsorten anbieten. Bei den Imbissen zähle seine »Kesselgrütze« zu den gefragtesten regionalen Spezialitäten. »Kesselgrütze« kannte ich bis dahin nicht und frage, ob sie vielleicht ähnlich schmecken würde wie die als »Tote Oma« oder auch »Unfall« bezeichnete »Topfwurst«. Dieses Gericht besteht aus Grütz- oder Blutwurst, die lose –

Je nach Saison hat die Fleischerei Höhne bis zu 150 Wurstsorten im Angebot.

also ohne Pelle – zerkleinert mit Zwiebeln in einer Pfanne angebraten werden, bis sie eine breiige Konsistenz annehmen. Dazu gibt es meist Salzkartoffeln und Sauerkraut. Höhne bejaht, auch seine »Kesselgrütze« würde lose gegessen, aber als »Unfall« würde er sie eher nicht bezeichnen.

Da wir schon bei Hauptmahlzeiten angelangt sind, erzählt er mir noch von seiner Filiale in Bliesdorf in einem ehemaligen Kolonialwarenladen und seinem Gasthaus mit dem schönen Namen »Zum Ferkel« in Wriezen. Ich will wissen, wie er auf diesen Namen kam, und er berichtet mir, dass er irgendwann einmal angefangen habe, Glücksschweinchen zu sammeln. Immer neue und auch andere Schweine seien im Laufe der Zeit dazugekommen, inzwischen habe er über 2000, die in der Gaststätte und in seinen Läden zu sehen seien. Und ebendarum auch der Name »Zum Ferkel«. Ich finde es lustig, wie »Schwein« und »Wurst« gleichermaßen in die deutsche Sprache im negativen wie im positiven Sinn eingegangen sind. Das Ferkel und das Glücksschwein und die Schweinerei sind vielleicht der Ausgangspunkt dafür, dass die Wurst, wenn es um sie geht, ein begehrtes Ziel sein oder sie einem gänzlich »wurscht« sein kann.

Die vielen gesammelten Glücksschweine waren namensgebend für das Gasthaus »Zum Ferkel«.

Die nächsten Wurstscheiben, die ich bei Burkhard Höhne probiere, entpuppen sich als köstliche Delikatesse vom Wild. Die Jäger aus dem Umland liefern ihm das Fleisch dafür. Höhne empfindet es als paradox, dass die Würste nicht das Etikett »Bio« tragen dürfen, weil man ja nicht nachweisen könne, was ein freilaufendes Wild alles gefressen habe. Für die Bezeichnung »Biowild« wäre eine Voraussetzung, dass die Tiere aus Zuchtbetrieben mit Gatterhaltung stammen. Das wiederum habe aber mit artgerechter Haltung nicht viel zu tun. Überhaupt, die ganze Bürokratie! Hier gerät Höhne noch einmal richtig in Wallung. Natürlich müsse eine gewisse Ordnung sein, aber manchmal könne man sich nur an den Kopf fassen. Zum Glück würde seine Tochter diesen Kram für ihn erledigen. Aus meiner Sicht hat Höhne gleich doppelt Glück, denn auch sein Sohn arbeitet im Geschäft mit. Es ist immer ermutigend, wenn man sieht, dass Kinder, die von klein auf in einen solchen Betrieb hineingewachsen sind, sich trotz aller harter Arbeit keinen schöneren Beruf vorstellen können. Wer weiß, vielleicht ist Höhnes Glücksschweinsammlung ja mehr als nur reizvolle Dekoration. ¶

Das Schweinemuseum in Teltow

Im Gegensatz zum größten Schweinemuseum der Welt im alten Schlachthof in Stuttgart, das vor allem Spar- und Glücksschweine präsentiert, beschäftigt sich das Deutsche Schweinemuseum in Teltow mit dem Schwein als Nutztier. Teltow war Sitz der 1918 gegründeten Lehr- und Versuchswirtschaft für Schweinehaltung, weshalb man dort 1993 zum 75. Jubiläum eine Ausstellung zur Geschichte dieser besonderen Zuchtanstalt organisierte, aus der schließlich die Initiative zu dem 1995 gegründeten Museum erwuchs.

Im Mittelpunkt stehen die Geschichte der seit über 170 Jahren in ganz Deutschland verbreiteten Tradition der Schweinezuchtvereine und die Dokumentation von ausgestorbenen wie neu kreierten schweinischen Kreaturen. Die Sammlung umfasst an die 4000 Exponate, dazu kommen eine Fachbibliothek und ein Archiv. Mein Lieblingsexponat ist das bronzene Denkmal zu Ehren der anno 1929 verstorbenen Ruhlsdorfer Muttersau »Bettina«, die 175 lebende Ferkel zur Welt brachte. Spannend fand ich auch manche Hintergrundinformation zur Schweinezucht: Zu DDR-Zeiten wurde etwa die bis heute verbreitete Schweinerasse »Leicoma« erschaffen, ein wahrlich hybrides Laborprodukt, wie auch die Namensschöpfung offenlegt, die sich aus den Städtenamen Leipzig, Cottbus und Magdeburg ableitet, den hauptsächlichen Zuchtbetrieben. Angesichts des hochkomplizieren Zuchtverfahrens, einer Mischung von »Insichzüchtung« und »Rotationszüchtung«, könnte man an Frankensteins Labor denken.

In der Sonderausstellung »Fleisch und Schmer und noch viel mehr« wurde die Fachterminologie der Rezeptur zur Verschlankung des deutschen Haus-

Das Deutsche Sattelschwein entstand nach dem Krieg in der DDR aus einer Kreuzung des Schwäbisch-Hällischen Landschweins und des Angler Sattelschweins. Im Jahr 2006 war der Bestand stark gefährdet, heute widmen sich wieder mehr Züchter dieser Rasse.

schweines offengelegt: Nach dem Zweiten Weltkrieg war zunächst die fette Sau gefragt; als der Wohlstandsspeck dann sichtbar wurde, kam das Fett aus der Mode, und die Nachfrage verlagerte sich auf mageres Schweinefleisch. Da die Rückzüchtung der zu fett gewordenen deutschen Hausschweine zu langsam gegangen wäre, entschloss man sich zur »Einzüchtung fremden Erbgutes (Immigration) und zur Verdrängungszüchtung«. Ohne dass es beabsichtigt war, zeigt das Museum auch die Geschichte der Genmanipulation und liefert in gewisser Weise auch ein Spiegelbild von uns Deutschen.

Straußenwürste aus der Uckermark

Etwa eine Autostunde nördlich von Berlin kommt man in die Uckermark. Die Region ist dünn besiedelt, flächenmäßig etwa so groß wie das Saarland und landschaftlich sehr reizvoll mit vielen Naturparks, sanften Hügeln und vielen Seen. Andrea und Hartmut Rätz, sie war Bauzeichnerin, er Bauleiter, lebten in Berlin und entschlossen sich vor etwa 15 Jahren, nach Berkenlatten zu ziehen und etwas völlig Neues aufzubauen. Dort gab es den elterlichen Hof und ein großes Areal mit vielen Enten, Hühnern, Gänsen und ausgiebigem Weideland. Erst experimentierten sie mit einer Putenzucht, kamen aber schnell zu der Erkenntnis, dass diese Tiere viel zu anfällig sind und eine Zucht intensive tierärztliche Betreuung und Medikamenteneinsatz erfordern würde, was sie keinesfalls wollten. Auf einer Reise durch Niedersachsen stießen sie zufällig auf eine Straußenfarm. Die Resistenz der Tiere und der Aspekt, dass man fast alles verwerten kann, beeindruckten sie so sehr, dass sie zehn Küken mitnahmen, die Basis für ihren heutigen Bestand von 200 Straußen und etwa 100 Küken.

Den Schritt, aufs Land zu gehen und eine Straußenfarm aufzubauen, haben sie nie bereut. In unmittelbarer Nähe fanden sie eine Landschlachterei, mit der sie gemeinsam ein Konzept zur Wurstverarbeitung entwickelten. Es gibt Würste, die zu 100 Prozent aus Straußenfleisch bestehen; doch da die

Nicht in der afrikanischen Savanne, in Berkenlatten in der Uckermark sind diese Strauße zu Hause.

Tiere sehr fettarmes, dunkelrotes Fleisch haben, muss man bei bestimmten Sorten wie etwa Salami Schweinefleisch hinzugeben. Die verwendeten Schweine stammen ausschließlich aus ökologischen Betrieben. Über den Hofladen verkaufen sie die Pfefferbeißer, Salamis, Leberwürste, Bratwürste, Bockwürste und Sülzen im Glas. Anfangs seien die Uckermarker gegenüber

Die Kunden der Familie Rätz kommen nicht nur aus dem Umland, sondern vor allem auch aus Berlin. Den Einkauf am Hof kann man wunderbar mit einem Ausflug in die uckermärkische Seenlandschaft verbinden.

dem Straußenfleisch noch skeptisch gewesen, Andrea und Hartmut Rätz galten als städtische Aussteiger und mit ihren Riesenvögeln als Exoten. Aber nachdem die ersten Nachbarn das Straußengulasch und die Würste probiert hätten, sei der Bann schnell gebrochen. Nach wie vor komme der größte Teil der Kunden aber aus Berlin und verbinde den Einkauf meist mit einem Ausflug in die Seenlandschaft. Inzwischen haben Andrea und Harmut Rätz dafür gesorgt, dass der Besuch des Hofes selbst Erlebnischarakter hat. Sie veranstalten Führungen, und die beiden Söhne, die bereits mit in den Betrieb eingestiegen sind, haben manche neue Idee beigesteuert, wie die Schaffung eines Barfuß-Erlebnisparks.

Der Strauß ist einem Schwein durchaus ebenbürtig. Noch vor Eintritt der Geschlechtsreife mit ein bis zwei Jahren erreicht er bereits ein Gewicht von etwa 100 Kilo. Die Haut lässt sich zu hervorragendem Leder verarbeiten, und aus den Federn lassen sich Staubwedel herstellen, die durch ihre elektrostatischen Eigenschaften wie ein Zauberstab den Staub anziehen. Aus den Eierschalen lassen sich Lampenschirme fertigen, und da die Schale sehr dick ist, ist sie auch für Kunsthandwerker ein ideales Ausgangsmaterial für allerlei Bearbeitungsformen. Aus dem Ei selbst kann man viele delikate Gerichte zaubern. Ein Rührei vom Strauß schmeckt viel fluffiger als das herkömmliche vom Huhn, und man bräuchte mindestens zwanzig große Hühnereier, um mengenmäßig mit einem einzigen Straußenei mithalten zu können.

Bezogen auf das Ei und die Federn scheint mir ein Strauß dem Schwein sogar überlegen zu sein. Nur was die Größe des Kopfs anbelangt, bleibt hier ein feiner Unterschied. Der Strauß ist zwar ein Gruppentier mit einem feinen Sozialverhalten, das erst nach der Geschlechtsreife etwas unberechenbar wird, ansonsten kann seine Intelligenz mit der schweinischen nicht mithalten. Nicht mal seinen Pfleger erkennt er beim Füttern wieder, was laut Andrea Rätz aber auch Vorteile habe: So hätte ein Strauß vor dem Schlachten kein solches Stresserlebnis wie das Schwein.

Was den Geschmack angeht, sind das Fleisch und die Würste vom Strauß am ehesten noch mit Produkten vom Rind vergleichbar, in jedem Fall sind sie längst nicht so fett wie Erzeugnisse vom Schwein. Da der Trend ohnehin zum Magerprodukt geht, jeder bemüht ist, seine eigene Figur zu modellieren, scheint die Zukunft der Familie Rätz gesichert. Und weil in diesem neuen Körperbewusstsein Fett nicht vorgesehen ist, hat der Strauß gute Chancen, das Schwein der Zukunft zu werden. ❡

Wurststrauß »Silberhochzeit«
der Fleischerei Piehler in Werdau

Wurstenden

FAZIT EINER LANGEN REISE

»Alles hat ein Ende, selbst die Wurst wenn sie aufgegessen ist.«
(Raoul Hausmann)

Seit Beginn meines Vorsatzes, der Bedeutung der Wurst für die deutsche Kultur nachzuspüren, taten sich ständig neue interessante Aspekte auf, die einen Abschluss meiner Wurstforschung in immer weitere Ferne rückten. Man könnte sich locker sein ganzes Leben lang in die Wurst verbeißen. Und ich muss zugeben, je tiefer ich mich dieser Materie hingegeben habe, desto mehr bin ich meiner Wissenslücken bewusst. Freilich, nach so vielen Reisen und Begegnungen mit Menschen, die im Produktionsprozess rund um die Wurst tätig oder einfach nur Wurstliebhaber oder -verächter sind, bin ich zu gewissen Erkenntnissen gelangt, und meine Antwort auf die immer gleichen W-Fragen, die mir gestellt werden, ist zugleich das Fazit meiner fast dreijährigen, nicht immer gesunden Wurstforschung. Woher kommt der Name Wurst? Wo gibt es die besten Würste? Wer ist der beste Metzger? Welche Würste schmecken dir am besten?

Auf die Frage nach der Etymologie des Wortes »Wurst« gebe ich oft zur Antwort, dass die meisten es von »wirren« ableiten, was früher gebräuchlich war im Sinne von Gemengsel, wirr, durcheinander sein und vermischen. Manche Sprachwissenschaftler leiten es aber auch vom indogermanischen »uert« ab, was so viel wie »drehen« bedeutet. Aus dem »uert« wurde »ursti«, dann »Wursti« und schließlich »Wurst«. Die Frage nach den besten Würsten und dem besten Metzger ist noch viel komplexer. Aus meiner Sicht gibt es keine objektive Messbarkeit, und die verschiedenen Wettbewerbe rund um die Wurst bedienen eigentlich nur das Bedürfnis nach Kategorisierung und sind vollkommen subjektiv. Ich sage: Die besten Würste sind die lokalen, nur da schmecken sie wirklich gut. Jeder Ort hat einen anderen Geruch, einen anderen Sound, ein anderes Ambiente. Es isst nicht nur das Auge mit, sondern alle Sinne. Der Verzehr einer Wurst ist in dieser Hinsicht ein Gesamtkunstwerk. Für die Frage nach dem besten Metzger gilt: Wer noch handwerklich arbeitet, nur Fleisch von Tieren verwendet, die aus der Gegend stammen, die gesund ernährt und artgerecht gehalten wurden und die möglichst stressfrei geschlachtet werden, der zählt immer zu den Besten. Bei der Frage, welche Würste mir am besten schmecken, spielt all das bereits Erwähnte zusammen, außerdem kommen spezifische Prägungen hinzu. Frühe Erfahrungen, Erinnerungen, positive wie negative Erlebnisse können das Geschmacksempfinden für das ganze Leben bestimmen. Ein Thüringer wird immer seine Wurstkultur für die beste halten, ein Hesse die seine, und das gilt auch für jeden anderen. Mich persönlich sprechen am stärksten die fränkischen Würste an, wo ich noch nie eine Wurst verzehrt habe, die mir nicht vorzüglich schmeckte.

Ich habe in diesem Buch aber nicht nur versucht, mich der Wurst kulinarisch zu nähern, sondern auch als Objekt, in dem sich, wie in der Kunst, verschiedene Kriterien von Qualität manifestieren. Der Fleischer ist für mich gewissermaßen der Künstler, die Wurst sein Werk und der Konsument ihr Rezipient. Zu meiner Genugtuung konnte ich feststellen, dass die Kriterien, mit denen ich Kunst beurteile – die eigene Handschrift des Künstlers, die Stimmigkeit von Schöpfer, Werk, Ort und Zeit –, tatsächlich auch zur Qualität von Wurst beitragen können. Dies bedeutet zugleich, dass sich bei der industriellen Massenware genau hierin alle Mängel manifestieren. Es gibt keine handwerkliche Individualität, das schreckliche Leben und Sterben der Tiere aus Massenhaltung wird geschmacklich durch allerlei Zusatzstoffe übertüncht. Der Profit scheint das Maß aller Dinge. Die dem Metzger nachgesagte Fähigkeit, er »beherrsche die Kunst, Wasser schnittfest zu machen«, wird von der Industrie in allerhöchster Form verfeinert. Meine Versuche, auch mit diesen Erzeugern ins Gespräch zu kommen, sind sämtlich gescheitert. Entweder wurde ich ständig vertröstet, oder es erfolgte eine deutliche Abfuhr. Offenbar hat man panische Angst vor Öffentlichkeit, möglicherweise schwingt sogar ein Rest von schlechtem Gewissen mit. Alle großen Wurstskandale hat vornehmlich die Industrie zu verantworten, nicht die kleinen Manufakturen. Aber die arme Wurst und ihre Erzeuger geraten pauschal auf die Anklagebank. Die Wurst steht am Pranger und das früher so angesehene Handwerk ist zunehmend existentiell gefährdet. Gerade deshalb wollte ich jene, die unbeirrt ihrem Handwerk nachgehen, besonders würdigen. Ihnen gilt mein Respekt. Mein besonderer Dank aber gilt allen, die sich dennoch die Zeit nahmen, mir offene Einblicke in ihre Lebens- und Arbeitssituation zu gewähren – für mich eine bis dahin verborgene Welt. Beim Blick hinter die Kulissen erlebte ich, wie alle an der Wurstproduktion Beteiligten als eingeschworene Gemeinschaft funktionieren. Fast immer ist die gesamte Familie generationenübergreifend in den Arbeitsprozess einbezogen. Leben und Arbeit bilden eine untrennbare Einheit, und wo immer ich war und auf welcher Ebene ich auch Gespräche führte, von der Wurstfachverkäuferin über Lehrlinge, Gesellen bis zum Meister selbst, alle schienen mir ihre Arbeit gerne, sogar mit sichtbarer Freude zu verrichten. Ohne Ausnahme, fast schon als einen Charakterzug des gesamten Berufsstandes konnte ich warmherzige und sensible Menschen erleben, die keineswegs dem Klischee des »grobschlächtigen Metzgers« entsprechen und die sich aus tiefster Überzeugung auch für das Wohl des Tieres einsetzen. Auf den ersten Blick mag das ein Widerspruch in sich sein, aber traditionell arbeitende Metzger haben einfach verinnerlicht, dass ein Lebensmittel nur so gut sein kann wie das Leben des Tieres, das dafür sterben musste. Und darin liegt ein weiterer entscheidender Unterschied zur Industrieware.

Früher habe auch ich hin und wieder bei einem Discounter eingeschweißte Industriewurst erstanden, sei es wegen des Preises, aus Bequemlichkeit oder Unbedachtheit. Inzwischen vermeide ich das, selbst wenn die Warenbezeichnungen ein handwerkliches Landprodukt suggerieren. Ich kann nur jedem empfehlen, eine solche Discounterwurst mit derselben Sorte einer von Meisterhand erzeugten Wurst zu vergleichen. Der Geschmack ist unvergleichlich feiner, es lohnen sich der weitere Weg und auch der höhere Preis. Ich hoffe, dass schon bald, ähnlich wie es bereits bei den Eiern Praxis ist, alle diese billigen Wurst- und Fleischprodukte von geschundenen

Tieren aus Massentierhaltung deutlich und transparent deklariert werden müssen. Dazu würde auch gehören, dass die fatale Vergabe von Antibiotika und Wachstumshormonen verzeichnet werden müsste. Dann kann sich weder der Erzeuger noch am Ende der Verbraucher aus der Verantwortung für sein Tun und seine Entscheidung herausmogeln. Vielleicht wird sich dann der Prozess, dass immer mehr Fleischereien ihren Betrieb einstellen müssen, umkehren, weil das ehrliche handwerkliche Produkt auch von den Verbrauchern, selbst wenn es mehr kosten sollte, wieder bevorzugt wird.

Ich habe bei meinen Wurststreifzügen durch alle Bundesländer sehr viele mir bislang unbekannte, schöne Orte und Landschaften entdeckt und dabei wunderbare Menschen getroffen und interviewt. Der Platz reichte leider nur für eine kleine Auswahl. Ihnen allen aber möchte ich in gleicher Weise meine Wertschätzung und meinen Dank ausdrücken. Fast jeder, mit dem ich auf die Wurst zu sprechen kam, erzählte mir von seinen Vorlieben, gab mir Hinweise und wertvolle Informationen. Ihnen, die ich leider nicht alle namentlich nennen kann, gilt mein ganz besonderer Dank. Bei einzelnen Etappen meiner Reise habe ich meinen sachkundigen Begleitern zu danken, die mir behilflich waren bei der Dokumentation meiner Interviews. In Oberfranken und Thüringen war es Ulrike Prinz, in Berlin und Brandenburg Yvonne Leonard, in Köln Reinhard Matz, im Westerwald Dany Keller und bei meiner Tour durch die Dörfer Mittelfrankens Dorothea Janzen-Pöhlmann. Die meiste Zeit musste ich mich aber alleine durchwursteln, merkte jedoch schnell, dass ich mich in ein heilloses Chaos mit all den Skizzen, gesammelten Dokumenten, Bildern und Videoaufzeichnungen verstrickt hatte. Ich brauchte also Dialogpartner, um all die vielen Gedanken zu entwirren. Mit Anika Pröll, einer Volkskundlerin, zu der dann mit der Literaturwissenschaftlerin Miriam Käfer noch eine weitere wertvolle Verstärkung ins Boot kam, fand ich ideale Helfer- und Partnerinnen für den Endspurt. Ohne deren Antrieb, ihre Gewissenhaftigkeit und Kompetenz wäre ich wohl nie bis an das Ende der Wurst gelangt. Gleiches gilt für die gesamte Projektbegleitung durch den Knaus Verlag und durch Heike Gronemeier, die mit Lektorat und Gestaltung maßgeblich zu dieser opulenten Buchwurst beigetragen hat. ❡

Bildnachweis

Fotografie: Wolfger Pöhlmann
mit Ausnahme von:

S. 4: Thomas Kälberloh; S. 6, 35, 47 u.: Martina Bieräugel; S. 9: Alix Stadtbäumer, »Wurstbaum«, 2017, Monotypie Linoldruck/Papier; S. 13: Lambert Gierlinger; S. 17: Frank Herzog, beschnitzte Blutwurst von Beuys, 2016; S. 23: Pi6 communication | www.pi6.gr; S. 37: Metzger-Innung München; S. 39 l.: Archiv Johann Ludwig Gildein; S. 39 r.: Johann Ludwig Gildein; S. 42: Michael Dalder; S. 43: Der verrückte Eismacher; S. 45: Filmstill aus »Der Theaterbesuch«, Kurzfilm, Deutschland 1934, Foto: picture alliance; S. 47 o.: Sunny Randlkofer; S. 76: Der Pleintinger Metzger, Schönberg, 80 pixabay/CC0; S. 89, 91: Metzgerei-Hotel-Gasthof Wittmann; S. 94: mauritius images/imageBROKER/Kevin Galvin; S. 97, 101: Museen der Stadt Nürnberg; S. 104, 105: Spielzeugmuseum Nürnberg; S. 118: Der Dorfmetzger Jürgen Reck; S. 120: Metzgerei Claus Böbel; S. 126: Kommunale Allianz Drei-Franken-Eck; S. 128 r.: Filmstill aus »Trailer Ausstellung des Künstlers Kurt Pregnitzer/Mad Butcher«. Foto: Jochen Stryjski | www.foe-film.de; S. 134: Germanisches Nationalmuseum Nürnberg/Monika Runge; S. 152, 166: Metzgerei Kleiber/Pfeifer Marketing; S. 156, 158, 159 o.: Naturin Viscofan; S. 159 u.: CDS Hackner GmbH; S. 161: Stuggi UG; S. 162: Hans Dietz GmbH & Co. KG.; S. 163: Bäuerliche Erzeugergemeinschaft Schwäbisch Hall/Grothey; S. 164, 178 r., 328, 341, 427 o.l.: Public Domain; S. 175, 176: Metzgerei Baumeister; S. 179: Wurstfriedhof.de | Frank Ensinger; S. 184: Archiv Heike Gronemeier; S. 187: Metzgerei Gries | www.metzgerei-gries.de; S. 189: Panoptikum Hamburg; S. 190 o.: kandschwar/CC-BY-3.0; S. 190 u.: kandschwar/CC-BY-SA-2.0-DE; S. 193, 194: Markus Kramb; S. 195: Frank Herzog, »Salami«, 1990, Foto: Wolfger Pöhlmann; S. 196 o.l.: Frank Herzog mit »Holzsalami«, 1990, Foto: Wolfger Pöhlmann; S. 196 o.r.: Frank Herzog, »aufrechte Würste«, 1992, Foto: Wolfger Pöhlmann; S. 196 u.: Frank Herzog »Wurstbaum«, 2010, Foto: Wolfger Pöhlmann; S. 200: Oskar Herrfurth, Illustration zu August Kopisch, »Die Heinzelmännchen«, 1862, Privatsammlung. Foto: Goethezeitportal; S. 206: Ronny Folz | grillsportverein.de; S. 210: »Loher und Maller«-Handschrift Cod. in scrinio 11, Fol. 33 verso, Staats- und Universitätsbibliothek Hamburg Carl von Ossietzky; S. 214: Sigmar Polke, »Der Wurstesser«, 1963, Courtesy Friedrich Christian Flick Collection, © The Estate of Sigmar Polke/Sigmar Polke Künstlerischer Betrieb in Erbengemeinschaft © The Estate of Sigmar Polke, Cologne/VG Bild-Kunst, Bonn 2017; S. 217: Echte Gilde der Marktschreier; S. 219 o.: Erwin Wurm, »Kiss«, (Abstract Sculptures) 2013, bronze, acrylic paint, wood, Foto: picture alliance/dpa/Jonas Güttler; S. 219 u.: Erwin Wurm, »Arch« (Abstract Sculptures), 2013, resin, acrylic paint, wood, Courtesy Studio Erwin Wurm, Foto: Eva Würdinger; S. 220: Erwin Wurm, »Curry Bus«, 2015, VW T2b, Mixed Media, Courtesy Studio Erwin Wurm, Fichte, Kunstmuseum Wolfsburg, Foto: Studio Erwin Wurm/Kunstmuseum Wolfsburg; S. 221: Früh Gastronomie; S. 222: Bildarchiv Stiftung Bundeskanzler-Adenauer-Haus, Rhöndorf;

S. 224: Peter Fischli & David Weiss, »In Ano's Teppichladen«, 1980, Foto, mit freundlicher Genehmigung von Gebrüder König Postkartenverlag; S. 225: Thomas Heinz, Wursttep-pich, Foto: © Flachbild; S. 226: Reinhard Matz, Edition Wurst, 1981 © Reinhard Matz; S. 227: Curry, Düsseldorf; S. 229: Steffen Hoeft Fotografie; S. 231: Thomas Schütte, »Im Namen des Volkes« aus Skizzen zum Projekt »Großes Theater«, 1980, Foto: Thomas Ruff; S. 234 l.: Dieter Roth, »Literaturwurst« (Martin Walser: »Halbzeit«), 1967 © Dieter Roth Estate, Courtesy Dieter Roth Foundation, Hamburg and Hauser & Wirth; S. 234 r.: Dieter Roth, »Kleiner Sonnenuntergang«, Variation IV, 1968 © Dieter Roth Estate, Courtesy Dieter Roth Foundation, Hamburg and Hauser & Wirth; S. 236: Joseph Beuys, »Hirschdenkmä-ler«, 1982, Foto: Archiv Johannes Stüttgen/Willi Kraus; S. 240: Dieter Krieg, »Ohne Titel«, 1985, Kunstmuseum Celle mit Sammlung Robert Simon; S. 242: Screenshot; S. 246: Hans Joachim Kroecker, »Wiesbadener Fluxus-Luftwurst«, 2002 © Hans Joachim Kroecker; S. 248: Martin Parr, »Ball der Wiener Kaffeesieder« aus der »Cakes & Balls«-Serie, 2016 © Agentur Focus/Magnum Photos/Martin Parr; S. 255: *Titanic*-Titelblätter aus der Serie »Deutsche Wurst, alles andere ist Käse«, *Titanic*, April 2009; S. 256: Wolfgang Herrndorf, »Hoffentlich ist es Wurst!« aus der Serie »Deutsche Wurst, alles andere ist Käse«, *Titanic*, April 2009; S. 267: Metzgerei Krug; S. 271: HNA *Hessische Allgemeine*, 06.07.2016. Foto: Werner Lengemann © Fotostudio Lengemann, Kassel; S. 273, 274: Gerhard Schnei-der-Rose; S. 276: mauritius images/Alamy/Zoonar GmbH; S. 282, 283, 284, 285, 286: Archiv Bratwurstmuseum; S. 295: picture alliance/dpa/dpa-Zentralbild/Arifoto Ug/ Michael Reichel; S. 296: Christopher Haley Simpson, »Himmelfahrt der Wurst« (»Apo-theosis of the Sausage«), 2014 © VG Bild-Kunst 2017; S. 299: Genussfleischerei Popella; S. 300: Klemens Körner; S. 301: Susann Brumm | vorstadt design; S.302: Flei-scherei Steffen Wagner; S. 307: Christopher Haley Simpson, »Martyrium des hei-ligen Laurentius«, o.J.; S. 308: Christopher Haley Simpson, »Nuklear-Wurst«, o.J.; S. 310: Fleischerei Nagel/Sabine und Karsten Stolle; S. 311: Hartmut Tischer; S. 312: SLUB Dresden/Deutsche Fotothek/Roger Rössing & Renate Rössing; S. 315: Ima-go/Michael Westermann; S. 319: Ossi-Wiener.de; S. 324, 325: Klaus-Dieter Kohlmann/ Steffen Schnellhorn; S. 330: Schaller & Weber; S. 332: Marcus Knackwurst, »Wurstologia et Durstologia Nova et Aucta«, 1662, 391.1 Quod. (5), Frontispiz und Titelblatt, Herzog August Bibliothek Wolfenbüttel; S. 334: Timm Ulrichs, »Europa auf dem Stier«,1970/72, Fo-tomontage, Foto: Sprengel Museum, Michael Herling, Aline Gwose © VG Bild-Kunst, Bonn 2017; S. 336: K49814, »11 000 Ohrenmarken eines Schlachttages«, 2012 © K49814, Cour-tesy Galerie Kehrer Berlin; S. 344: MKN Maschinenfabrik Kurt Neubauer GmbH & Co. KG; S. 345: Bedford GmbH & Co. KG; S. 349: SHMH/Museum für Hamburgische Geschichte; S. 351, 352: Miroslav Menschenkind; S. 355: Michael Wagner; S. 364: ullstein bild/Pris-ma/Kreder Katja; S. 368: Jens Holst; S. 370, 371: Rohmilchkäserei Backensholz GmbH & Co. KG; S. 372: ullstein bild/imageBROKER/gourmet-vision; S. 374: Stevie Schulze; S. 375: Julia Windhoff; S. 376: Andreas Holling | bsag.de; S. 379: Fiedler Meeresdelika-tessen; S. 380: Deutscher Fleischer-Verband, Frankfurt am Main; S. 401: *Die Streichel-wurst*. Das Magazin 2016; S. 402: Octavio Blasi, »Ceci est de'l art« (»sauciflard«), 1992; S. 403 l.: Karsten Wegener, »The scream based on Edvard Munch« aus der Serie »Art in

Sausage«, 2013 © Karsten Wegener; S. 403 r.: Karsten Wegener, »Sunflowers« based on Vincent van Gogh aus der Serie »Art in Sausage«, 2013 © Karsten Wegener; S. 404 l.: George Grosz, »Frankfurter Würstchen«, Collage, 1958, Lilian Grosz © Estate of George Grosz, Princeton, N.J.; S. 404 r.: George Grosz, »Schlaraffenland«, 1958, Lilian Grosz © Estate of George Grosz, Princeton, N.J.; S. 405: Kurt Buchwald, »Pawlowsche Aktion«, 1991; S. 406 l.: Wilhelm Trübner, »Dogge mit Würsten« (»Ave Caesar morituri te salutant«), 1878, Foto: akg-images; S. 406 r.: Wolfgang Flatz, »Hitler vor einer schweren Entscheidung«, 1996; S. 411: Knorr; S. 427 o.r., 427 u.: ullstein bild/Waldemar Titzenthaler; S. 428: Lovis Corinth, »Im Schlachthaus«, 1893, Öl/Lwd., Staatsgalerie Stuttgart/PD-Art (Yorck Project)/CC-PD-Mark; S. 441 o.: picture alliance/dpa/Wolfgang Kumm; S. 441 u.: picture alliance/dpa/Martin Schutt; S. 442, 444, 452: Schweinemuseum, Teltow; S. 447 l.: HeimatMuseum Luckenwalde; S. 447 r.: Joseph Beuys, »ich ernähre mich durch Kraftvergeudung«, 1978, Weißer Pappteller, Foto: VAN HAM Kunstauktionen/Saša Fuis; S. 453, 454: Straußenhof Berkenlatten; S. 456: Fleischerei Piehler, Werdau, www.wurststrauss.de. ❡

Folgende Abbildungen wurden Büchern entnommen:
S. 244, 316, 408: Erich Lissner: »Wurstologia oder es geht um die Wurst«, Frankfurt 1939; S. 430, 433, 434: »Die Kunst im Fleischerhandwerk«, Berlin: Weller Verlag 1932. Illustrationen: Franz de Grousilliers. Foto: Julius Hollos; S. 435, 436, 437: Schaufensterdekorationen für das Fleischer- und Wurstmacher-Gewerbe, Berlin: *Allgemeine Fleischer-Zeitung* ca. 1928; S. 439: Willy Schmidt: »Das Fleischergewerbe in Wort und Bild«, 4. Aufl., Nordhausen: Killinger Verlag ca. 1930 ❡

Zitatnachweis

Die Zitate, die den Kapiteln vorangestellt sind, entstammen dem Volksgut. Wo dies nicht zutrifft, findet sich ein entsprechender Hinweis unter dem Zitat.
Das Zitat von Ernst Jandl stammt aus: Ernst Jandl: »Peter und die Kuh. Gedichte«, München: Luchterhand 2001. ❡

FSC
www.fsc.org
MIX
Papier aus verantwortungsvollen Quellen
FSC® C084279

Verlagsgruppe Random House FSC® N001967

Gedruckt auf Lessebo Design natural, 100 g/m², Igepa Art.-Nr. 427370-16

1. Auflage

Neumarkter Straße 28, 81673 München
Redaktion, Layout und Satz: Heike Gronemeier, München
Umschlaggestaltung und Illustration: FAVORITBUERO, München, nach einer Zeichnung von Frank Herzog
Kartografie: FAVORITBUERO, München
Repro: Lorenz & Zeller, Inning a. A.
Druck und Einband: Print Consult GmbH, München
Printed in the Czech Republik
ISBN 978-3-8135-0710-2

www.knaus-verlag.de

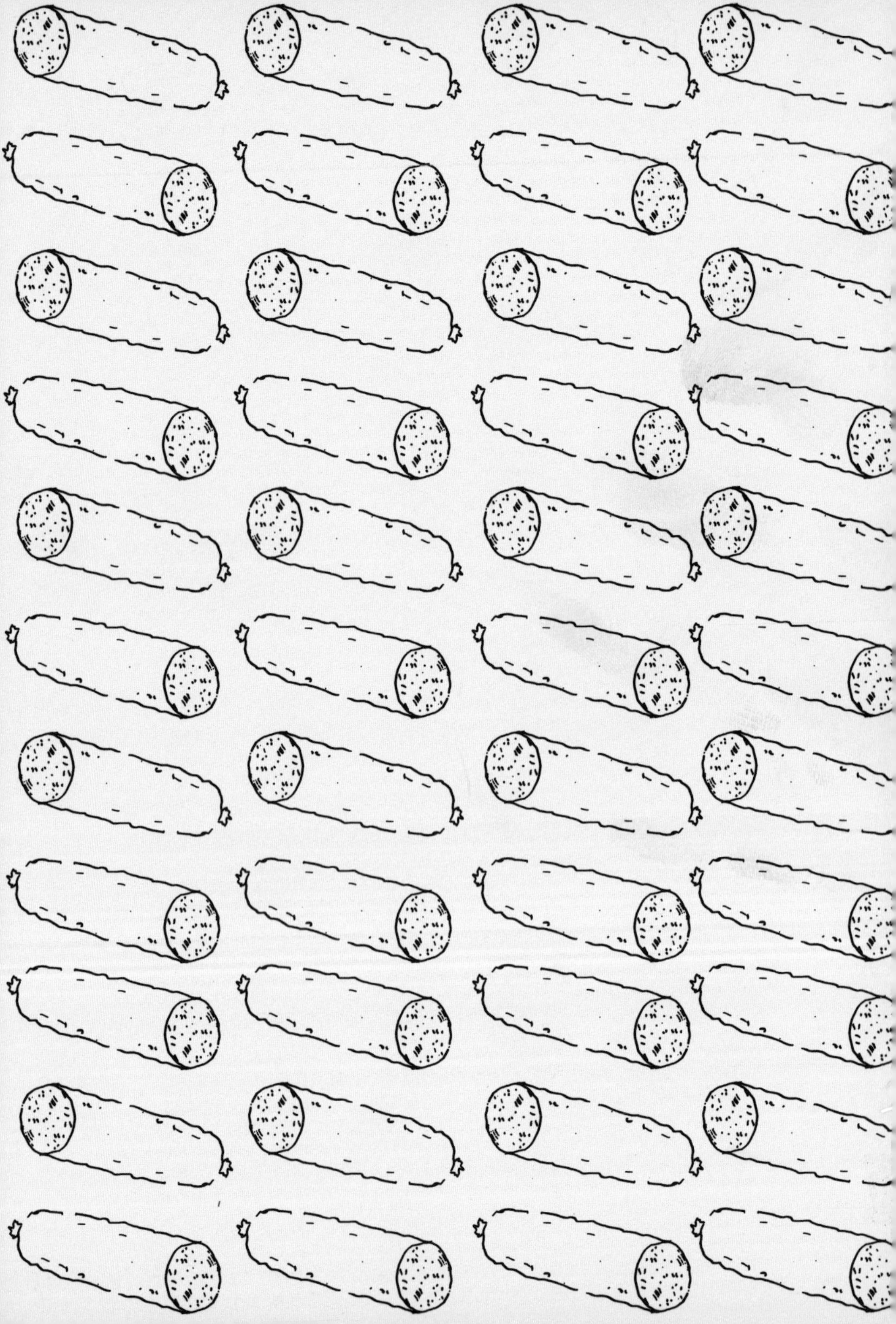